AF549274

Werner Rau

MOBIL REISEN

FINNLAND

Werner Rau

MOBIL REISEN

FINNLAND
Mit Åland-Inseln

Mobile Touring Highlights

Mit Auto, Caravan, Wohnmobil
unterwegs auf den schönsten Reiserouten

Plus Abstecher zum Nordkap
Mit vor Ort ermittelten GPS-Koordinaten

WERNER RAU VERLAG

Idee, Layout, Text, Karten, Stadtpläne und Fotos (falls nicht anders gekennzeichnet): Werner Rau
Titelgestaltung: HitzArtworks, 72667 Schlaitdorf
Titelfoto: Saimaa-Seengebiet bei Kuopio

1. Auflage 2013/2014

Alle Rechte vorbehalten
© Werner Rau, Stuttgart

Herstellung: Druckerei & Verlag Steinmeier, 86738 Deiningen
Printed in Germany

ISBN 978-3-926145-50-5
Geo Nr. 663 10151

Nachdruck und Reproduktion in jeder Form, auch durch elektronische Medien, durch fotomechanische Wiedergabe, Datenverarbeitungssysteme jeglicher Art, Verbreitung im Internet, auch auszugsweise, nur mit ausdrücklicher schriftlicher Genehmigung des Verlages.

INHALT

Zum Kennen Lernen

Anreise

Mobil Reisen: FINNLAND – Mobile Touring Highlights

Praktische und nützliche Informationen von A bis Z

Extra-Infos

Karten und Stadtpläne

EIN KURZPORTRÄT FINNLANDS

Finnland (finnisch: Suomi) ist das am weitesten östlich gelegene der vier nordischen Länder. Es grenzt im Osten an Russland, im Norden und Nordosten an Norwegen, im Westen an Schweden und an den Bottnischen Meerbusen und im Süden an den Finnischen Meerbusen der Ostsee.

Größe des Landes

Die Landfläche Finnlands umfasst ein Gebiet von 338.432 qkm. Somit ist Finnland das siebtgrößte Land Europas. Die größte Ausdehnung in Nord-Süd-Richtung beläuft sich auf annähernd 1.160 km, in Ost-West-Richtung auf gut 540 km. Das Land hat eine Küstenlänge von etwas mehr als 1.100 km. Die längste Grenze hat Finnland mit seinem östlichen Nachbarn Russland. Sie misst fast 1.270 km.

Nahezu ein Zehntel des finnischen Territoriums, ca. 34.100 qkm, ist von Seen bedeckt. Wie man liest sollen es 187.888 Seen sein. Außerdem weist Finnland nicht weniger als 179.584 Inseln auf.

Bevölkerung

Finnland hat rund 5,4 Mio. Einwohner, das entspricht theoretisch einer Bevölkerungsdichte von 17 Menschen pro qkm. Tatsächlich aber lebt die überwiegende Mehrheit der Bevölkerung in den wirtschaftlich stark entwickelten Regionen um die großen Städte des Landes wie Helsinki, Lahti, Tampere, Turku oder Kuopio, also im Südteil des Landes. Beispielsweise leben im Süden bis zu 90 Einwohner pro qkm, während sich in Lappland rein rechnerisch gerade mal 2 Menschen einen Quadratkilometer teilen müssen.

Die größte Bevölkerungsgruppe stellen mit 92 % natürlich die Finnen dar, 7 % der Bevölkerung sind Schweden und nur eine verschwindende Minderheit von etwa 2.000 Einwohnern zählen sich zur Volksgruppe der Samen.

Von der finnischen Bevölkerung bekennen sich fast 92 % zur evangelisch-lutherischen und rund 1 % zur orthodoxen Kirche.

Landessprache ist Finnisch, das von 93,5 % der Bevölkerung gesprochen wird. Zweite Landessprache ist Schwedisch, das etwa 6,3 % der Einwohner sprechen. Finnisch ist eine Sprache, die zum finno-ugrischen Sprachstamm gehört, der wiederum zur Gruppe der Osteuropäischen und Westsibirischen Sprachen zählt. Ungarisch und Estnisch z. B. gehören auch zum ugrischen Sprachstamm.

Die kleine Volksgruppe der Samen, der lappländischen Ureinwohner, pflegt Sami als ihre Muttersprache.

Sprachwissenschaftler sagen, dass sich das Finnische ganz erheblich von den im übrigen Europa gesprochenen Sprachen, den indogermanischen Sprachen, unterscheidet. Und wenn man erfährt, dass das Finnische kein grammatikalisches Geschlecht und nicht weniger als 14 Fälle kennt, kann man sich vorstellen, wie schwer es sein mag, Finnisch zu erlernen.

Hauptstadt ist seit 1812 Helsinki mit ca. 595.000 Einwohnern. Davor war Turku (ca. 178.000 Einw.) Hauptstadt von Finnland.

Staatsform

Finnland hat die Staatsform einer parlamentarischen Republik gewählt. In der Verfassung des Landes von 1919, die zwischenzeitlich allerdings mehrfach Änderungen erfuhr, ist das Staatsoberhaupt der Staatspräsident. Er wird von 300 Wahlmännern auf sechs Jahre gewählt. Die Staatsgewalt wird vom Reichstag, einem Einkammerparlament, ausgeübt. Es besteht aus 200 Abgeordneten, die auf vier Jahre gewählt sind. Regierungsoberhaupt ist der Ministerpräsident. Er wird, ebenso wie die Minister der Regierung (Staatsrat), vom Staatspräsidenten ernannt.

Traditionsgemäß spielte im Finnland lange die von Moskau protegierte

Kommunistische Partei Finnlands eine wichtige Rolle im Parlament. Nach den Zwischenfällen in der Tschechoslowakei im Jahre 1968 allerdings zersplitterte die Partei und 1990 wurde sie sogar aufgelöst. Seitdem konnte noch keine andere Partei eine absolute Mehrheit für sich verbuchen. Minderheitenregierungen oder Koalitionen kleinerer Parteien sind die Folge.

Landesnatur

Es lassen sich vier große Landschaftsregionen erkennen.

Die südfinnische Küstenebene erstreckt sich entlang der Küste des Finnischen Meerbusens etwa zwischen Turku und der Russischen Grenze. Die Küste ist geprägt von vielen vorgelagerten, baumlosen Felsinseln. Bemerkenswert ist, daß in diesem Landstrich – der historischen Landschaft Nyland – die sonst in Finnland allgegenwärtigen Seen fast vollständig fehlen. Ackerbau, vor allem aber Industrie (Holzverarbeitung, Zellstoffgewinnung) sind die wichtigsten Erwerbszweige. An der Küste liegt auch Finnlands Hauptstadt Helsinki.

Die bottnische Küstenebene ist von ähnlicher Natur wie die südfinnische Küstenebene. Der etwa 100 km breite Landstreifen zieht sich von Turku bis hinauf zur schwedischen Grenze. Zahlreich sind auch hier die der Küste vorgelagerten Schären, diese kahlen Felsinseln. In diesem besonders im Süden stark landwirtschaftlich genutzten Landesteil liegt im Südwesten die historische Landschaft Varsinais-Souomi, die eigentliche Wiege Finnlands. Von hier aus verbreitete sich einst das Christentum und die europäische Kultur über das Land.

Die wichtigsten Städte in der Region sind Turku (schwed. Åbo, ca. 177.000 Einw.), Finnlands drittgrößte Stadt und bedeutender Winterhafen des Landes, dann Pori (Björnborg, ca. 73.000 Einw.), das vornehmlich als Ausfuhrhafen für die Industrieregion um Tampere fungiert und die Hafenstadt Vaasa (Vasa, ca. 62.000 Einw.).

Die Landschaft nördlich von Vaasa ist weniger wirtlich. Weite Wälder und Moore bestimmen das Landschaftsbild. Die Küste und ihre Häfen sind im Winter oft zugefroren und durch Eis blockiert. Oulu (Uleåborg, 88.000 Einw.) ist ein wichtiger Holzexporthafen und Kemi (31.000 Einw.) schließlich, Finnlands nördlichste Hafenstadt am Bottnischen Meerbusen, hat sich zu einem wichtigen Verkehrsknotenpunkt entwickelt.

Die Finnische Seenplatte, etwas höher gelegen als die Küstenebenen, ist die typisch finnische Landschaft, wie sie in zahllosen Bildern schon gezeigt worden ist. Unendlich sind die Wälder, zwischen denen immer wieder hellglänzend die weiten Flächen der Seen auftauchen. Urige Seenwildnis und weitgehend fast unberührte Natur sind hier durchaus noch zu finden. Diese Landschaft des westlichen und des Saimaa-Seengebiets ist es, die Finnland seinen Beinamen „Land der tausend Seen" eingebracht hat.

Nach letzten offiziellen Zählungen sind in gesamt Finnland nicht weniger als 188.000 Seen zu finden, die eine Fläche von 34.000 qkm bedecken, etwa ein Zehntel des finnischen Territoriums also! Größter der südlichen Seen ist mit ca. 1.378 qkm der **Saimaasee** (Bodensee rund 540 qkm) und der **Päijännesee** mit ca. 1.110 qkm. Viele der Seen sind durch Wasserläufe mit Stromschnellen, Kaskaden und Wasserfällen verbunden, die heute vielfach zur Gewinnung von Elektrizität genutzt werden.

Die wichtigste Stadt im Seengebiet ist Tampere (Tammerfors, 215.000 Einw.), ein bedeutendes Industriezentrum des Landes und – neben Helsinki natürlich – die modernste Stadt des Landes.

Die Entstehung des gigantischen Labyrinths der Seenplatte begann mit der

Eiszeit. Die Gletscher gruben auf ihrer Wanderung tiefe Mulden in die weicheren Gesteinsmassen. Als das Eis schließlich zu den Erdpolen hin abschmolz, wurde das Land vom nachdrängenden Meerwasser überspült. Nach der Entlastung vom Eis hob sich das Terrain, die Wasser flossen ab und nur die Mulden, die heutigen Seen also, blieben gefüllt zurück. Im Laufe der Jahrhunderte wandelte sich das Salzwasser in Süßwasser.

Der mittelfinnische Rücken im Nordosten des Landes ist ein sehr dünn besiedeltes Waldgebiet und Hügelland mit Höhen um 400 m. Große Teile des Gebietes, dessen größter Reichtum die Holzwirtschaft ist, werden von Hochmooren bedeckt.

Das Fjellgebiet im lappländischen Nordfinnland dehnt sich vom Polarkreis an nordwärts aus. Das Gebiet nimmt zwar etwa ein Drittel des finnischen Territoriums ein, ist aber überaus dünn besiedelt. Die Landschaftsform ist unterschiedlich. Prägen im südlichen Teil noch tiefe Wälder aus denen die Höhen der Tunturis ragen, das Landschaftsbild, dominieren weiter im Norden die offenen Moor-, Heide- und Tundralandschaften. Im Nordosten prägt der Inarisee (ca. 1.100 qkm) mit seiner zerrissenen Uferlinie die Landschaft, während der nach Westen reichende Arm Finnlands bis ans Gebirge an der norwegischen Grenze mit Gipfeln über 1.300 m reicht.

Die Nationalflagge – 1918 offiziell eingeführt – ist ein querliegendes blaues Kreuz auf weißem Grund. Das Blau steht für die endlosen Seen des Landes und das Weiß für die schneereiche Winterzeit. Und das Kreuz wurde als Symbol gewählt, das die Zugehörigkeit zu den skandinavischen Staaten andeutet.

Längster Fluss: Kemijoki, ca. 550 km lang.

Größter See: Saimaa-See, ca. 1.378 qkm.

Höchster Berg: Haltitunturi, 1.328 m.

Wirtschaftliche Schwerpunkte: Nach wie vor sind Holz-, holzverarbeitende, Zellstoff- und Papierindustrie die wichtigsten Wirtschaftszweige des Landes und mit einem Anteil von 80 % von entscheidender Bedeutung für den Außenhandel Finnlands. Trotz des 1947 geschlossenen, die Industrialisierung des Landes beeinträchtigenden finnisch-sowjetischen Friedensvertrages, konnte sich die metallverarbeitende Industrie und die Maschinenbauindustrie zu einem bedeutenden Wirtschaftsfaktor entwickeln. Im Vergleich zu den eben erwähnten Industriezweigen spielen Agrarwirtschaft oder Fischfang eine untergeordnete Rolle.

Zum Schluss ein paar (nicht ganz ernst gemeinte) Klischees gefällig? Finnen kommen in der Sauna auf die Welt, sind ziemlich melancholisch und tanzen daher liebend gerne Tango in Moll, sind die größten Kaffeetrinker der Welt, trinken ansonsten am liebsten Salmiakschnaps, essen für ihr Leben gerne Lakritzeis, Erdbeeren und Flusskrebse mit viel Schnaps, sie sind mit statistischen fast 20 Büchern im Jahr und pro Kopf Weltmeister im Lesen und sie üben Sportarten aus wie Frauentragen, Handyweitwurf oder Sumpffußball. Und jüngere Generationen gehen im Luftgitarrespielen völlig auf. Da gibt es sogar Meisterschaften. Klischees wie gesagt. Aber etwas Wahres ist doch immer dran, oder?

Aber wie so Vieles hat diese eher humoristische Sicht der Dinge auch eine andere, eine tragische Seite. Finnen, und besonders die männlichen Bewohner, belegen schon seit Generationen einen der vorderen Plätze in der Rangliste der Selbstmorde europaweit. Und die Todesfälle unter Männern durch Brände und die Mord- und Sterberaten als Resultat von exzessivem Alkoholgenuss sind kaum irgendwo so häufig wie in Finnland.

Apropos Alkohol: Die Songzeile „Der Teufel hat den Schnaps gemacht, um uns zu verderben ....“ könnte auch aus Finnland stammen. Denn viele Finnen scheinen ein etwas schwieriges Verhältnis zum Alkoholgenuss zu haben. Auch wenn man die ganze Woche über bei Kaffee, Wasser oder Saft bleibt, am Wochenende, vorzugsweise am Freitagabend, lässt man es im Kreise von Freunden, in der Kneipe oder im Blockhaus am See gerne krachen. Dann aber richtig. Halbe Sachen gibt es dann nicht, besonders nicht zur Mittsommerfeier. Man trinkt dann buchstäblich bis zum Umfallen.

FINNLANDS GESCHICHTE IN STICHWORTEN

Mit dem Rückgang der Eismassen am Ende der Eiszeit vor 10.000 bis 15.000 Jahren drängten die ersten Menschen, wahrscheinlich aus osteuropäischen Gegenden, auf die skandinavische Halbinsel vor.

Um 1000 v.Chr. – Sog. finnisch-ugrische Volksstämme wandern aus dem Gebiet der Wolga und des Urals nach Westen und Nordwesten und siedeln u. a. auch in Finnland. Von Westen und Süden ziehen germanische Stämme in das Gebiet des heutigen Staates Finnland. Sie siedeln vornehmlich an den südlichen und südwestlichen Küsten des Landes. Schon früher hatten sich Samen (Lappen) weiter nördlich niedergelassen. Sie waren von nordöstlichen Regionen auf die skandinavische Halbinsel gekommen.

In der Bronzezeit werden die alten Steinwerkzeuge und Waffen rasch von der widerstandsfähigeren Bronze verdrängt. Erste eherne Gebrauchs- und Ziergegenstände gefertigt. Als Zeugen aus der Vorgeschichte sind Felsritzungen, Hünengräber und Dolmen erhalten.

5. Jh. v. Chr. – Erstmals wird Eisen verwendet.

Zwischen dem **9. und 11. Jh.** erobern Waräger – einerseits handels- und geschäftstüchtige, andererseits kriegslüsterne Wikinger aus Schweden – Teile des Baltikums und segeln bis Byzanz. Viele Runen- und Bildsteine (z. B. auf Gotland) erinnern an die Kriegs- und Beutezüge und deren Heerführer.

11. Jh. – In Finnland haben sich verschiedene Volksgruppen etabliert. So wohnen im Süden und Südwesten die sog. „eigentlichen“ Finnen, die sich stark nach Schweden orientieren, in der Mitte des Landes leben die Tavasten oder Häme, im Osten die Karelier, die sich traditionsgemäß starke Bindungen nach Russland bewahrt haben, während im Norden vor allem Samen siedeln.

12. Jh. – Finnland gerät mehr und mehr unter die Vorherrschaft der schwedischen Könige.

1154 – Der Schwedenkönig Erik IX. führt einen sog. „Kreuzzug“ nach Südfinnland und vereinnahmt den Südwesten des Landes für die schwedische Krone. Es folgen noch weitere solcher Eroberungszüge, die neben Landgewinn auch zum Ziel haben, die orthodoxe Kirche zurückzudrängen.

1252 – Birger Jarl legt den Grundstein zur Stadt Stockholm. Er festigt die Herrschaft Schwedens über Finnland und gründet die Königsdynastie der Folkunger, die zwischen 1250 und 1363 über das Land herrscht.

1323 – Im Vertrag von Schlüsselburg wird Karelien zwischen Schweden und Russland aufgeteilt.

14. Jh. – Finnland ist de facto eine schwedische Provinz geworden. Mitte des 14. Jh. erhält es das Recht, sich an den schwedischen Königswahlen zu beteiligen.

16. Jh. – Finnland, das mehr denn je von Schweden dominiert wird, wird nun als Herzogtum Finnland bezeichnet. Finnische Soldaten kämpfen in den Reihen der schwedischen Truppen u. a. gegen den starken Nachbarn Russland.

1523 – Gustav Wasa wird zum schwedischen König Gustav I. gewählt. Er tritt aus der Kalmarer Union aus und stellt Schwedens Unabhängigkeit wieder her. Gesamtschweden hatte damals weniger als eine Million Einwohner. Nach dem Vorbild Schwedens fasst auch in Finnland die Reformation Fuß.

1548 – Mikael Agricola, ein Lutherschüler, übersetzt das Neue Testament ins Finnische.

1611 – 1632 – König Gustav II. Adolf regiert. Unter seiner Herrschaft wird Schweden die dominierende Macht im Ostseeraum und zur Großmacht in Europa. Er führt Krieg mit Russland (1614 – 1617) und gewinnt Karelien und Ingermanland und erbeutet im Krieg mit Polen (1621 – 1629) Livland. Durch siegreiche Schlachten beeinflusst Gustav II. Adolf den Verlauf des Dreißigjährigen Krieges (1618 – 1648). Der König fällt 1632 in der Schlacht gegen den kaiserlichen Feldherrn Wallenstein bei Lützen.

Mitte des 17. Jh. ist der Schwede Per Brahe Gouverneur in Finnland, das zum Großherzogtum erhoben worden war. Hauptstadt des Großherzogtums Finnland ist Turku. Per Brahe gründet vor allem an der finnischen Westküste am Bottnischen Meerbusen eine Reihe von Städten und Handelshäfen.

1640 – In Turku/Åbo wird Finnlands erste Universität gegründet.

1697 – 1718 – König Karl XII. von Schweden regiert. Dem König gelingt es nicht, Schweden von den Auseinandersetzungen im Nordischen Krieg (1700 – 1721) zwischen Polen, Russland, Preußen und Hannover zu distanzieren. Die Folge sind empfindliche Gebietsverluste (u. a. Livland, Estland, Karelien, Bremen, Verden, Stettin). Schweden verliert seine Stellung als europäische Großmacht. Russland ist der große Gewinner und nimmt nun die Rolle einer Großmacht ein.

18. Jh. – Das politisch erstarkte Zaren-Russland dehnt seine Machtsphäre nach Westen aus. Es kommt häufiger zu Konflikten mit Schweden-Finnland. Schließlich wird in St. Petersburg von Zar Alexander I. ein Abkommen mit Napoleon I. geschlossen, das Russland keine Hemmnisse bei seinem Expansionsbestrebungen auferlegt.

1808 – 1809 – Russland gelingt es im Krieg von 1808/09 fast mühelos Finnland zu erobern. Der schwedische König Karl XIII. wird daraufhin von Zar Alexander I. mehr oder weniger gezwungen, Finnland und die Åland-Inseln an Russland abzutreten. Finnland wird ein autonomes Großfürstentum von Zar Alexanders Gnaden. Allerdings gesteht der Zar Finnland eine eigene Armee, eine eigene Regierung und Rechtssprechung zu.

1812 – Helsinki löst Turku als finnische Hauptstadt ab.

1835 – Das Ur-Kalevala von Elias Lönnrot, das Finnische Nationalepos, erscheint erstmals.

Beginn 20. Jh. – In Finnland regen sich Bestrebungen, sich von Russland, das seit Zar Nikolai II. einen harten Kurs gegen Finnland fährt, zu trennen. Ein erster Schritt zu mehr Selbständigkeit Finnlands ist eine neue Volksvertretung, die – wahrscheinlich als einzige im damaligen Europa – das aktive und passive Wahlrecht sowohl für Männer als auch für Frauen vorsieht.

1917 – Im März muss der russische Zar Nikolai II. abdanken. Die Oktoberrevolution schafft völlig neue Machtstrukturen in Russland. Finnland nutzt die Chance und erklärt sich am 6. Dezember für unabhängig. Leider kommt es daraufhin im Frühjahr 1918 zu blutigen Bürgerkriegen in Finnland. Das Land spaltet sich in ein linkes (die Roten) und ein rechtes (die Weißen) Lager. Die Weißen behalten die Oberhand. Finnland wird eine Demokratie nach „westlichem Muster".

1919 – K. J. Ståhlberg wird erster Präsident Finnlands.

1939 – Im November kämpft Finnland im sog. „Winterkrieg" gegen Stalins

Truppen. Stalin verlangte von Finnland Gebietsabtretungen an die Sowjetunion zum „Schutze Leningrads". Die Rote Armee siegt. Finnland wird gezwungen größere Teile Kareliens abzutreten und man musste hinnehmen, dass Hanko russische Marinebasis wurde.

1941 – Finnland startet mit Marschall Mannerheim und mit Hilfe deutscher Truppen den sog. „Fortsetzungskrieg" gegen die Sowjetunion in der Hoffnung, Karelien zurückzuerhalten. Es kommt 1944 zu einem Waffenstillstandsabkommen. Darin wird Finnland allerdings verpflichtet, Nordfinnland von deutschen Truppen zu säubern. In diesem sog. „Lapplandkrieg" wird der Norden des Landes stark in Mitleidenschaft gezogen. Mannerheim wird finnischer Staatspräsident.

1946 – In Finnland löst J. K. Paasikivi Marschall Mannerheim im Amt des Staatspräsidenten ab.

1947 – Finnland schließt einen Friedensvertrag mit der Sowjetunion, darin wird der Verlust von Karelien festgeschrieben und es werden von Finnland hohe Reparationsleistungen gefordert.

Trotz der Belastungen und trotz der Aufnahme von 400.000 Kareliern schafft Finnland den Aufstieg zu einem hochentwickelten, sozial sicheren demokratischen Land. Und die Finnen sprechen in diesem Zusammenhang nicht ohne Stolz vom „Finnischen Wunder". Außenpolitisch handelte Finnland klug und überlegt und konnte sich mit seiner Neutralitätspolitik und friedlichen Koexistenz mit dem mächtigen Nachbarn UdSSR seine Souveränität erhalten.

1952 – Der Nordische Rat wird gegründet. Ihm gehören alle fünf Nordischen Länder Dänemark, Norwegen, Schweden, Island und Finnland an. Es beginnt eine enge Kooperation und Annäherung der Gesetzgebung der Nordischen Länder (Sozialabkommen, Arbeitsrecht, Passrecht, Entwicklungs- und Handelspolitik u. a.).

1956 – 1982 – Urho Kekkonen ist finnischer Staatspräsident. Seine kluge, aktive Außenpolitik nutzt der Sache Finnlands sehr.

1975 – Auf finnische Initiative findet in Helsinki die Unterzeichnungsrunde der Konferenz über Sicherheit und Zusammenarbeit in Europa (KSZE) statt, ein wichtiger Schritt zur Friedenssicherung in Europa.

1982 – Mauno Koivisto wird Staatspräsident.

1992 – Finnland beantragt im März 1992 die Mitgliedschaft in der EU.

1994 – Am 6. Februar 1994 wird der Sozialdemokrat Ahtisaari zum neuen finnischen Staatspräsidenten gewählt. Es war die erste Wahl der Finnen, in der sie ihren Staatspräsidenten direkt wählen konnten.

1995 – Finnland tritt der EU bei.

2000 – Helsinki ist ein Jahr lang Kulturhauptstadt Europas.

Die 56-jährige Sozialdemokratin Tarja Halonen wird am 7. Februar mit 51,6% der Stimmen zum ersten weiblichen Staatspräsidenten Finnlands gewählt. Frau Halonen war seit 1995 finnische Außenministerin und löste am 1. März 2000 Präsident Martti Ahtisaari ab. Halonen erreicht in der finnischen Bevölkerung eine überwältigend große Zustimmung.

2008 – Der ehemalige finnische Präsident und sozialdemokratische Politiker Martti Ahtisaari wird 2008 mit dem Friedensnobelpreis ausgezeichnet.

2012 – Helsinki wird zur World Design Capital erkoren. Für ein Jahr ist die Finnische Hauptstadt die Weltkapitale des Designs.

WIE KOMMT MAN HIN?

Mit dem Auto

Schnell und bequem ist die Anreise mit dem Auto nach Finnland, wenn man sich ab Travemünde der komfortablen Direktfähre nach Helsinki bedient.

Ansonsten wird man über Schweden anreisen. Um nach Schweden zu kommen, bestehen mehrere Möglichkeiten – einmal der direkte Weg z. B. von Rostock oder von Sassnitz auf Rügen nach Trelleborg, oder von Travemünde nach Malmö.

Alternativ bietet sich der Weg über Dänemark nach Schweden an, indem man sich der Fähren von Puttgarden nach Rødby oder von Rostock nach Gedser bedient und weiter vom dänischen Helsingør ins schwedische Helsingborg fährt.

Seit Eröffnung der großen **Tunnel-Brücken-Verbindung über den Øresund** zwischen Kopenhagen und Malmö im Juli 2000 hat sich die Anreise mit dem Auto nach Schweden zwar nicht verbilligt, aber sie um ein paar Minuten schneller geworden, da das Ein- und Ausschiffen auf die und von den Fähren und die Wartezeit in den Häfen entfallen.

Der Bau der rund 16 km langen Straßenverbindung nach Schweden hat über 2 Milliarden Euro (man las auch schon von fast 3 Mrd.) verschlungen. Die Mautgebühren beliefen sich zuletzt (Preisänderungen sind natürlich immer möglich!) für einen Pkw auf ca. EUR 40,-, für ein Wohnmobil bis 6 m Länge auf ca. EUR 40,- und für ein Wohnwagengespann oder ein Wohnmobil über 6 m Länge auf ca. EUR 80,-. Es gibt ermäßigte Kombitarife z. B. für die Strecke Puttgarden – Rødby – Öresundbrücke. Alle aktuellen Preise in Verbindung mit der Öresundbrücke finden Sie auf der Webseite www.oeresund-bruecke.de.

Die Entfernung z. B. von München über Helsingør nach Stockholm beträgt rund 1.700 km.

Ab Stockholm bedient man sich der Fähren nach Turku oder nach Helsinki, bzw. der Fähre von Kapellskär nördlich von Stockholm nach Naantali bei Turku.

Anreise über das Baltikum

Darüber hinaus besteht die Möglichkeit, Finnland per Auto über Polen und die baltischen Staaten Litauen, Lettland und Estland zu erreichen. Ab Tallinn bedient man sich der häufig verkehrenden Fähren nach Helsinki, Dauer der Überfahrt nur knapp zweieinhalb Stunden.

Reiseerfahrene Touristen können – nach einer etwas aufwändigen Reisevorbereitung – von Estland über Narva, das russische St. Petersburg und Vyborg nach Finnland weiterreisen. Hier wird allerdings wegen der Beschaffung eines russischen Visums eine etwas längerfristige Reisevorbereitung notwendig sein. Die Entfernung von Berlin über Warschau und St. Petersburg nach Helsinki beträgt fast 3.000 km. Eine genaue Beschreibung dieses Reiseweges finden Sie in unserem Reiseführer **„Mobil Reisen: Rund um die Ostsee“**.

Fährverbindungen nach Skandinavien

DEUTSCHLAND – DÄNEMARK

„Vogelfluglinie“ Puttgarden – Rødby-Havn

Scandlines, www.scandlines.de – Ganzjähriger Verkehr, im Sommer bis über 40 Abfahrten täglich, ca. alle 30 Minuten, nachts alle 40 Minuten. Fahrzeit 45 Minuten.

Rostock Überseehafen – Gedser

Scandlines, www.scandlines.de – Ganzjähriger Verkehr, Abfahrt alle 2 Stunden, Fahrzeit 1 Std. 45 Min.

Achten Sie darauf: Scandlines bietet ein sog. Schweden Ticket an, einen günstigen Kombinationstarif für die Strecken Puttgarden - Rødby und Helsingør – Helsingborg, bzw. Rostock - Gedser und Helsingør – Helsingborg an!

Fährverbindungen

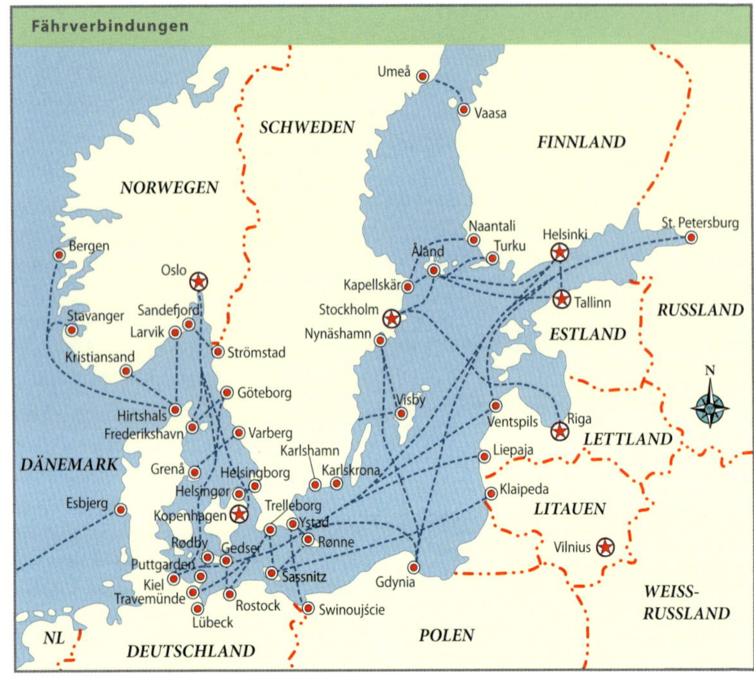

DÄNEMARK – SCHWEDEN

Helsingør – Helsingborg

Scandlines, www.scandlines.de – Ganzjähriger Verkehr rund um die Uhr, Abfahrten alle 15 Minuten, nachts alle 30 Minuten, Fahrzeit 20 Minuten.

Die weiteren Fährverbindungen zwischen Dänemark und Schweden bleiben hier unbeachtet.

DEUTSCHLAND – SCHWEDEN

Rostock – Trelleborg

Scandlines, www.scandlines.de, *TT-Line,* www.ttline.com – Ganzjähriger Verkehr, bis zu 6 Abfahrten täglich, Tag- und Nachtfahrten, Fahrzeit tags 5 Std. 45 Min., nachts 7 Std. 30 Min.

Sassnitz (Mukran)/Rügen – Trelleborg

Scandlines, www.scandlines.de – Ganzjähriger Verkehr, im Sommer bis 5 Abfahrten täglich. Fahrzeit ca. 4 Stunden.

Travemünde – Trelleborg

TT-Linie, www.ttline.com – Ganzjähriger Verkehr, bis zu 4 Abfahrten täglich. Fahrzeit 7 Std. 30 Min auf Tagfahrten, 9 Std. 30 Min. auf Nachtfahrten.

Travemünde – Malmö

Finnlines, www.finnlines.de – Ganzjähriger Verkehr, bis zu 3 Abfahrten täglich. Fahrzeit 9 Stunden. Auf Nachtfahrten Kabinenpflicht.

DEUTSCHLAND – FINNLAND

Travemünde – Helsinki

Finnlines, www.finnlines.de – Ganzjähriger Verkehr, eine Abfahrt täglich. Fahrzeit 28 Std. 30 Min.

Rostock – Gdynia – Helsinki

Finnlines, www.finnlines.de – Ganzjähriger Verkehr, 3 Abfahrten pro Woche, Fahrzeit 41 Stunden.

SCHWEDEN – FINNLAND

Stockholm – Åland – Helsinki

Silja Line, www.tallinksilja.de, *Viking*

Line, www.vikingline.fi – Ganzjähriger Verkehr, täglich 1 Abfahrt je Reederei. Fahrtzeit ca. 15 Stunden.

Stockholm – Åland – Turku

Silja Line, www.tallinksilja.de, *Viking Line*, www.vikingline.fi – Ganzjähriger Verkehr, täglich 2 Abfahrten je Reederei, morgens und abends. Fahrzeit ca. 11 Stunden. Viking Line Tagfahrt via Mariehamn/Åland, Nachtfahrt via Långnäs/Åland.

Achten Sie darauf: Verschiedene Reedereien bieten günstige Kombinationstarife für die Strecken Deutschland/Dänemark – Schweden und Schweden – Finnland an!

Kapellskär – Naantali

Finnlines, www.finnlines.de – Ganzjähriger Verkehr, bis zu 3 Abfahrten täglich, Fahrzeit 9 Stunden. Kabinenpflicht auf Nachtfahrten.

Umeå – Vaasa

RG-Linie, www.umeavasa.com – Ganzjähriger Verkehr. Tgl. außer Samstag eine Abfahrt; im Juli tägliche Abfahrt und Dienstag, Donnerstag und Sonntag 2 Abfahrten. Fahrzeit 4 Std. 30 Min.

ESTLAND – FINNLAND

Tallinn – Helsinki

Tallink Silja Line, www.tallinksilja.de; *Viking Line*, www.vikingline.fi – Ganzjähriger Verkehr, bis 2 Abfahrten täglich. Fahrtdauer ca. 3 1/2 Stunden. *Tallink Shuttle* bis zu 8 Abfahrten täglich, Fahrzeit 2 Stunden.

Siehe auch unter Anschriften, Schifffahrtslinien.

Fähre der Viking Line im Hafen von Mariehamn, Åland-Inseln

1. HELSINKI

Reisedauer: Mindestens ein ganzer Tag, besser zwei oder mehr Tage.

Höhepunkte: Helsinkis **Senatsplatz** und **Domkirche** *** – der **Markt am Hafen** *– ein Bummel auf der **Esplanade** * – die **Uspenski Kathedrale** * – **Helsinkis Museen** *** – das **Seurasaari Freilichtmuseum** *** – Bootsausflug zur **Festungsinsel Suomenlinna** **.

Helsinki liegt sehr schön auf einer von Inseln umgebenen, buchtenreichen Landzunge an der finnischen Südküste.

Die finnische Hauptstadt mit gut einer halben Million (595.000, Großraum über eine Million) Einwohnern, gerne auch mit dem Beinamen „Tochter der Ostsee" belehnt, ist eine relativ junge Stadt und nach ihrem Erscheinungsbild im Kern eine Stadt des Empirestils. 2012 feierte man 200jähriges Stadtjubiläum.

Die Anfänge der Stadtgeschichte gehen zurück ins 16. Jh., als der Schwedenkönig Gustav Wasa an der Mündung des Flüsschens Vantaa weiter nördlich der heutigen Innenstadt 1550 den Handelsplatz **Helsingfors** gründete. Helsingfors sollte sich in den Ostseehandel einmischen, der lange von den hanseatischen Handelshäusern kontrolliert wurde. Vor allem aus dem Warenverkehr mit dem baltischen Handelszentrum Reval (Tallinn) in Estland wollte man Profit ziehen.

Und natürlich war Helsingfors auch eine verteidigungspolitische Rolle gegenüber dem mächtiger werdenden Russland zugedacht.

Allerdings kam der Handel nicht so recht in Schwung. Stadtbrände behinderten immer wieder den Aufbau. Und zu Beginn des 17. Jh. fiel die ganze Stadt dem „roten Hahn" zum Opfer. Nichts außer die Fundamente einer Kirche sind vom damaligen Helsingfors übriggeblieben.

Königin Christina von Schweden befahl um 1640, die Stadt neu zu errichten, diesmal aber näher am Meer, auf der Halbinsel, auf der sich Helsinki heute ausdehnt.

Als die Bedrohungen durch Russland immer drängender wurden, begann man 1748 mit dem Bau der gigantischen Seefestung Sveaborg (Suomenlinna), die sich über mehrere Inseln vor der Hafeneinfahrt erstreckt. Einen rasanten Aufschwung erlebte Helsinki, damals immer noch eine kleine Hafenstadt mit Holzhäusern und kaum mehr als 3.000 bis 4.000 Einwohnern, aber immer noch nicht. Wieder vernichtete ein Brand 1808 große Teile der Stadt.

Zwischenzeitlich hatten sich allerdings die politischen Verhältnisse im Lande dramatisch verändert. Als Folge des russisch-schwedischen Krieges war Finnland 1809 zum zwar autonomen, aber doch stark von Russland beeinflussten Großherzogtum geworden und Zar Alexander I. bestimmte, dass die Hauptstadt des neuen Großherzogtums von Turku, der bisherigen Hauptstadt des Landes, 1812 nach Helsinki verlegte werden sollte. Wahrscheinlich lag die alte Hauptstadt dem Zaren zu nahe an der Einflusssphäre des Rivalen Schweden.

Nach der Ernennung zur Hauptstadt Finnlands kam Bewegung in die Stadtentwicklung. Großzügig wurde von Johan Albrecht Ehrenström die neue Stadt konzipiert. Neben Ehrenström engagierte man 1816 als Stadtbaumeister keinen geringeren als den damals schon namhaften Architekten Johann Carl Ludwig Engel (1778 – 1840) aus Berlin, einen Schüler Schinkels. Aus Engels Feder, der ein Meister des Neoklassizismus war, stammen die meisten der repräsentativen Bauten, die noch heute das Bild der Innenstadt von Helsinki prägen.

Und die neuen Stadtbauten vermitteln auch einen Eindruck von der Pracht und dem Wohlstand, den die nun rasant aufstrebende Ostseehandelsstadt ausgangs des 19. Jh. entwickelte. Die breite und großzügig angelegte und in der Mitte mit einem schön begrünten Park versehene Esplanade könnte ohne weiteres mit Boulevards in Paris konkurrieren. Die Einwohnerzahl wuchs rasant an. Lebten anfangs auf der Helsinki vorgelagerten Festungsinsel Suomenlinna noch mehr Menschen als in der jungen Hauptstadt Helsinki, stieg die Zahl rasch auf über 60.000 ausgangs des 19. Jh. und auf weit über 200.000 nur ein viertel Jahrhundert später.

1828 wurde die Universität von Turku nach Helsinki verlegt und sieben Jahre später erschien hier die erste Ausgabe des Nationalepos „Kalevala". Die rege Künstlerszene Helsinkis zu Beginn des 20. Jh. ließ sich damals stark vom Jugendstil beeinflussen, der in Helsinki mehr als ein „Stil der Nationalromantik" angesehen wurde. Einer der bedeutendsten Protagonisten der finnischen Nationalromantik galt der Architekt Eliel Saarinen (1873 – 1950), aus dessen Feder auch die Pläne für Helsinkis berühmten Bahnhof stammen.

1952 war die Stadt Austragungsort der 15. Olympischen Sommerspiele.

Für kurze Zeit stand die finnische Hauptstadt im Zentrum des Weltinteresses, als hier 1975 die Staatsoberhäupter von 35 Ländern zusammenkommen und die Schlussakte der Konferenz über Sicherheit und Zusammenarbeit in Europa (KSZE) unterzeichneten.

1983 fand in Helsinki wieder ein sportliches Großereignis statt – die erste Leichathletik-Weltmeisterschaft.

Schließlich bewies Helsinki 1990 mit dem Gipfeltreffen von US-Präsident George Bush mit dem Präsidenten der UdSSR Michail Gorbatschow abermals seinen Ruf als internationaler Konferenzort.

Finnische Architektur ist spätestens seit Alvar Aalto (1898 - 1976) ein internationaler Begriff geworden. Beispiele dafür sind in Helsinki das Stadttheater, die Kongress- und Konzerthalle Finlandia, die Technische Universität, die Temppeliaukio Kirche und die neue Oper, die Ende 1993 fertiggestellt wurde.

2012 feierte Helsinki sein 200jähriges Jubiläum als Hauptstadt Finnlands. Im gleichen Jahr wird Helsinki das Privileg zuteil, für ein Jahr Welthauptstadt des Designs zu sein.

Tipps zur Stadtbesichtigung

Stadtbesichtigungen unternimmt man am einfachsten zu Fuß und bedient sich bei etwas weiter entfernten Sehenswürdigkeiten öffentlicher Verkehrsmittel. Die Sehenswürdigkeiten in der Innenstadt liegen nicht allzu weit auseinander.

Wenn Sie viele Besichtigungen vorhaben und ausgiebig die öffentlichen Verkehrsmittel benutzen wollen, dann besorgen Sie sich die **Helsinki Card** im Touristenbüro an der Esplanade, an den Häfen, im Hauptbahnhof oder in den großen Hotels der Stadt. Die Karte, erhältlich für 1, 2 oder 3 Tage, kostet zwar – ab EUR 36,- pro Erwachsener und EUR 15,- je Kind ab 7 Jahren – aber sie bietet viele Vorteile. Die Helsinki Card verschafft Ihnen z. B. freie Fahrt mit allen Verkehrsmitteln der städtischen Verkehrsbetriebe HKL inkl. Fährbooten sowie einer Stadtrundfahrt pro Erwachsenen. Darüber hinaus gewährt die Karte freien Eintritt zu fast 50 Museen und Sehenswürdigkeiten und man erhält Ermäßigungen in manchen

HELSINKI – **1** *Information* – **2** *Marktplatz* – **3** *Rathaus* – **4** *Präsidentenpalais* – **5** *Uspenski Kathedrale* – **6** *Kaivopuisto Park* – **7** *Mannerheim-Museum* – **8** *Senatsplatz* – **9** *Universität* – **10** *Regierungspalais* – **11** *Dom* – **12** *Bahnhof* – **13** *Nationaltheater* – **14** *Botanischer Garten* – **15** *Kunstmuseum* – **16** *Hauptpostamt* – **17** *Parlament* – **18** *Nationalmuseum* – **19** *Temppeliaukio Kirche* – **20** *Stadtmuseum* – **21** *Finlandia-Halle* – **22** *Flughafenbusse* – **23** *Olympiastadion* – **24** *Sibelius Denkmal* – **25** *Busbahnhof* – **26** *Nationaloper* – **27** *Vergnügungspark Linnanmäki* – **28** *Stadttheater* – **29** *Alte Markthalle* – **30** *Sinebrychoffin taidemuseo* – **31** *Tennispalatsi Kamppi* – **32** *Naturhistorisches Museum* – **33** *Designmuseum*

Restaurants, in Konzerten, in der Oper, in Saunen und Auto- und Fahrradvermietungen. Dazu gibt es einen Stadtführer mit Stadtplänen.

Mein Tipp! Eine relativ bequeme und preiswerte Art sich zum Preis eines Einzelfahrscheins einen ersten Eindruck von der Stadt zu verschaffen, ist eine Fahrt mit der Straßenbahn der **Ring-Linie 3T**, mit der Sie wieder an ihren Ausgangspunkt zurückkehren können. Die Bahn ist ganz normales Verkehrsmittel für jedermann und kann deshalb in den betriebsamen Zeiten des Berufsverkehrs sehr gut besetzt sein. Bequemer hat man es in der Zeit zwischen

10 und 15 Uhr und dann wieder nach 18 Uhr. Sie können an den Haltestellen unterwegs nach Belieben aus- und später wieder zusteigen. Im Touristen-Informationsbüro gibt es die Broschüre „3T Sightseeing" (auch in deutscher Sprache) über den genauen Verlauf der Tramlinie und über die Sehenswürdigkeiten entlang der Strecke. Fahrtdauer rund eine Stunde.

Es wird eine ganze Reihe von begleiteten **Stadtrundfahrten** per Bus, mit Fremdenführung (auch deutschsprachig), angeboten. Abfahrtspunkte sind der Esplanade Park (Fabianinkatu, unweit westlich des Markplatzes, Busabfahrt 11 Uhr), das Katajanokka Fährterminal (Viking Lines, Busabfahrt 10.30 Uhr) sowie das Olympia Terminal (Silja Line, Busabfahrt 10.30 Uhr). Dauer der Rundfahrten von 1 ½ bis 2 ½ Stunden.

Stadtrundfahren per Bus, aber auf eigene Faust, gelingen am einfachsten, wenn man sich der **Hop On Hop Off Busse** bedient (www.stromma.fi). Die Busse verkehren von 1. Mai bis 30. September täglich ab Senatsplatz zwischen 10 und 16 Uhr, mindestens alle 30 bis 40 Minuten. Die Busse passieren auf Ihrer Rundtour alle wichtigen Sehenswürdigkeiten der Stadt. An 11 Haltepunkten kann man aussteigen, Besichtigungen unternehmen und später in den nächsten vorbeikommenden Hop On Hop Off Bus wieder zusteigen. In den Bussen kann man über Kopfhörer Informationen in mehreren Sprachen zu den Sehenswürdigkeiten auf der Busfahrt abhören.

Falls Sie lieber **die Stadt erwandern** wollen gibt es auch dazu in der Touristen-Information ein ausführliches Informationsblatt – **„See Helsinki on foot"**. Oder Sie schließen sich einem **geführten Stadtrundgang** an, die meist in englischer Sprache geführt werden und bestimmte Themen bedienen wie z. B. „Helsinki Design Walk" oder „Inside Helsinki Walk", ein Gang durch Helsinkis Kulturgeschichte (www.archtours.com).

Vom Marktplatz Kauppatori am Stadthafen und vom Hakaniemi-Platz am Nordrand der Innenstadt verkehren im Sommer **Rundfahrt- und Ausflugsboote** zu diversen Zielen, z. B. mit dem Schaufelraddampfer „Vispilä" zum Zoo, zur Festungsinsel Suomenlinna oder nach Seurasaari zum Freilichtmuseum. Kurzrundfahrten starten vom Marktplatz ab 10 Uhr stündlich.

Informationen über aktuelle Termine, Preise und Abfahrtsstellen sowie Fahrscheine für die diversen Rundfahrten und Ausflüge erhält man bei *Helsinki Expert,* dem Fremdenverkehrsverein Helsinki, Tel. 60 19 66, Fax 60 34 17 und am *TourExpert-Schalter* in der Touristeninformation, siehe unten.

Stadtbesichtigung

Ausgangspunkt für unseren Stadtrundgang ist der **Marktplatz Kauppatori (2) [N 60° 10′ 3.06″ E 24° 57′ 15.12″]** mitten im pulsierenden Leben am Hafen der Stadt. Markt wird Mo - Fr zwischen 6.30 und 18 Uhr, Sa bis 16 Uhr und im Sommer auch sonntags 10 - 17 Uhr abgehalten. Hier findet man Blumen, herrliches Gemüse, frische Früchte, Obst und je nach Jahreszeit allerlei Beerenarten und Pilze. Und in Jahreszeiten, in denen frisches Gemüse eher rar ist, nehmen Garküchen, Ess- und Souvenirstände den Platz ein. Am Pier wird je nach Saison direkt vom Boot Fisch verkauft. Im Oktober findet hier der traditionsreiche *Strömlingsmarkt* statt, der auf das 18. Jh. zurückgeht.

Mitten auf dem Marktplatz sieht man einen Steinobelisken mit dem vergoldeten russischen Doppeladler. Dieser sog. **„Stein der Zarin"** erinnert an Zar Nikolaus I., der 1833 zusammen mit Alexandra Feodorovna, der Zarin, Finnland einen Besuch abstattete. Während der russischen Revolution wurde der das alte System symbolisierende Adler vom Obelisken gestürzt und erst

1972 wieder an seinen angestammten Platz zurückgebracht.

Das langgestreckte hellblaue Gebäude an der Nordseite des Marktplatzes ist das **Rathaus (3)**. Der dreigeschossige Bau wurde 1833 nach Plänen von C. L. Engel errichtet, diente zunächst als Hotel und wurde erst im Jahre 1913 zum Stadthaus umfunktioniert. Rechts davon schließen sich das Gebäude der Schwedischen Botschaft, der Oberste Gerichtshof und das **Präsidentenpalais (4),** Pohjoisesplanadi 1, an. Das Gebäude fungierte anfangs als privates Stadthaus, das man 1843 nach Plänen von Engel zu einer Residenz des Zaren umbaute. Seit 1919 dann war das Stadtpalais Amtssitz und Dienstwohnung des finnischen Präsidenten, bis jüngst die neue Präsidentenresidenz *Mäntyniemi* im nordwestlichen Stadtteil Meilahti fertiggestellt wurde. Auf Führungen kann das Palais besichtigt werden; www.helsinkiexpert.fi.

An der östlichen Seite der Hafenbucht sieht man die goldverzierten Türme der russisch-orthodoxen **Uspenski Kathedrale (5) [WP 002 /N 60° 10′ 06.1″ E 24° 57′ 30.9″]**, Kanavakatu, aufragen *(geöffnet Mai - Sept. Mo - Sa 9.30 - 16 Uhr, So 12 - 15 Uhr, sonst Di - Fr 9.30 – 16 Uhr, Sa bis 15 Uhr, So 12 - 15 Uhr; www.ort.fi/helsinki)*. Die orthodoxe Kirche, die größte ihrer Art in den nordischen Ländern übrigens, liegt auf einem kleinen Felshügel auf der **Insel Katajanokka** und wurde 1868 nach Plänen des Architekten Gronostajew errichtet. Die Kirche ist der „entschlafenen Jungfrau Maria" geweiht. Die sehenswerte Ikonenwand im Inneren vor dem Altarraum ist eine Arbeit des russischen Künstlers Tschilschow. Vom Kirchenvorplatz hat man einen schönen Blick auf die Stadt.

Die Uspenski Kathedrale

Gleich unterhalb der Uspenski Kathedrale findet man einen öffentlichen, sonntags gebührenfreien **Parkplatz**.

Gehen Sie vom **Marktplatz Kauppatori (2)** ein Stückchen an der diesseitigen (westlichen) Kaimauer nach Süden in Richtung des markanten rotweißen

Backsteinbaus die **Alte Markthalle Wanha Kauppahalli (29) [N 60° 9' 51.21" E 24° 57' 15.43"]**, Eteläranta, *(geöffnet Mo - Fr 8 - 18 Uhr, Sa 8 - 16; www.wanhakauppahalli.com)*. Sie stammt aus dem Jahr 1889 und ist seither nicht nur bei den Einheimischen, sondern auch bei Touristen der Stadt ein beliebter Anziehungspunkt und Einkaufsziel (Restaurants). Neben feinen Back-, Fleisch- und Wurstwaren werden auch Souvenirs angeboten.

Von der Kaimauer und der Anlegestelle der Fähren der Silja Line hat man einen **guten Blick über den Hafen**, den Markt, das Rathaus und die dahinter aufragende Kuppel des Doms.

Ganz am Südende der Halbinsel dehnt sich das gepflegte Wald- und Parkgelände **Kaivopuisto/Brunnsparken (6)** aus, das im 19. Jh. Helsinkis Kurpark war. Mitte des 19. Jh. fungierte Helsinki als recht mondäner Kurort, der vor allem vom russischen Adel besucht wurde. Neben den Botschaftsresidenzen verschiedener Länder findet man am Ostrand des Parks das **Mannerheim-Museum (7) [N 60° 9' 31.76" E 24° 57' 37.25"]**, Kalliolinnantie 14 *(geöffnet Fr – So 11 – 16 Uhr, Führungen obligatorisch; www.mannerheim-museo.fi)*, Straßenbahnlinie 3B. Der finnische Marschall, Freiherr Carl Gustav Mannerheim war 1867 in Louhisaari bei Turku geboren worden, diente 30 Jahre lang in der Kaiserlich Russischen Armee, leitete zwischen 1906 und 1908 eine Expedition durch Zentralasien, führte 1917/18 den finnischen Freiheitskampf, spielte eine zentrale Rolle in den ersten Jahren der finnischen Unabhängigkeit und wurde schließlich von 1944 bis 1946 finnischer Staatspräsident. Mannerheim lebte hier von 1924 bis zu seinem Tode im Jahre 1951.

An der Westseite des **Marktplatzes Kauppatori (2)** steht am Beginn des breiten Boulevards Pohjoisesplanadi die Statue der wohlgeformten **Havis Amanda**. Die hübsche Bronzedame – eine Arbeit des Bildhauers Ville Vallgren aus dem Jahre 1908 – ist zum Wahrzeichen Helsinkis geworden. Jedes Jahr, in der Nacht des 1. Mai (*vapunaatto*), wird sie von jungen Leuten und Studenten umlagert, die dann durch das Brunnenbecken zu ihr hinaufsteigen, sie umarmen und ihr ihre weißen Studentenmützen aufsetzen. Vallgren, der Gestalter der Figur, interpretierte sein Kunstwerke angeblich so: Er sah dar-

Havis Amanda Brunnen

Helsinkis Nobelboulevard Esplanadi

in eine „der Ostsee entstiegene Jungfrau, Symbol für die Entstehung der Stadt Helsinki".

In der Parkanlage an der **Esplanadi**, die vor allem im Sommer bis tief in die Nacht voller Leben ist, erinnert ein Denkmal an den Verfasser der finnischen Nationalhymne, Johan Ludwig Runeberg. Und am Ostende der Esplanadi, ganz in der Nähe der Figur Havis Amanda, dort wo wir unseren Stadtspaziergang begonnen haben, liegt am Rande der Parkanlage das Lokal **Kappeli Café-Brasserie**, das in einem hübschen Gebäude aus der Mitte 19. Jh. eingerichtet ist. Im Sommer Konzerte auf der Musikbühne davor.

Von der Havis Amanda gehen wir über die Pohjoisesplanadi hinüber zum **Touristen-Informationsbüro (1) [WP 003 / N 60° 10' 04.5" E 24° 57' 03.7"]**, Pohjoisesplanadi 19 und weiter durch die Unioninkatu nordwärts bis zum **Senatsplatz Senaatintori (8) [WP 004 / 60° 10' 08.8" E 24° 57' 07.9"]**, Unioninkatu 29. Er ist der Mittelpunkt des klassizistischen Stadtbildes.

Bis zu Beginn des 19. Jh. war der Platz umgeben von Holzbauwerken wohlhabender Handelshäuser. Während der Auseinandersetzungen im schwedisch-russischen Krieg, in dem Schweden Finnland an Russland verlor, fiel 1809 das ganze Viertel einem Großfeuer zum Opfer.

Bei der großzügigen Neuplanung des Platzes, zeichnete Carl Ludwig Engel, der sich schon in Reval und in St. Petersburg einen Namen als Stadtarchitekt gemacht hatte, die Pläne. Nun entstanden repräsentative Bauwerke im neoklassizistischen bzw. Empirestil.

Auf dem Senatsplatz sieht man ein **Denkmal** mit der Statue des Zaren Alexander II. (1855 – 1881), die Walter Runeberg 1894 geschaffen hat. Die allegorischen Figuren, die das Denkmal umgeben, symbolisieren das Gesetz, die Wissenschaften, die Kunst, den Frieden und die Arbeit. Das Denkmal ist auch deswegen bemerkenswert, da es das einzige Zarendenkmal außerhalb Russlands ist, zumindest im nordwesteuropäischen Raum.

Links sieht man die Gebäude der **Universität (9)** von Helsinki, die 1827 von Turku nach Helsinki verlegt worden war und damals Kaiserliche Alexander Universität hieß.

Die rechte Seite des Senatsplatzes wird vom Komplex des **Regierungs-**

palais (10) eingenommen, das als bedeutendstes architektonisches Werk von Engel angesehen wird. Früher Sitz des Kaiserlichen Senats, beherbergt es heute die Kanzlei- und Sitzungsräume der Landesregierung und die Diensträume des Ministerpräsidenten.

An der Südostecke des Platzes liegt in der Aleksanterinikatu 16 – 18 das **Sederholm-Haus** (wechselnde Ausstellungen). Es stammt aus der Mitte des 18. Jh. und gilt als das älteste Steinhaus in Helsinkis Innenstadt.

Dominiert aber wird der Senatsplatz von der Säulenfassade und der darüber aufragenden Kuppel des **Doms von Helsinki (11) [N 60° 10′ 13.33“ E 24° 57′ 5.83“]** *(geöffnet tgl. Mo - So 9 - 18 Uhr, im Sommer bis 24 Uhr)*. Eine Pläne Engels etwas ab. So fügte er der Hauptkuppel vier kleinere Ecktürmchen an und ließ die Seitenpavillons errichten. Zar Nikolaus I. (1825 – 1855) verfügte, dass die Giebel mit Figuren und Plastiken versehen werden sollten. Den Auftrag dazu erhielten die aus Deutschland stammenden Bildhauer Wederow und Schievelbein. Auch das Altargemälde mit dem Motiv der Kreuzabnahme, das der deutsch-russische Maler T. K. von Neff schuf, ist eine Stiftung des Zaren.

Der Dom ist dem Schutzheiligen der Seefahrer und des Handels, dem hl. Nikolai (Nikolaus) geweiht. Die Namenswahl des Kirchenheiligen war wohl auch eine Reminiszenz an den Zaren Nikolaus I.

Helsinkis Senatsplatz mit Zar Alexander II. Denkmal und Dom

mächtig breite Freitreppe führt zu dem Kirchenbau hinauf, der nach Zeichnungen von Engel zwischen 1830 und 1852 errichtet wurde. Nach dem Tode Engels im Mai 1840 führte Lohrmann die Bauarbeiten fort und änderte die

In dem hohen, fast runden und recht schlichten Kirchenraum stehen drei Skulpturen großer Reformatoren. An der Altarseite rechts sieht man *Mikael Agricola* und links die runde Kanzel. Agricola lebte zwischen 1509 und

1557, war ein Schüler Luthers und Melanchthons, gilt als der große Reformator Finnlands und ging nach seiner Übersetzung des Neuen Testaments ins Finnische als Begründer der finnischen Schriftsprache in die Geschichtsbücher ein.

An der Orgelseite rechts sieht man *Melanchthon* (1497 – 1560), Humanist, Reformator und Mitarbeiter Luthers und links *Martin Luther* (1483 – 1546).

Südlich des Senatsplatzes liegt das **Stadtmuseum Helsinki Helsingin kaupunginmuseo (20)**, Sofiankatu 4 *(geöffnet Mo - Fr 9 - 17 Uhr, Sa + So 11 - 17 Uhr, freier Eintritt; www.helsinginkaupunginmuseo.fi)*, Straßenbahnlinien 1, 3B, 3T, 4, 4T, 7A, 7B. Unter dem Ausstellungmotto „Am Horizont Helsinki" gibt es Einblick in 450 Jahre Stadtentwicklung.

Neben dem Stadtmuseum findet man in der Sofiegatan eine gebührenpflichtige, **öffentliche Toilette**.

Vom Senatsplatz gehen wir über die Aleksanterinkatu, eine der Hauptgeschäftsstraßen der Stadt, westwärts bis zur Mikonkatu oder bis zur Keskuskatu. Dort folgen wir einer der Straßen rechts (nordwärts) bis zum **Bahnhof (12) [WP 006 / N 60° 10' 14.1" E 24° 56' 30.5"]**. Der Bahnhof wurde 1919 eingeweiht und präsentiert sich als ein bemerkenswertes Granitbauwerk in der Manier des späten Jugendstils. Der namhafte finnische Architekt Eliel Saarinen wollte mit dieser Arbeit einen ersten Schritt hin zum sog. „Stil neuer Sachlichkeit" tun.

Details an Helsinkis Hauptbahnhof

Die Lampen haltenden Monumentalfiguren beiderseits des Eingangs schuf Emil Wikström.

Unter dem Bahnhofsplatz Rautatientori liegt ein Einkaufszentrum, das täglich bis 22 Uhr geöffnet ist.

Am Nordende des Platzes, rechts vom Bahnhof, sieht man das **alte Nationaltheater (13)**. Die Pläne zu diesem recht rustikal wirkenden Granitbau stammen aus der Feder des Architekten Onni Tarjanne aus dem Jahre 1902.

Hinter dem alten Nationaltheater erstreckt sich ein ausgedehnter Park zu dem auch der **Botanische Garten der Universität (14) [N 60° 10' 33.49" E 24° 56' 46.75"]** gehört. Seit 1829 können sich hier in den sehenswerten Gewächshäusern und den weiten Parkanlangen Bürger und Besucher der Stadt zu jeder Jahreszeit erholen. *Geöffnet ist der Park täglich von 9 bis 20 Uhr, die Gewächshäuser (Eintritt) Di, Mi und Fr 9 – 16 Uhr, Do 9 – 18 Uhr, Sa + So 10 – 16 Uhr; www.luomus.fi.*

An der Südseite des Bahnhofsplatzes findet man das **Kunstmuseum Ateneum (15) [N 60° 10' 12.89" E 24° 56' 38.10"]**, Kaivokatu 2, *(geöffnet Di, Fr 10 - 18 Uhr, Mi + Do bis 20 Uhr, Sa + So 11 - 17 Uhr; www.ateneum.fi)*. In der größten Kunstsammlung Finnlands werden Gemälde, Skulpturen, Zeichnungen, Aquarelle und Grafiken ausgesellt. Das auch als Staatliche Kunstgalerie oder Finnische Nationalgalerie bekannte Museum zeigt Arbeiten vornehmlich finnischer Künstler aus der Zeit vom 17. Jh. bis Mitte des 20. Jh., aber auch Arbeiten nicht finnischer Bildhauer und Maler (u. a. van Gogh, Gaugin, Modigliani) des 19. und 20. Jahrhunderts.

Das Museum entstand aus einer bescheidenen Sammlung der Finnischen Gesellschaft für Kunst, der Zar Alexander zu Zeiten, als Finnland Großherzogtum war, eine kleine aber feine Kollektion stiftete und mit dem Wunsch verband, damit eine ständige Kunstausstellung für das finnische Volk einzurichten. Heute besitzt das Museum einen Kunstschatz von etwa 15.000 Gemälden und Skulpturen. Einige der wertvollsten Werke stammen aus der sog. „Goldenen Aera", die ausgangs des 19. Jh. die finnische Kunst prägte. Im Zuge der nationalen Selbständigkeit entfaltete sich damals eine lebhafte Kunstszene. Große Namen aus jener Zeit sind *Albert Edelfelt* mit seinen historischen Motiven, *Akseli Gallen-Kallela*, der Themen aus dem Epos Kalevala verarbeitete, *Pekka Halonen*, der für seine Winterszenen bekannt wurde oder *Eero Järnefelt*, der gerne den einfachen „Mann auf der Straße" porträtierte. Sehr sehenswert ist auch die Abteilung mit Werken des 20. Jh.

Unter der Schirmherrschaft der Nationalgalerie steht noch ein weiteres Museum, das **Museum für Ausländische Kunst, Sinebrychoffin taidemuseo (30) [N 60° 9' 45.54" E 24° 55' 56.94"]**, am Bulevardi Nr. 40, Buslinie 20, Straßenbahn 6 *(geöffnet Di + Fr 10 - 18 Uhr, Mi + Do bis 20 Uhr, Sa + So 11 - 17 Uhr; www.sinebrychoffintaidemuseo.fi)*, das allerdings ein gutes Stück weiter im Südwestteil der Stadt in der Nähe der Brauerei Sinebrychoff liegt. Im Museum werden vor allem ausländische Künstler präsentiert. Darunter findet man alte flämische, holländische und italienische Meister, eine schwedische Porträtsammlung, französische Malerei, Miniaturen, eine Sammlung von Möbeln, Silber und Porzellan und eine Abteilung für russische Ikonenmalerei.

Unser Rundgang führt vom Bahnhofsplatz Rautatientori nach Westen zum **Hauptpostamt (16) [N 60° 10' 15.92" E 24° 56' 15.48"]**, Asema-aukio 5, rechts. Das hier untergebrachte **Postmuseum** *(geöffnet Mo - Fr 9 - 18 Uhr, Sa + So 11 - 16 Uhr; www.posti.fi/postimuseum)* zeigt die 360jährige Geschichte des finnischen Postwesens.

Relativ neu ist das **Museum für zeitgenössische Kunst Kiasma**, unweit neben dem Hauptpostamt am Platz Mannerheiminaukio Nr. 2, *(geöffnet Di + So 10 - 17 Uhr, Mi + Do 10 - 20 Uhr, Fr 10 - 22 Uhr, Sa 10 - 18 Uhr; www.kiasma.fi)*, das Werke finnischer und internationaler, vor allem aber baltischer, russischer und skandinavischer Künstler, sowie Medien- und Raumkunst seit der Mitte des 20. Jh. präsentiert.

Vom Platz Mannerheiminaukio bietet es sich an, einen kleinen Umweg über die Salomonkatu zum neuen **Verkehrs- und Einkaufszentrum Kamppi** (www.kamppi.fi) an der Urho Kekkonen Katu 1 zu machen (Straßenbahnlinien 3B und 3T, Metrostation Kamppi), das mit der neuen Metrostation Kamppi, zwei Busterminals, vielen Geschäften, Kneipen und Restaurants zum Shopping und Einkehren einlädt.

Auf dem Weg nach Kamppi passiert man den sog. **Tennispalatsi (31) [N 60° 10' 9.66" E 24° 55' 52.81"]**, Salomonkatu 15. In dem Gebäude aus der ersten Hälfte des vergangenen Jahrhunderts sind heute **Kunstausstellungen** (www.taidemuseo.fi), Cafés, Restaurants sowie ein Multiplex-Kino mit nicht weniger als 14 Sälen untergebracht.

Westlich vom Bahnhof stößt man am Platz Mannerheiminaukio auf die Mannerheimintie, eine der Hauptverkehrsadern der Stadt. Hier wenden wir uns nach rechts und folgen der Straße nordwärts, vorbei am oben erwähnten Kiasma, dem Museum für zeitgenössische Kunst. Schon kurz darauf sieht man auf der gegenüberliegenden, westlichen Straßenseite den mächtigen grauen Granitbau des **Parlamentsgebäudes (17) [N 60° 10' 21.66" E 24° 56' 1.73"]**, Mannerheimintie 30 *(Führungen, auch in englisch, Sa 11 + 12.30 Uhr; www.eduskunta.fi)*. Der Architekt Sirén, der 1920 mit der Planung beauftragt worden war, wollte hier ein Bauwerk im Stil eines „monumentalen Klassizismus" errichten. Es ist der Ort, an dem das 200-köpfige finnische Parlament regelmäßig zusammentritt. Von Dienstag bis Freitag kann die Öffentlichkeit Plenarsitzungen verfolgen.

Auf der anderen Straßenseite der Mannerheimintie steht das **Denkmal** des ehemaligen Staatspräsidenten Carl Gustaf Emil Mannerheim **[WP 005 / 60° 10' 16.4" E 24° 56' 14.4"]**.

Unweit westlich des Parlamentsgebäude liegt die **Kunsthalle Helsinki Heslingin Taidehalli [N 60° 10' 19.41" E 24° 55' 52.19"]**, Nervanderinkatu 3, Busse 18 und 24 *(geöffnet Di, Do, Fr 11 - 18 Uhr, Mi bis 20 Uhr, Sa + So 11 - 17 Uhr; www.taidehalli.fi)*. Das Museum gilt als Repräsentant des Neuklassizismus der 1920er Jahre in Finnland.

Wenig weiter südlich, in der Pohjoinen Rauttatiekatu Nr. 13, findet man das **Naturhistorische Museum Luonnontieteellinen museo (32) [N 60° 10' 16.88" E 24° 55' 53.20"]** *(geöffnet Sommer Di - So 10 - 17 Uhr, sonst Di, Mi,*

Das Parlamentsgebäude

Fr 9 – 16 Uhr, Do 9 – 18 Uhr, Sa + So 10 – 16 Uhr; www.fmnh.helsinki.fi; Buslinie 24, Straßenbahnlinie 3T). Neben imposanten Dinosaurierskeletten sieht man Ausstellungen zu Themen wie „Finnlands Natur", „Natur der Welt", „Geschichte des Lebens" oder „Unter der Ostsee".

Einen Straßenzug weiter nördlich des Parlamentsgebäudes trifft man in der Mannerheimintie Nr. 34 auf das **Finnische Nationalmuseum Suomen kansallismuseo (18) [N 60° 10' 29.60" E 24° 55' 55.55"]** *(geöffnet Di - So 11 - 18 Uhr; www.nba.fi);* Straßenbahnlinien4, 7A, 7B, 10. Das Museumsgebäude im Jugendstil stammt aus der Zeit um 1920. Es wurde nach Plänen der berühmten Architekten Gesellius, Lindgren und Saarinen errichtet. Die Eingangshalle ist mit Deckenmalereien und Motiven aus dem Nationalepos „Kalevala" von Akseli Gallen-Kallela dekoriert. Von prähistorischen Funden der ersten Siedler, über Sammlungen mittelalterlicher Kirchenkunst bis hin zur ethnologischen Entwicklung des Landes werden Geschichte und Kultur Finnlands und seiner Bevölkerung veranschaulicht.

Gegenüber dem Nationalmuseum erhebt sich an der Töölö-Bucht die **Finlandia-Halle (21)**, Mannerheimintie 13 e *(Shop geöffnet Mo - Fr 9 - 17 Uhr, Führungen auch in englisch; www.finlandiatalo.fi)*, einladendes Café „Veranda". Das moderne Kongress- und Konzertzentrum wurde 1971 nach einem Entwurf von Alvar Aalto errichtet. 1975 fand hier das berühmte KSZE-Gipfeltreffen statt.

Einige Straßenzüge weiter westlich des Nationalmuseums liegt in der Lutherinkatu 3 die 1969 nach Plänen der Architekten Timo und Tuomo Suomalainen fertiggestellte **Temppeliaukio Kirche (19) [WP 009 / N 60° 10' 20.7" E 24° 55' 29.9"]** *(Di, Do, Fr 10 - 12 Uhr; Mo + Mi 10 - 12.45 + 14 - 17.15 Uhr; Sa 10 - 18 Uhr, So 11.45 - 13.45 + 15.30 - 18 Uhr; keine Besichtigung während der Gottesdienste).* Der moderne Kirchenraum, der auch Felsendom genannt wird, wurde aus dem gewachsenen Felsen herausgearbeitet und mit einer großen Kupferkuppel überdeckt. Durch die gute Akustik ist er ein beliebter Konzertraum.

Ein gutes Stück weiter nördlich – etwa auf halbem Wege sieht man rechts am Westufer der Töölö-Bucht den modernen Bau der neuen **Nationaloper (26)** – liegt das **Olympia Stadion (23) [WP 007 / N 60° 11' 01.0" E 24° 55' 37.0"]**, Paavo Nurmientie. Straßenbahnlinien 3B, 3T, 4, 7A, 7B und 10 bis Haltestelle Sallinkatu. 1952 war die Sportstätte mit Platz für 50.000 Zuschauer, die 1938 nach Plänen der Architekten Yrjö Lindegren und Toivo Jäntti errichtet wurde, Austragungsort der 15. Olympischen Sommerspiele. Finnlands berühmter Langstreckenläufer Paavo Nurmi entzündete damals das olympische Feuer.

Gegen separaten Eintritt kann man – allerdings nicht während Veranstaltungen oder Wettkämpfen – mit dem Lift hinauf zur Aussichtsplattform auf dem 72 m hohen, markanten Stadionturm fahren *(geöffnet Mo - Fr 9 - 21 Uhr, Sa + So 9 - 18 Uhr; www.stadion.fi)*. Schöner Blick auf die Stadt.

Das **Finnische Sportmuseum Suomen Urheilumuseo** *(geöffnet Mo - Fr 11- 17 Uhr, Sa + So 12 - 16 Uhr; www.urheilumuseo.fi)*, Straßenbahnlinien 3B, 3T, 4, 7A, 7B, 10, neben dem Stadionturm erinnert an Höhepunkte im finnischen Sportgeschehen. Unter den Tausenden von Fotos und Exponaten sieht man z. B. die Sprintschuhe und die Stoppuhr von Paavo Nurmi, dem „fliegenden Finnen". Nurmi errang in seiner überaus erfolgreichen Sportlerlaufbahn nicht weniger als neun Goldmedaillen und 24 Weltrekorde. Vor dem Stadion erinnert ein Denkmal von Wäinö Aaltonen an den großen finnischen Rennläufer Paavo Nurmi.

Detail am Sibelius Denkmal

Auf einem Teil des **Parkplatzes vor dem Olympiastadion** ist 24-Stunden-Parken erlaubt.

Vom Olympiastadion kann man zur Haltestelle Sallinkatu an der Hauptstraße Mannerheimintie gehen und mit der Straßenbahn, am besten mit der Linie 10, zurückfahren bis zur Haltestelle am Erottaja Theater am Westende der Esplanadi und von dort zurück zum Ausgangspunkt am Marktplatz spazieren.

Im nördlichen Stadtbereich erinnert im Stadtteil Töölö das **Sibelius Denkmal (24) [WP 008 / N 60° 11' 00.0" E 24° 54' 57.7"],** Mechelininkatu 38, an den großen finnischen Komponisten *Jean Sibelius* (1865 – 1957). Zu den Werken Sibelius' zählt z. B. die symphonische Dichtung „Finlandia". Das Monument auf einem Felsblock wurde von der finnischen Bildhauerin Eila Hiltunen 1967 geschaffen. Es besteht aus hunderten von Stahlröhren, einer Orgel nicht unähnlich, und einer Metallbüste des Komponisten. Man erreicht das Denkmal auch mit dem Linienbus 24 ab Hauptbahnhof oder mit der Straßenbahn 3T. Jean Sibelius lebte die meiste Zeit seines Lebens in Ainola, einem kleinen Ort nördlich von Helsinki Richtung Järvenpää, siehe weiter hinten Route 2.

Das große **Seurasaari Freilichtmuseum [N 60° 11' 17.6" E 24° 53' 04.1"]** *(geöffnet Jun. - Aug. tgl. 11 - 17 Uhr, 15. - 31. Mai + 1. - 15. Sept. Mo - Fr 9 - 15 Uhr, Sa + So 11 - 17 Uhr; www.seurassari.fi)* liegt sehr schön auf einer bewaldeten Insel nordwestlich der Innenstadt. Man erreicht das Gelände mit der Buslinie 24 ab Station Erottaja beim Schwedischen Theater.

In dem 1909 gegründeten Freilichtmuseum sind alte historische Gebäude aus dem ganzen Lande zusammengetragen worden. Eines der ältesten ist die Kirche von Karuna aus dem ausgehenden 17. Jh. Interessant ist auch der Gutshof von Kahiluoto oder das Gehöft Antti (mit Restaurant).

Jedes Jahr wird auf Seurasaari ein großes Mittsommerfest gefeiert. Zu den Darbietungen gehören eine Mittsommer-Hochzeit, Volkstanz, Trachten, Spiel und Tanz und ein gewaltiges Mittsommerfeuer.

Auf der Festlandseite, ganz in der Nähe der Landbrücke zum Seurasaari Freilichtmuseum, liegt in der Seurasaarentie Nr. 15 in einem weiten Park das Wohnhaus und **Amtssitz Tamminiemi**, der über Jahrzehnte finnischen Staatsoberhäuptern als Amtssitz diente. 1987 wurde das Anwesen in ein Museum umgewandelt *(geöffnet Mi – So 11 – 17 Uhr, Führungen in finnischer Sprache obligatorisch, nur samstags um 12.30 auch in englischer Sprache; www.nba.fi/fi/ukk_Museo)*, Buslinie 24 ab Station Erottaja beim Schwedischen Theater.

Offizielle Staatsresidenz war Tamminiemi schon für Präsident Risto Ryti, der zwischen 1940 und 1944 amtierte, danach von Präsident Carl Gustaf Emil Mannerheim (1944 – 1946). Letzter Resident war der von 1956 bis 1986 amtierende finnische Staatspräsident **Urho Kekkonen**. Kekkonen machte aus Tamminiemi seinen offiziellen Amtssitz, in dem viele für Finnland wichtige Verhandlungen geführt und Entscheidungen getroffen wurden. Nicht selten war die Sauna des Hauses Verhandlungsort. Bald war Kekkonens Verhandlungsführung und seine „Saunagespräche nach Tamminiemi-Art" in Politikerkreisen wohlbekannt.

Ausgestellt sind vor allem Geschenke, Kunstgegenstände und andere Erinnerungsstücke, die Präsident Kekkonen während seiner langen politischen Laufbahn von ausländischen Staatsgästen überreicht bekam. Die finnische Schreibweise von Kekkonen ist übrigens Kekkosen.

Vor allem bei schönem Sommerwetter ist ein Ausflug zur **Seefestung Suomenlinna** ein Erlebnis. Man erreicht die Festungsinseln in 15 Minuten mit Booten, die im Sommer regelmäßig den ganzen Tag bis spät abends ab der Anlegestelle am Marktplatz verkehren. Wenn Sie im Winter in Helsinki sein sollten, können Sie mit dem Bus über die zugefrorene See zur Seefestung fahren, vorausgesetzt natürlich, der Winter ist streng und das Eis dick genug. Am besten nehmen Sie sich einen halben Tag Zeit für den Ausflug.

Die Festung Suomenlinna (oder Sveaborg) wurde während der Schwedenherrschaft über Finnland Mitte des

In der Seefestung Suomenlinna. Foto: Visit Finland Media Bank

18. Jh. unter der Leitung des Festungsbaumeisters Augustin Ehrensvärd angelegt. Sie sollte ein unüberwindliches Bollwerk gegenüber den Angriffen Russlands werden. Aber schon während des schwedisch-russischen Krieges wurden die Bastionen, die sich über zwei Inseln erstrecken, 1808 von russischen Truppen eingenommen und dienten dann bis zur Unabhängigkeitserklärung Finnlands im Jahre 1917 als russische Garnison. Heute UNESCO Weltkulturerbe.

Neben den Militäranlagen, Befestigungen, Kasematten und Parkanlagen ist vor allem das **Suomenlinna-Museum** besuchenswert *(geöffnet tgl. 10.30 - 16.30 Uhr; www.suomenlinna.fi)*. Es erzählt die Geschichte der Festung vom 18. Jh. bis in die Neuzeit, was besonders durch die alle halbe Stunde gezeigte Multivisions-Show „Suomenlinna Experience" veranschaulicht wird.

Neben dem Museum ist hier auch das **Besucherzentrum** untergebracht *(geöffnet Jan. – Apr. und Okt. – Dez. tgl. 10.30 – 16.30 Uhr, Mai – Sept. tgl. 10 – 18 Uhr)*.

Weitere Museen auf Suomenlinna sind: Das **Puppen- und Spielzeugmuseum**, das **Ehrensvärd-Museum** (Offizierswohnung aus dem 18. Jh.), das **Kriegsmuseum Maneesi**, das **Zollmuseum** und das **U-Boot Vesikko**, das 1933 in Turku gebaut wurde und von 1939 bis 1944 im Kriegseinsatz war. Und natürlich gibt es eine ganze Reihe von Restaurants, Cafés, eine Brauereigaststätte, eine japanische Teestube, Kioske, Galerien und Souvenirshops.

Insgesamt verteilen sich die Sehenswürdigkeiten auf zwei durch eine Brücke verbundene ausgedehnte Inseln. Auf einer Besichtigungstour werden Sie also viel zu Fuß unterwegs sein. Es empfiehlt sich also bequemes Schuhwerk, aber auch eine winddichte Jacke. Im Sommer werden täglich Inselführungen (auch in englischer Sprache) angeboten.

Linnanmäki (27) [N 60° 11' 21.97" E 24° 56' 25.68"], Tivolikuja 1, Finnlands größter Vergnügungspark *(geöffnet Ende Apr. - Ende Okt. 11 - 21 Uhr, Juni + Juli 11 - 22 Uhr; www.linnanmaki.fi)* liegt nördlich der Innenstadt und bietet Abwechslung für Groß und Klein. Es gibt u. a. Achterbahnen und andere Fahrgeschäfte, einen Aussichtsturm mit Drehplattform, ein Theater.

Zum Park Linnanmäki gehört das **Meeresmuseum Sealife**, Tivolitie 10, *(geöffnet Mo, Di, Do, Fr 10 - 17 Uhr; Mi 12 - 20 Uhr; Sa + So 10 - 19 Uhr; www.sealife.fi)*.

Man erreicht den Park mit den Straßenbahnen 3B und 3T.

Weitere Museen in Helsinki

Design Museum (33) [N 60° 9' 46.91" E 24° 56' 47.01"], Korkeavuorenkatu 23 *(geöffnet Juni - Aug. tgl. 11 - 18 Uhr; sonst Di 11 - 20 Uhr; Mi - So 11 - 18 Uhr; www.designmuseo.fi)*. Das Museum stellt die Entwicklung des finnischen Kunstgewerbes und die der industriellen Formgebung von der zweiten Hälfte des 19. Jh. bis heute dar.

Museum für Finnische Architektur Suomen rakennustaiteen museo [N 60° 9' 47.61" E 24° 56' 52.41"], Kasarmikatu 24 *(geöffnet tgl. a. Mo 11 - 18 Uhr, Mi bis 20 Uhr; www.mfa.fi)*, Straßenbahnlinien 9 und 10. Ausstellungen zur finnischen Architektur zwischen 1900 und 1970, Bildarchiv, Architekturbibliothek. Rund um die Museen erstreckt sich Helsinkis „Design District", in dem eine ganze Reihe Architekturdenkmäler der Stadt liegen (www.designdistrict.fi).

Kriegsmuseum Sotamuseo [N 61° 29' 2.32" E 21° 47' 53.98"], Liisankatu 1 *(geöffnet Di - Do 11 - 17 Uhr, Fr - So 11 - 16 Uhr, Änderung möglich; www.sotamuseo.fi)*, Kriegshistorische Sammlungen, Waffen, Uniformen vom 17. Jh. bis heute.

Arabia-Fabrik und Museum [N 60° 12' 29.77" E 24° 58' 30.98"], Hämeentie 135 *(geöffnet Di - Fr 12 - 18 Uhr, Sa + So 10 - 16 Uhr, Fabrikladen Mo - Fr 10 - 20 Uhr, Sa + So 10 - 16 Uhr; www.arabianmuseo.fi)*, weiter im Norden der Stadt, erzählt die Geschichte der letzten 130 Jahre dieser Porzellanmanufaktur. Das Museumsgelände, das übrigens ziemlich genau an der Stelle liegt, an der Mitte des 16. Jh. auf Geheiß des schwedischen Königs Gustav Wasa die Anfänge der Stadt Helsinki entstanden, ist auch mit Straßenbahnen der Linien 6 und 8 zu erreichen.

Und wenn Sie sich von den vielen Besichtigungen beim **Shopping** etwas erholen wollen, sind Sie im größten Kaufhaus Finnlands, viele sagen auch ganz Skandinaviens, dem berühmten Stockmann, Aleksanterinkatu 52, richtig. Oder Sie bummeln durch die Aleksanterinkatu, die Esplanade oder über die Mannerheimintie, Helsinkis beliebteste Einkaufsstraßen. Zu den größten Einkaufszentren, die etwas außerhalb des Stadtzentrums liegen, zählen das **Itäkeskus [N 60° 12' 48.13" E 25° 5' 6.79"]**, das als größtes Einkaufszentrum der nordischen Länder gilt (Metro bis Itäkeskus, ca. 15 Min.) oder das **Kamppi** mit über hundert Geschäften und Lokalen (Narinkkatori, Metrostation Kamppi).

Abstecher nach Vantaa/Vanda

Bei längerem Aufenthalt lohnt ein Besuch im **Finnischen Wissenschaftszentrum Tiedekeskus Heureka [N 60° 17' 16.20" E 25° 2' 28.59"]** in **Vantaa/Vanda**, Tiedepuisto 1, Tikkurila, nördlich von Helsinki (Interaktive Ausstellungen, Planetarium mit Filmpräsentation, Wissenschaftstheater, Restaurant u. a. *(geöffnet Mo – Fr 10 – 17 Uhr, Do bis 20 Uhr, Sa + So 10 – 18 Uhr; www.heureka.fi)*.

In Vantaa findet man darüber hinaus das **Vantaa Stadtmuseum Vantaan kaupunginmuseo [N 60° 17' 24.82" E 25° 2' 31.96"]**, Hertaksentie 1, (Ausstellung „Vom Kirchspiel Helsinge zur Stadt Vantaa", *geöffnet Di – Fr 11 – 18 Uhr, Sa + So 11 – 16 Uhr*) und ein gut 10 km weiter westlich das **Vantaa Kunstmuseum Vantaan taidemuso [N 60° 15' 41.02" E 24° 51' 11.12"]**, Myyrmäkitalo, Paalutori 3 *(geöffnet wie Stadtmuseum)*, sowie das **Flamingo Freizeit- und Wellnesszentrum** (Wasserfreizeitpark, Wellnesszentrum, Bowlingcenter, Cinemakomplex mit sechs Kinos, Golf, Spielhalle, Restaurants, Hotel, Boutiquen). In der Nachbarschaft liegt das „Jumbo", eines der größten **Einkaufszentren** Finnlands.

Unweit nördlich Vantaa/Vanda liegt Helsinkis internationaler Flughafen Vantaa. In seinem Umfeld ist das **Finnische Luftfahrtmuseum Suomen Ilmailumuseo [N60°18'16.16" E24°57'36.79"]** zu finden, Tietotie 3, *(geöffnet Mo + Di sowie Do – So 10 – 17 Uhr, Mi 10 – 20 Uhr; www.ilmailumuseo.fi)*.

Auskunft erteilt die **Vantaa City Tourist Information**, Vantaa Travel Centre, Ratatie 7, FI-01300 Vantaa, Tel. 09 83 92 21 33, www.visitvantaa.fi.

Bootsausflug nach Porvoo

Zwischen Mai und September verkehrt der historische Nostalgiedampfer **„MS J. L. Runeberg"** aus dem Jahre 1912 in alter Frische von Helsinki nach Porvoo und zurück durch wunderschöne Schärenlandschaft. Abfahrt ist um 10 Uhr ab dem Linnanlaituri „Palace Pier" nahe des Marktplatzes (Kauppatori) in Helsinki. Rückfahrt ab Porvoo Matkustajasatama „Tourist Harbour" um 16 Uhr; www.msjlruneberg.fi.

Ausflug nach Tallinn

Bei ausreichend zur Verfügung stehender Zeit ist ein Abstecher von Helsinki in die estnische Hauptstadt Tallinn, mit seiner wunderschönen Altstadt der Überlegung wert. Fähren zwischen Helsinki und Tallin verkehren mehrmals täglich zwischen 7.30 und 22.30 Uhr. Und da die Überfahrt mit den Schiffen von Tallink Shuttle nur zwei Stunden dauert, kann man den Abstecher in einen Tagesausflug packen.

Ausflug mit der Bahn nach Sankt Petersburg

Das sehenswerte St. Petersburg liegt nur knapp 4 Bahnstunden von Helsinki entfernt. Und es gibt bis zu vier Abfahrten täglich von Helsinki Hauptbahnhof nach St. Petersburg Finnischer Bahnhof, also von Stadtzentrum zu Stadtzentrum. Falls Sie also etwas Zeit mitbringen bietet es sich tatsächlich an, St. Petersburg auf bequeme Weise einen Besuch abzustatten. Wichtig dabei ist allerdings, dass Sie im Besitz eines Visums für Russland sein müssen und dass Ihr Reisepass noch sechs Monate über des Ende Ihrer St-Petersburg-Reise hinaus gültig ist!

Eine wichtige Informationsquelle über Bahnreisen von Helsinki nach St. Petersburg ist die Webseite der Finnischen Bahn www.vr.fi.

Am bequemsten und einfachsten ist es, wenn Sie in Helsinki die Dienste eines Reisebüros in Anspruch nehmen. Da Sie in St. Petersburg ja auch eine Bleibe, sprich Hotel brauchen und Stadtrundfahrten bzw. Besichtigungen vorhaben werden, hilft ein Reisebüro am besten weiter. Und – falls Sie sich nicht schon zu Hause ein Visum für Russland besorgt haben – wird Ihnen das Reisebüro gegen Gebühr auch das Visum beschaffen. Rechnen Sie aber damit, dass die Visumbeschaffung nicht unter acht oder zehn Tagen möglich sein wird! Wie gesagt, etwas Zeit ist für einen Abstecher nach St. Petersburg notwendig.

Eine ausführliche Beschreibung von Sankt Petersburg finden Sie z. B. in unserem Reiseführer **„Mobil Reisen: Rund um die Ostsee“**.

PRAKTISCHE HINWEISE – HELSINKI

Helsinki City Tourist Information - Helsingin kaupungin matkailuroimisto [WP 003 / N 60° 10′ 04.5″ E 24° 57′ 03.7″], Pohjoisesplanadi 19, PL 28, FI-00099 Helsinki, Tel. +358 (0)9 31 01 33 00. *Geöffnet 15. Mai – 15. Sept. Mo - Fr 9 - 20 Uhr, Sa + So 9 - 18 Uhr. 16. Sept. – 14. Mai Mo - Fr. 9 - 18, Sa 10 - 16 Uhr;* eMail: tourist.info@hel.fi, www.visithelsinki.fi.

RESTAURANTS

Das Kaffeehaus „Aschan Café Jugend“ [N 60° 10′ 4.62″ E 24° 57′ 2.40″], Norra Pohjoisesplanadi 19, Tel. 09 41 32 222, an der Esplanadi ist schon alleine wegen seines ungewöhnlichen architektonischen Erscheinungsbild einen Besuch wird. Der hohe, sich noch oben verjüngende, nach innen geneigte Gastraum mit lichter Glasdecke und Bögen an der Seite erinnert mehr an ein sakrales Bauwerk. Aber weit gefehlt. Das Gebäude wurde ursprünglich für ein Bankhaus konzipiert, ein ehemaliger „Geldtempel“ quasi.

Café Ekberg [N 59° 49′ 24.22″ E 22° 58′ 3.15″], Bulevardi 9, Tel. 09 68 11 86 60, geöffnet Mo-Fr 7.30 – 19 Uhr, Sa 8.30 – 17 Uhr, So 10 – 17 Uhr; gegründet 1850, ist es eines der traditionsreichsten Cafés der Stadt. Die Patisserie ist berühmt für Leckereien wie den Napoleonskuchen und den Champagnerkorken. Man trifft sich zum Frühstücksbuffet oder zum Suppenbuffet, das ab 11 Uhr geöffnet ist.

Café Aalto [N 60° 10› 3.61» E 24° 56› 37.50»], Academic Bookstore, Pohjoisesplanadi 39, 2. Stock, Tel. 09 12 14 446, www.cafeaalto.fi; geöffnet Mo – Fr 9 – 21 Uhr, Sa 9 – 18 Uhr, So 12 – 18 Uhr; das Café wurde vom berühmten Architekten Alvar Aalto gestaltet, elegantes Kaffeehaus im Art Deco Stil. Man serviert Frühstück, Suppen und kalt/warme Sandwiches vom Feinsten.

HOTELS

Hotel Anna **, 64 Zi., Annankatu 1, Tel. 09 61 66 21, www.hotelanna.fi; kürzlich renoviertes Mittelklassehotel Garni, Garage.
Crowne Plaza Helsinki * [N 60° 10' 48.41" E 24° 55' 40.60"]**, 349 Zi., Mannerheimintie 50, Tel. 09 25 21 00 00; www.crowneplaza-helsinki.fi; gegenüber des Opernhauses, obere Preislage, zentral, 2 Restaurants, Bar, Schwimmbad, Health Club & Day Spa, Garage, alle Zimmer mit Internetanschluss.
Seurahuone * [N 60° 10' 12.71" E 24 °56' 24.43"]**, 118 Zi., Kaivokatu 12, Tel. 09 69 141, www.hotelliseurahuone.fi; obere Preisklasse, zentral, am Bahnhof, elegante Bar Socis mit schöner Glaskuppel. Garage.
Holiday Inn Helsinki City Centre * [N 60° 10' 20.33" E 24° 56' 21.48"]**, 174 Zi., Elielinaukio 5, Tel. 09 54 25 50 00, www.finland.holidayinn.com; Restaurant, zentral zwischen Bahnhof und Postamt gelegen.
Hotel Kämp *** [N 60° 10' 4.38" E 24° 56' 50.00"]**, 179 Zi., Pohjoisesplanadi 29, Tel. 09 57 61 11, www.hotelkamp.fi; die angesagte Adresse für Liebhaber nostalgischer Hoteladressen mit Stil, illustrem Gästebuch und Ausstrahlung. Das teure Kämp, im Stil der Nationalromantik erbaut, schrieb finnische Hotelgeschichte. 2 Restaurants, davon eines mit japanischer Küche. Wellness- und Fitnesseinrichtungen.

CAMPING

Camping Rastila [WP 010 / N 60° 12' 23.2" E 25° 07' 16.3"], Karavaanikatu 4, FI-00980 Helsinki-Rastila, Tel. 09 31 07 85 17, www.rastilacamping.fi; 1. Jan. – 31. Dez.; Ausfahrt Nr. 3 von der E18 (Ring 1) ca. 13 km östlich von Helsinki und auf Straße 101 noch 6 km Richtung Nordsjö, beschildert; städtischer Platz, im Sommer stark frequentiert; langgestrecktes, durch Fahrwege und Hecken unterteiltes, teils von Wald, teils von Wohnhäusern begrenztes Gelände, in der Nähe einer Bucht mit Badestrand; praktische Parzellierung; ca. 10 ha – 180 Stpl.; Standard-Sanitärausstattung. Restaurant, Sauna, Waschmaschine mit Trockner, WLAN, Boots- und Fahrradverleih. 35 Miethütten. Laden nahebei **V & E für Wohnmobile**. Metro-Station in Gehnähe. Per U-Bahn 17 Min. zum Stadtzentrum Helsinki.

Espoo

SunCamping Espoo Oittaa [N 60° 14' 20.9" E 24° 39' 20.3"], Kunnarlantie 31, Tel. 09 86 32 030; Ende Mai – Ende Aug.; in **Espoo**, ca. 18 km westlich von Helsinki, beschilderte Zufahrt von der Straße 1/E18, Ausfahrt Espoo und noch 4 km nordwärts; Wiesengelände in waldreicher Umgebung, bis nahe an einen See mit Strand reichend, hörbare Straße und Flugplatz; ca. 10 ha – 250 Stpl.; Standard-Sanitärausstattung, Sauna, Waschmaschine und Trockner, 25 Miethütten. **V & E für Wohnmobile**.

2. HELSINKI – HÄMEENLINNA – LAHTI

Länge der Tour: Rund 320 km.

Die Route: Straße E18/7 von Helsinki nach **Porvoo/Borgå** – Straße 148 bis **Kerava** – 140 bis **Järvenpää** – 145 bis **Ainola** und zurück bis **Järvenpää** – Landstraßen über **Hyvinkää** bis **Riihimäki** – E12/3 über **Hämeenlinna** bis **Kalvola** und zurück bis **Hämeenlinna** – Straßen 10 + 12 bis **Lahti**.

Reisedauer: Mindestens ein Tag, besser zwei Tage bei ausgiebigen Besichtigungen.

Höhepunkte: Die **Altstadt von Porvoo** * – **Ainola** * – das **Finnische Eisenbahnmuseum** *** in Hyvinkää – das Finnische Glasmuseum **Suomen Lasimuseo** in Riihimäki * – die **Burg von Hämeenlinna****– das **Panzermuseum** ** bei Parola – die **Alte Kirche von Hattula** ** – die **Glasmanufaktur Iittala** * – die **Kirche von Hollola** * – das **Sprungschanzenzentrum in Lahti** *.

ROUTE: *Auf der Straße 7/E18 von Helsinki ostwärts nach* **Porvoo/Borgå** *(54 km). Alternativ dazu kann man sich den Weg über die Straße 170, den „Königsweg" nach Porvoo suchen, was aber gar nicht so einfach ist, da sich die Wegweisung auf die Autobahn 7/E18 konzentriert. Die Straße verläuft parallel zur Autobahn, bietet aber – außer dem Namen vielleicht – keine nennenswerten Besonderheiten.*

Porvoo (schwedisch Borgå) am Fluss Porvoonjoki (oder Borgå Å) ist eine sehr alte Stadt, präzise Finnlands zweitälteste Stadt.

Der schwedische König Magnus Eriksson hat Borgå 1346 Stadtrechte verliehen. Schon damals hatte sich Porvoo/Borgå im Schutze einer Burg aus einem Handelsplatz zu einem stattlichen Hafen entwickelt. Von jener Burg ist allerdings nicht viel mehr als der Stadtname geblieben. Borgå bedeutet nämlich nichts anderes als die „Burg am Fluss".

Der letzte große Stadtbrand im Sommer 1760 zerstörte den größten Teil der damaligen Stadt, die aber kurz danach nach dem alten Straßenplan wieder aufgebaut wurde.

Nachdem Finnland im 19. Jh. von Russland annektiert worden war, wurde auf Geheiß von Zar Alexander I. im März 1809 die erste Versammlung des finnischen Reichstages in Porvoo abgehalten. Wenige Jahre später wurde mit dem Bau der Neustadt im Empirestil begonnen.

Heute teilt sich Porvoos Innenstadt im Grunde in zwei Bereiche, in die etwas hügelige **Altstadt** im Norden mit ihren hübschen Holzgebäuden und der markanten, erhöht gelegenen Domkirche und in die **Neustadt** im südlichen Teil, die um 1830 von Carl Ludwig Engel im Empirestil konzipiert worden ist. Dazwischen liegen die verkehrsreiche Hauptstraße Mannerheiminkatu und der Marktplatz Tori (Busbahnhof, Parkplätze) mit dem attraktiven **Stadthaus [N 60° 23' 40.6" E 25° 39' 35.9"]** von 1893 an der Nordseite des Platzes.

In der Altstadt von Porvoo

Zu den am besten erhaltenen Stadthäusern im Empirestil die man besichtigen kann, zählt das **Runeberg-Haus [N 60° 23' 25.38" E 25° 39' 48.35"]** in der Aleksanterinkatu 3, eine Querstraße der Runeberginkatu im neueren Stadtteil südöstlich der Altstadt *(geöffnet 2. Mai – 30. Sept. tgl. 10 – 16 Uhr, übrige Zeit Mi – So 10 – 16 Uhr; www.runeberg.net).* Das noch wie zu Runebergs Zeiten eingerichtete Haus war der Wohnsitz des Studienrates Johan Ludvig Runeberg (1804 – 1877) und seiner Frau Frederika. Runeberg wurde in Finnland als Schriftsteller, ja als „Nationaldichter" bekannt. Er schrieb die Verse zur finnischen Nationalhymne „Vårt land".

Übrigens: In den Konditoreien der Stadt finden Sie ein donatartiges, rundes, zylinderförmiges Gebäckstück mit einem Sahneklecks oben drauf, das „Runeberg-Gebäck", von dem es heißt, J. L. Runeberg, Finnlands Nationaldichter, hätte sich damit gerne sein Frühstück versüßt.

Nebenan kann man die **Walter Runeberg Skulpturensammlung** *(geöffnet 2. Mai - 31. Aug. tgl. 10 - 16 Uhr, sonst Mi - So 10 - 16 Uhr;* www.porvoo.fi*)* besichtigen. Walter Runeberg (1838 – 1920) machte sich in Finnland als Bildhauer und Skulpteur einen Namen.

Hübsch ist ein **Spaziergang durch die Altstadt Gamla Borgå** oder **Vanha Porvoo** mit ihren romantischen Winkeln, Pflasterstraßen und roten Boots- und Speicherhäusern am Fluss.

Am einfachsten beginnt man am kleinen Platz **Krämaretorget [N 60° 23′ 40.2″ E 25° 39′ 52.9″]**, Parkmöglichkeiten, nordwestlich der Mannerheiminkatu oder am **Parkplatz [WP 011 / 60° 23′ 44.1″ E 25° 39′ 18.7″]** an der alten Brücke über den Borgå direkt gegenüber der Westseite der Altstadt. Von dort geht man über die Flussbrükke und durch die Ågatan/Jokikatu in Flussnähe südwärts hinauf zum **Alten Rathaus [N 60° 23′ 43.07″ E 25° 39′ 29.07″]**, das man durch sein Uhrtürmchen erkennt. Das Alte Rathaus von Porvoo aus dem Jahre 1764 ist übrigens das erste aus Stein errichtete Rathaus in Finnland. Heute beherbergt es das **Historische Museum**, das Heimatmuseum der Stadt *(geöffnet Mai - Aug. Mo - Sa 10 - 16 Uhr, So 11 - 16 Uhr; Sept. - Apr. Mi - So 12 - 16 Uhr; www.porvoonmuseo.fi).* Eine der neueren Ausstellungen des Museums befasst sich mit dem Thema „Urzeit und Mittelalter".

Am Rathausplatz ist im Holm Haus in der Välikatu 11 auch das **Touristen Informationsbüro** zu finden. Erst vor wenigen Jahren wurde in der Välikatu 11 das **Museum Holm** eröffnet. Die Ausstellungen in dem 1763 erbauten Stadtpalais vermitteln einen Einblick in den Alltag, das gesellschaftliche Umfeld und den Reichtum einer Kaufmannsfamilie in der Zeit des ausgehenden 18. Jh. *(geöffnet Mai - Aug. Mo - Sa 10 - 14 Uhr, So 11 - 16 Uhr; sonst Mi - So 12 - 16 Uhr; www.porvoonmuseo.fi).*

Die parallel südlich zur Välikatu verlaufende Jokikatu ist die Geschäftsstraße der Altstadt mit allerlei Geschäften, Kunsthandwerk- und Antiquitätenläden. Eines der Häuser fast am Südende der Straße, Jokikatu 12, wird immer noch „Schloss" genannt. Hier stand im Mittelalter die Burg Porvoon Linna, von der die Stadt ihren Namen ableitet. Während des Reichstages 1809 residierte hier kurzzeitig Zar Alexander I. Später lebte hier der finnische Musiker Remu Aaltonen.

Schräg gegenüber vom Alten Rathaus, an der Nordostseite des Rathausplatzes, liegt in der Edelfeltinpolku 3 das **Edelfelt-Vallgren Museum** *(Jun. - Aug. Di - So 10 - 16 Uhr, sonst bis 14 Uhr).* Das Museum erinnert an den Maler Albert Edelfelt (1854 – 1905) und an den Bildhauer Ville Vallgren (1855 – 1940).

Neben dem Edelfelt-Vallgren Museum liegt links das **Alte Kaplanshaus**, das besichtigt werden kann.

Auf unserem Rundgang gehen wir nun ein kurzes Stück zurück und nach dem Edelfelt-Vallgren Museum links die recht romantische **Gasse Ralinginkaju**

Blick über den Fluss Porvoojoki/Borgå auf Porvoos Altstadt mit dem Dom

hinauf. Oben in der Vuorikatu/Berggatan gehen wir links zur **Domkirche [N 60° 23' 48.63" E 25° 39' 29.05"]** mit ihrem massiven Turm.

Der Dom wurde zu Beginn des 15. Jh. auf den Mauern eines älteren Gotteshauses errichtet. Die meisten Kirchenschätze gingen während des „Großen Unfriedens" verloren, als bei Aufständen das Kirchendach einstürzte.

Ein historisches Ereignis für ganz Finnland fand 1809 im Dom zu Porvoo statt. Zar Alexander I. hatte – nachdem Finnland an Russland gefallen war – einen Reichstag nach Porvoo einberufen und hier im Dom feierlich versprochen, die Gesetze und die Religionsfreiheit Finnlands zu respektieren.

Am Himmelfahrtstag 2006 ist der Dom bei einem Brand stark beschädigt worden. Die Schäden sind durch aufwändige Restaurierungsarbeiten aber längst beseitigt.

Vom Dom gehen wir hinunter zur alten Brücke über den Fluss Porvoojoki/Borgå. Über sie verlief einst die älteste Landstraße Finnlands von Turku nach Vyborg. Vom jenseitigen Ufer (großer **Parkplatz, WP 011 / 60° 23' 44.1" E 25° 39' 18.7"**) hat man einen schönen **Blick auf die Stadt** und den Fluss.

Informativ sind **geführte Rundgänge durch die Altstadt** von Porvoo, denen man sich anschließen kann. Sie starten (nur im Sommer) montags bis samstags am Raatihuoneentori um 14 Uhr. Dauer etwa eine Stunde.

Übrigens: Ein Spaziergang durch die Straßen der Altstadt ist auf dem groben Kopfsteinpflaster ohne bequemes Schuhwerk etwas mühsam.

Falls Sie in einem der zahlreichen Souvenirläden Blechkrüge mit großem Henkel und einem C auf blauem Grund darauf sehen, so haben Sie ein sog. „Maß von Porvoo" vor sich, um dessen Ursprung man sich folgende Geschichte erzählt: Als Porvoo noch zu Schweden gehörte, mussten die Einwohner ihre Steuern gewöhnlich in Naturalien wie Getreide, Fisch, Pelze oder Wild bezahlen. Nun soll es einen schlitzohrigen Steuereintreiber gegeben haben, der damals buchstäblich mit zweierlei Maß und natürlich immer zu seinen Gunsten gemessen haben soll. Bei der Einnahme der Abgaben verwendete er immer ein größeres Maß. Und bei der Weitergabe an die Krone nahm er ein Maß mit doppeltem Boden und geringerem Inhalt. Die Differenz wanderte in seine Tasche. Heute taucht das „Maß von Porvoo" nur noch in Souvenirläden auf.

Im Juni, Juli und August verkehrt jeweils am Samstag um 13 Uhr eine **Nostalgiebahn mit Dampflok** von Porvoo über Kiala und Haksi nach Hinthaara. Um 14.10 Uhr geht es von Hinthaara zurück nach Porvoo, Ankunft 14.40 Uhr (www.steamrail.fi).

Im Sommer verkehren vom Flusshafen in Porvoo **Passagierschiffe nach Helsinki** (www.royalline.fi) und es werden kurze **Kreuzfahrten in die Schären** (www.saaristolinja.com) vor der Küste angeboten.

ROUTE: *Von Porvoo auf der Straße 55 ein kurzes Stück Richtung* **Mäntsälä**, *dann westwärts auf der 1531 („Kungsvägen) nach* **Hinthaara** *und auf der*

PRAKTISCHE HINWEISE – PORVOO/BORGÅ

Porvoo City Tourist Information [N 60° 23' 43.05" E 25° 39' 29.03"], Välikatu 11, im Holm Haus, Platz am Alten Rathaus, FI-06101 Porvoo, Tel. 04 04 89 98 01; www.porvoo.fi/tourism, *geöffnet Mo – So 10 – 16 Uhr.*
Tourist Information [N 60° 23' 21.37" E 25° 39' 27.21"], Raatihuoneenkatu 9; *geöffnet Mo - Sa 9 -19 Uhr, So 10 - 18 Uhr.*

RESTAURANTS

Café Cabriole, Piispankatu 30, Tel. 019 52 32 800, www.cabriole.fi; das stilvolle Café im Zentrum der Neustadt serviert neben Kreationen aus der Konditorei auch ein Lunchbuffet ab 11 Uhr täglich.
Wanha Laamanni, Vuorikatu 17, Tel. 01 95 23 04 55, www.wanhalaamanni.fi; ganz in der Nähe des mittelalterlichen Doms von Porvoo, eingerichtet auf zwei Etagen in einem historischen Holzhaus aus dem 18. Jh.; gemütliches Ambiente mit Kaminen in den Gasträumen, Terrasse mit Blick auf Porvoo; finnische und internationale Küche.

HOTELS

Seurahovi, 37 Zi., Rauhankatu 27, Tel. 019 54 761; www.seurahovi.fi; gutes Mittelklassehotel mit Restaurant. Garage.
Pariisin Ville, 10 Zi., Jokikatu 43, Tel. 019 58 01 31, www.pariisinville.fi; hübsches Haus der guten Mittelklasse in der Altstadt neben dem Rathaus. Die Zimmer sind gemütlich eingerichtet und liebevoll nach früheren Bewohnern des Hauses benannt. 2 Restaurants, eines davon, das „Timbaali", hat sich als einziges Restaurant in Finnland auf Schneckengerichte spezialisiert.

CAMPING

SunCamping Porvoo Kokonniemi [N 60° 23' 32.2" E 25° 39' 08.2"], Uddaksentie 17, Tel. 019 58 19 67, www.suncamping.fi/porvoo-camping-kokonniemi.php; 4. Juni – 22. Aug.; ca. 2 km südl. der Stadt, am Südwestufer des Flusses Porvoojoki; gepflegtes Wiesengelände mit Busch- und Baumbestand; ca. 8,5 ha – 80 Stpl.; Standard-Sanitärausstattung. Waschmaschine, Sauna, Fahrradverleih, Minigolf; 10 Miethütten. **V & E für Wohnmobile**.

Jean Sibelius, Finnlands großer Komponist

Jean Siblius erblickte am 8. Dezember 1865 in Hämeenlinna das Licht der Welt. Eigentlich waren Sibelius' Vornamen Johan Julius Christian. Seine Eltern, der 44-jährige Militärarzt Christian Gustav Sibelius und die 24-jährige Maria Charlotte Sibelius, geborene Borg, entschieden sich allerdings dazu, ihren Sohn Janne zu nennen. Sibelius selbst wählte später lieber die französische Version seines Vornamens Jean. Es heißt, Jean Sibelius hätte die Idee dazu von einem seiner Onkel, dessen Visitenkarten er eines Tages in die Hände bekam. Der Onkel hatte seinen Vornamen der damaligen Mode entsprechend französisiert und ließ sich fortan Jean rufen.

Seine musikalische Ausbildung begann Jean Sibelius bei Richard Faltin und Martin Wegelius, beides Musikwissenschaftler mit Verbindungen nach Deutschland. Ab 1889 studierte Sibelius für etwas mehr als zwei Jahre in Berlin und Wien.

1891 dann erhielt Sibelius eine Anstellung als Musikdozent der Universität in Helsinki. Später ist er als unabhängiger Komponist und Tondichter tätig und heiratet 1892 die zwanzig Jahre jüngere Aino, Tochter aus der Künstlerfamilie Järnefelt.

Sechs Jahre später kann Sibelius mit seiner Familie auf seinen Landsitz Ainola ziehen, dessen Erwerb ihn um ein Haar in den Bankrott getrieben hätte. Ainola sollte für Sibelius ein Ort überaus erfolgreichen Schaffens werden.

Ainola, ehemaliger Wohnsitz des Komponisten Jean Sibelius

Sibelius' Lebenswerk umfasst eine Oper, ein Violinkonzert, das er auf Ainola vollenden konnte, Orchestersuiten, sieben Sinfonien, diverse Sinfonische Dichtungen wie die „Finlandia" (1899) oder der „Valse triste" und Chorwerke.

Noch heute gilt Jean Sibelius als einer der bedeutendsten Komponisten Finnlands, der auch außerhalb, vor allem in angelsächsischen Ländern, Furore machte. In Deutschland wurden Sibelius' Werke erst in der zweiten Hälfte des vergangenen Jahrhundert einem breiteren Publikum bekannt.

Jean Sibelius lebte gerne auf großem Fuße und war die meiste Zeit seines Lebens hoch verschuldet. Vor allem nach dem Erwerb seines Landsitzes Ainola stiegen die Verbindlichkeiten in schwindelnde Höhen. Erst 1927 machten Schenkungen großzügiger Gönner und endlich steigende Einnahmen aus seinen Musikwerken und Konzerten aus Finnlands Nationalkomponisten, damals schon 62 Jahre alt, einen schuldenfreien Mann.

Am 20. September 1957 starb Jean Sibelius im stattlichen Alter von 92 Jahren ziemlich verarmt auf seinem Landsitz Ainola bei Järvenpää. Sibelius, der Zeit seines Lebens den weltlichen Genüssen offenbar sehr zugetan und ein Freund guter Zigarren, erlesener Weine und feinen Essens war, soll einmal (sinngemäß) gesagt haben, nachdem ihm Ärzte vom Alkoholgenuss und seinen geliebte Zigarren dringend abgeraten hatten: „Alle die Ärzte, die mir immer wieder Zigarren und Wein verbieten wollten, sind gestorben. Und ich lebe immer noch."

Landstraße 148 bis **Kerava**. *Hier auf der Straße 140 nordwärts bis* **Järvenpää**, *dort südwestwärts abzweigen auf die Straße 145. Nach 1,5 km erreicht man den Abzweig nach* **Ainola**.

Bei **Sibbo/Sipoo** lohnt ein kurzer Abstecher zur hübschen Kirche **Gamla Kirkke Nikkilä [WP 012 / 60° 22' 09.9" E 25° 15' 30.8"]**.

Järvenpää wartet mit dem **Kunstmuseum Järvenpään taidemuseo** auf, Kirjastokatu 8 *(geöffnet tgl. 11 - 18 Uhr, www.jarvenpaa.fi/taidemuseo)*. Ausgestellt sind in erster Linie Werke der heimischen Künstler Eero Järnefelt (1863 – 1937), ein guter Bekannter der Familie Sibelius, und Venny Soldan-Brofeldt (1863 – 1945).

Ainola [WP 013 / N60°27'17.9" E25°5'09.8"], Ainolankatu *(geöffnet 2. Mai – 30. Sept. Di – So 10 – 17 Uhr, www.ainola.fi)*. Zu erreichen über die A4/E75 (Helsinki-Lahti) Ausfahrt 10 und Straße 145 ca. 2 km westwärts. Ainola liegt in der Nähe des Sees Tuusulanjärvi auf dem Gebiet der heutigen Gemeinde Järvenpää. Es war ab dem 24. September 1904 über 60 Jahre lang Haus und Heim des Komponisten Jean Sibelius und seiner Familie. Während der Jahre in Ainola komponierte Sibelius die endgültige Fassung seines Violinkonzerts, die Symphonien Nr. 3 bis 7, Tapiola und viele andere Meisterwerke.

Sibelius starb am 20. September 1957 in seinem geliebten Ainola. Er und seine Frau Aino sind im Park des Anwesens beigesetzt.

Die Gattin des Komponisten, Aino Sibelius, bewohnte das Haus noch bis Ende der 1960er Jahre. 1972 verkauften die Töchter von Jean und Aino Sibelius das Anwesen an den Staat, mit der Maßgabe, aus ihrem Elternhaus ein Museum zu machen. Seit 1974 steht Ainola dem Publikum offen.

Dem Anwesen ist ein neuzeitliches Café angeschlossen.

ROUTE: *Zurück nach Järvenpää und nordwestwärts nach* **Hyvinkää**.

Besuchenswert in **Hyvinkää** ist das **Finnischen Eisenbahnmuseum Suomen Rautatiemuseo [WP 014 / N 60° 37 31.0 E 24° 51' 00.4"]**, Hyvinkäänkatu 9 *(geöffnet Juni – Aug. tgl. 10 – 17 Uhr; Sept. - Mai tgl. a. Mo 12 – 15 Uhr, So bis 17 Uhr; www.rautatie.org, Museumsshop, Café Strömberg)*.

Die überaus umfangreiche Sammlung des weit über 100 Jahre alten Museums besteht aus einer großen Zahl von Lokomotiven (darunter 25 Dampflokomotiven, von denen z. Zt. 14 im Museum ausgestellt sind, u.a. die Lokomotive VR Class Vk4, gebaut 1909) der unterschiedlichsten Art und Spurweite, aus Waggons und rollendem Material, aus Fotos, Modelleisenbahnen, Dokumenten und tausend anderen Dingen, die in Verbindung mit der Eisenbahngeschichte Finnlands stehen.

Zu den spektakulärsten Ausstellungsstücken aber zählen zweifellos drei historische Waggons aus dem **Zug des Russischen Zaren** Alexander II. Drei Salonwagen, der in Deutschland gebaute Waggon des Zaren, der Waggon der Zarin und ein weiterer Salonwagen sind erhalten. Ursprünglich bestand der komplette, um 1870 für kaiserliche Bahnreisen nach und in Finnland gebaute Zarenzug aus sechs Waggons. Die drei erhaltenen Waggons haben die Zeit nur deshalb überdauert, weil sie in einem Depot bei Helsinki abgestellt waren. Der Rest des kaiserlichen Zuges war in St. Petersburg abgestellt und hat die Wirren der Revolution nicht überstanden.

Nicht minder interessant ist der erste Salonwagen des finnischen Präsidenten, der ebenfalls im Museum ausgestellt ist.

ROUTE: *Nach* **Hämeenlinna** *gelangt man am schnellsten und einfachsten auf der Autobahn 3/E12. Unterwegs* *sollte man einen kurzen Abstecher nach* **Riihimäki** *machen.*

In **Riihimäki** ist am westlichen Ortsrand das sehenswerte **Finnische Glasmuseum Suomen lasimuseo [WP 015 / N 60°43'56.9" E 24° 44' 15.7"]** beheimatet, Tehtaankatu 23, *(geöffnet Di – So 10 – 18 Uhr; www.suomenlasimuseo.fi)*. Die umfangreiche, sehenswerte Ausstellung umfasst Glasobjekte der unterschiedlichsten Art sowie Glaskunstwerke vom 18. Jh. bis heute. Weitere Abteilungen befassen sich mit der 4000-jährigen Geschichte der Glasherstellung.

Im Finnischen Eisenbahnmuseum in Hyvinkää

Gleich nebenan findet man das **Finnische Jagdmuseum Suomen Metsästysmuseo,** Tehtaankatu 23 A, *(geöffnet Mai – Aug. Di – So 10 – 18 Uhr, Sept. – April die – Fr 9 – 16 Uhr, Sa + So 10 – 17 Uhr; www.metsastymuseo.fi)*. Thema ist die Entwicklung des Waidwerks von der Frühzeit, als die Jagd ausschließlich der Nahrungsbeschaffung diente, bis zur Jagd als Freizeitbeschäftigung heute. Safari-Saal mit exotischen Jagdtrophäen.

In **Hämeenlinna**, einer der ältesten Städte Finnlands, wurde Jean Sibelius

PRAKTISCHE HINWEISE – RIIHIMÄKI

Riihimäki Tourist Information, Temppelikatu 8, Riihimäki taidemuseo, FI-11100 Riihimäki, Tel. 05 05 71 57 83, www.riihimaki.fi; *geöffnet Di – Do 11 – 18 Uhr, Fr – So 11 – 17 Uhr.*

CAMPING – RIIHIMÄKI

Lempivaara Holiday Center [N 60° 45' 16.4" E 24° 50' 42.7"], Karhintie 196, Tel. 019 71 92 00, www.lempivaara.com; 1. Jan. – 31. Dez.; ca. 7 km östlich von Riihimäki, beschildert. Mehrere Geländestufen zwischen Wald und geräuschvoller Straße in abgeschiedener Lage. Für Touristen kreisrund um eine Grillhütte angeordnete, befestigte Stellplätze unterhalb des Servicegebäudes, sowie auf geschotterter, ebener Fläche. Rest des Platzes von Dauercampern belegt. Im Gelände vier kleine Seen. 10 ha – 200 Stpl.; Standard-Sanitärausstattung, Restaurant, Tennis, Sauna; **V & E für Wohnmobile** im Eingangsbereich. 26 Miethütten.

geboren. Der große finnische Nationalkomponist erblickte hier am 8. Dezember 1865 das Licht der Welt. Das noch original eingerichtete Geburtshaus von Jean Sibelius, ein hübsches, einstöckiges Holzhaus, ist heute **Museum [N 60° 59' 47.38" E 24° 27' 44.49"]**, Hallituskatu 11 *(geöffnet Mai – Aug. tgl. 10 – 16 Uhr, übrige Zeit 12 – 16 Uhr)*.

Zu Sibelius' Zeiten war Hämeenlinna noch eine kleine Garnisonsstadt im Großfürstentum Finnland (Sibelius' Vater war Garnisonsarzt) , das zu Russland gehörte (siehe auch unter Ainola weiter oben).

Zu den augenfälligsten Sehenswürdigkeiten in Hämeenlinna zählt die **Burg Häme [WP 016 / N 61° 00' 08.7" E 24° 27' 24.6"]**, Kustaa III. katu 6; nördlich der Innenstadt Parkplatz (im Sommer mit Kiosk und Grillimbiss) an der Burg Hämeenlinna. In der Burg selbst findet man ein Restaurant, ein Café und ein Informationsbüro *(geöffnet 2. Mai – 14. Aug. tgl. 10 – 18 Uhr, 15. Aug. – 30. Apr. tgl. 10 – 16 Uhr; www.hameenlinna.fi)*.

Die Burg, die ihre Ursprünge im 13. Jh. hat, als Schweden erste Eroberungszüge nach Häme (Tavastia) unternahmen, wurde im Mittelalter zu einer recht rustikalen Residenz des Burgkommandanten ausgebaut. Erst im 18. Jh. wurde die Anlage erheblich erweitert, die trutzigen Gebäude und Türme aufgestockt und durch gewaltige Mauern aus Feld- und Backstein befestigt. Selbst im 19. Jh. kamen noch Erweiterungsbauten hinzu. Nach fast 700 Jahren Bau- und Erweiterungsarbeiten war die mächtige Verteidigungsanlage endlich vollendet. Nachdem die Burg aufgrund der kriegstechnischen Entwicklung seine strategische Bedeutung sogut wie eingebüßt hatte, diente das düstere Gemäuer von 1837 bis 1972 als Staatsgefängnis.

Heute beherbergt die Burg in ihrem verwirrenden Räumegewirr die Ausstellung „Terra Tavestorum", die die Geschichte der Burg und der Stadt dokumentiert, sowie wechselnde Ausstellungen.

Burg Häme in Hämeenlinna

PRAKTISCHE HINWEISE – HÄMEENLINNA

Hämeenlinna Tourist Information [N 60° 59' 55.47" E 24° 28' 43.00"], Keinusaarentie 6, FI-13200 Hämeenlinna, Tel. 03 62 13 373; www.visithameenlinna.fi.

RESTAURANT

Ravintola Piparkakkutalo, Kirkkorinne 2, Tel. 03 64 80 40, www.ravintolapiparkakkutalo.fi; das „Pfefferkuchen"-Restaurant ist in einem Jugendstilhaus aus dem beginnenden 20. Jh. untergebracht. Das Restaurant ist in Hämeenlinna wegen seines Ambientes und nicht zuletzt wegen seiner Küche bekannt.

HOTEL

Hotel Emilia, 43 Zi.; Raatihuoneenkatu 23, Tel. 03 61 22 106, www.hotelliemilia.fi. Garnihotel der gehobenen Mittelklasse mit Café Bar Emilie, Nachtclub Club Emilia und Livemusik. Parkplatz. Restaurants in der Umgebung.

CAMPING

Pekola bei Hämeenlinna
Camping Aulangon Lomakylä [N 61° 01' 57" E 24° 28' 21"], Aulangon Heikkiläntie 168, Tel. 03 67 59 772, www.aulangonlomakyla.fi; 1. Jan. – 31. Dez.; von der Straße 57 Abzweig, ca. 6 km nordwestlich von Hämeenlinna; schräges Wiesengelände am See; ca. 1,5 ha – ca. 40 Stpl; einfache Standard-Sanitärausstattung. Cafeteria, Ausguss für Chemikaltoiletten. Badegelegenheit. 17 Miethütten.

Das separate Gebäude, in dem sich fast hundertfünfzig Jahre lang der Gefängnistrakt befand, dient heute als **Gefängnismuseum**. Besucher bekommen einen Eindruck über die Haftbedingungen und das Alltagsleben der Häftlinge. Die Zellen wurden in der Art wie sie sich im 19. Jh. dem Häftling präsentierten renoviert.

Daneben ist das sehenswerte **Historische Museum** untergebracht, das dem Besucher einen Einblick in das Alltagsleben früherer Zeiten gibt. Eine besondere Abteilung zeigt kostbares Tafelsilber und Kleidungsstücke.

Etwas abseits der eigentlichen Burganlage liegt das von Mauern umgebene Areal des **Artilleriemuseums**. Hier kann man anhand von Feldgeschützen der unterschiedlichsten Art, Granatenwerfern, diversen Feuerwaffen, Uniformen und anderen Exponaten die Entwicklung des Artilleriewesens vom 13. Jh. bis ins 19. Jh. verfolgen.

Das **Hämeenlinna Kunstmuseum [N60°59'51.83" E24°28'29.76"]**, Viipurintie 2, zeigt Arbeiten finnischer Künst-

Panzermuseum bei Parola

Aalto-Vase der Glasmanufaktur Iittala. Foto: Visit Finland Media Bank

ler des 19. und 20. Jh. *(geöffnet Di – Do 11 – 18 Uhr, Fr – So 11 – 17 Uhr).*

Eine schöne Abwechslung sind **Kreuzfahrten** (www.hopealinja.fi) z. B. mit den modernen Ausflugschiffen von Finnish Silverline auf den weitverzweigten Seen bis hinauf nach Tampere.

Bei **Parola**, ca. 8 km nordwestlich von Hämeenlinna, über E12/3 Ausfahrt 27 zu erreichen, findet man das **Panzermuseum / Panssarimuseo [WP 017 / N 61° 02' 29.8" E 24° 20'› 44.1"]**, Hattulantie 334 *(geöffnet 1. Mai – 30. Sept. tgl. 10 – 18 Uhr, sonst 10 – 15 Uhr, www.panssarimuseo.fi).* Diese martialische Sammlung von Kriegsgerät, vornehmlich aus der Zeit des Winterkriegs, auch „Sowjetisch-Finnischer Krieg" (November 1939/ März 1940), präsentiert im Freigelände über 50 Panzer, zahlreiche Panzerabwehrwaffen, einen Panzerzug, russische Panzerkampfwagen, deutsche Sturmgeschütze und Panzerabwehrkanonen u. v. m. Im Museumsgebäude selbst sind Uniformen, Abzeichen, Dokumente, Kleinwaffen u. ä zu sehen.

Ca. 12 km weiter nordwestlich, bei Kavola, Autobahn 3/E12 Ausfahrt 28, hat die renommierte **Glasmanufaktur Iittala [WP 018 / N 61° 05' 24.4" E 24° 07' 50.0"]**, Iittalan Lasikeskus, Könnölänmäentie 2 C, ihre Wurzeln. Weltbekannt ist das Design der Iittala-Produkte. Besucher können die alte Glasfabrik und das angeschlossene Museum besichtigen. Restaurant-Café Puntteli, großes Outlet Centre. Eines der berühmtesten Produkte, die in der Glasmanufaktur Iittala, gegenwärtig Finnlands größter Hersteller von gepresstem und mundgeblasenem Glas, sowie von Glaskunstwerken entstehen, ist die weit über Finnland hinaus berühmte **Aalto-Vase**, die 1936 vom Architekten Alvar Aalto designed wurde.

Hattula liegt rund 11 km nördlich von Hämeenlinna. Ca. 3 km südlich von Hattula findet man unweit der Straße 57 die Alte Kirche von Hattula, die **Heilig-Kreuz-Kirche Hattulan kirkko [WP 019 / N 61° 02' 59.8" E 24° 23' 52.5"]**. Eintrittskarten gibt es im Besucherbüro am Parkplatz gegenüber der Kirche. Die Alte Kirche von Hattula liegt in ei-

Fresken in der Kirche von Hattula

nem ummauerten Bezirk, zu dem drei Torhäuser führen. Sehenswert ist die Kirche wegen ihrer Bauweise aus Backstein, vor allem aber wegen ihrer bemerkenswerten Fresken. Im Eingangsbereich sind zwei Personen dargestellt, die dabei sind – so macht es den Eindruck – sich gegenseitig mittels eines um die Nacken gelegten Seilrings über den Tisch zu ziehen, ein eigenwilliges Motiv. Die Darstellungen im Kirchenraum zeigen Szenen aus der biblischen Geschichte. Ein Besuch der alten Kirche von Hattula ist lohnenswert.

Der Turm der Kirche von Hollola

ROUTE: *Von Hattula zurück bis Hämeenlinna. Dort auf der Straße 10 29 km nach Nordosten, dann auf der Straße 12 nach* **Lahti** *(51 km).*

Rund 9 km westlich von Lahti bietet sich Gelegenheit von der Straße 12 nordwärts abzuzweigen. Nach rund 8 km kommt man zur **Hollolan kirkko [WP 020 / 61° 03' 04.0" E 25° 25' 58.7"]**, der gotischen Kirche von Hollala aus dem 15. Jh. *(geöffnet 2. Mai – 31. Aug. tgl. 10 – 18 Uhr, übrige Zeit sonntags nach dem Gottesdienst von 11 bis 16 Uhr www.hollolanseurakunta.fi)*. Wie man liest, haben neuere Forschungen ergeben, dass die Kirche von Hollala die erste von insgesamt 86 Steinkirchen ist, die im Mittelalter in Finnland entstanden sind.

Der Ort, an dem die Kirche mit ihrem steilen Schindeldach errichtet wurde, war damals ein überaus verkehrsgünstiger Platz, an dem Straße, Seen und der Fluss Porvoonjoki zusammenkamen. Schönes Kircheninneres mit Fresken, einer kostbaren Kanzel, die von Nils Bengtsson aus Turku im 17. Jh. geschaffen wurde, sowie noch einige aus den Ursprüngen der Kirche erhaltenen Holzschnitzarbeiten. Der freistehende Glockenturm allerdings stammt aus einer viel späteren Zeit. Er wurde um 1829 nach Entwürfen von C. L. Engel errichtet.

Gegenüber liegt das einladende Gasthaus „Ravintola Kunnantupa"

Lahti lässt sich auch gerne als „Sporthauptstadt" Finnlands bezeichnen. Vor allem im Winter sind die sportlichen Terminkalender voll mit Skispringen, Langlauf- oder Biathlonwettbewerben.

Ausgangspunkt für eine **Stadtbesichtigung in Lahti** kann der große, zentrale **Parkplatz Kisapuisto (2) [WP 024 / N 60° 59' 13.5" E 25° 38'**

50.5"] an der Hauptstraße Jalkarannantie sein.

Ein paar Schritte westlich vom Platz Kisapuisto findet man am Ufer des Sees Piukku-Vesijärvi eine sog. **Wasserorgel Musikaalinen Suihkulähde (3)**, deren musikalisch untermalten Fontänen zwischen 1. Juni und 30. September mehrmals täglich mit richtiggehenden, spätabends auch illuminierten Wassershows den See, den benachbarten Hafen und das Stadtbild illuster beleben.

Nur unweit östlich des Platzes Kisapuisto liegt neben dem Busbahnhof (4) das **Historische Museum Lahden historiallinen museo(5) [N 60° 59' 8.08" E25° 39' 4.59"]**, Lahdenkatu 4 *(geöffnet Di – Fr 10 – 17 Uhr, Sa + So 11 – 17 Uhr; www.lahdenmuseot.fi)*. Eingerichtet ist das Museum in einer prächtigen, ehemaligen Stadtvilla. Ausgestellt sind in erster Linie Stadtmodelle, die Lahti in der Zeit um 1877, 1914 und 1939 zeigen. Darüber hinaus sind die Gedächtnissammlung von Klaus Holma sowie vom Museum selbst zusammengestellte Sammlungen zu sehen.

Überquert man am Historischen Museum die Straße Lahdenkatu und folgt der Kirkkokatu ein gutes Stück nach Osten gelangt man an der Ecke zur Hauptstraße Vesijärvenkatu zum **Kunst- und Postermuseum [(6) N 60° 59' 1.49" E 25° 39' 43.56"]**, Vesijärvenkatu 11A *(geöffnet Di – Fr 10 – 17 Uhr, Sa + So 11 – 17 Uhr; www.lahdenmuseot.fi)*. Das Museum zeigt wechselnde themenbezogene Ausstellungen finnischer Kunst älteren und jüngeren Datums, sowie Grafikdesign.

Berühmt in Wintersportkreisen, die Sprungschanzen in Lahti

Weiter südlich im Stadtgebiet liegt das **Radio und TV Museum (7) [N 60° 58' 45.26" E 25° 38' 55.51"]**, Radiomäenkatu 35 *(geöffnet Di – Fr 10 – 17 Uhr, Sa + So 11 – 17 Uhr; www.lahdenmuseot.fi)*, westlich der Sportanlage beim Rathaus. Zentrales Thema der Ausstellungen ist die Entwicklung der Radiotechnik vom Kristalldetektor über Opas Röhrenradio bis zur Ära der elektronischen Datenwelt, Radiohören per Internet etc.

Lahtis moderne **Sibeliushalle Sibeliustalo) (8) [WP 025 / N 60° 59' 39.9" E 25° 39' 01.4"]**, Ankkurikatu 7, ein Konzerthaus und Kongresszentrum aus Glas, Holz und Backstein aus dem Jahre 2000, ist auch Heimat des renom-

*LAHTI – **1** Touristeninformation – **2** Parkplatz Kisapuisto – **3** „Wasserorgel" – **4** Busbahnhof – **5** Historisches Museum – **6** Kunst- u. Postermuseum – **7** Radio- u. TV-Museum – **8** Sibeliushalle – **9** Sprungschanzenzentrum – **10** Skimuseum – **11** Messehalle – **12** Eisstadion – **13** Hotel Musta Kissa – **14** Sokos Hotel Lahden Seurahuone – **15** Postamt – **16** Bahnhof – **17** Marktplatz – **18** Lanu Skulpturen Park – **19** Theater – **20** Rathaus – **21** Scandic Hotel – **22** Cumulus Hotel*

mierten Lahti Symphony Orchestra. Das Gebäude liegt nördlich der Innenstadt am Hafen Vesijärvi, Startpunkt vieler Ausflugsboote.

Bei der Sibeliushalle hat auch das Restaurantschiff „Kaunis Veera" festgemacht, das in erster Linie leckere Fischspezialitäten anbietet.

Recht interessant und abwechslungsreich ist ein Besuch im **Sprungschanzenzentrum Urheilukeskus-Sportscenter Lahti (9) [WP 022 / N 60° 59' 02.2" E 25° 38' 08.3"]**, westlich der Innenstadt, Salpausselänkatu 8. Um dorthin zu gelangen, folgt man der Beschilderung „Urheilukeskus Messut". Auffallend sind die drei riesigen Sprungschanzen unterschiedlicher Größe. Den Auslauf der großen Schanze bildet im Sommer ein vielbesuchtes Freibad. Ein recht ungewohnter Anblick. Ein Sessellift führt hinauf zur Großschanze.

Neben dem Areal der Sprungschanzen liegt das **Skimuseum Hiihtomuseo (10)** *(geöffnet Di - Fr 10 - 17 Uhr, Sa + So 11 - 17 Uhr; www.lahdenmuseot.fi/museo/en/lahti-city-museum)*. Das Museum informiert über die lange Geschichte des Skilaufs und die Entwicklung der Skier ebenso wie über die Höhepunkte des finnischen Skisports. Am Skisprungsimulator im Museum kann man seinen Mut beim Sprung von einer Schanze testen. Es gibt auch einen Slalomsimulator und Videopräsentationen zeigen Höhepunkte des finnischen Wintersport.

Und wer mit Kindern unterwegs ist, kann mit einem Besuch im **Laune Fa-**

mily Park [N 60° 58' 8.06" E 25° 38' 42.96"], Karikatu 26 oder im **Yli-Marola 4H Haustierhof**, Neljänkaivonkatu 47 vielleicht wieder etwas Ruhe in die quengelnde Reisegesellschaft bringen; www.lahdenseutu.net/en/travel/leisure/sights/.

In der Saksalankatu 6 findet man das Factory Outlet der Firma Luhta (www.luhta.fi). Ski- und Outdoorklamotten sind hier günstig erhältlich.

PRAKTISCHE HINWEISE – LAHTI

Lahti Tourist Information (1) [WP 023 / N 60° 58' 58.2" E 25° 39' 31.1"], Lahti Travel Ltd, Rautatienkatu 22, 15110 Lahti, Tel. 02 72 81 750; www.lahtitravel.fi; *geöffnet Mo – Do 9 – 17 Uhr, Fr 9 – 16 Uhr.*

RESTAURANTS

Alexin Panimo, Aleksanterinkatu 6, Tel. 04 47 45 88 87; www.alexinpanimo.com; ein Brauhaus in bester Lage, in dem nicht nur frisch gebrautes Bier serviert wird, sondern auch leckere Gerichte wie Scheinsfüßchen und Würste, Salate und Sandwiches. Im Sommer Livemusik.

Casseli, Borunpinraitti 4, Tel. 010 42 25 950, www.casseli.fi; das Restaurant ist in einer ehemaligen Glasfabrik gegenüber der Sibeliushalle am Bootshafen eingerichtet und gehört zu einer der besten Adressen der Stadt. Der dekorierte Küchenchef kreiert Gerichte der internationalen Küche, aber auch finnische Spezialitäten.

HOTELS

Musta Kissa (13), 71 Zi.; Rautatienkatu 21, Tel. 03 54 49 000, www.mustakissa.com; Mittelklassehotel in zentraler Lage, Restaurant „Little Italy", das Pub „Robin Hood" und der Nachtclub „Musta Kissa" sorgen für Speis und Trank und gute Unterhaltung.

Sokos Hotel Lahden Seurahuone (14), 155 Zi., Aleksanterinkatu 14, Tel. 020 12 34 655, www.sokoshotels.fi; traditionelles Firstclasshotel in bester Lage mit Restaurant Memphis, Fitnesseinrichtung und Nachtclub. Garage.

CAMPING – LAHTI

Mukkula Camping & Cottage [WP 026 / N 61° 00' 58.1" E 25° 38' 50.2"], Ritaniemenkatu 10, Tel. 041 72 98 359, www.mukkulacamping.fi; 1. Juni – 31. Aug.; E75/4 Ausfahrt Nr. 18 und auf Straße 24 ca. 5 km nordwestwärts Richtung Mukkla, beschilderte Zufahrt, ebene Wiesen mit Nadel- und Laubbäumen bestanden, naturbelassenes Seeufer mit kleinem Sandstrand; ca. 6 ha – 100 Stpl.; Standardausstattung. Waschmaschine mit Trockner, WIFI im Rezeptionsbereich. **V & E für Wohnmobile**; 14 Miethütten.

Messilä bei Hollola/Lahti

Camping Messilän [WP 021 / N 61° 01' 04.6" E 25° 33' 49.5"], Satamapolku 1, Tel. 03 87 62 90, www.campingmessila.fi. 1. Jan. – 31. Dez.; Messilä liegt 6 km nordwestlich von Lahti, über die Straße 2569 Richtung Hollola zu erreichen. Wiese mit geschotterten Stellplätzen am See Vesijärvi, von Birken und anderen Bäumen begrenzt. Sandstrand am See. Geprägt von Dauercampern. Standard-Sanitärausstattung. Imbiss, Laden, Waschmaschine, Sauna, Grillhütte. Miethütten.

3. LAHTI – HEINOLA – KOTKA

Länge der Tour: Rund 270 km.

Die Route: Straße E75/4 von Lahti über **Heinola** bis Ausfahrt 25 – Straße 46 über **Jaala** bis **Kouvola** –Straßen 12 + 6 bis **Lapinjärvi** – Straße 176 bis **Loviisa** – E18/7 über **Phytää** bis **Kotka**.

Reisedauer: Mindestens ein Tag.

Höhepunkte: Das **Industriemuseum von Verla** * – die **Altstadt von Loviisa** * – das Industriemuseum **Ruuki Strömfors Bruk** ** – die **Kirche von Pythää** * – das **Maritimzentrum Vellamo** ** in Kotka – die **Kaiserliche Fischerhütte** * bei Kotka.

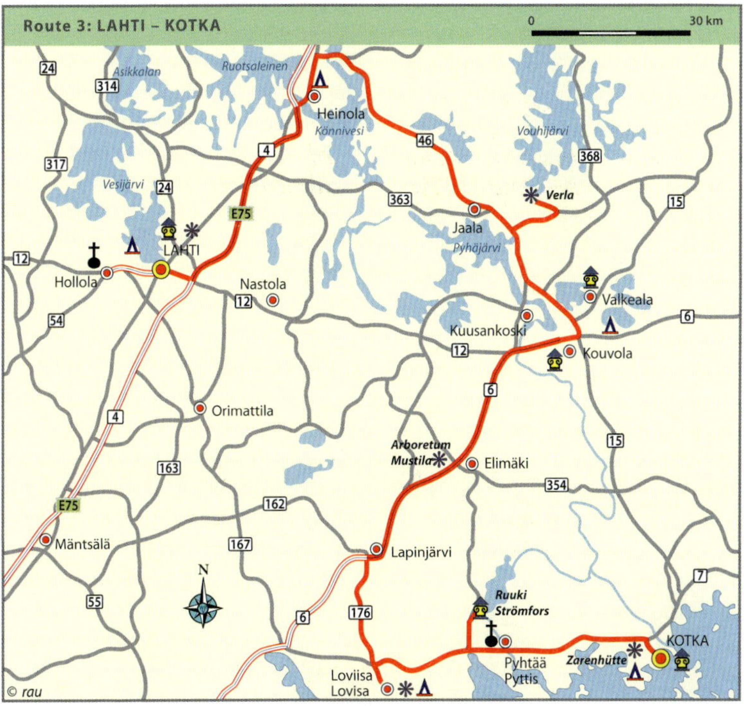

Route 3: LAHTI – KOTKA

ROUTE: Autobahn 4/E75 über **Heinola** *nordwärts bis Ausfahrt 25. Dort verlassen wir die Autobahn und folgen der Straße 46 nach Südosten bis* **Jaala***, 35 km. Ab Jaala bietet sich ein kurzer Abstecher auf Landstraßen nach* **Verla** *an, rund 11 km.*

Heinola, dessen Ursprünge ins frühe 18. Jh. zurückreichen, erhielt erst 1839 von Zar Nikolaus I. Stadtrechte. Außer einem **Stadtmuseum** in der Kauppakatu 14 und dem bescheidenen **Heinola Kunstmuseum** in der Kauppakatu 4, hat das Städtchen an der Fernstraße 4/E75 dem Besucher keine nennenswerten Sehenswürdigkeiten zu bieten.

Verla liegt rund 11 km östlich von Jaala. Ein Abstecher dorthin lohnt we-

CAMPING – HEINOLA

Camping Heinäsaari [WP 027 / N 61° 12′ 44.6″ E 26° 00′ 54.4″], Heinäsaarentie 101, Tel. 03 71 56 170, www.heinasaari.com; Anf. Mai – Mitte Sept.; am nördlichen Ortsrand gelegen, überschaubares Gelände auf der Landzunge Heinäsaari im Ruotsalainen-See in Sicht- und Hörweite der großen Straßenbrücke, mit Birken und Kiefern bestanden. Teils durch hohe Hecken begrenzte Einzelstellplatzkojen, sowie auf etwas geebneten Stellplätzen unter Kiefern direkt am See. 10 ha – 100 Stpl.; Standard-Sanitärausstattung, Restaurant, Laden, Miethütten.

gen des **Industriemuseums Verlan Thedasmuseo [WP 028 / N 61° 03′ 45.3″ E 26° 38′ 17.7″]**. Von 1872 bis in die 60er Jahre des 20. Jh. wurden in der Kartonagefabrik Verla an den Verlankoski Stromschnellen weiße Pappen hergestellt. Hauptbestandteil des Materials war das Holz von Tannenstämmen, die über den Fluss zur Fabrik geflößt wurden. Kartonagen von Verla, die in alle Welt exportiert wurden, dienten vor allem zur Herstellung von Schuhkartons, Zigarettenschachteln und Schachteln aller Art, aber auch von Bucheinbänden und vielem mehr.

1972 wurde das ganze Anwesen in ein Museum umgewandelt. Und seit 1996 steht das Industriedenkmal auf der Liste des UNESCO-Weltkulturerbes.

Eine Sehenswürdigkeit an sich sind schon die Gebäude, die nach Plänen des Architekten Eduard Dippell im Stil der Backsteingotik der Jahrhundertwende errichtet wurden. Sehenswert ist auch die ganz aus Holz erbaute Villa des ersten Fabrikbesitzers Gottlieb Kreidl. Entlang der Dorfstraße sieht man noch die Blockhäuser der einstigen Fabrikarbeiter, die heute als Ferienbungalows vermietet werden.

Details über die Kartonherstellung und die Geschichte der historischen Fabrikanlage erfährt man im **Mühlen-**

Das Industriemuseum Verla

museum *(geöffnet 2. Mai – Mitte Sept. Di – So 10 – 18 Uhr, www.verla.fi)*. Obligatorische Führungen durch das Museum in finnischer Sprache von etwa 50-minütiger Dauer gibt es immer zur vollen Stunde.

Im Park, der das Fabrikareal umgibt, findet man Cafeteria, Museumsshop und Kunsthandwerksläden.

Unweit des Museums findet man oberhalb der Stromschnellen prähistorische **Felszeichnungen**. Die angeblich zwischen 6.000 und 7.000 Jahre alten Zeichnungen an den senkrechten Felsen stellen menschliche Wesen und vor allem Tiere dar, die eine verblüffende Ähnlichkeit mit Elchen haben.

ROUTE: *Von Jaala auf der Straße 46 nach* **Kouvola** *(33 km).*

Kouvola an der Bahnlinie nach Russland, nahe der wichtigen Ost-West-Straßenverbindung und unweit des schiffbaren und lachsreichen Kymijoki, der bei Kotka in die Baltische See mündet, ist wichtiger Verkehrsknotenpunkt im Süden des Landes. Darüber ist Kouvola heute größte Garnisonsstadt Finnlands.

Zu den **Sehenswürdigkeiten** der Stadt zählen das **Museums- und Kunsthandwerkerviertel Kaunisnurmi Museo-Kortelli/Taidemuseo [WP 029 / N 60° 51' 58.1" E 26° 41' 26.7"]**, ein historisches Stadtviertel mit alten Holzhäusern, nostalgischen Läden, einem Apothekenmuseum und dem **Kouvola Kunstmuseum [N 60° 52' 00.1" E 26° 41' 23.8"]** im Kouvola-talo, dem Kouvola-Haus, dem modernen Gebäude in der Varuskuntakatu 11. Im Kouvola-Haus findet man darüber hinaus auch das **Stadtmuseum**. *Die Museen im Kouvola-Haus sind geöffnet Di + Do 11 – 18 Uhr, Mi 11 – 19 Uhr, Fr 11 – 17 Uhr, Sa 11 – 16 Uhr, So 12 – 16 Uhr, Mo geschlossen; www.kouvola.fi/museot/.*

Einen Besuch lohnen auch – je nach Interessenlage – das **Modelleisenbahnmuseum Pienoisrautatiemuseo [N 60° 52' 2.81" E 26° 42' 14.99"]** (www.elisanet.fi) im Stadtzentrum in der Asemakatu 2, nicht weit vom Bahn-

PRAKTISCHE HINWEISE – KOUVOLA

Kouvola Tourist Information [N 60° 52' 12.86" E 26° 42' 5.93"], Kauppalankatu 5, FI-45100 Kouvola, Tel. 02 06 15 52 95; www.visitkouvola.fi. *Geöffnet Mo – Fr 9 – 17 Uhr.*

HOTELS

Hotel Cumulus, 98 Zi., Kouvolankatu 11, Tel. 05 78 99 11; www.cumulus.fi; komfortables Mittelklassehaus in zentraler Lage mit dem Restaurant „Huviretki" und Pub «Wanha Mestari», 2 Saunas, Parkplatz.

Sokos Hotel Vaakuna, 172 Zi., Hovioikeudenkatu 2, Tel. 02 01 23 46 00; www.sokoshotels.fi; komfortables Haus in zentraler Lage, zwei Restaurants, Sauna, Parkplatz.

CAMPING

Camping Kouvola Tykkimäki, [WP 030 / N 60° 53' 14.5" E 26° 46' 20.9"], Käyrälammentie 20, Tel. 05 32 11 203, www.tykkimaki.fi; 17. Mai – 2. Sept.; von Kouvola auf der Straße 6 Richtung Lappeenranta ca. 6 km ostwärts, beschilderter Abzweig; ebenes Birkenwaldgelände unterhalb der geräuschvollen Straße 6, bis an den See Käyrälampi reichend, in der Nähe des Vergnügungsparks Tykkimäki; befestigte Stellplätze, trotz Straßenlärm ansprechende Lage. 6 ha – 150 Stpl.; gute Standard-Sanitärausstattung. Cafeteria, Sauna, Waschmaschine mit Trockner, WLAN, Bootsverleih, Tennis, Fahrradverleih. **V & E für Wohnmobile**. 40 Miethütten. Restaurant in 500 m Entfernung.

hof entfernt, und der **Vergnügungspark Tykkimäki** (www.tykkimaki.fi), angeblich der drittgrößte Freizeitpark ganz Finnlands.

In **Velkaela [N 60° 55' 47.59" E 26° 48' 3.34"]**, 10 km (Straße 15) nordöstlich von Kouvola, kann zwischen Mitte Juni und Ende August das **Heimat- und Ladenmuseum** [N 60° 55' 51.51" E 26° 47' 30.03"], Vanhatie 22, im Museumsgebiet Hirsimäki besichtigt werden. Zentrum der Ausstellung ist ein Pfarrhaus aus dem 18. Jh. und ein nostalgischer Tante-Emma-Laden.

Und wenn Sie mal die glatte Wand hochgehen wollen, auch das ist bei Kouvola möglich und zwar im **Naturpark Repovesi [N 61° 10' 27.40" E 26° 52' 2.52",** *Annäherungswert***]** ein gutes Stück nördlich von Kouvola westlich der Straße 15 und dort am Berg Ohlhavanvuori. Hier steigen die glatten Felswände bis zu 50 m senkrecht an. Eine Herausforderung für jeden Kletterer. Ziel vieler Touren in dem von einem 40 km langen Netz von Wanderwegen durchzogenen Naturpark ist auch die 50 m lange Hängebrücke Lapinsalmi, die in schwindelnder Höhe einen Taleinschnitt überwindet.

ROUTE: *Der direkte Weg nach Kotka führt über die Straße 15 (rund 55 km). Empfehlenswerter aber ist der Umweg von Kouvola auf der Straße 6 südwestwärts (rund 50 km) bis* **Lapinjärvi** *und kurz darauf südwärts auf der Straße 176 nach* **Loviisa** *(rund 25 km).*

Auf dem Umweg über Loviisa bietet sich nach rund 29 km von der Autobahn 6 in Höhe von **Elimäki** (Freilicht- und Schulmuseum Elimäki, Mitte Juni bis Ende August) Gelegenheit zu einem Abstecher nach Westen in den nahen **Waldpark Arboretum Mustila [WP 031 / N60° 44' 02.0" E 26° 26' 11.3"]**, mit einer Fläche von 120 ha eine der größten Waldparkanlagen in Skandinavien. Der Waldpark ist ganzjährig von 8 bis 21 Uhr geöffnet, www.mustila.fi. Gegen Eintritt können Sie hier stundenlang durch Wälder mit mehreren Hundert Arten von Laub- und Nadelbäumen spazieren. Alleine 100 verschiedene Kiefernarten sind zu sehen. Besonders schön präsentiert sich der Park im Juni, wenn die üppigen Rhododendronwälder in voller Blüte stehen, oder im September während der Laubfärbung. Es gibt ein Café *(geöffnet Mai Mo - Fr 8 - 18 Uhr, Juni Mo -Fr 8 - 20 Uhr, Juli + Aug. Mo - Fr 9 - 18 Uhr, Sept. Mo - Fr 9 - 16 Uhr; Sa + So 10 - 16 Uhr, Sommermonate So bis 18 Uhr).*

Das hübsche Städtchen **Loviisa** liegt am Kopf der Loviisabucht. Ursprünglich entstand die Ansiedlung um das Hofgut Degerby, heute ein bekanntes Restaurant. Ihren Namen verdankt die Stadt dem Schwedenkönig Adolf Friedrich. Er hielt sich gelegentlich hier auf und hatte sich in dem Küstenstädtchen immer so wohl gefühlt, dass er verfügte, dass es den Namen seiner Gemahlin Lovisa (Luise) Ulrika tragen sollte.

Früher verlief bei Loviisa die Grenze zwischen Schweden und Russland, was die Existenz der mächtigen **Stadtfestung** aus dem 18. Jh. erklären mag. General Ehrensvärd lieferte die Pläne für die Festungen von Loviisa und Svartholma. Zu seinen Ehren wurde von der Stadt ein Natur- und Kulturpfad angelegt.

Reizvoll ist das Stadtbild der **Altstadt**. Viele Gebäude aus dem 19. Jh. sind erhalten. Und an den Landungsbrücken Laivasilta/Skeppsbronn, über die im 18. und 19. Jh. der Handel vor allem mit Salz, aber auch mit Tabak und Gewürzen ablief, findet man das **Maritime Museum**, ein kleines **Schifffahrtsmuseum [WP 032 / N 60° 27' 05.7" E 26° 14' 01.3"]** *(geöffnet Mitte Mai – Ende Aug., Di – Sa 10 – 17.30 Uhr, So 11 – 16 Uhr; www.merenkulkumuseo.fi).* Die Ausstellungen befassen sich in erster Linie mit der Geschichte der Seefahrt, der Entdeckungsreisen, der Seekartografie und der Marinemalerei.

Besuchen kann man darüber hinaus das **Stadtmuseum**, Puistokatu 2 *(geöffnet Juni – Aug. Di – So 11 – 16 Uhr, übrige Zeit Di – Fr + So 12 – 16 Uhr)*, das in einem ehemaligen Kommandantenhaus mit schönem Garten aus dem 18. Jh. eingerichtet ist, sowie das **Patrizierschlösschen Bonga**, Linnankuja, das heute eine Kunstgalerie und das Atelier der Künstlerin Professor Riitta Nelimarkka beherbergt *(geöffnet Mitte Juni – Mitte Aug. 12 – 15 Uhr, übrige Zeit nach Vereinbarung; www.nelimarkka.com)*.

Wer etwas Zeit mitbringt, sollte sich zu einem Ausflug mit dem Schiff zur etwa 10 km weit vorgelagerten **Festungsinsel Svartholma** entschließen. Die Schiffe nach Svartholma verkehren ab den Landungsbrücken Laivasilta vom 1. Juni bis Ende August von Dienstag bis Sonntag jeweils um 11 Uhr, im Juli und bis Mitte August täglicher Verkehr und Abfahrten auch um 13 und 16 Uhr (www.saaristolinja.com). Auf der Insel kann man sich zwischen 1. Juni und Ende August geführten Rundgängen durch die Festungsanlage aus der Mitte des 18. Jh. anschließen. Es gibt die Ausstellung „Svartholma – Insel der Soldaten, Gefangenen und Reisenden" zum Besichtigen und das Sommercafé „Svartholm" zum Erholen.

15 km östlich von Loviisa zweigt von der E18/7 die Straße 1792 nach Norden zur **Ruuki Strömfors Bruk** ab **[WP 035 / N 60° 31' 25.4" E 26° 28' 16.3"]** *(geöffnet Mitte – Ende Mai Sa + So 11 – 17 Uhr, 1. Juni – 31. Aug. tgl. 11 – 17 Uhr; www.stromforsinrukki.fi)*. Die Eisenhütte Strömfors am Fluss Kymijoki, heute ein historisches Industriedenkmal, stammt aus dem 17. Jh. Ihre Existenz schaffte

PRAKTISCHE HINWEISE – LOVIISA

City of Loviisa Tourist Information [WP 032 / N 60° 27' 21.3" E 26° 13' 45.7"], Mannerheiminkatu 4, FI-07900 Loviisa, Tel. 01 95 55 51; www.loviisa.fi.

RESTAURANT

Degerby Gille, Sepänkuja 4, Tel. 019 50 561, www.degerby.com; das berühmte Lokal beherbergt im ältesten Raum des Lokals aus dem 17. Jh. einen Hausgeist, dessen mysteriöse Töne angeblich ab und zu noch zu hören sein sollen. Geöffnet ist das berühmte Restaurant Degerby Gille, in dem Könige und der finnische Staatspräsident getafelt haben, nach Mittsommer nur samstags und an Feiertagen von 12 bis 17 Uhr oder nach Vereinbarung. Die Küche serviert hauptsächliche Gerichte aus finnischen Seen und Wälder.

HOTEL

Hotel-Restaurant Degerby, 50 Zi., Brandensteininkatu 17, Tel. 019 50 561, www.degerby.com; traditionelles Mittelklassehotel im Stadtzentrum mit dem Restaurant „Styrbord".

CAMPING

Camping Tamminiemi Ekudden [WP 034 / N60° 26' 31.7" E 26° 14' 09.4"], Kapteenintie 1, Tel. 04 00 41 42 65, www.tamminiemi.net; 1. Jan. – 31. Dez.; ca. 1,5 km südlich des Stadtzentrums neben dem Strandbad; nicht ganz ebenes Wiesengelände in ansprechender Lage zwischen Wald und der Meeresbucht Loviisaviken, durch 3 hohe Heckenreihen und einzelne Laubbäume unterteilt; ca. 3 ha – 60 Stpl.; einfache Sanitärausstattung. Sauna, WLAN, Zimmervermietung. Wasserzapfstelle mit Schlauch.

Die ehemalige Eisenhütte Ruuki Strömfors Bruk

Arbeitsplätze und trug viel zur Entfaltung und Entwicklung der Region bei.

Die Anfänge des Werks reichen zurück in die Zeit als Finnland noch zu Schweden gehörte und Schwedens Eisen- und Hüttenindustrie im frühen 17. Jh. einen ersten Boom erlebte. Im Zuge dieser Entwicklung ließ Baron Johan Creutz, seines Zeichens Gouverneur von Turku, 1689 hier eine erste Schmiede errichten, die später, nach dem Frieden von Turku 1744, von Anders Nohrström und Jakob Forsell erworben, wesentlich erweitert und zu einem Eisenhüttenwerk ausgebaut wurde.

Von 1781 wurde Strömfors übrigens von Virginia af Forsell, der Witwe des Fabrikerben Henrik Johan af Forsell, über 60 Jahre lang sehr erfolgreich geführt. Die meisten Gebäude, die man heute sieht, stammen aus ihrer Aera. 1950 schließlich wurde die Produktion in Strömfors eingestellt.

In der großen Schmiede, deren gewaltiges, wassergetriebenes Hammerwerk restauriert werden konnte, wurden Werkzeuge für die Land- und Forstwirtschaft sowie Eisennägel hergestellt, bis zu 2.000 täglich. Auf einem Rundgang (im Sommer auch Führungen von einstündiger Dauer) kann man die historische Anlage mit Werkstätten, Schmiede, eigener Kirche (Altarbild von Helene Schjerfbeck aus dem Jahre 1898) etc. kennen lernen. Darüber hinaus findet man ganz in der Nähe des Hauptgebäudes an der Straße am See das ganzjährig geöffnete, gemütliche Mühlenrestaurant „Ravintola Rukinmylly" mit Terrasse.

Die riesige Werksanlage mit ihren zahlreichen meist roten Holzgebäuden, von denen die meisten rund um einen fast schon romantisch zu nennenden See liegen, befindet sich in einer wunderschönen Waldlandschaft, sodass alleine schon ein Spaziergang durch die Anlage ein nette Abwechslung ist.

ROUTE: *Von der Ruuki Strömfors Eisenhütte zurück zur Hauptstraße und* *auf der Straße 7/E18 ostwärts nach* **Kotka** *(26 km).*

Auf dem Weg nach Kotka lohnt ein Besuch der **Kirche von Pythää [WP 036 / N 60° 29' 36.5" E 26° 32' 35.1"]** (Pythää kk). Die schindelgedeckte Kirche stammt aus der Mitte des 15. Jh. Sie stand damals an der Kreuzung wichtiger Handelsstraßen von Turku ins russische Vyborg. Die dem Heiligen Heinrich geweihte Kirche wurde seit jener Zeit kaum verändert. Im 17. Jh. diente die Kirche auch als Grabkirche der wohlhabenden und einflussreichen Familien Creutz und Sparre. Das Kircheninnere mit schöner Ausschmückung und einer prächtigen Kanzel besitzt ein prächtiges, mit Rankenornamenten ausgemaltes gotisches Rippengewölbe An den Wänden Darstellungen von Heiligen, wie z. B. St. Christophorus über dem Eingang zur Sakristei.

Kotka, die „Stadt des Meeres" wird von ihrem Handelshafen geprägt. Von architektonischem Interesse ist die Sunila Industrie- und Wohnsiedlung, die um 1940 nach Plänen des berühmten finnischen Architekten Alvar Aalto entstanden ist.

Zu den Sehenswürdigkeiten der Stadt zählt heute vor allem das **Maritimzentrum Vellamo [WP 037 / N 60° 28' 17.1" E 26° 56' 40.2"]**, Tornatorintie 99, Kantasatama, Zentrum, Tel. 040 35 00 497 *(geöffnet Di – So 11 – 18 Uhr, Mi bis 20 Uhr und ab 18 Uhr freier Eintritt; www.merikeskusvellamo.fi)*. In dem riesigen, modernen, futuristischen Museumsbau aus Glas, Stahl und viel Holz im Inneren beherbergt zwei Museen, das Finnische Maritim Museum und das Museum von Kymenlaasko.

Die wichtigsten Themen der Ausstellung „North Star Southern Cross" im Finnischen Maritim Museum sind Seehandel, Reisen zur See, Schiffsbau, Navigation u. a. unterstützt von Ausstellungen mit nautischen Geräten, Fotographien u. a. Eine Sonderausstellung befasst sich mit dem einst vor Kotka gesunkenen Frachtensegler „St. Michael", der mit kostbarer Fracht für den Zarenhof – Meissener Porzellan, Ölgemälden

Futuristisch mutet der moderne Bau des Finnischen Maritimzentrums Vellamo an

Zar Alexanders III. Fischerhütte

etc. – von Amsterdam auf dem Weg nach Sankt Petersburg war. Die Reste des Frachters konnten kürzlich gehoben werden. Und viele der geborgenen Gegenstände können in der Ausstellung bestaunt werden.

In einer großen Bootshalle sind die unterschiedlichsten Schiffe und Boote ausgestellt, darunter Boote der Küstenwache, historische Holzboote u. v. m.

Im Freigelände und an den Molen des Museums sieht man mächtige Ladekräne und diverse historische Schiffe wie den **Eisbrecher „Tarmo"** (Tatkraft), den ältesten Eisbrecher der Welt, der 1907 in England gebaut wurde und seit 1992 sein Dasein als Museumsschiff fristet. Auf Führungen wird auch der Maschinenraum gezeigt.

Weiter sieht man das **Leuchtfeuerschiff „Kemi"**, das 1901 in Pori auf Kiel gelegt wurde, das **Lotsenboot „Pitkäpaasi"**, das 1898 in Norwegen gebaut wurde, sowie historische Tankschiffe.

Das andere Museum im Maritimzentrum Vellamo ist das **Museum von Kymenlaasko**. Hier wird die Geschichte der Region präsentiert und der Besucher erhält einen guten Einblick in das tägliche Leben und die Arbeitswelt der Bevölkerung. Eine spezielle Abteilung befasst sich mit der Geschichte der Küstenwacht.

Es lohnt sich auf die riesige Dachterrasse des Museumsgebäudes zu gehen. Von dort ist ein weiter Blick auf Kotka und seinen alten Hafen möglich.

Wer sich für Meeresfauna und –flora interessiert, ist im Aquariumhaus **„Kotka Maretarium" [WP 038 / N 60° 27' 39.5" E 26° 56' 57.1"]** richtig, Sapokankatu 2, *(geöffnet 15. Mai - 13. Aug. tgl. 10 - 20 Uhr, sonst 10 - 17 Uhr; www.maretarium.fi)*, ein Meeresmuseum und Seeaquarium, das die Unterwasserwelt vor der finnischen Südküste zeigt.

Unweit östlich des Kotka Maretarium findet man fast am Ende an der Straße Ruotsinsalmenkatu einen **Parkplatz für Wohnmobile [N 60° 27' 39.33" E 26° 57' 8.03"]**, der von finnischen Wohnmobilisten gerne auch als Stellplatz genutzt wird.

Lohnend ist ein Besuch der sog. **Kaiserlichen Fischerhütte Langinkoski [WP 040 / N 60° 29' 24.9" E 26° 53' 16.0"]** *(geöffnet 1. Mai – 31. Mai tgl. 10 – 16 Uhr; 1. Juni - 31. Aug. tgl. 10 - 18 Uh;, Sept. Sa + So 10 - 16 Uhr; www.langinkoskimuseo.com)*. Das stattliche Waldpalais liegt ca. 5 km nordwestlich des Stadtzentrums, der Beschilderung „Keisarillinnen Kalastusmaja" folgen.

Zar Alexander III. hatte sich die prächtige Jagdhütte 1889 an den imposanten Stromschnellen des Kymijoki erbauen lassen, um sich hier beim Lachsfang vom anstrengenden Hofzeremoniell zu erholen. In der heute als Museum dienenden Fischerhütte sind die Salons der Zarenfamilie im Originalzustand zu sehen.

Der größte Lachs übrigens, der hier je gefangen wurde, wog stolze 35,6 Kilo.

PRAKTISCHE HINWEISE – KOTKA

Kotkan matkailutoimisto - Kotka Tourist Information [WP 039 / N 60° 28' 02.1" E 26° 56' 51.1"], Keskuskatu 6, Stadthaus, FI-48100 Kotka, Tel. 05 23 44 424; geöffnet Mo – Fr 9 – 17 Uhr; www.visitkotka.fi.

RESTAURANT

Wanha Fiskari, Juha Vainion katu 2, Tel. 05 21 86 585, www.wanhafiskari.fi; gleich neben dem Kotka Maretarium gelegen, serviert leckere Fischgerichte.

HOTELS

Sokos Hotel Seurahuone, 168 Zi., Keskuskatu 21, Tel. 01 07 82 10 00; gutes Mittelklassehotel mit Restaurant, Sauna, Fitnessraum, Garage.

Motel Road 66, 18 Zi., Kotolahdentie 22, Tel. 04 40 23 32 11, www.road66.fi; ca. 5 km südlich des Ortszentrums von Kotka nahe der Mussalo Hafeneinfahrt. Die Einrichtung im Stil der „Route 66" lässt einen Hauch der 50er Jahre in den USA spüren. Man bietet ein Restaurant mit Terrasse, einen Nachtclub, 2 Saunas sowie einen Biker-Shop.

Cumulus Kotka, 93 Zi., Garni, Karhula, Tillikuja 9, Tel. 05 26 93 100; www.cumulus.fi; ca. 7 km nördlich von Kotka an der Straße 7/E18 Richtung Hamina gelegen. Parkplatz.

CAMPING.

Camping Santalahti Holiday Park [WP 041 / N 60° 26' 15.7" E 26° 51' 53.5"], Santalahdentie 150, Tel. 05 26 05 055; www.santalahti.fi; 27. Apr. – 30. Sept.; über die Ausfahrt 73 der E18 erreichbar, ca. 5 km südwestl. des Stadtzentrums von Kotka auf der Halbinsel Mussalo gelegen; weitläufiges, an drei Seiten von Wald umgebenes, etwas hügeliges, stellenweise von großen Findlingen durchsetztes Wiesengelände mit hochstämmigen Nadelbäumen und Birken. Mit geteerten Stellplätzen (pull-through) jeweils mit Wasserhahn und Stromanschluss. Im Platzzentrum schattiges Wiesengelände unter hohen Bäumen. Gepflegter Gesamteindruck; ca. 4 ha – 150 Stpl.; gute Standard-Sanitärausstattung in drei Sanitärgebäuden; Imbiss, Waschmaschine, Sauna, WLAN, Internet-Kabel- und Fernsehanschlüsse; 43 Miethütten. **V & E für Wohnmobile**. Badestrand in 200 m Entfernung, Golfplatz angrenzend.

4. KOTKA – LAPPEENRANTA – MIKKELI

Länge der Tour: Rund 220 km.

Die Route: Straße E187 nach **Hamina** – Straßen 26 und 6 bis **Lappeenranta** – Straße 13 bis **Mikkeli**.

Reisedauer: Mindestens ein Tag.

Höhepunkte: Die Innenstadt von **Hamina** ** – die **Sandburgen** * und die **Hafenpromenade von Lappeenranta** * – **Altstadt Linnoitus** * und ihre Museen – das **Wolkoff Museumshaus** * in Lappeenranta – das **Hauptquartiermuseum** * in Mikkeli.

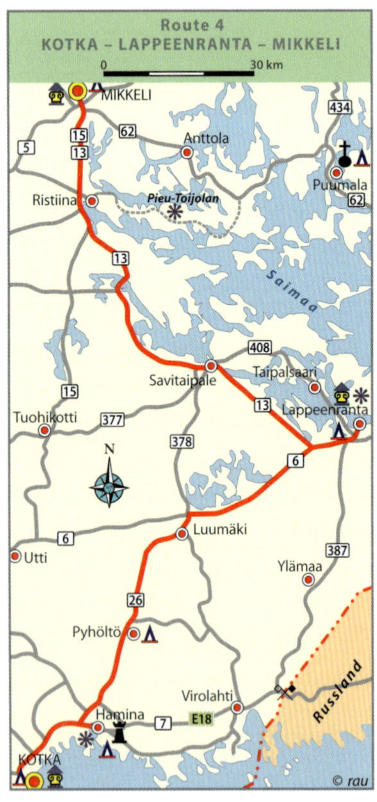

ROUTE: *Auf der zur Autobahn ausgebauten Straße 7/E18 12 km ostwärts bis* **Hamina**.

Hamina [N 60° 34′ 03.2″ E 27° 11′ 42.7″], eine ehemalige Garnisonsstadt an der Südküste Finnlands, wurde schon 1653 von dem Schweden Per Brahe dem Jüngeren gegründet. Damals hieß die Stadt Veckelax Nystad. Schon etwa 60 Jahre später wurde sie während des Großen Nordischen Krieges (1700 – 1721) unter russischer Besetzung fast vollständig zerstört.

Der Wiederaufbau begann um 1720. Der Name der neu angelegten Stadt änderte sich zu Ehren des schwedischen Königs Fredrik I. in „Fredrikshamn". Aber die Bewohner nannten ihre Stadt bald nur noch „Hamina". Nach dem Frieden von Åbo/Turku im Jahre 1743 musste Schweden Hamina an Russland abtreten.

Bis zur Unabhängigkeit Finnlands wurde Hamina mit seiner starken Festung während Auseinandersetzungen zwischen Schweden und Russland immer wieder in Mitleidenschaft gezogen.

Nach dem Friedensvertrag von Hamina, der hier1809 abgeschlossen wurde, verloren die starken Befestigungen an strategischer Bedeutung. Und Ende des 19. Jh. konnten große Teile der Wälle und Bastionen abgerissen werden, um der Stadtentwicklung Platz zu geben. An der ehemaligen Bastion Helsinki im Südwesten z. B. – fast alle Bastionen trugen Namen finnischer Städte – wurde der heutige Marktplatz angelegt. Eine andere Bastion, die frühere **Zentralbastion** unweit nordöstlich des Rathauses und 1811 als

Der Rathausplatz in Hamina

bombensicheres Lager mit 58 Kasematten angelegt, wurde 1998 zur Veranstaltungsarena **Hamina Bastioni**, mit ihrem markanten, riesigen Zeltdach, umgewandelt.

Seine lange Militärtradition hat Hamina mit seiner Reserveoffiziersschule, gleich neben der Marienkirche, bis heute beibehalten.

Einen zentrumsnahen **Parkplatz** in Hamina findet man an der **Marienkirche [WP 042 / N 60° 34' 10.6" E 27° 12'02.6"]**. Die mittelalterliche Steinkirche stammt aus dem 15. Jh., wurde aber um 1820 nach Plänen von Carl Ludvig Engel umgestaltet und erhielt damals eine neoklassizistische Fassade. Kleines Kirchenmuseum.

Vom Parkplatz geht man über die Kirkkokatu stadteinwärts und kommt nach starken hundert Metern zum Rathausplatz.

Hamina überrascht den Besucher mit einer bemerkenswerten Stadtarchitektur. Die Hauptstraßen der teils noch von mächtigen Festungsmauern mit Bastionen umgebenen Altstadt wurden beim Wiederaufbau nach den Zerstörungen um 1720 sternförmig angelegt. Sie laufen alle auf den weiten, wunderschönen achteckigen, zentralen **Rathausplatz Raatihuoneentori** zu. Das **Rathaus** in der Mitte des Platzes wurde 1798 nach Plänen von Johan Brockman errichtet. Anders als heute beherbergte es im 19. Jh. die Hauptwache der Festung, eine Bank, Geschäfte und ein Gefängnis. Die Uhr im Rathausturm hat noch heute einen Handaufzug und schlägt pünktlich zur vollen Stunde.

Am einfachsten geht man – ausgehend von der Kirkkokatu – im Uhrzeigersinn, also links, um das Rathaus herum, das von repräsentativen Holzpalais im russischen Stil und Kirchen umrahmt wird.

An der Ecke zur Kadettikoulunkatu kommt man zum **Touristeninformationsbüro**. Gleich daneben liegt das **Stadtmuseum [WP 044 / N 60° 34' 10.1" E 27° 11' 54.8"]**, Kadettikoulunkatu 2 *(geöffnet Juni – Aug. Di – So 10 – 16 Uhr, übrige Zeit Di – Sa 12 – 16 Uhr, So 12 – 17 Uhr)*. Das Gebäude, in dem das Museum eingerichtet ist, stammt aus der Zeit um 1760 und gilt als das älteste als Privathaus errichtete Gebäude der Stadt. 1783 verhandelten hier die russische Zarin Katharina II., die Große und ihr Cousin der schwedische König Gustav III. über das Schicksal Finnlands.

Schräg gegenüber sieht man den spitzen Portalturm durch den man zur russisch-orthodoxen **Peter und Paul Kirche** kommt *(geöffnet Di – So 12 – 16 Uhr, Änderung möglich!)*. Der Kirchenbau aus dem Jahre 1837 ist einem neoklassizistischen, byzantinischen Rundtempel nachempfunden. Als Baumeister wird der italienisch-französische Architekt Louis Visconti genannt.

Westlich der orthodoxen Kirche quert man die Straße Kasarminkatu. Folgt man ihr etwa 200 m nach Süden, erreicht man das linkerhand gelegene **Kaufmannsmuseum**, Kasarminkatu 6 *(geöffnet Mai – Sept. Di – So 12 – 16 Uhr, Juni bis Aug. 10 – 16 Uhr)*. Zu sehen sind Läden und Kaufmannswohnungen, sowie Ausstellungen, die Einblick in die alten Handelstraditionen der finnisch-russischen Kaufleute geben.

Zurück am Rathausplatz wenden wir uns links und kommen, vorbei am Justizhaus, zur Mariankatu. Das **Denkmal** dort erinnert an den Friedensvertrag von 1809 zwischen Schweden und Russland.

An der Westseite der Straße liegt eine kleine Parkanlage. Früher stand hier das Trykini-Haus in dem sich die schwedischen Verhandlungsführer zum Friedensvertrag von 1809 aufhielten. Das Haus wurde im Zweiten Weltkrieg durch Bomben zerstört.

In der Nähe findet man das **Hotel Seurahuone,** eines der ältesten Hotel-Restaurants Finnlands, das schon seit 1890 Gäste bewirtet.

Als nächstes quert man die Frederinkatu mit dem augenfälligen, ganz aus Holz gebauten **Stadtpalais Tanelinkulma** aus dem Jahre 1889. Das sehr repräsentative, reich dekorierte Gebäude mit steinernem Sockel war lange die Stadtresidenz der russisch-stämmigen Familie Aladin.

Und falls Sie sich nach dem Stadtspaziergang etwas erholen wollen, können Sie z. B. im **Kahvila Huovila,** einem hübschen, urgemütlichen Konditorei-Café in der Fredrikinkatu 1, am Ende des Tanelinkula-Palais, eine Pause einlegen.

Vorbei am Tanelinkula-Palais kommt man zur Mannerheimintie und zur **Johanneskirche.** Das turmlose Gotteshaus wurde1843 nach Plänen von Carl Ludvig Engel im neoklassizistischen Stil fertiggestellt. Vor 1843 befand sich an diesem Platz ein Haus, in dem Geschichte geschrieben wurde. Es war das Haus des Festungskommandanten in dem 1809 die russischen Unterhändler den Friedensvertrag von Hamina unterzeichneten. Ein Gedenkstein neben der Kirche erinnert an das historische Ereignis.

Hinter der Kirche ist ein Heldenfriedhof zum Gedenken an die Gefallenen im Winterkrieg 1939 angelegt worden.

Hamina ist aber auch ein Ort der Traditionen. In der **Hamina Bastion** an der Nordostseite der Festungsanlage finden unter dem Dach eines riesigen Sommerzeltes folkloristische Veranstaltungen statt, bei denen Bräuche und Traditionen gepflegt und Trachten gezeigt werden. Ende Juli/Anfang August findet in der Hamina Bastion alljährlich das berühmte **Hamina Tattoo**, die Internationalen Militärmusik-Tage, statt (www.haminatattoo.fi). Halb Finnland trifft sich dann hier zur Pflege von Volksmusik, Militärmusik, Volkstänzen und anderer Traditionen.

PRAKTISCHE HINWEISES – HAMINA

Hamina Tourist Service [WP 043 / N 60° 34′ 10.6″ E 27° 11′ 54.9″], Raatihuoneentori 16, FI-49400 Hamina, Tel. 04 01 99 13 30; www.visithamina.fi; *geöffnet Mo – Fr 9 – 16 Uhr, von Anfang Juni bis Ende Aug. Mo – Fr 9 –17 Uhr, Sa + So 10 – 15 Uhr.*

HOTEL

Hamina Best Western Hotel, 32 Zi.; Sibeliuskatu 32, Tel. 05 35 35 555; www.hotellihamina.fi. Komfortables, zentral gelegenes Mittelklassehotel. Raucher- und Nichtraucherzimmer, von einigen Zimmern Blick zur See, Frühstücksbuffet, Saunas, Parkplätze.

WOHNMOBIL-STELLPLATZ

Stellplatz Aallokko Caravan [WP 045 / N 60° 33' 41.1" E 27° 10' 58.2"], ca. 1 km südwestlich von Hamina am Tervassari-Gästehafen, beschildert mit Caravansymbol. Anmeldung in der Rampsi Boat Station, Tel. 05 05 58 28 80, www.rampsi.fi. Schattenlose Kiesfläche im Hafengelände an einer Meeresbucht. Platz für 20 Wohnmobile, Stromanschlüsse. Nach Anmeldung/ Bezahlung Zugang zu Duschen und Toiletten. Hafencafé nebenan.

CAMPING

Hamina Camping Pitkät Hiekat [WP 046 / N 60° 31' 35.0" E 27° 15' 04.6"], Vilniemi, Vilniementie 375, Tel. 04 58 87 43 35; Mai – Sept.; 2 km auf der E18 Richtung Pietari/St. Petersburg, dann Abzweig Richtung Vilniemi und noch knapp 4 km. Auf der Zufahrt durchquert man auf einer Brücke ein Vogelbrutrevier mit Beobachtungsstationen. Naturbelassenes Campinggelände im Nadelwald mit sandigem Untergrund, in abgeschiedener Lage, an schöner Meeresbucht mit Sandstrand. Ca. 6 ha – 100 Stpl.; Standard-Sanitärausstattung. Kiosk, Sauna, Waschmaschine mit Trockner, 12 Miethütten.

Pyhältö

Mustaniemi Camping [N 60° 44' 28.62" E 27° 21' 25.15"], Liikakkasentie 163, Tel. 04 00 55 02 21, www.mustaniemi.fi; Juni – Aug.; ca. 26 km nordöstlich von Hamina von der Straße 26 Richtung Luumäki in Pyhöltö abzweigen und noch ca. 2 km; naturbelassenes Laubwaldgelände am Pyhöltö-See; 1,5 ha – 25 Stpl.; einfache Sanitärausstattung.

ROUTE: *Weiterreise von Hamina nach Nordosten und über die Straßen 26 und 6 bis* **Lappeenranta**.

Lappeenranta (schwedisch Villmanstrand), eine Stadt mit annähernd 72.000 Einwohnern am Südrand des Saimaasees, ist das wirtschaftliche und bildungstechnische Zentrum im Süden Kareliens. Dank seiner grenznahen Lage und durch die Straßen- und Schiffsverbindungen, ist die Stadt außerdem ein bedeutender Knotenpunkt im Verkehr mit Russland. Die verkehrsstrategische Bedeutung nahm noch zu, als 1968 der 43 km lange Saimaakanal wiedereröffnet werden konnte und damit der Wasserweg vom Saimaasee durch russisches Territorium in die Ostsee bei Vyborg wieder frei war.

1649 ließ die schwedische Königin Christina hier auf einer schmalen Landzunge im Saimaasee an der Stelle eines schon seit dem Mittelalter aktiven Marktfleckens die Stadt gründen. Lange war der Teerhandel ein wichtiger Wirtschaftsfaktor in Lappeenranta.

Zu Beginn des 18. Jh. erbauten die Schweden hier eine Festungsanlage und machten Lappeenranta zur Garnisonsstadt. Bald gab es Aufstände des Adels, die schließlich in einem verheerenden Stadtbrand endeten.

Ausgangs des 18. Jh. gehörte Lappeenranta zu Russland und konnte während der Zarenzeit, als Finnland Großfürstentum war, bereits seine Bedeutung als Verkehrsknotenpunkt im Handelsverkehr mit Russland ausbau-

*LAPPEENRANTA - Zentrum – **1** Touristeninformation – **2** Hafenpromenade, Ausflugsboote, Restaurants – **3** Sandburgen – **4** Altstadt Linnoitus – **5** Kavallerie Museum – **6** Kunstmuseum Südkareliens – **7** Orthodoxe Kirche – **8** Südkarelien Museum – **9** Wolkoff Museumshaus – **10** Lappee Kirche – **11** Scandic Patira Hotel – **12** Sokos Hotel Lappee – **13** Camping Huhtiniemi*

en. Spätestens seit Beginn des 19. Jh. machte sich Lappeenranta aber auch einen Namen als Kur- und Badeort.

Stadtbesichtigung

Nahe des Hafens/Satama findet man an der Satamatie in schöner Lage an der Hafenbucht einen langgestreckten **Parkplatz/Rastplatz**. Nur etwa 100 m entfernt liegen die Anlegestelle der Ausflugsboote, Cafeterias, Restaurantschiffe und die **Hafenpromenade (2) [WP 048 / N 61° 03' 54.9" E 28° 11' 11.1"]**.

Eine bequeme Art, sich einen ersten Eindruck von der Stadt zu verschaffen, ist die Fahrt mit der **Touristentram**. Sie startet am Touristenbüro am Platz der Sandburgen und verkehrt von Mitte Juni bis Ende August täglich regelmäßig zwischen 10 und 17 Uhr. Informationen erhält man während der Rundfahrt in mehreren Sprachen über Kopfhörer.

Am Nordende der Hafenpromenade werden im Sommer kunstvolle Wunderwerke in Form von **Sandburgen (3) [N 61° 4' 6.55" E 28° 11' 4.01"]** und riesigen Sandskulpturen der unterschiedlichsten Themen gebaut. Eine Sehenswürdigkeit für sich!

Von der Hafenpromenade führt ein Fußweg hinauf zur Altstadt Linnoitus die man in etwa 5 Gehminuten erreicht.

Die historische, von Festungswällen umgebene **Altstadt Linnoitus (4) [WP 049 / N 61° 04' 00.3" E 28° 10' 58.9"]** aus dem 18. Jh. lohnt einen Besuch. Lappeenrantas Altstadt liegt nördlich der Innenstadt oberhalb des Hafenbeckens. Beiderseits der gepflasterten Hauptstraße Kristiinankatu, die mitten durch die Festungsstadt führt, liegen die historischen Bauten.

Zunächst kommt man zum **Kavallerie Museum Ratsuväkimuseo (5)** *(ge-*

öffnet 2. Juni - 17. Aug. Mo - Fr 10 - 18 Uhr, Sa - So 11 - 17 Uhr), das ganz in der Nähe des Vyborg Tores in der Kristiinankatu 2 liegt. Untergebracht ist das Museum im ältesten Haus der Stadt, das nach seiner Errichtung im Jahre 1772 lange als Quartier der Garde diente.

Eine besondere Sehenswürdigkeit sind die Sandburgen in Lappeenranta

Ein kurzes Wegstück weiter liegt linkerhand das **Kunstmuseum Südkareliens Etelä-Karjalan taidemuseo (6),** Kristiinankatu8 – 10 *(geöffnet Anf. Jun. – Ende Aug. Mo -Fr 10 - 18 Uhr, Sa + So 11 - 17 Uhr, übrige Zeit Di – So 11 – 17 Uhr)*, das in zwei ehemaligen Kasernengebäuden eingerichtet ist. Ausgestellt sind vornehmlich Gemälde, aber auch Skulpturen von Künstlern aus Ostfinnland und Vyborg, auch wechselnde Ausstellungen.

Gegenüber vom Kunstmuseum sieht man die der Jungfrau Maria gewidmete **Orthodoxe Kirche (7)**, die älteste orthodoxe Kirche in Finnland. Sie wurde 1785 geweiht *(geöffnet Mitte Juni – Mitte Aug. Di – So 10 – 17 Uhr)*.

Fast am nördlichen Ende der Straße kommt man zum rechts der Straße gelegenen **Südkarelien Museum Etelä-Karjalan museo (8)**, Kristiinankatu 15 *(geöffnet 2. Jun. - 17. Aug. Mo - Fr 10 - 18 Uhr, Sa + So 11 - 17 Uhr, Winter Di - So 11 - 17 Uhr; www.lappeenranta.fi/linnoitus)*. Die Ausstellungen, untergebracht in den ehemaligen Magazinen der russischen Kasernenanlage, basieren im wesentlichen auf den Sammlungen und Exponaten zu den Städten Lappeenranta, Vyborg und Käkismalmi.

Sehenswert im Stadtgebiet außerhalb der Festungsanlage, das sich südlich und östlich ausdehnt, ist u. a. das **Wolkoff Museumshaus (9) [N 61° 3' 36.68" E 28° 11' 6.70"]**, Kauppokatu 26 *(geöffnet Anf. Juni – Ende Aug. Mo – Fr 10 – 18 Uhr, Sa + So 11 – 17 Uhr; übrige Zeit, außer Jan. + Feb., Sa + So 11 – 17 Uhr)*. Das Haus aus der Zeit um 1826 war ab 1872 die Stadtresidenz mehrerer Generationen der vermögenden russischen Kaufmannsfamilie von Ivan Wolkoff. Wolkoff war vor allem durch Geschäfte mit der russischen Garnison in Lappeenranta zu Wohlstand gekommen.

Zu dem Anwesen gehörten ursprünglich ein Laden, eine Wäscherei, eine Bäckerei und Zimmer, die vermietet wurden. Nachkommen der Familie, die nach dem Abzug des russischen Militärs aus Finnland 1917 auf anderen Geschäftsfeldern tätig waren, lebten hier bis 1983. Bevor das Haus 1993 als Museum geöffnet wurde, waren Teile des Anwesens durch ein Feuer in Mitleidenschaft gezogen worden. Die Räume konnten aber originalgetreu restauriert werden und zeigen heute noch viele kostbare Einrichtungs- und Kunstgegenstände aus der Zeit der Wolkoffs. Das Museumshaus kann auf Führungen besichtigt werden, die 15 Minuten nach jeder vollen Stunde im Museumsshop beginnen. Gleich nebenan liegt das Café-Restaurant Wolkoff.

Weitere Sehenswürdigkeiten sind das **Alte Rathaus**, ein hübscher Holzbau mit Uhrentürmchen aus dem Jahre 1829, der **Aussichtsturm** mit Cafeteria, dann im Stadtpark die **Lappee Kirche (10) [N 61° 3' 30.60" E 28° 11' 19.04"]** von Juhana Solonen aus dem Jahre 1794 mit einem Altarbild von Aleksandra Frosterus-Såltin und schließlich die **Lauritsala Kirche [N 61° 4' 13.31" E 28° 15' 25.65"]**, 7 km östlich der Innenstadt. Der moderne, schwungvoll himmelwärts strebende Kirchenbau wurde 1969 nach Plänen der Architekten Toivo Korhonen und Jaakko Laapotti errichtet.

Am östlichen Stadtrand von Lappeenranta befindet sich das **Saimaa Kanal Museum Saimaan Kanava Museo [WP 050 / N 61° 04' 22.5" E 28° 18' 17.6"]**, Sulkuvartijankatu 16, *(geöffnet Juni - Aug. 10 - 18 Uhr; Parkplatz; www.museot.fi/searchmuseums/)*. Das Museum samt Museumscafé liegt an der **Alten Schleuse von Mälkiä**. Es wurde anlässlich des 150. Jahrestag der Eröffnung des ursprünglichen „Kaiserkanals" eingerichtet. Die Ausstellungen erinnern an die Baugeschichte und an die wirtschaftliche Bedeutung des Kanals zwischen der Saimaaseenregion und Russland. Ausgestellt sind

Praktische Hinweise – Lappeenranta

Touristen Information (1) [WP 047 / N 61° 03' 31.3" E 28° 11' 19.7"], Valtakatu 37, 53100 Lappeenranta, Tel. 05 66 77 88, www.lappeenranta.fi.

RESTAURANT

Wanha Makasiini, Satamatie 4, Tel. 010 66 68 611; neu eingerichtetes Lokal in ehemaligem Lagerhaus am Hafen von Lappeenranta mit reichhaltiger Speisekarte.

HOTELS

Scandic Patria (11), 133 Zi., Kauppakatu 21, Tel. 67 75 11; www.scandichotels.com; Firstclasshotel im Stadtzentrum mit Restaurant. Garage.
Sokos Hotel Lappee (12), 209 Zi., Brahenkatu 1, Tel. 67 861; www.sokoshotels.fi; Restaurant, Schwimmbad, Garage.

CAMPING

Camping Huhtiniemi (13) [WP 051 / N 61° 03' 16.3" E 28° 09' 03.6"], Kuusimäenkatu 18, Tel. 05 45 15 555, www.huhtiniemi.com; 15. Mai – 31. Aug.; an der Straße 6 Richtung Kouvola rund 2 km westl. der Stadt; überschaubares, eingezäuntes, im hinteren Teil leicht geneigtes Wiesengelände im hochstämmigen Mischwald, neben der Jugendherberge. Ein Platzteil im vorderen Bereich neben dem Minigolfplatz mit befestigten Stellplätzen. Zum tiefer gelegenen Saimaasee gut 300 m; ca. 10 ha – 300 Stpl.; einfache, aber funktionelle Sanitärausstattung; Imbiss, Waschmaschine mit Trockner, Fahrradverleih, Sauna, 52 Miethütten. **V & E für Wohnmobile**.

u. a. Dokumente, Fotos, Bauwerkzeuge aus der Zeit des Kanalbaus Mitte des 19. Jh.

Der ursprüngliche „Kaiserkanal" von 1856 war 58 km lang und hatte 28 Schleusen. Der neue, 1968 eröffnete Kanal ist nur noch 43 km lang und hat 8 Schleusen, drei auf finnischem Territorium und fünf auf der russischen Seite.

Bei unserem letzten Besuch war das Museum wegen umfassender Arbeiten an den Ausfallstraßen nach Osten allerdings *nicht mehr zugänglich!* Änderung möglich!

Ein Erlebnis – ein Bootsausflug auf dem Saimaa-Kanal

Mein Tipp! Ab Lappeenranta werden im Sommer eine ganze Reihe von Bootsausflügen in das Saimaaseengebiet angeboten. Zum Angebot gehören auch eintägige **Schiffsausflüge durch den Saimaa-Kanal nach Vyborg** (Viipuri) in Russland. Ein Visum nur für die Schiffstour ist nicht notwendig. Allerdings müssen Sie Ihren Reisepass dabei haben! Sollten Sie sich für einen Aufenthalt in Vyborg entschließen, ist aber ein Visum notwendig. Informationen und (mögl. rechtzeitige) Buchungen im Touristenbüro von Lappeenranta.

ROUTE: *Von Lappeenranta zunächst auf der Straße 6 westwärts bis zum Abzweig der Straße 13, der wir nordwärts bis* **Mikkeli** *folgen (rund 115 km).*

Abstecher nach Riistina

20 km südlich Mikkeli bietet sich Gelegenheit zu einem Abstecher **[Abzweig WP 052 / N 61° 30′ 50.0″ E 27° 14′ 30.6″]** ostwärts nach **Riistina** und auf der Straße 4323 (Suurlahdentie) noch rund 19 km weiter südostwärts auf teils schlechter Straße zum **Bauernhofmuseum Pieu-Toijolan talomuseo** *(geöffnet Ende Juni – Anf. August).*

Etwa 3 km weiter führt von einem Parkplatz ein rund 3 km langer, markierter, stellenweise etwas schwieriger Wanderweg südwärts zum Sund Astuvansalmi. Dort sind an einer Felswand über 60 prähistorische **Felszeichnungen** zu sehen, die zu den ältesten in Finnland zählen.

Mikkeli (St. Michel), heute eine Stadt mit rund 50.000 Einwohnern, taucht in den Analen der finnischen Geschichte erstmals um 1300 auf. Damals war Mikkeli eine kleine Gemeinde im Grenzgebiet Schweden/Russland. Mitte des 14. Jh. kam der Ort unter die Kontrolle der schwedischen Krone, auf deren Geheiß die Gemeinde, die damals noch als Savilahti bekannt war, seine erste Kirche. Sie war dem Erzengel Michael geweiht und soll zu Beginn des 17. Jh. der Namensgeber für die sich nun entwickelnde Stadt gewesen sein. Teile der historischen Kirche sind in Form der sog. **Steinsakristei Kivisakasti [N 61° 41' 42.24" E 27° 16' 43.78"]** noch erhalten. Sie liegt im Norden der Innenstadt, Porrassalmenkatu 32 a *(geöffnet Ende Juni – Anf. Aug. tgl. 10 – 16 Uhr)*.

1843 wurde Mikkeli Verwaltungshauptstadt der gleichnamigen Provinz.

Im Winterkrieg 1939/40 und im sog. Fortsetzungskrieg 1941 bis 1944 befand sich in Mikkeli das Hauptquartier der Finnischen Verteidigungsarmee, die unter dem Kommando von Marschall Car Gustav Emil Mannerheim, dem „Befreier Finnlands", stand. Während dieser Zeit wurde Mikkeli immer wieder von russischen Truppen bombardiert und stark zerstört.

Die Museen der heute modernen Stadt befassen sich denn auch in erster Linie mit Themen, die im Zusammenhang mit Mannerheims Aufenthalt in Mikkeli stehen.

Eine **Parkmöglichkeit** im Zentrum von **Mikkeli** findet man am Platz Kirkko puisto **[WP 053 / N 61° 41' 21.1" E 27° 16' 21.2"].**

Geht man vom Platz Kirkko puisto drei Straßenzüge nach Westen kommt man zur Straße Päämajanki. In sie biegen wir rechts ein und kommen gleich darauf zum rechterhand gelegenen **Hauptquartiermusuem Päämajamuseo [N 61° 41' 29.57" E 27° 16' 6.47"]**, Päämajankaju 1 - 3 *(geöffnet Mai – Aug. tgl. 10 – 17 Uhr, Sept. – April Fr – So 10 – 17 Uhr, ermäßigte Kombinationstickets mit Kommunikationszentrale Lokki)*.

Hier in der ehemaligen Schule war Mannerheims Befehlszentrale untergebracht. Das Lehrerzimmer wurde zu Mannerheims Arbeitszimmer und Lagezentrum umfunktioniert. Es ist im Originalzustand erhalten.

Über Mannerheim kann man lesen, dass er auf ein sehr strenges Zeremoniell bei Tisch achtete. Während seiner Aufenthalte in Mikkeli speiste er täglich in Gesellschaft der obersten Armeeführung in den Räumen des Mikkeli Clubs. Den Club, ein reiner Herrenclub, gibt es heute noch und nach wie vor sind Damen hier nicht erwünscht!

Mannerheim achtete bei Tisch z. B. auf eine streng festgelegte Sitzordnung. Legendär war der „Marschaltrunk" eine Aperitifmischung aus Wermut, Gin und Aquavit, der stillschweigend und ohne Toast zu trinken war. Die Mahlzeiten wurden gemeinsam begonnen und beendet, wenn Mannerheim das Besteck weglegte. Das Tischgespräch führt der Marschall. Und wenn er schwieg, schwieg auch der Rest der Gesellschaft.

Nur ein Straßenzug weiter nordöstlich liegt die ehemalige **Nachrichtenzentrale Lokki Viestikeskus Lokki [N 61° 41' 29.84" E 27° 16' 10.60"]**, Naisvuori, Zugang Ecke Vuorikatu und Tistimäenkatu *(geöffnet Mai – Aug. tgl. 10 – 17 Uhr, ermäßigte Kombinationstickets mit Hauptquartiermuseum)*. Über diese Zentrale mit ihren langen Reihen von Schalttafeln in bunkerartigen Räumen unter dem Naisvuari-Hügel wurde der gesamte Telefon- und Kommunikationsverkehr von Mannerheims Hauptquartier abgewickelt.

Hinter der alten Nachrichtenzentrale sieht man auf einer Anhöhe im Park den **Aussichtsturm Näkötorni [N 61° 41' 31.95" E 27° 16' 20.57"],** Mikonkatu 23. Der ehemalige Wasserturm beherbergt heute eine beliebtes **Café**, das für seine Waffeln stadtbekannt ist *(geöffnet im Sommer 10 – 19 Uhr)*.

Nur ein paar Schritte westlich der Nachrichtenzentrale Lokki führt die Straße Ristimäenkatu südwärts. Bald sieht man rechts in einer Grünanlage die gotische Domkirche von Mikkeli. Ihr gegenüber findet man in einem sog. Granithaus aus dem Jahre 1912 das **Kunstmuseum Mikkelin Taidemuseo [N 61° 41' 19.99" E 27° 16' 4.85"]**, Ristimäenkatu 5 *(geöffnet Di, Do, Fr + So 10 – 17 Uhr, Mi 12 – 19 Uhr, Sa 10 – 13 Uhr; Okt. – Apr. Mi 12 – 19 Uhr, Do, Fr + So 10 - 17 Uhr, Sa 10 – 13 Uhr)*. Ausgestellt sind neben Skulpturen Werke finnischer Maler aus der Zeit vom ausgehenden 19. Jh. bis 1990, sowie Kunstsammlungen wie die von Martti Airio mit Grafiken, Malereien, Möbeln und Orientteppichen und der Sammlung des Bildhauers Johannes Haapasalo (1880 – 1965) mit Bronzen, Reliefs, Entwurfszeichnungen etc.

Vom Kunstmuseum kann man über die Hallituskatu ostwärts bis zum Bahnhof gehen, wenn man den **Salonwagen von Mannerheim Mannerheimin Salonkivaunu [N 61° 41' 18.21" E 27° 16' 41.33"]**, Bahnhof, Mannerheimintie, sehen möchte. Mit diesem Wagen soll Oberbefehlshaber Mannerheim und sein Stab während der Kriegswirren von 1939 bis 1945 nicht weniger als 78.000 km zurückgelegt haben. Das Innere das Waggons ist allerdings nur am 4. Juni, dem Gedenktag der Finnischen Armee, von 10 – 17 Uhr zu besichtigen. In der übrigen Zeit kann man nur von außen einen Blick auf den Salonwagen werfen.

Ein gutes Stück weiter im Süden der Stadt ist das **Infanteriemsuseum Jalkaväkimuseo [N 61° 40' 57.89" E 27° 15' 42.33"]**, Jääkärinkatu 6 – 8, zu besichtigen *(geöffnet tgl. 10 – 18 Uhr, übrige Zeit Mi – So 11 – 16 Uhr)*. Das Museum macht den Besucher mit der Geschichte, der Entwicklung und den Traditionen der finnischen Infanterie von 1860 bis in die Neuzeit bekannt. Das Museum ist in drei Holzgebäuden der alten Kasernenanlage von 1881 eingerichtet.

Und wer sich sehr für die wechselvolle Geschichte von Mikkeli und der Region Savo interessiert, findet im Westen der Stadt in der Otavankatu 11 das **Suur Savon Museo [N 61° 41' 10.28" E 27° 15' 15.95"]**. Das Regionalmuseum für den Großraum Savo zeigt Sammlungen von Kostümen, Bildern, Kunst- und Alltagsgegenständen aus der Region. Das Museum ist übrigens in einem ehemaligen, aus groben Feldsteinen errichteten Kornspeicher eingerichtet *(geöffnet Mai – Aug. Di – Fr 10 – 17 Uhr, Sa 14 – 17 Uhr; Sept. – Apr. Mi 10 – 17 Uhr, Sa 14 – 17 Uhr)*.

PRAKTISCHE HINWEISE – MIKKELI

Mikkeli Tourist Info, Savilahdenkatu 8, Stella Shopping Center, 2. Stock, Tel. 044 79 45 669, www.mikkeli.fi.

HOTEL

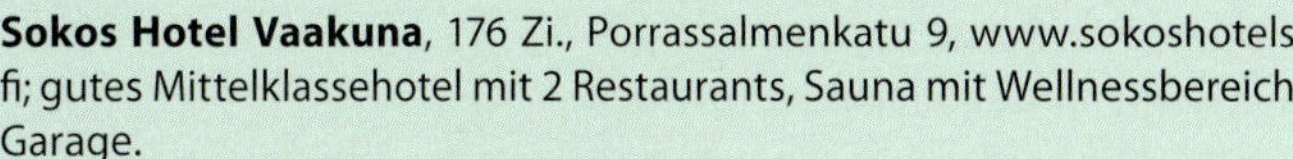

Sokos Hotel Vaakuna, 176 Zi., Porrassalmenkatu 9, www.sokoshotels.fi; gutes Mittelklassehotel mit 2 Restaurants, Sauna mit Wellnessbereich. Garage.

CAMPING

Top Camping Visulahti [WP 054 / N 61° 42' 10.8" E 27° 20' 37.9"], Tel. (015) 18 281, Visulahdenkatu 1, Tel. 015 18 281; www.visulahti.fi; 4. Juni – 31. Aug.; 5 km nordöstlich von Mikkeli Abzweig von der Straße 5; weitläufiges, ebenes Wiesengelände mit Büschen und Bäumen am Saimaasee mit Badestrand, zwischen dem Vergnügungspark Dinosauria mit Freibad und dem Rennsport-XON-Park; ca. 10 ha – 250 Stpl.; gute Standard-Sanitärausstattung; Restaurant, Imbiss, Waschmaschine mit Trockner, Boots- und Fahrradverleih, Tennis, Internetecke. 58 Miethütten. **V & E für Wohnmobile**.

5. MIKKELI – IMATRA – SAVONLINNA

Länge der Tour: Rund 275 km.

Die Route: Straße 62 von Mikkeli über **Puumala** bis **Imatra** – Straße 6 bis **Särkisalmi** – Straße 14 über **Punkaharju** nach **Savonlinna.**

Reisedauer: Mindestens ein Tag.

Höhepunkte: **Imatrakoski** * – Seenlandschaft des **Saimaa** ** – das **Lusto Forstmuseum** * – das **Kunstzentrum Retretti** ** – die Kirche von **Kerimäki*** – die **Burg Olavinlinna** *** – das **Provinzmuseum** **, das **Kunstmuseum** * und das **Puppenmuseum in Savonlinna** *.

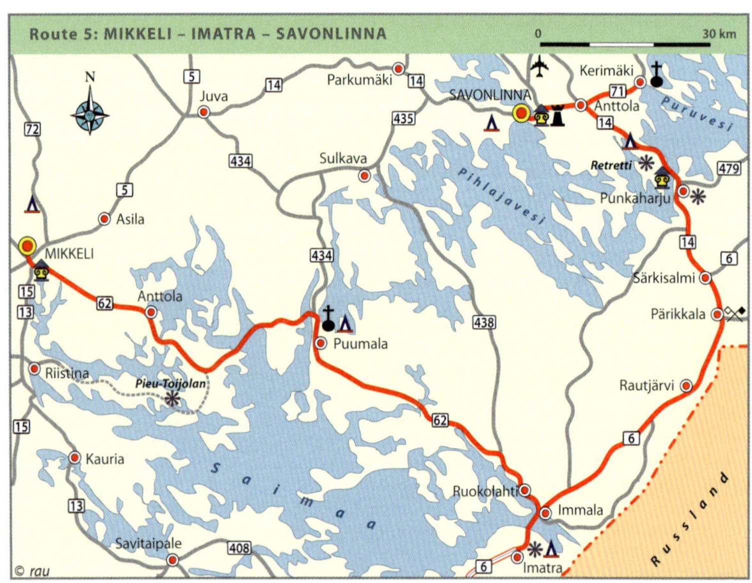

ROUTE: Weiterreise von Mikkeli auf der Straße 62 südostwärts über **Puumala** *und* **Ruokolahti** *bis* **Immala** *(rund 125 km). Es ist eine sehr schöne Fahrt entlang des Saimaasees, dessen malerischen Ufer hier ein Gewirr aus verschlungenen Buchten mit unzähligen kleinen Felseninseln bilden. Bei Immala trifft man auf die Fernstraße 6, der wir nach Westen bis* **Imatra** *folgen.*

Bei **Puumala** (Camping siehe nächste Seite) findet man einen Parkplatz/Rastplatz mit Toiletten, Picknicktischen und kleinem Strand am schönen See. Leider etwas laut durch nahe Straße.

Die stattliche **Kirche von Ruokolahti** liegt schön über dem See.

Bei der Zufahrt nach **Imatra** folgt man am einfachsten der Beschilderung zum Valtionhotelli/Imatrankoski.

Am **Imatrankoski** bildete der Fluss Vuoksi seit Menschengedenken einen spektakulären Wasserfall in einer tie-

CAMPING – PUUMALA

Camping Koskenselkä [WP 055a / N 61° 32′ 22.0″ E 28° 09′ 33.3″], Koskenseläntie 98, Tel. 01 54 68 11 19, www.koskenselka.fi; 19. Mai – 26. Aug.; ca. 2 km nördlich von Puumala beschilderter Abzweig von der Straße 62; Wiesengelände zum See hin geneigt; Badestrand mit Fels und Sand durchsetzt; ca. 7 ha – 110 Stpl.; Standard-Sanitärausstattung; Imbiss, Sauna, Waschmaschine mit Trockner, Boots- und Fahrradverleih, Minigolf, Bootsslipanlage mit Bootssteg, Internetecke. 32 Miethütten. Wohnmobil-Übernachtungsplätze außerhalb des eigentlichen Platzgeländes.

fen, engen Felsklamm. Dieses grandiose Spektakel war bis ins 19. Jh. hinein die große Attraktion hier, zu der die Reisenden von weither kamen. Zu den illustren Gästen zählten die russische Zarin Katharina die Große, Alexandre Dumas Sohn und sogar Richard Wagner hat den weiten Weg hierher unternommen. Damals entstand genau am Rande des Imatrankoski das altehrwürdige **Hotel Valtionhotelli**, das schon Zaren, Könige und andere Persönlichkeiten gesehen hat und noch heute eine gute Adresse in Imatra ist.

Später dann, im Laufe der Entwicklung der Stadt und der Industrialisierung der Region wurde zur Wasserkraftgewinnung und Stromerzeugung der Fluss Vuoksi mittels eines mächtigen Schleusendamms gezähmt. Der spektakuläre Wasserfall mit seinen wilden Kaskaden verschwand. Heute schaut der Besucher tagsüber in ein leeres, von Felsbrocken übersätes Flussbett zwischen steilen Felswänden. Zwischen Ende Juni und Mitte August werden die Schleusen täglich um 18 Uhr geöffnet, um das Schauspiel des ungezähmten Flusses zu „reanimieren".

Am Hotel Valtionhotelli ganz in der Nähe der Brücke über das meist leere Flussbett des Vuoksi findet man **Parkplätze [WP 057 / N 61° 10′ 10.2″ E 28° 46′ 16.3″]**.

Das Hotel Valtionhotelli am Imatrankoski-Wasserfall

PRAKTISCHE HINWEISE – IMATRA

Tourist Information, Lappeentie 12, Tel. 05 23 52 330, www.gosaimaa.com.

HOTEL

Spa Hotel Rantasipi Imatran Valtionhotelli, 54 Zi., Torkkelinkatu 2, Tel. 05 62 52 000, www.rantasipi.fi; Traditionshotel der Firstclass mit Wellnesseinrichtungen aller Art, Restaurant und Cafè-Bar, Parkplatz. In vorzüglicher Lage über Felsschlucht des Imatrakoski-Wasserfalls.

CAMPING

Camping Imatra Ukkoniemi [WP 056 / N 61° 12' 24.6" E 28° 43' 37.2"], Leiritie, Tel. 04 52 55 00 72, www.suncamping.fi; 2. Juni – 28. Aug.; Straße 6 Ausfahrt 63 Richtung Camping Imatran Ukkoniemi/Kylpylä Spa Hotel, Abzweig am Friedhof. Waldgelände oberhalb des Saimaasees mit Sandstrand; Standard-Sanitärausstattung; Imbiss, Waschmaschine, Grillhütte, Minigolf. Miethütten.

Hinter dem Hotel führen Holztreppen hinab in die Flussklamm. Ein Fußweg führt weiter, ca. 300 m, bis zu einem kleinen Pavillon. In den Felsen dort haben frühere **Besucher Graffities** mit Jahreszahl hinterlassen, die heute als kleine Sehenswürdigkeit angesehen werden und mit „Rock Carvings" beschildert sind.

Das **Kunstmuseum Taido Museo [WP 058 / N 61° 11' 29.7" E 28° 46' 36.5"]**. Das 1951 gegründete Kunstmuseum, eines der ersten seiner Art in Finnland, ist heute im modernen Kulturzentrum von Imatra beheimatet. Ursprung des Kunstmuseums ist die Sammlung des Kunstmäzen Jalo Sihtola (1882 – 1969). Ausgestellt sind in erster Linie Werke finnischer Maler, sowie moderne Kunst aus Schweden, Frankreich und Italien, darunter Werke von Picasso, Chagall und Renoir.

ROUTE: *Von Imatra auf der Straße 6 über* **Parikkala** *nach* **Särkisalmi** *(67 km). Dort nordwärts auf die Straße 14 nach* **Punkaharju** *(20 km).*

An der Gabelung der Straßen 6/14 passiert man eine große **ABC-Raststätte [WP 059 / N 61° 36' 12.1" E 29° 28' 53.4"]** mit Tankstelle, Toiletten, Supermarkt, Restaurant, Kiosk. Gegenüber liegt zwischen Straße 14, Bahnlinie und zwei Seeausläufern mit kleinem Sandstrand der Rastplatz „Uimaranta".

Die **Landschaft des Saimaa** ist in seiner Art fast einzigartig. Der Beiname Finnlands „Land der tausend Seen" hat im **Saimaaseengebiet** nun wirklich seine Berechtigung.

Begonnen hat es mit der Bildung dieses für Finnland so typischen Landschaftscharakters während der Eiszeit. Kilometerdicke Eisschichten bedeckten vor rund 6.000 Jahren das Land. Die Gletscher gruben auf ihrer Wanderung zum Meer tiefe Mulden in die weicheren Gesteinsmassen. Als das Eis schließlich zu den Polen hin abschmolz, überspülte nachdrängendes Meerwasser das Land. Nach der Entlastung von den Eismassen hob sich das Terrain, die Wasser flossen wieder ab und nur die Mulden, die heutigen Seen also, blieben gefüllt zurück.

Über eine enge Landbrücke, den 7 km langen **Landkamm Punkaharju**, eine in Urzeiten entstandene Eiszeitmoräne, führt unser Weg nach **Punkaharju**. Hier kann man die alte, etwas engere Straßentrasse benutzen. Sie ist mit **„Harjualue Ridge Area" [WP 060 / N 61° 47' 57.9" E 29° 19' 11.9"]** (Straße 4792) beschildert und führt er-

Die Saimaaseenlandschaft bei Punkaharju. Foto: Visit Finland Media Bank

höht über dem See parallel zur heutigen Hauptstraße jenseits der Bahnlinie. Auf der alten Straße kommt man auch zum hübschen, recht romantisch gelegenen **Hotel Valtionhotelli**. Allerdings ist die Aussicht von der alten Straße durch hohe Nadelbäume weitgehend begrenzt, so dass man ruhigen Gewissens auch auf der Hauptstraße 14 weiter nach Norden reisen kann.

Die schmale Landbrücke von Punkaharju war schon für frühe Reisende ein beliebtes Ziel. Vor allem im 19. Jh. machten sich Künstler und Naturforscher auf den Weg nach Punkaharju. Als Zar Alexander I. sich 1803 in der Gegend aufhielt war er von der Landschaft angeblich so begeistert, dass er umgehend verfügte, dass auf dem Punkaharju Landkamm keine Bäume gefällt werden dürften.

Mit Fug und Recht könnte man Punkaharju und das Hotel Valtionhotelli auch als Wiege des Tourismus in Finnland bezeichnen.

Westlich von Punkaharju ist das **Lusto Forstmuseum Suomen Metsämuseo [N 61° 47′ 57.9″ E 29° 19′ 11.9″]** entstanden *(geöffnet Mai - Sept. tgl. 10 - 17 Uhr, Jun. + Aug. bis 19 Uhr, sonst Di - So 10 - 17 Uhr; www.lusto.fi)*, ein Museum und Wissenschaftszentrum für Waldkultur. Es vermittelt Einblicke in das Leben der Menschen in den Wäldern des Saimaaseengebiets, für die der Wald seit Menschengedenken eine der wichtigsten Grundlagen für ihre Existenz und Kultur ist.

Nicht nur Kunstliebhaber sollten sich einen Besuch im **Kunstzentrum Retretti Johanna Oras [WP 061 / N 61° 48′ 12.9″ E 29° 17′ 18.2″]**, Tuunaansaarentie 3, bei Punkaharju nicht entgehen lassen *(geöffnet Jun. + Aug. tgl. 10 - 17 Uhr, Juli tgl. 10 - 18 Uhr; www.retretti.fi)*. Es ist eines der größten seiner Art in ganz Skandinavien und bietet in riesigen, teils unterirdischen Felshallen wechselnde Ausstellungen berühmter Maler. Andere Abteilungen befassen sich mit elektronischer Kunst (computerunterstützte

PRAKTISCHE HINWEISE – PUNKAHARJU

Punkaharju Tourist Information, Kauppatie 20, Punkaharju, Tel. 73 41 233, www.lomasuomi.fi/punkharju.

HOTEL

Punkaharjun Valtionhotelli, 24 Zi., Harjutie 596, Tel. 020 75 29 100, www.punkaharjunvaltionhotelli.fi. Schönes Holzgebäude alten Stils, ursprünglich 1845 als Waldhütte für Zar Nikolaus I. erbaut, zählt es heute zu den bekannten Traditionshotels Finnlands. 15 Ferienhütten am See. Restaurant. Die Küche bietet neben finnischen auch russische Spezialitäten. Geöffnet 25. Mai – 1. Sept.

CAMPING

Punkaharjun Lomakeskus Camping [WP 062 / N 61° 47' 52.5" E 29° 17' 44.3"], Tuunaansaarentie 4, Tel. 02 90 07 40 50, www.punkaharjunlomakeskus.fi; 1. Jan. – 31. Dez.; Zufahrt von der Straße 14 rund 10 km nordwestl. von Punkaharju; weitläufiges Gelände überwiegend im lichten, hügeligen Birken- und Föhrenwald, am See Pihlajavesi mit Sandstrand gelegen.; ca. 10 ha – 400 Stpl.; gute Standard-Sanitärausstattung; Restaurant mit Seeblick, Laden, Imbiss, Sauna, Waschmaschine mit Trockner, Grillhütte, Bootsverleih; Bootsanlegesteg, 145 Miethütten. **V & E für Wohnmobile**. Platzerweiterungen vorgesehen.
Gleich neben dem Campingplatz liegt der Freizeitpark **Punkaharju Kesämaa-Sommerland** mit großer Badelandschaft und Wasserrutschbahn.

Kunst, Laserkunst u.ä.). Das Wort „retretti" hat seinen Ursprung übrigens im Lateinischen und bedeutet soviel wie sich zurückziehen, verweilen.

ROUTE: *Auf der Straße 14 nordwestwärts über* **Anttola** *nach* **Savonlinna** *(34 km). In Anttola bietet sich Gelegenheit zu einem Abstecher ostwärts auf der Straße 71 nach* **Kerimäki** *(10 km).*

Das Kunstzentrum Retretti. Foto: Visit Finland Media Bank

Die riesige **Kirche von Kerimäki Kerimäen kirkko [WP 063 / N 61° 54' 37.1" E 29° 16' 46.0"]** von 1847 gilt als das größte aus Holz errichtete Kirchenbauwerk der Welt *(geöffnet Mo - Fr 10 - 17 Uhr, Sa 10 - 15 Uhr, So 11 - 15 Uhr)*. Der Kirchenraum misst stattliche 45 m in der Länge, 42 m in der Breite, erreicht unter der zentralen Kuppel eine Höhe von 37 m und bietet Platz für rund 5.000 Kirchenbesucher (3.000 Sitzplätze und 2.000 Stehplätze)! Angeblich soll sie deshalb so groß geraten sein, weil sich der Baumeister A. M. Tolppo mit dem Maßstab vertat, denn die Pläne hatten die Einheit Zoll, er aber ließ in Ellen bauen. Andere Quellen berichten davon, dass der damalige Ortspfarrer Frederik Neovius eine Kirche in Auftrag gab, die so große sein sollte, dass mindestens die Hälfte seiner Kirchengemeindemitglieder darin Platz finden sollten.

Die Kirche von Kerimäki mit erstaunlichen Dimensionen

Savonlinna (schwedisch *Nyslott*), eine Stadt mit fast 28.000 Einwohnern, ist eines der wichtigen Fremdenverkehrszentren im Saimaagebiet und eine Basis der Binnenschifffahrt auf der ostfinnischen Seenplatte **[Schiffsanlegestelle: N 61° 52' 08.9" E 28° 52' 29.0"]**. Darüber hinaus ist Savonlinna heute eines der bedeutendsten Zentren der Holz-, Zellstoff- und Papierindustrie, dem drittgrößten Industriezweig Finnlands.

Ende des 15. Jh., als die Stadt vom damaligen dänischen Vizekönig und dänischen Grafen Erik Axelsson Tott gegründet wurde, lag Savonlinna an der Ostgrenze des schwedisch-finnischen Königreiches zu Russland. Dieser weit vorgeschobene Vorposten des Reiches musste mit einer starken Festung auf einer kleinen Sundinsel gesichert werden, in deren Schutz nun die Stadt entstehen konnte. 1475 wurde mit dem Bau der Festung begonnen.

Über die Burg erzählt man sich eine rührende Geschichte: Ingnel, die Tochter des schwedischen Burgvogts von Olavinlinna, hatte sich in einen russischen Offizier verliebt. Als sie sich eines Tages wieder mit ihrem Liebsten treffen wollte und heimlich das Burgtor öffnete, warteten davor russische Soldaten, die in die Burg eindringen wollten, um sie zu besetzen. Der Angriff misslang allerdings. Ingnel aber hing nun der Ruf einer Verräterin an. Zur Strafe wurde sie lebendig eingemauert. Bald spross ein Eschenbaum an der Stelle aus der Mauer, den die Leute von Savonlinna als Zeichen der Unschuld von Ingnel deuteten. Angeblich wurde diese Esche erst 1950 von einem gewaltigen Herbststurm gefällt.

Als Schutzpatron der Stadt erkor man den hl. Olav von Norwegen. Nach ihm ist die Stadtfestung „Olavinlinna" benannt.

1639 erhielt Savonlinna, das sich nun schon über mehrere Inseln erstreckte, vom finnischen Statthalter Per Brahe Stadtrechte. In den Kriegswirren mit Russland besetzten die Truppen von Zar Peter dem Großen die Stadt und nahmen die Festung ein. Die russische Besatzung dauerte sieben Jahre.

In den Friedensvereinbarungen von 1721 erhielt Schweden die Burg Olavinlinna zwar wieder zurück, aber nur für eine kurze Zeit von etwas mehr als zwanzig Jahren, dann fiel Savonlinna endgültig an das Zarenreich. Erst in den Abkommen von 1812 erlaubte Russland die Errichtung des Großfürstentums Finnland, zu dem auch Savonlinna mit seiner Burg gehörte. Nun konnte eine stetige Entwicklung in dem sich langsam zum autonomen Staat entwickelnden Finnland einsetzen.

Natürlich zählt die **Burg Olavinlinna [WP 064 / N 61° 51' 51.3" E 28° 53' 44.7"]** *(geöffnet Mai tgl. 11 - 16 Uhr; 1. Juni - 15. Aug. tgl. 11 - 17 Uhr; sonst Mo - Fr 10 - 16 Uhr, Sa + So 11 - 16 Uhr; www. olavinlinna.fi)* heute zu den Sehenswürdigkeiten der Stadt. Die Festung, die besterhaltene mittelalterliche Festung Nordeuropas, liegt auf einer kleinen Insel im Sund Kyrönsalmi südlich der Innenstadt. Vom **Parkplatz [N 61° 51' 51.3" E 28° 53' 44.7"]** ganz in der Nähe des Provinzmuseums führt ein Fußweg zur Burg, die man schließlich über eine bewegliche Pontonbrücke erreicht.

In der Burg mit ihren gewaltigen Festungsmauern und dominanten Rundtürmen, die von den schroffen Felsklippen hochragen, kann man verschiedene Bastionen, Festungstür-

Die Burg Olavinlinna in Savonlinna

Abgeschiedenheit und Ruhe inklusive – Ferienhaus im Saimaagebiet

me, wie den Turm des Heiligen Eric, den Glockenturm oder den sog. Kirchturm sowie Säle und Räumlichkeiten der Hauptburg, wie den Burgsaal oder den recht schlichten Königssaal besichtigen.

Seit 1912 ist der Schlosshof jedes Jahr im Juli Schauplatz des vierwöchigen internationalen **Savonlinna Opera Festivals**. Die ersten Opernfestspiele 1912 standen unter der Leitung der finnischen Sopranistin Aino Ackté, der es ein Anliegen war, die Oper einem breiten Publikum näher zu bringen.

Das **Provinzmuseum Savonlinnan maakuntamuseo**, Riihisaari, *(geöffnet 1. Jul - 8. Aug. tgl. 11 - 18 Uhr, sonst Di -So 11 - 17 Uhr; www.savonlinna.fi/museo)* wurde in seiner heutigen Form erst 1985 gegründet. Es liegt ganz in der Nähe der Burg Olavinlinna. Die Ausstellungen, die in einem Holzbau aus dem 19. Jh., der ehemals als Getreidespeicher diente untergebracht sind, befasst sich eingehend mit der Kulturgeschichte des Saimaagebietes, mit der langen Schifffahrtstradition auf den Seen und mit der ostfinnischen Provinz Savo, einer der ältesten und historischsten des Landes.

Andere Schwerpunkte des Museums sind Ausstellungen zur Geschichte der Navigation auf den Saimaaseen, zur Fischerei, Flößerei und Dampfschifffahrt. Am Museumsanleger sind im Sommer der historische Schleppdampfer „Ahkera“, der dampfbetriebene Teerfrachter „Mikko“, sowie der Passagierdampfer „Savonlinna“, eines jener typischen Saimaaschiffe und der Dampfschoner „Salama“ zu besichtigen.

Das **Kunstmuseum**, Olavinkatu 40, *(geöffnet Di - So tgl. 11 - 17 Uhr, Juli bis 20 Uhr)* zeigt neben Bildern, Skulpturen und Fotografien wechselnde Ausstellungen.

Auf der Insel Kasinosaari findet sich das **Puppenmuseum Sorgenfrei Nukkemuseo Suruton**. In einer hübschen Villa ist die Sammlung von über tausend Puppen und Spielzeugen zu bewundern.

Eine kulinarische Spezialität aus Savonlinna sind die **„lörtsy“**. Lörtsy sind den karelischen Piroggen nicht unähnliche Teigtaschen, die mit einer unglaublichen Vielfalt an Füllungen angeboten werden. Das kann süßer Reisbrei mit Früchten genauso sein wie eine

Füllung aus Beerenkompott, aus Kartoffelmus oder aus Hackfleisch. Es ist schon fast eine Tradition, sich auf dem Marktplatz von Savonlinna eine „lörtsy" und eine dampfende Tasse Kaffee dazu zu bestellen.

Und zu den Fischspezialitäten, für die Savonlinna bekannt ist, zählen knusprig gebratene kleine Maränen, finnisch muikku.

Zu den schönsten **Ausflügen** ab Savonlinna zählen Kreuzfahrten ins Saimaaseengebiet. Das Angebot zwischen Mitte Juni und Mitte August ist vielfältig und reicht von zweistündigen Rundfahrten, über Tagesausflügen mit historischen Dampfern wie der schon seit 1906 in Dienst stehenden **S. S. „Heinävesi"** z. B. nach Punkaharju, bis hin zu zwei- und mehrtägigen Kreuzfahrten z. B. nach Kuopio, Lappeenranta oder Kotka oder durch den Saimaa-Kanal ins russische Vyborg oder gar bis St. Petersburg.

PRAKTISCHE HINWEISE – SAVONLINNA

Savonlinna Tourist Information, Puistokatu 1, FI-57100 Savonlinna, Tel. 06 00 30 007; *geöffnet Mo - Fr 9 - 17 Uhr, Juli Mo - Sa 10 - 18 Uhr; www.savonlinnatravel.com.*

Savonlinna Opernfestival, Festspiele von Weltruf in der Kulisse der Burg Olavinlinna, jedes Jahr im Juli; www.operafestival.fi.

RESTAURANTS

Brauereigaststätte Huvila, Puistokatu 4, Tel. 015 55 50 555, www.panimoravintolahuvila.fi; das berühmte Lokal ist in einer Villa aus 1912 eingerichtet. Man braut hier seit 10 Jahren 4 verschiedene Bierarten und Cider. Die Spezialitäten der Küche sind vor allem Fischgerichte. Das Restaurant liegt gegenüber vom Marktplatz am Wasser. Sommerterrasse mit Livemusik. Geöffnet 6. Juli – 31. August.

Majakka, Satamakatu 11, Tel. 015 20 62 825, www.ravintolamajakka.fi; im Hafenbereich gelegen, man serviert neben internationaler Küche auch finnische Spezialitäten.

HOTELS

Pietari Kylliäinen, 39 Zi., Olavinkatu 15, Tel. 015 51 830, www.pietarikylliainen.fi; zentral gelegenes Mittelklassehotel, Restaurant.

Seurahuone, 84 Zi., Satamakatu 1, Tel. 020 75 71 356; www.savonlinna-seurahuone.fi, 2 Restaurants, Café, Nachtclub und Tanzrestaurant „Mefisto". In schöner Lage am Hafenbecken.

CAMPING

SunCamping Savonlinna Vuohimäki [WP 065 / N 61° 51' 43.7" E 28° 48' 14.7"], Vuohimäentie 60, Tel. 015 53 73 53, www.suncamping.fi; Mitte Juni – Mitte Aug.; ca. 7 km südwestl. der Stadt, beschilderte Zufahrt von der Straße 14; sehr schön gelegenes, terrassiertes Wiesengelände mit Hartstandplätzen am Pihlajavesi-See; Fußweg zum Seeufer; ca. 15 ha – 150 Stpl.; Standard-Sanitärausstattung; Imbiss, Sauna, Internetecke, Boots- und Fahrradverleih, Ponyreiten; 30 Miethütten. **V & E für Wohnmobile.**

6. SAVONLINNA – KUOPIO

Länge der Tour: Rund 165 km.

Die Route: Über die Straße 14 bis **Parkumäki** – Straße 464 über **Rantasalmi** bis **Varkaus** – Straße 5 bis **Kuopio**.

Reisedauer: Mindestens ein Tag.

Höhepunkte: **Musikmaschinen-Museum** ** in Varkaus * – das **Alvar Aalto Museum** ** in Jyväskylä – das **Kortellimuseum** ** und der Blick vom **Puijo-Aussichtsturm** ** in Kuopio.

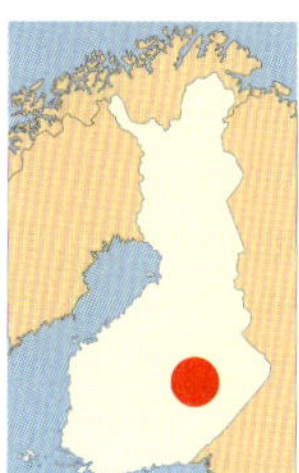

ROUTE: *Weiterreise von Savonlinna, der „Perle des Saimaa", zunächst auf der Straße 14 westwärts bis zum Abzweig der Straße 464 bei* **Parkumäki** *(23 km), der wir nordwärts bis* **Rantasalmi** *folgen (19 km).*

Rantasalmi ist Ausgangspunkt für Touren in den **Linnansaari Nationalpark**, der sich weiter östlich ausdehnt. Der Nationalpark umfasst den größten Teils des Sees Haukivesi samt 130 Inseln und Hunderten von Klippen und kleinen Eilanden. Neben Bibern, Fischottern und diversen Wasservogelarten leben im Park noch die selten gewordenen Fischadler. Darüber hinaus ist der Linnansaari Nationalpark eines der letzten Refugien der Saimaa-Ringelrobbe.

Der Park ist nicht über Straßen nur mit Booten zu erreichen, das ideale Gebiet also für eine Tour mit Zelt und Kanu, Kajak oder Ruderboot. Im Sommer gibt es regelmäßige Bootsverbindungen zur Insel Linnansaari.

Alles Wissenswerte über den Linnansaari Nationalpark erfährt man im **Oskari Linnansaari Visitor Center [WP 066 / N 62° 03' 53.1" E 28° 18' 29.2"]**, einem Informationszentrum über Fauna und Flora im Nationalpark *(geöffnet Ende Juni – 31. Aug. tgl. 9 – 17 Uhr, übrige Zeit Mo – Fr 9 – 16 Uhr).*

Das Freilichtmuseum Rantasalmi neben dem Oskari Linnansaari Visitor Center

WOHNMOBIL-STELLPLATZ

Rantasalmi – Wohnmobil Stellplatzmöglichkeit
42 km südöstlich von Varkaus an der Straße 464 gelegener **Parkplatz** am **Oskari Linnansaari Visitor Center [WP 066 / N 62° 03' 53.1" E 28° 18' 29.2"]**, mit Sanitärhäuschen mit Toiletten, Dusche, Waschbecken mit WW. Platz für ca. 10 Wohnmobile.

Neben dem Oskari Linnansaari Besucherzentrum liegt das **Freilichtmuseum ‚Rantasalmi Museo'** mit einigen historischen Holzhäusern und einer schönen Windmühle mit ganz aus Holz gebauten Flügeln.

ROUTE: *Von Rantasalmi Straßen 464 und 5 nach* **Varkaus**.

Am westlichen Ortsrand von **Varkaus** liegt das sehenswerte **Museum Mechanische Musikinstrumente Mekaanisen Musiikin Museo [WP 067 / N 62° 17' 57.0" E 27° 51' 24.8"]** von Hugo Popper, Pelimanninkatu 8 *(geöffnet März – Mai und Aug. – 15. Dez. Di – Sa 11 – 18 Uhr So 11 – 17 Uhr; Juni Di – So 11 – 18 Uhr; Juli tgl. 11 – 18 Uhr; www.mekaanisenmusiikinmuseo.fi)*. Auf einer einstündigen Führung wird die Welt der Musikmaschinen von 1850 bis in die neuere Zeit gezeigt. Zu sehen in den sieben zeitgenössische eingerichteten Ausstellungsräumen an die 400 Musikapparate, darunter mechanische Klaviere, Drehorgeln, eine mächtige Straßenorgel namens „Amadeus", das größte Orchestrion der Welt „Popper Goliath", Grammophone, Jukeboxen, Spieldosen und vieles mehr.

Umweg über Jyväskylä

Der weite Umweg nach Jyväskylä lohnt vor allem dann, wenn man besonderes Interesse an Alvar Aaltos Wirken hat.

ROUTE: *Von Varkaus auf der Straße 26, später 9/23/E63, westwärts nach Jyväskylä, 125 km.*

Jyväskylä, eine moderne Universitäts- und Industriestadt im Zentrum Südfinnlands gelegen, ist u. a. nach wie vor wichtiger Knotenpunkt vornehm-

PRAKTISCHE HINWEISE – VARKAUS

Varkaus Tourist Information, Kauppatori 4, FI-78250 Varkaus, Tel. 01 75 79 011; www.varkaus.fi.

HOTEL

Spa Hotel Kuntoranta, 106 Zi., Kuntorannantie 14, Tel. 017 56 01 403, www.kuntoranta.fi; Wellnesshotel der gehobenen Mittelklasse in schöner Lage an einem Ausläufer des Saimaa-Sees mit Hallenbad und großer Wasserrutsche. Restaurant und Abendunterhaltung. Parkplatz.

CAMPING

Camping Kuntoranta [WP 068 / N 62° 20′ 45.8″ E 27° 53′ 19.6″], Kommin Selkä, Kuntorannantie 14, Tel. 017 56 01 403, www.kuntoranta.fi; 1. Jan. – 31. Dez.; 10 km nördlich von Varkaus gelegen. Zufahrt von der Straße 5, Ausfahrt 48 und noch 6 km zum Platz. Zum See hin geneigtes Wiesengelände, teils mit Stellplatzstufen, durch niedere Hecken unterteilt. Nummerierte Stellplätze. Von den vorderen Stellplätzen schöner Seeblick. Im oberen Platzteil am Waldrand einige befestigte Stellplätze. Neben dem gleichnamigen Hotel gelegen s. o. Schwimmbad im Hotel. 10 ha – 100 Stpl.; gute Sanitäranlagen neueren Datums, zahlenmäßig aber zu wenig. Restaurant, Imbiss, Sauna, Waschmaschine mit Trockner, Grillhütte, Boots- und Fahrradverleih, WLAN, Internetecke. 10 Miethütten. **V & E für Wohnmobile.**

lich der touristischen Binnenschifffahrt im „Land der tausend Seen".

Gegründet wurde Jyväskylä im Jahre 1837. Bald machte sich der Ort einen Namen als „Wiege der finnisch-sprachigen Kultur". Der Hintergrund dafür war die Errichtung von finnisch-sprachigen Schulen und eines Lehrerkollegs um 1900, die bald im Land hohes Ansehen errangen. Auch die 1860 gegründete finnisch-sprachige Zeitung „Keski-Suomi", trug das ihre dazu bei. Damals hatte Jyväskylä kaum mehr als 2.000 Einwohner. Näheres über das Schulwesen in Jyväskylä um das Jahr 1900 erfährt man im **Schulmuseum [N 62° 14′ 37.44″ E 25° 44′ 41.08″]** im ehemaligen Jyväskylä Lyceum, Yliopistonkatu 13

Ein erster wirtschaftlicher Aufschwung stellte sich ein, als die Stadt 1875 an das Telegraphennetz von Tampere angeschlossen wurde und wenig später der Kaufmann Helminen das erste Telefon der Stadt besaß. Und als 1897 die Eisenbahn nach Jyväskylä kam, ging der Aufschwung weiter. Nun mussten nicht mehr, wie Generationen lang zuvor, alle Güter und Passagiere von und nach Jyväskylä mit den im Vergleich zur Eisenbahn langsamen Dampfschiffen über die Seen transportiert werden.

Die Wirren des Zweiten Weltkrieges überstand Jyväskylä relativ unbeschadet, obwohl sich in und um die Stadt einige wichtige Rüstungsfirmen befanden.

Nach dem Krieg wurden die meisten der Rüstungsfirmen umgewandelt in Betriebe, die sich der Papier- und Zellstoffindustrie widmeten und für diesen Gewerbezweig die notwendigen Maschinen bauten. Damit war eine neue Basis für eine nachhaltige Entwicklung der Stadt geschaffen.

Die Einwohnerzahl stieg rasch auf über 60.000. Menschen und Betriebe brauchten Raum, eine Herausforderung für die städtische Infrastruktur. Die herkömmlichen Holzhäuser verschwanden mehr und mehr und machten modernen Hochbauten und ganzen neuen Stadtvierteln Platz.

Seit der verwaltungstechnischen Zusammenlegung der Stadt Jyväskylä, der Landgemeinde Jyväskylä und der Gemeinde Korpilahti im Jahr 2009 ist die neue Großgemeinde mit 165.000 Einwohnern (Stadt Jyväskylä alleine 132.000 Einwohner) die siebtgrößte Kommune Finnlands.

Jyväskylä ist aber auch die Stadt Alvar Aaltos (1898 – 1976).

In Jyväskylä zeichnet Alvar Aalto für eine ganze Reihe von öffentlichen und privaten Gebäuden verantwortlich. Aus seiner Feder stammen z. B. die Pläne zum Haus der Arbeit (1924, Väinönkatu 7), zum Schutzwehrgebäude (1926, Kilpisenkatu 8), zur Universität Jyväskylä (1951, 1964, 1971, Seminaarinkatu 15), zum Museum Mittelfinnlands (1957, Alvar Aallon katu 7), zum Stadttheater (1964, Vapaudenkatu 36), zum Polizeipräsidium (1970, Kilpisenkatu 1), zum Alvar Aalto Museum (1971, Alvar Aallon katu 7), zum Stadtbauamt (1975, Hannikaisenkatu 17) und zu diversen privaten Häusern.

Einblick in das Werk des weltberühmten finnischen Architekten erhält man im **Alvar Aalto Museum [N 62° 14' 1.54" E 25° 43' 54.96"]**, Alvar Aallon katu 7 *(geöffnet Di – So 11 - 18 Uhr, im Juli und Aug. ab 10 Uhr geöffnet; www.alvaraalto.fi)*. Das Museum liegt etwas südlich des Stadtzentrums und ist in einem Gebäude untergebracht, das Alvar Aalto1971 selbst entworfen hat. Die Ausstellungsthemen befassen sich in erster Linie natürlich mit Architektur und Design. Breiten Raum nimmt dabei das Werk Aaltos ein. Von ihm sind Architekturzeichnungen, Modelle von Bauprojekten, Möbel- und Glasdesign und Fotos zu sehen. Parkplatz, Café, Museumsshop.

Und nur wer sich ganz intensiv mit den Arbeiten von Finnlands Stararchitekten Aalto beschäftigt, wird den etwas umständlichen Weg zum **Alvar Aallon Koetalo [N 62° 6' 48.31" E 25° 45' 2.13"**, Annäherungswert!], dem sog. Experimentalhaus Muuratsalo, 40900 Säynätsalo, Melalammentie 2, auf sich nehmen. Das Haus war der Sommersitz von Alvar und Elissa Aalto in den 1950er Jahren. Aalto nutzte das Haus vor allem auch dazu, um mit neuen Konstruktionsmethoden, Materialien und Formen zu experimentieren.

Das Haus ist der Öffentlichkeit nur von Juni bis Mitte September Montag, Mittwoch und Freitag zwischen 13.30 Uhr und 15.30 Uhr und nur auf Führungen zugänglich. Die Führung beginnt am Tor zum Anwesen um 13.30 Uhr, wo der Guide die Besucher empfängt.

Das Anwesen ist nicht ganz leicht zu finden! Zunächst fährt man auf der Straße 9 6 km südwärts, zweigt rechts ab auf die Straße 6110 nach Säynätsalo, das man nach 8 km erreicht. Dort rechts Richtung Muuratsalo. Weiter auf der Saaritie über zwei Brücken und rechts in die Vuorenlahdenkatu und noch 2 km bis zum Parkplatz auf der linken Seite. Der Eingang zum Experimentalhaus ist auf der rechten Seite. Dort am Tor beginnt die Führung.

Bevor Sie sich auf den komplizierten Weg machen, empfiehlt es sich anzurufen, ob die Führungen auch stattfinden – Tel. 01 42 66 71 13; www.alvaraalto.fi/koetalo.htm.

In der Stadt Jyväskylä liegt gleich neben dem Alvar Aalto Museum das **Museum für Zentralfinnland Keski-Suomen Museo [N 62° 14' 1.82" E 25° 43' 53.92"]**, Alvar Aalto katu7 *(geöffnet Di – So – 11 – 18 Uhr; www.jyvaskyla.fi/keskisnomenmuseo)*. Das kulturhistorische Museum, 1961 von Alvar Aalto entworfen, zeigt in einer ganzen Reihe von Ausstellungen die unterschiedlichsten Aspekte der Region Jyväskylä. Eine Abteilung befasst sich z. B. mit der Stadtentwicklung von Jyväskylä.

Zwei der ältesten Gebäude in Jyväskäly sind zwei sog. **Handwerkerhäuser [N 62° 14' 15.54" E 25° 44' 39.18"]** in der Cygnaeuksenkatu 2. Sie stammen aus der Mitte des 19. Jh. und gehörten einstmals einem Kupferschmied namens Sjöblom und dem Hutmacher Fagerlund. Heute sind die Gebäude selten gewordene Beispiele für den Holzhausbau der damaligen Zeit und für die Lebensweise von Handwerkerfamilien in einer finnischen Kleinstadt.

Jyväskyläs Stadtkirche

Ein anderes interessantes Museum im Zentrum ist – neben dem **Kunstmuseum Taidemuseum [WP 069 / N 62° 14' 28.6" E 25° 44' 41.8"]** – das **Museum für Handwerk und Kunstgewerbe Finnlands Suomen käsityön museo**, Kauppakatu 25, im Zentrum in der Fußgängerzone gegenüber dem Kirchpark *(geöffnet Di – So 11 – 18 Uhr; www.craftmuseum.fi)*. Einen großen Teil der Ausstellungen nehmen bunte Nationaltrachten und Festkleider aus verschiedenen Teilen Finnlands ein. Und da das Motto des Museums ist: „Man begreift ein Handwerk nur, wenn man es selber macht" gibt es im ersten Stock eine Abteilung, in der Sie selbst etwas herstellen dürfen.

Einen Überblick über die Stadt können Sie sich von der Anhöhe **Jyväskylän Harju [N 62° 14' 35.90" E 25° 44' 23.41"]** aus verschaffen, die über eine Treppe zu erreichen ist oder von der Aussichtsplattform des weithin sichtbaren ehemaligen Wasserturms der Stadt, **Aussichtsrestaurant**, Naturkundliches Museum Mittelfinnlands.

Das **Luftfahrtmuseum von Zentralfinnland Keski-Suomen Ilmailumuseo [N 62° 23' 14.21" E 25° 40' 49.06"]** in **Tikkakoski**, Tikkakostentie 125, ist ein Leckerbissen für Liebhaber alter Zivil- und Militärflugzeuge. Das Museum liegt rund 20 km nördlich von Jyväskylä westlich der Straße 13 am Flugplatz Tikkakoski. Zu sehen sind z. B. eine Messerschmitt ME 109, eine Iljushin Il-28R, eine Fouga Magister, eine MiG-15, eine Douglas DC-3. Darüber hinaus gibt es Ausstellungen zu Systemen der Flugüberwachung *(geöffnet 1. Juni – 15. Aug. tgl. 10 – 20 Uhr, 16. Aug. – 31. Mai tgl. 11 – 17 Uhr; www.k-silmailumuseo.fi)*.

Eine der sehenswerten Kirchen der Region liegt in **Petäjävesi**, knapp 40 km westlich von Jyväskylä an der Straße 18/23. Die **Alte Kirche von Petäjävesi [N 62° 15' 1.63" E 25° 10' 55.95"]** (geöffnet 1. Juni – 31. Aug. 10 – 18 Uhr), eine der schönsten Holzkirchen des Landes, entstand zwischen1763 und 1765 unter der Leitung des Zimmermanns Jaakko Klemetinpoika Leppänen.

In jener Zeit wurden Kirchen in Finnland möglichst an wichtigen Wasserläufen errichtet. So konnte man im Sommer bequem mit dem Boot und im Winter über das Eis zum Gottesdienst gelangen. Darüber hinaus fungierten die meist freistehenden Kirchtürme als weithin sichtbare Landmarken, die eine Orientierung erleichterten.

Besondere Beachtung im Kircheninneren verdient die achteckige Kanzel. Die untere, rustikale Figur, die die Kanzel zu tragen scheint, stellt den Hl. Christophorus dar. Die in naiver Manier geschnitzten Figuren an der Kanzel selbst stellen die vier Evangelisten dar, umgeben von puttenartigen Engelsgestalten.

Seit 1994 steht die Alte Kirche von Petäjävesi auf der Liste des UNESCO-Weltkulturerbes.

Eine Legende berichtet davon, dass die Kirche eigentlich illegal errichtet worden sei. Die Kirchengemeinde wollte angeblich nicht auf die lange Genehmigungsprozedur durch das Domkapitel warten, man wollte rasch eine Kirche und zog angeblich innerhalb von nur 35 Tagen den Kirchenraum hoch.

HAUPTROUTE

ROUTE: *Von Varkaus auf der Straße 5 nach* **Kuopio**, *78 km.*

Kuopio [N 62° 53' 30.5" E 27° 40' 43.7"], 1653 vom schwedischen Grafen Per Brahe als Handelsplatz angelegt und 1782 vom schwedischen König Gustav III. zur Stadt erhoben, liegt auf einer Halbinsel im Kallavesi-See.

PRAKTISCHE HINWEISE – JYVÄSKYLÄ

Tourist Information, Asemakatu 6, 40100 Jyväskylä, Tel. 01 42 66 01 13. *Geöffnet Mo – Fr 9 – 17 Uhr, von 1. Juni – 31. Aug. auch Sa 9 – 14 Uhr; www.jyvaskyla.fi.*

RESTAURANT

Pöllöwaari, Yliopistonkatu 23, Tel. 014 33 39 00, www.hotelliyopuu.fi; gehört zum Hotel Yöpuu. Der Küche werden exquisite Kreationen nachgesagt, ebenso erlesen ist der Weinkeller.

HOTELS

Hotel Alba, 126 Zi., Ahlmaninkatu 4, Tel. 014 63 36 311, www.hotellialba.fi; das Mittelklassehotel der gehobenen Klasse liegt schön am Jyväskylä-See, zum Ortszentrum 1,5 km. Ausgezeichnetes Restaurant mit großer Terrasse am See. Eigener Bootssteg. Parkplatz.

Boutique Hotel Yöpuu, 26 Zi., Yliopistonkatu 23, Tel. 014 33 39 00, www.hotelliyopuu.fi; angenehmes Mittelklassehotel mit unterschiedlich eingerichteten Zimmern in gemütlichem Stil, ausgezeichnetes Restaurant „Pöllöwaari".

V&E

CAMPING

Camping Laajavuori [N 62° 15' 12.5" E 25° 41' 57"], Laajavuorentie 15, Tel. 014 62 48 85, www.laajavuori.com; Juni – Aug.; von der Straße 18/23 ca. 4 km westlich von Jyväskylä Richtung Laajavuori abzweigen; ebenes, parzelliertes Gelände mit Schotterstellflächen neben Freizeit- und Sportzentrum; 2 ha – 80 Stpl.; Standard-Sanitärausstattung. Imbiss, Kiosk, Sauna, Waschmaschine mit Trockner, WLAN, Fahrradverleih. **V & E für Wohnmobile**.

*KUOPIO - Zentrum – **1** Touristeninformation – **2** Kauppatori, Marktplatz und Markthalle – **3** Rathaus – **4** Kathedrale – **5** Kortteli Museo Alt Kuopio – **6** Kuopion taidemuseo, Kunstmuseum – **7** Kuopio Museum – **8** VB Photographic Museum – **9** zum Orthodoxen Kirchenmuseum – **10** zum Puijo Turm – **11** Busbahnhof – **12** Bahnhof – **13** Cumulus Hotel – **14** Polizei, Kriegsveteranenmuseum, Stadtverwaltung – **15** Theater – **16** Musikzentrum – **17** Sokos Hotel – **18** Scandic Hotel – **19** Ulmaranta, Strand – **20** Väinölänniemi Park – **21** Stadion – **22** Pikku Pietri, Marktgasse – **23** Hauptpostamt – **24** Eishalle, Schwimmhalle, Bowlinghalle – **25** Automuseum, Kuopio Gemeindekolleg*

Heute ist Kuopio eine moderne Stadt mit ca. 97.000 Einwohnern und die achtgrößte Stadt Finnlands. Darüber hinaus ist Kuopio Verwaltungshauptort der Region Nordsavo, Universitätsstadt und Sitz eines orthodoxen und eines Erzbischofs. Und, Kuopio hat sich seit der Ankunft der Eisenbahn und des Saimaan-Kanava-Kanals ausgangs des 19. Jh. nicht nur zu einer prosperierenden Handelsstadt, sondern immer mehr auch zu einem bedeutenden Urlaubszentrum entwickelt, nicht zuletzt wegen seines regen sommerlichen Bootsverkehrs im Saimaagebiet.

Zentrum der Innenstadt ist auch heute noch der hübsche **Marktplatz Kauppatori (2) [N 62° 53' 31.0" E 27° 40' 44.1"]** (bunter Markt täglich außer Sonntag bis 15 Uhr) mit dem repräsentativen **Rathaus (3)** aus dem späten 19. Jh. an der Nordseite und der markanten **Markthalle** im Jugendstil gegenüber.

Bemerkenswert sind weiter die **Kathedrale (4)** von 1815 und der **Botanische Garten** der Universität.

Besuchenswert sind die Museen der Stadt. Allen voran das **Kortteli Museo (5)**, das **Freichlichtmuseum Alt Kuopio [WP 070 / N 62° 53' 21.0" E 27° 41' 05.7"]** in der Kirkkokatu 22 *(geöffnet 15. Mai - 31. Aug. tgl. 10 - 17 Uhr, Mi bis 19 Uhr, sonst Di - Fr 10 - 15 Uhr, Sa + So 10 - 16 Uhr; www.korttelimuseo.kuopio.fi).* In diesem historischen Stadtquartier bilden elf hübsche alte Holzhäuser ein

Kuopios Marktplatz

umschlossenes, kleines Stadtviertel, so wie es sich im 18. Jh. dargestellt haben könnte. Drei Wohn- (Häuser Nummer 1, 2 und 3) und zwei Wirtschaftsgebäude (Häuser Nummer 4 und 5) standen seit ihrer Entstehung hier. Sechs weitere typische Gebäude wurden im Rahmen einer Denkmalschutzaktion Ende der 1960er Jahre aus der Stadt hierher versetzt, um sie vor dem Abriss zu retten und sie hier in dem kleinen Freilichtmuseum für die Zukunft zu erhalten. Die Häuser sind ihrer Zeit entsprechend eingerichtet.

Ein Straßenzug weiter nördlich liegt in der Kauppakatu 35 das **Kunstmuseum Kuopion taidemuseo (6)** *(geöffnet Di - Fr 10 - 17 Uhr, Mi bis 19 Uhr, Sa + So 11 - 17 Uhr; www.taidemuseo.kuopio.fi)*. Ausgestellt ist finnische Kunst vom 19. Jh. bis in die jüngere Zeit. Schwerpunkte bilden Werke der Maler von Wright und Juho Rissanen, sowie Themen aus der Natur und der Umwelt.

Das **Kuopio Museum (7) [WP 071 / N 62° 53' 31.3" E 27° 41' 11.9"]**, Kauppakatu 23 *(geöffnet 2. Mai - 3. Sept. Di - Fr 10 - 17 Uhr, Mi 10 - 19 Uhr, Sa + So 11 - 17 Uhr, www.museo.kuopio.fi)* befasst sich in zwei interessanten Museumsabteilungen (Kuopio Kulturhistorisches Museum und Kuopio Naturhistorisches Museum) mit der Kulturgeschichte der Region, mit der Stadtgeschichte, mit Brauchtum und Naturgeschichte der Region Savo.

Das **Victor Barsokevitsch Photographic Center (8)**, Kuninkaankatu 14 – 16, südlich der Kathedrale, präsentiert sich als sehenswerte Galerie für fotographische Kunst und dokumentarische Fotographie *(geöffnet Di, Do + Fr 11 – 17 Uhr, Mi 11 – 17 Uhr, Sa + So 11 – 15 Uhr; www.vb.kuopio.fi)*. Eingerichtet ist die Ausstellung im ehemaligen Studio des Fotografen Victor Barsokevitsch (1863 – 1933). Von Interesse sind auch die wechselnden Ausstellungen in denen z. B. schon Arbeiten von Leni Riefenstahl und Linda McCartney zu sehen waren.

Etwas Außergewöhnliches für den skandinavischen Raum ist das **Orthodoxe Kirchenmuseum Suomen Ortodoksinen Kirkkomuseo (9) [WP 073 / N 62° 53' 57.1" E 27° 39' 52.6"]** in der Sinnauskapellintie, *(geöffnet 2. Mai - 31. Aug. Di - So 10 - 16 Uhr, sonst Mo - Fr 12*

- 15 Uhr, Sa + So bis 17 Uhr; www.ort.fi/kirkkomuseo). Es widmet sich der recht bewegten Geschichte der Orthodoxen Kirche in Finnland und zeigt sehr schöne, seltene Ikonen aus dem 17. und 18. Jh., kostbare liturgische Gegenstände und Gewänder sowie Exponate aus karelischen Kirchen und Klöstern.

Falls Ihnen der Sinn nach einer kleinen Shoppingtour steht, sollten Sie unbedingt in der **Marktgasse Pikku Pietri (22)** vorbei schauen. Da, wo sich früher Pferdeställe reihten, sind heute Geschäfte, Boutiquen, Cafés und Ausstellungen zu finden.

Keinesfalls versäumen sollte man – auch bei einem nur kurzen Aufenthalt – eine Fahrt auf den etwa 230 m hohen **Hügel Puijo**, der etwas nördlich vom Zentrum liegt. Dort findet man den 75 Meter hohen **Puijo Turm (10) [WP 074 / N 62° 54' 34.0" E 27° 39' 20.3"]** *(geöffnet 2. Mai - 19. Juni Mo - Sa 11 - 22 Uhr, 23. Juni - 10. Aug. Mo - Sa 11 - 22 Uhr, So 12 - 19 Uhr, im Winter Di - Sa 11 - 22 Uhr; www.puijo.com)* mit **Drehrestaurant und Aussichtsplattform**. Der Ausblick von dort oben auf das herrliche Labyrinth der Seenplatte mit ihren bewaldeten Inseln und auf die Stadt ist beeindruckend und das um so mehr, als man sonst im oft flachen Terrain der finnischen Landschaft kaum oder nur nach langer Wanderung von einem erhöhten Standpunkt aus einen Blick auf die Landschaft genießen kann.

Schiffsausflüge

Im Sommer werden in Kuopio zwischen Anfang Juni und Mitte August zahlreiche **Schiffsausflüge** angeboten, die von eineinhalbstündigen Rundfahrten über ausgedehnte Ganztagestouren bis zu einwöchigen Kreuzfahrten in die Seenlandschaft reichen. Eine der Tagestouren führt z. B. zum **Valamo Kloster** am Heinävesi See.

Abstecher

Bei ausreichend zur Verfügung stehender Zeit lohnt ein Ausflug zum ca. 45 km westlich von Kuopio (Straße 5, Ausfahrt nach Karttula und Abzweig in **Lamperila WP 075 / N 62° 50' 59.9" E 27° 32' 23.6"**) gelegenen **Bauernmuseum Riuttalan Talomuseo Riuttala [WP 076 / N 62° 59' 06.4" E 27° 07' 01.0"]** *(geöffnet Mitte Juni - 31. Aug. tgl. 11 - 18 Uhr; www.riuttala.fi)*. Die letzten

Blick auf die Seenplatte von Kuopio vom Aussichtsturm Puijo aus

7 km der Zufahrt sind nicht geteert. Das Freilichtmuseum zeigt 20 bäuerliche Wirtschaftsgebäude aus dem 19. Jh., u. a. Finnlands größte Scheune, eine Windmühle, eine Rauchsauna und diverse Bauernhäuser. Erstmals erwähnt wurde das Gehöft allerdings bereits 1657 auf einer Karte, auf der alle Lehensgebiete des schwedischen Statthalters Per Brahe verzeichnet waren. Im Sommer wird das Freilichtmuseum durch Demonstrationen alter Handwerke und bäuerlicher Arbeitsmethoden belebt. Höhepunkt ist alljährlich das Mittsommerfest mit einem großen Johannisfeuer.

PRAKTISCHE HINWEISE – KUOPIO

Kuopio Tourist Information (1) [N 62° 53' 29.6" E 27° 40' 36.9"], Haapaniemenkatu 22, 70110 Kuopio, Tel. 01 71 82 584, www.visitlakeland.fi. *Geöffnet Juni – Aug. Mo – Fr 9.30 – 17 Uhr, im Juli auch Sa 9.30 – 15 Uhr; übrige Zeit Mo – Fr 9.30 – 16 Uhr.*

RESTAURANTS

Puijo Aussichtsturm (10), Puijontie, Tel. 017 25 55 255, www.puijo.com; rotierendes Panoramarestaurant im oberen Stockwerk des Aussichtsturms. Ca. 2 km nordöstlich des Stadtzentrums von Kuopio.

Harald, Tulliportinkatu 44, Tel. 044 76 68 202, www.ravintolaharald.fi. Essen und Feiern wie zu Wikingerzeiten mit herzhaften Speisen und Getränke. Sonntags geschlossen.

HOTELS

Cumulus Kuopio (13), 143 Zi., Puijonkatu 32, Tel. 017 61 77 11; www.cumulus.fi; gutes Mittelklassehotel ca. 500 m vom Zentrum entfernt beim Busbahnhof, Restaurant „Huviretki", Sauna.

Spa Hotel Rauhalahti, 221 Zi., Katiskaniementie 8, Tel. 030 60 830, ww.rauhalahti.fi; die Hotelanlage mit Hotel, Ferienwohnungen, Hostels liegt ca. 5 km südlich vom Kuopiozentrum. Ein Fitnessraum, Whirlpool, mehrere Pools, Wasserrutsche, Massageeinrichtungen, Saunen und Dampfbad lassen keine Wünsche übrig. Ein Tanzlokal, ein Nachtclub mit Karaoke und das traditionelles Restaurant „Jätkänkämppä" mit angeblich der größten Rauchsauna der Welt. Parkplatz.

Scandic Hotel Kuopio (18), 137 Zi., Satamakatu 1, Tel. 017 19 51 111, www.scandichotels.com; ca. 1 km vom Zentrum entfernt am Kallavesi-See gelegen, Restaurant „Mesimarja", Bar, Café und Terrasse, Hallenbad mit Fitnesseinrichtungen, Badestrand mit 3 Saunas und Jacuzzi. Parkplatz.

CAMPING

Camping Rauhalahti Holiday Center [WP 077 / N 62° 51' 52.3" E 27° 38' 27.6"], Rauhankatu 3, Tel. 47 30 00, www.rauhalahti.com; Ende Mai – Ende Aug.; von der Straße 5/E63 Ausfahrt 67, 5 km südlich Kuopio gut beschildert; gepflegtes, ebenes Wiesengelände mit asphaltierten Stellplätzen, durch Büsche und Birkenreihen aufgelockert und von Wald umgeben. Separat ausgewiesene Zeltwiesen. Strandbad mit Sauna am Kallavesi-See ca. 100 m entfernt, Grillhütte am See; ca. 15 ha – 250 Stpl.; gute Standard-Sanitärausstattung; Restaurant, Laden, Imbiss, Sauna, Waschmaschine mit Trockner, Boots- und Fahrradverleih, Bootssteg; 80 Miethütten. **V & E für Wohnmobile.**

7. KUOPIO – JOENSUU

Länge der Tour: Rund 230 km.

Die Route: Straße 5 bis zum Abzweig der Straße 9 – Straße 9 bis **Kuusjärvi** – Straße 504 bis **Outokumpu** und zurück bis Kuusjärvi – Straße 477 bis **Suurmäki** – Landstraße bis **Uusi Valamo** – Straße 542 bis **Lintula** – Straße 23 und Straße 9 bis **Joensuu**.

Reisedauer: Mindestens ein Tag.

Höhepunkte: Die **Kupfermine von Outokumpu** ** – die **Klöster Uusi Valamo** * und **Lintula** – das Museum **Carelicum** ** in Joensuu.

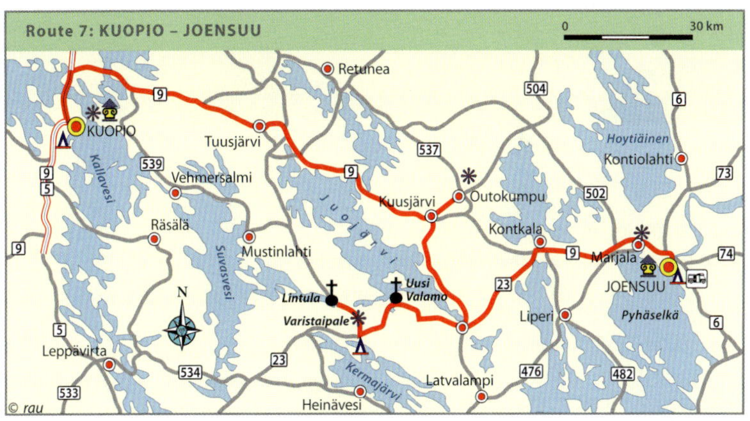

ROUTE: *Von Kuopio zunächst über die Straße 5/E63 nordwärts. Nach rund 8 km Abzweig ostwärts auf die Straße 9 Richtung Joensuu. Nach 79 km erreicht man* **Kuusjärvi**. *6 km nordöstlich liegt* **Outokumpu** *mit einer sehenswerten Kupfermine.*

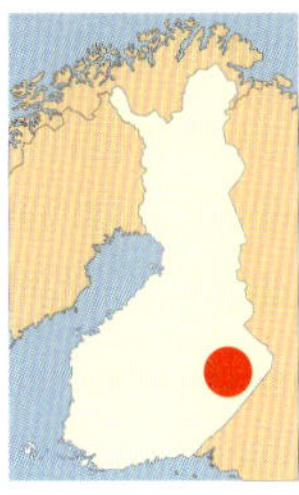

Die Mine **Outokumpu Vuorenpeikonmaa Vanha Kaivos [WP 078 / N 62° 43′ 44.6″ E 29° 00′ 31.5″]** ist eine seit 1989 stillgelegte Kupfermine (*geöffnet Ende Mai – 31. Aug. tgl. 10 – 18 Uhr; www.outokummunkaupunki.fi*). Angefangen hatte hier alles damit, dass zu Beginn des 20. Jh. in der Gegend beim Bau eines Kanals ein großer Kupferklumpen zutage gefördert wurde. Geologen machten sich auf die Suche nach der Herkunft des Kupfers und entdeckten nach zwei Jahren bei Outokumpu eine überaus mächtige und ergiebige Kupferader. Schon 1912 wurde in drei Schächten mit dem Abbau begonnen.

Allerdings war die Förderung anfangs wenig lukrativ. Die nächste Eisenbahnanbindung war im 50 km entfernten Joensuu und der Transport des Erzes dorthin mit Pferden war so teuer, wie damals der Frachttransport per Schiff von Finnland nach Amerika. Nachdem durch den Bau einer Schmalspurbahn zum 14 km entfernten See Juojärvi die Transportprobleme gelöst waren und sich die finanzielle Situation durch die Übernahme aller Geschäftsanteile durch den finnischen Staat entspannt

Die Erzhütte von Outokumpu

hatte, konnte die Produktion gesteigert und die Anlage erweitert werden. Und die in und um Outokumpu geförderten Erze trugen nicht zuletzt maßgeblich mit dazu bei, dass sich Finnland in einen modernen Industriestaat wandeln konnte. Erst um 1990 wurde die Förderung ganz eingestellt. Die auf dem Weltmarkt gesunkenen Erzpreise machten eine Weiterführung der Anlage nicht mehr rentabel. Allerdings werden in jüngster Zeit wegen der weltweiten Rohstoffverknappung Überlegungen über eine Wiedereröffnung der Anlage angestellt.

Die riesige Anlage ist auf Führungen zu besichtigen. Dabei werden der Maschinenraum und im sog. Museumstunnel Maschinen, Förder-, Transport- und Verarbeitungsmaschinen gezeigt und die Besucher werden mit der Grubenbahn durch das ausgedehnte Grubengelände gefahren.

ROUTE: *Anstelle des rascheren Weges von Kuusjärvi über die Straße 9 nach Joensuu (50 km) empfiehlt sich ein* **Umweg zu den Klöstern Lintula und Neu Valamo** *südlich nahe der Straße 23. Dazu verlässt man bei* **Kuusjärvi** *die Straße 9 und folgt der Straße 477 südwärts. Nach 25 km stößt man bei* **Suurmäki** *auf die Straße 23, der wir wenige Kilometer nach Westen bis zum Abzweig (Beschilderung „Uusi Valamo") zum* **Kloster Neu-Valamo** *folgen. Der Parkplatz am Kloster wird nach weiteren 4 km erreicht* **[N 62° 31' 42.9" E 28° 45' 33.2"].**

Das orthodoxe **Mönchskloster Uusi Valamo/Neu-Valamo [WP 079 / N 62° 33' 42.1" E 28° 47' 37.2]** *(geöffnet Sommer Mo - Sa 7.30 - 21 Uhr, So 8 - 21 Uhr, Winter So - Do 8 - 18 Uhr, Fr - Sa 7 - 21 Uhr; www.valamo.fi)* wurde hier erst im Jahre 1940 gegründet.

Die Geschichte des Klosters reicht aber zurück bis ins 12. Jh. Wie es in der Ordenschronik heißt, hatte damals ein griechischer Mönch mit Namen Sergej zusammen mit seinem aus Karelien stammenden Schüler und Begleiter Hermann auf der Insel Valamo im Ladoga See eine Brudergemeinschaft gegründet, die rasch Zulauf hatte und sich im Mittelalter zu einem namhaften Ordenshaus entwickelte. Das Kloster wurde Wallfahrtsort und ein geistiges Zentrum der orthodoxen Kirche. 1940 mussten die Mönche Kloster Valamo verlassen und siedelten sich hier auf der Gemarkung der Gemeinde Heinävesi an. 1977 konnte die Klosterkirche eingeweiht und viele der wertvollen Ikonen, darunter die der wundertätigen Gottesmutter von Konevitsa (rechts der Altarwand) und kostbare liturgische Geräte von Alt-Valamo hierher gebracht werden. Heute leben noch etwa 10 Mönche im Kloster.

Lange pflegte man auch in Uusi Valamo die alte Tradition, dass sich das Kloster und seine Mönche aus eigenen Mitteln erhalten und versorgen sollten, was lange durch Handwerk und Landwirtschaft gesichert war.

Um 1960 wurde aber eine andere Einnahmequelle entdeckt, der Tourismus. Die Mönchszellen wurden zu Gästezimmern umgewandelt, aus den Stallungen und Remisen wurden Cafeteria, Gästehaus, Souvenirladen. Dazu kamen ein Hotel, eine Weinhandlung und ein Kulturzentrum. Da man wohl davon ausgeht, dass Gäste in erster Linie zur inneren Einkehr und zur Entspannung nach Valamo kommen, müssen sie in den Gästezimmer auf Fernsehen, Radio und Minibar verzichten.

ROUTE: *Vom Kloster Neu-Valamo zurück zur Straße 23 und 21 km westwärts bis zum Abzweig (Beschilderung „Lintulan Luostari") nordwärts auf der Straße 542 Richtung Varistaipale zum* **Kloster Lintula** *(knapp 10 km).*

Auf dem Weg zum Nonnenkloster Lintula quert man die **Schleusentreppe von Varistaipale [WP 080 / N 62° 32' 47.1" E 28° 38' 26.8"]** mit drei Schleusenkammern. Hier befindet sich auch das **Kanalmuseum Kanavamuseo** *(geöffnet 12. Juni - 25. Aug. 10 - 18 Uhr).*

Das **Nonnenkloster Lintula, Lintolan Luostari [WP 081 / N 62° 34' 16.1" E 28° 35' 27.1"]** *(geöffnet 1. Mai - 30. Aug. tgl. 10 - 17 Uhr, Führungen)* liegt an der Karelischen Landenge auf dem ehemaligen Landgut des Geheimrats Feodor Petrovits Neronov. Neronov und seine Frau Aleksejevna wollten hier um die Jahrhundertwende einen Frauenverein der Heiligen Dreieinigkeit gründen, der dann 1905 in ein von russischen Nonnen betriebenes Frauenkloster umgewandelt wurde. Das Kloster entwickelte sich rasch, wurde allerdings von den Vorwirren der Oktoberrevolution erfasst und am Karfreitag des Jahres 1916 fast vollständig niedergebrannt. Nahezu alle Klosterschätze wie Ikonen, Reliquien, Messgewänder und Bücher gingen verloren. 1919 begann der Wiederaufbau der Klosterkirche. Aber im Winterkrieg musste das Kloster im November

Ikonenmosaik am Kloster Uusi Valamo

1939 erneut evakuiert werden und die Anlage wurde abermals zerstört. 1946 konnte das Kloster von Lintula wieder aktiviert werden. Heute leben in der Abtei noch etwa 10 Klosterfrauen. Einer der wichtigsten Erwerbe des Klosters ist die Herstellung von Kirchenkerzen. Die moderne Klosterkirche, vom Architek-

Kloster Lintula

ten Vilho Suonmaa errichtet und 1973 von Erzbischof Paavali eingeweiht, kann besichtigt werden.

ROUTE: *Von Lintola südwärts zur Straße 23, der wir ostwärts bis* **Kontkala** *(44 km) folgen. Dort auf der Straße 9 nach* **Joensuu** *(23 km).*

8 km westlich von Joensuu kann man im Sommer in **Marjala** das **Bunker-Museum/Bunkkeri Museo [WP 082 / N 62° 37' 46.1" E 29° 40' 12.7"]** besichtigen. Das Museum hat die Grenzkonflikte zwischen 1939 und 1944 zwischen Finnland und Russland zum Thema *(geöffnet Ende Juni – Mitte Aug. tgl. a. Mo 11 – 17 Uhr; www.salpakeskus.fi)*. Die beiden renovierten Bunkeranlagen, die man besichtigen kann, waren Teil der **Salpalinie**, einer 1.200 km langen Befestigungsanlage, die vom Finnischen Meerbusen bis Salla in Lappland reichte. Zeitweise arbeiteten an den Befestigungen über 35.000 Männer und 2.000 Frauen, um die 728 Befestigungen bzw. Bunker aus Beton oder in den Felsen gesprengt und viele hundert Kilometer lange Schützengräben, Panzersperren, Maschinengewehrstellungen und Befestigungen aus Holz fertig zu stellen. Wie man in den Ausstellungen erfährt, wurde an der Salpalinie aber nie wirklich gekämpft. 1944 konnte ein Angriff sowjetischer Truppen vor der Linie verhindert werden. Und nach dem Zweiten Weltkrieg war die Verteidigungslinie aufgrund der sich ändernden Methoden der Kriegsführung überflüssig geworden.

Joensuu, eine Stadt mit etwa 74.000 Einwohnern, Universitätsstadt und Verwaltungssitz der Region Nordkarelien,

CAMPING – HEINÄVESI/KARVIO

Camping Karvio [N 62° 30' 74.2" E 28° 38' 13.2"], Takunlahdentie 2, Tel. 017 56 36 03, www.karvionlomakeskus.fi; 1. Mai – 15. Sept.; ca. 20 km westlich Suurmäki an der Straße 23 am Nordufer des Kermajärvi gelegen; Wiesengelände am See; ca. 10 ha – 150 Stpl.; Standard-Sanitärausstattung; Restaurant, Imbiss, Sportboothafen. 20 Miethütten. **V & E für Wohnmobile**. Zu den Klöstern Valamo und Lintula jeweils ca. 10 km.

Das Bunkermuseum bei Marjala

liegt an der Mündung des Pielisjoki in den See Pyhäselkä. Der Stadtname Joensuu bedeutet soviel wie „Flussmündung", was sich auf die Mündung des Pielisjoki in den See Pyhäselkä bezieht, die den einstmals überaus wichtigen Zugang der Stadt und der Region zum riesigen Saimaaseengebiet ermöglicht. Schon im Mittelalter hatte sich hier ein kleiner Handelsplatz entwickelt, der vom Warenumschlag an der Handelsstraße vom Ladogasee über den Saimaasee bis nach Oulu lebte. Spätere Siedlungen, im 16. Jh. unter schwedischer Herrschaft, wurden in Auseinandersetzungen zwischen Russland und Schweden immer wieder zerstört.

Erst 1848 wurde die Stadt Joensuu von Zar Nikolaus I. offiziell gegründet. Wenige Jahre später wurden die Stromschnellen des Pielisjoki durch den Bau einer Schleuse entschärft, was Handel und Wandel förderte. Forstindustrie und Holzflößerei nahmen zu. Und mit der Gründung des ersten Sägewerks nach dem Ersten Weltkrieg begann die wirtschaftliche Expansion der Stadt.

Markant ist das **Rathaus** von Joensuu mit seinem weithin sichtbaren, viereckigen Turm mit Stilelementen der Nationalromantik, Finnlands Jugendstilvariante. Als Architekt zeichnete Eliel Saarinen verantwortlich, der auch an Helsinkis Hauptbahnhof mitarbeitete.

Eine Sehenswürdigkeit ist das interessante **Nordkarelische Museum Carelicum [WP 083 / N 62° 36' 00.00" E 29° 45' 40.7"]** *(geöffnet Mo – Fr 10 – 17 Uhr, Mi bis 19 Uhr, Sa + So 10 – 15 Uhr; www.carelicum.fi)* in der Koskikatu, Nr. 5, nicht weit vom Marktplatz entfernt. Es befindet sich in der 1. Etage des Gebäudes und ist besonders im hinteren Teil der Räume sehenswert. Die Geschichte, Kultur, Religion, Natur und Landschaft Kareliens sind hier im „Fenster zu Karelien" das Thema, wobei der finnische und der russische Teil Kareliens als ein Kulturbereich angesehen wird.

Im Erdgeschoss im Eingangsbereich des Museumsgebäudes befinden sich das gut sortierte **Touristenbüro Kare-**

Die orthodoxe Kirche St. Nikolaus in Joensuu

lia Expert mit Café-Restaurant und Museumsshop. Im hintersten Teil ist eine schöne Zirkusausstellung und ein Kinderspielland eingerichtet.

Kunstbeflissene sollten sich das **Kunstmuseum Joensuu** in der Kirkkokatu 23 ansehen *(geöffnet Mitte Juni – Ende September Di – So 10 – 16 Uhr, Mi bis 20 Uhr, übrige Zeit ab 11 Uhr geöffnet)*. Die Ausstellungen sind in einem stattlichen Neorenaissancegebäude im Zentrum der Stadt untergebracht. Ausgestellt sind Kunstobjekte von der Antike bis zum finnischen Modernismus. Auch interessante wechselnde Ausstellungen.

Eine kleine Besonderheit hält die **Orthodoxe Kirche St. Nikolaus** bereit, am nördlichen Ende der Kirkkokatu *(geöffnet Mitte Juni – Mitte Aug. Mo – Fr 10 – 16 Uhr)*. Die kleine, im Blockhausstil errichtete Holzkirche aus dem Jahre 1887 beherbergt nämlich eine im Kloster des Heiligen Alexander Newski in Sankt Petersburg gemalte Ikonostase.

PRAKTISCHE HINWEISE – JOENSUU

Karelia Expert, Joensuu Tourist Information, Koskikatu 5,FI-80100 Joensuu, Tel. 04 00 23 95 49; www.visitkarelia.fi. *Geöffnet Mo – Fr 9 – 17 Uhr, Sa 10 – 15 Uhr.*

RESTAURANTS

Ravintola Kielo, Suvantokatu 12, Tel. 013 22 78 74, www.ravintolakielo.fi; viel gelobtes Lokal mit gutem Preis-Leistungsverhältnis in gemütlichem Holzambiente. Karelische Gerichte gehören zu den Spezialitäten. Straßenterrasse.

Hyve & Pahe, Kauppakatu 27, Tel. 013 12 33 77, www.hyvepahe.fi; besonders Gerichte aus dem Wok werden hier sehr gelobt. Sonntags geschl.

HOTELS

Cumulus Joensuu, 80 Zi., Kirkkokatu 20, Tel. 013 51 12 100, www.cumulus.fi; Mittelklasse in zentraler Lage an der Hauptstraße gelegen. Im Restaurant „Martina's" kann man sich an einer leckeren Pizza oder anderen mediterranen Speisen erfreuen.

Hotelli Atrium, 90 Zi., Siltakatu 4, Tel. 013 25 58 88, www.hotelliatrium.fi; einfacheres Mittelklassehotel in schöner Lage am Fluss mit Restaurant „Palaveri". Parkplatz.

CAMPING

Camping Linnunlahti [WP 084 / N 62° 35' 53.0" E 29° 44' 23.9"], Linnunlahdentie 1, Tel. 010 66 65 520, www.linnunlahti.fi; 1. Jan. – 31. Dez.; am südwestlichen Stadtrand im Gebiet der städtischen Sportanlagen gelegen, beschilderte Zufahrt von der Stadt und den Einfallstraßen; ebene Wiesen mit kleinem Waldanteil; ca. 4 ha – 120 Stpl.; zeitgemäße, aber zahlenmäßig zu geringe Sanitärausstattung; Imbiss, Sauna, Waschmaschine mit Trockner, WLAN; 35 Miethütten.

WOHNMOBIL-STELLPLATZ

Wohnmobil-Stellplatz Jokiasema, Tel. (013) 12 07 50, Hasanniementie 3, www.jokiasema.fi; geöffnet 1. Juni – 30. Aug. Südöstlich der Stadt am Pielisjokikanal, Zufahrt links vorbei am Campingplatz Linnunlahti; Grasgelände am Sportboothafen mit 15 geschotterten Stellflächen. Rezeption in der Cafeteria mit schöner Freiterrasse am Kanal. Stromanschlüsse, Frischwasserhahn, Müllentsorgung. Gebührenpflichtig.

8. JOENSUU – ILOMANTSI – KOLI

Länge der Tour: Rund 330 km.

Die Route: Straße 74 bis **Ilomantsi** – Straße 522 über **Hattuvaara** bis **Lieksa** – Straßen 73 und 518 bis **Ahveninen** – Straße 515 bis **Romppala** – Straße 6 bis **Ahmovaara** – Straße 504 bis **Koli**.

Abstecher: Nach **Möhkö** zum Ruukkimuseo, rund 22 km einfach.

Reisedauer: Mindestens ein Tag.

Höhepunkte: Die **orthodoxe Kirche** * von Ilomantsi – das **Ruukkimuseo** * in Möhkö – die kleinste Holzkirche Finnlands in **Hattuvaara** – das **Pielisen Freilichtmuseum** *** in Lieksa – das **Eva Ryynänen Künstleratelier** * in Vuonislahti – die **Aussicht** *** vom **Berg Ukko-Koli**.

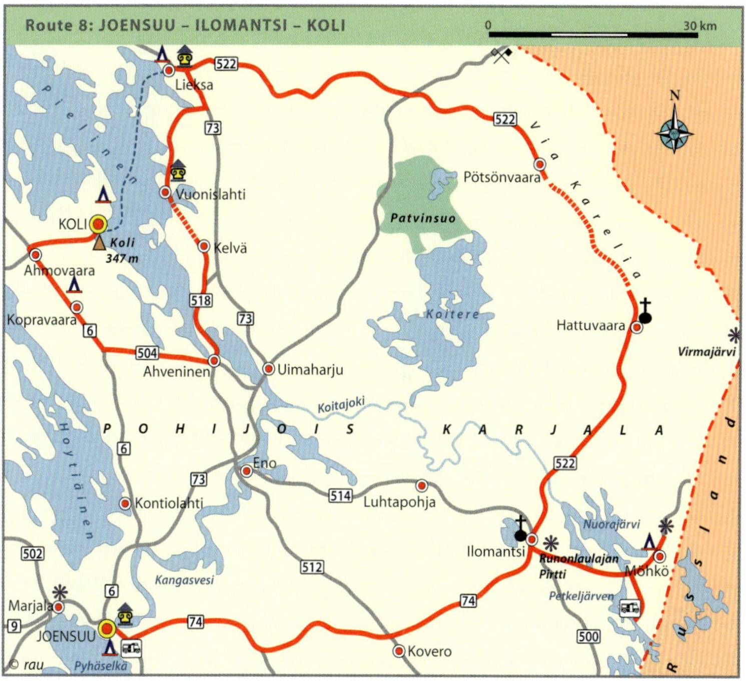

ROUTE: *Von Joensuu auf der Straße 74 ostwärts nach* **Ilomantsi**, *74 km*

Ilomantsi gehört zu den östlichsten Städten Finnlands in der **Region Karelien**, die östlichste Region der EU. Vor der Unabhängigkeit Finnlands

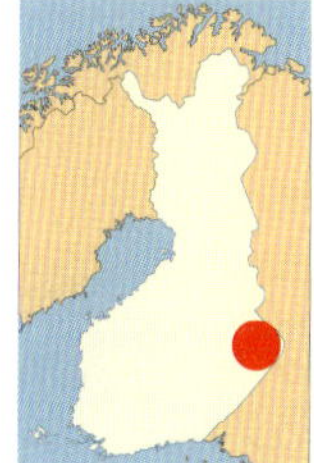

1917 lag Karelien, offiziell „Provinz von Nord-Karelien“, unter der Herrschaft Schwedens und Russlands, seine Grenzen wurden immer wieder verschoben, das letzte Mal und wohl endgültig für die nächsten Generationen in den 1960er Jahren, als Ka-

Die orthodoxe Elias-Kirche in Ilomantsi

reliens Grenze zu Russland als internationale Grenze anerkannt wurde.

Nach wie vor ist Karelien die Gegend Finnlands, in der sich östliche und westliche Traditionen begegnen. Fest verwurzelt seit altersher ist die Orthodoxe Kirche in Karelien, während im übrigen Finnland die meisten Gläubigen der Lutherischen Kirche angehören. Einer der Höhepunkte des orthodoxen Kirchenjahres sind die „Praasniekka-Feste", die zu Ehren des Kirchenpatrons, dem die jeweilige Kirche geweiht ist, abgehalten wird, nicht selten begleitet von ganz weltlichen Veranstaltungen wie Volksfesten, Tänzen, Sportveranstaltungen u. ä.

Eine beeindruckende Sehenswürdigkeit der Gemeinde Ilomantsi ist die dem heiligen Elias geweihte **orthodoxe Kirche [WP 089 / N 62° 40' 51.7" E 30° 55' 07.8"]** 2 km westlich des Ortszentrums. Mit ihren zahlreichen Türmchen zählt sie zu den größten Holzkirchen der orthodoxen Glaubensgemeinschaft in Finnland.

Im Vorort **Parppeinvaara**, ca. 2 km östlich von Ilomantsi, kann man in der Sängerhütte **Runonlaulajan Pirtti [WP 088 / N 62° 39' 28.1" E 30° 56' 18.8"]** der alten nordkarelischen Tradition der Runensängern nachspüren *(geöffnet Anfang Juni – 31. Aug. tgl. 10 – 16 Uhr, im Juli und August bis 17 Uhr)*. Runensänger trugen die Verse des finnischen Nationalepos „Kalevala", die lange nur mündlich, gesungen eben, weitergegeben wurden, eindrucksvoll vor und sorgten so für die Verbreitung der Geschichte.

U. a. ist im Haus eine große Sammlung von Kalevala-Ausgaben zu sehen. Und die in hübsche Trachten der Gegend gekleideten Damen des Museums geben gelegentlich auch eine harmonische Kostprobe der Kunst des Kantelespiels. Höhepunkt ist das jährliche „Kihaus"-Volksmusikfest.

Dem Museum ist das **Restaurant „Parpeinpirtti"** angeschlossen, das karelische Spezialitäten serviert.

Touristische Informationen gibt es bei **Karelia Expert**, Ilomantsi Tourist Information, Kalevalantie 13, FI-82900 Ilomantsi, Tel. 04 00 24 00 72 *(geöffnet Mo – Fr 9 – 16 Uhr, Juni bis August bis 17 Uhr*; www.visitkarelia.fi).

Die Sängerhütte Runonlaulajan Pirtti, Parppeinvaara

Abstecher nach Möhkö

ROUTE: *Am Südrand von Ilomantsi von der Straße 74 ostwärts auf die Straße 500 und nach 3 km auf die Straße 5004 Richtung* **Möhkö** *abzweigen. 2 km östlich von Ilomantsi, bei* **Parppeinvaara**, *findet man ein kleines Museum, das dem finnischen Nationalepos „Kalevala" gewidmet ist. Nach weiteren 16 km bietet sich Gelegenheit zu einem Abzweig südwärts zum* **Nationalpark Petkeljärvi/Petkeljärven Kansallispuisto**. *Ein rund 6 qkm großes Wald- und Seengebiet wurde 1956 zum Nationalpark und zur UNESCO-Biosphäre erklärt, in dem sich noch Befestigungsrelikte der sog. Salpalinie aus dem Winterkrieg von 1939/1940 befinden.*

Sehenswert in dem nahe der russischen Grenze gelegenen Weiler **Möhkö [WP 086 / N 62° 38' 28.5" E 31° 17' 18.3"]** ist das **Ruukkimuseo** *(Mai + Aug. tgl. a. Mo 10 – 16 Uhr, Juni + Juli tgl. 10 – 18 Uhr; www.mohko.net)*. Das einstige Eisenhüttenwerk dient heute als Industriedenkmal und Freilichtmuseum.

WOHNMOBIL-STELLPLATZ – PETKELJÄRVI

Wohnmobil-Stellplatz Petkeljärvi (Petkeljärven Kansallispuisto) [WP 085 / N 62° 34' 44.1" E 31° 10' 29.1"], Abzweig von der Straße 5004 Richtung Möhkö und noch ca. 10 km zum Platz; Kiesfläche im Wald, Stromanschlüsse, Trockentoilette, Platz für 11 Wohnmobile, Cafeteria und Anmeldung (geöffnet 1. Mai – 31. Aug. 10 – 18 Uhr, im Juni und Juli 9 – 20 Uhr).

CAMPING – MÖHKÖN

Camping Möhkön Lomakylä [WP 087 / N 62° 38' 35.6" E 31° 16' 57.7"], naturbelassene, einfache Sommercampingmöglichkeit im Wald in der Nähe des Ruukkimuseo.

Am Industriemuseum Ruukkimuseo von Möhkö

Zu sehen sind noch eine Schmiede, ein Hochofen, Schleusenanlagen u. ä. Am alten Flusshafen fungiert ein alter, weißer Frachtkahn heute als Cafeteria.

ROUTE: *Weiterreise von Ilomantsi auf der Straße 522 nach Nordosten nach* **Hattuvaara**, *45 km.*

Die kleinste orthodoxe Holzkirche Finnlands, St. Peter in Hattuvaara

In **Hattuvaara** kann man der **Kirche St. Peter [WP 090 / N 62° 55' 57.2" E 31° 16' 55.8"]** in Tsasouna einen Besuch abstatten. Angeblich ist sie die kleinste orthodoxe Holzkirche in Finnland, was angesichts des kleinen weißen Baus durchaus glaubhaft erscheint.

Jedes Jahr Ende Juni feiert man das Kirchweihfest Praasniekka.

Via Karelia

Im 19 km östlich von Hattuvaara gelegenen Grenzsee **Virmajärvi** markiert ein Steindenkmal die finnisch-russische Grenze und den **östlichsten Punkt in der Europäischen Union [N 62° 54' 31.1" E 31° 35' 11.0"]**. Der Punkt liegt auf einem Inselchen im Virmajärvi. Von Joensuu aus werden geführte Touren dorthin organisiert. Zu beachten ist, dass für das individuelle Betreten der unmittelbaren Grenzzone (Rajavyöhyke), deutlich markiert mit gelben Schildern, gelben Bänder an Bäumen oder gelben Bojen in Gewässern, eine besondere Genehmigung erforderlich ist, die bei den Grenzbehörden in Ilomantsi, Joensuu, Kitee, Lieksa oder Tohmajärvi zu beantragen ist.

ROUTE: *Weiter auf der Straße 522, der „Via Karelia", über* **Pötsönvaara** *nach* **Lieksa**, *75 km. Die Straße ist zwischen Hattuvaara und Pötsönvaara auf rund 20 km unbefestigt.*

Die Straße 522, die von Ilomantsi über Hattuvaara nach Lieksa führt, ist Teil der **Via Karelia,** der „Straße der Lieder und der Grenze". Die Straße führt – beginnend im südkarelischen Seengebiet bei Lappeenranta und an einigen Stellen nur wenige Kilometer von der russischen Grenze entfernt– durch die ursprünglichsten Gegenden Kareliens, durch die Heimat des Epos Kalevala. Weiter geht es über Nurmes, Kuhmo, Lentiira, Suomussalmi, Kuusamo und Ruka bis hinauf nach Salla in Lappland. Karelien empfängt den Besucher in dieser Re-

Die Via Karelia bei Hattuvara

gion mit einer noch ziemlich intakten Natur, mit schier endlosen Wäldern und dazwischen verstreuten idyllischen Seen. Dieser finnische Landstrich, in dem die Orthodoxe Kirche noch allgegenwärtig scheint, ist genau das Richtige für Leute, die sich gerne in der freien Natur bewegen. Die beliebtesten Freizeitaktivitäten im Sommer sind denn auch Wildniswandern, Wildwasserrafting, Kanu- und Kajakfahren.

Einige Kilometer westlich von Pötsönvaara erstreckt sich am Nordufer des Sees Koitere der **Nationalpark Patvinsuo**, mit über 100 Quadratkilometern Ausdehnung der größte Nationalpark im südlichen Finnland. Das einem riesigen, wasserreichen Feuchtbiotop nicht unähnliche Naturschutzgebiet ist die Heimat seltener Tiere. In den hiesigen Wäldern leben u. a. Bären, Wölfe, Luchse, Elche, Biber und Vielfrasse. Sehr populär ist der 15 km lange, markierte Rundweg „Suomunkierros". Am einfachsten erreicht man den Naturpark von der Straße aus, die rund 20 km nordwestlich von Pötsönvaara südwärts nach Uimaharju abzweigt und den Park im Westen tangiert.

In **Lieksa**, das bereits in alten Chroniken aus dem 16. Jh. als Pielisjärvi auftaucht und heute gerne als „Outdoor-Paradies" bezeichnet wird, zählt das **Pielisen-Museo [WP 091 / N 63° 18' 36.4" E 30° 02' 01.3"]**, Pappilantie 2, das zweigrößte **Freilichtmuseum** Finnlands mit über 70 Gebäuden zu den großen, empfehlenswerten Sehenswürdigkeiten *(geöffnet 15. Mai – 15. Sept. tgl. 10 – 18 Uhr, übrige Zeit nur Ausstellungshalle Di – Fr 10 – 15 Uhr; www.lieksa.fi/museo)*.

Dort, wo heute am Ufer des Lieksanjoki das Freilichtmuseum liegt, befand sich vor 400 Jahren das erste orthodoxe Pfarrhaus, das mit der Übernahme der Region durch Schweden einem lutherischen Haus weichen musste. In jener Zeit gründete der schwedische Graf Per Brahe im 17. Jh. auf der anderen Flussseite, dem heutigen Freilichtmuseum gegenüber, die Siedlung Brahea, die aber schon wenige Jahrzehnte später wieder verschwand. Heute sieht man dort die Kirche von Lieksa liegen, das Werk zweier namhafter finnischer Architekten, Reina und Raili Pietilä.

Im 17. Jh. lebte der legendäre Bauernführer Luka Räsäinen, der gegen

Im Freilichtmuseum Pielisen von Lieksa am Lieksanjoki

Russen wie gegen die schwedischen Invasoren rebellierte, auf seinem bescheidenen Hof in Lieksa. Eine Rauchstube mit der Einrichtung aus dem 17. Jh., eine Kochhütte, ein Speicher u. a. (Häuser Nr. 51 bis 54), die vom Hof Räsäinen stammen sollen, findet man ganz hinten rechts am Fluss.

Viele der historischen Holzhäuser, bäuerliche Wohnhäuser, Werkstätten, Stallungen, Windmühlen, Speicher etc. etc. im Freilichtmuseum, wurden aus der Region um Lieksa hierher gebracht, nach alter Handwerksmanier wieder aufgebaut, um sie vor dem Verfall zu bewahren und der Nachwelt zu erhalten. Einige der ältesten Gebäude wurden kunstvoll aus nur mit der Axt behauenen und sorgfältig ausgewählten Baumstämmen zusammengefügt. Wie man im Museum erfährt, waren damals Hilfsmittel wie Sägen oder Bohrer noch nicht gebräuchlich. Interessant auch die Art und Weise wie die Dächer mancher Häuser gedeckt sind. So sieht man z. B. noch Grassoden, die auf einer Unterlage von Birkenrinde ruhen. Erst später kamen Holzschindeln in Gebrauch. Eines der Schmuckstücke des Museums ist u. a. die original eingerichtete Stube von Virsuvaara, die im 19. Jh. von einer wohlhabenden bäuerlichen Großfamilie bewohnt wurde (Haus Nr. 16).

Gegenüber vom Museum sieht man am anderen Flussufer den modernen Bau einer Kirche.

Jedes Jahr im Juli ist Lieksa Schauplatz der **Lieksan Vaskiviikkko**, der Woche der Blasmusik (www.lieksabrass.com). Höhepunkt ist immer der „Internationale Trompeter Wettbewerb".

Neben Wildniswanderungen auf der „Bärenroute", sind es Kanutouren auf dem Jongunjoki oder Fahrten mit Schlauchbooten über die Stromschnellen Ruunaankoski, die zu den beliebten Freizeit- und Outdoor-Aktivitäten hier zählen. Die erwähnte **„Bärenroute" Karhunkierros** (auch „Bärenpfad") ist eine 133 km lange, mit orangefarbenen Markierungen versehene Wildmarkroute, die vom südöstlich von Lieksa gelegenen Nationalpark Patvinsuo startet und an der Taljo-Brücke in Kuhmo endet.

Wer Wolf, Bär, Luchs oder Vielfraß in freier Wildbahn erleben und fotografieren will, sollte sich einer **geführten Wildniswanderung** anschließen.

PRAKTISCHE HINWEISE – LIEKSA

Karelia Expert Lieksa Tourist Service, Pielisentie 19, FI-81700 Lieksa, Tel. 04 00 17 53 53, 04 00 31 12 13; www.lieksa.fi; www.visitkarelia.fi.

HOTEL

Hotel Puustelli Lieksa, 30 Zi., Hovileirinkatu 3, Tel. 013 51 15 500, www.puustelliravintolat.fi; Mittelklassehotel in schöner Lage am Fluss Lieksa. Das Restaurant serviert auch Hausmannskost nach karelischer Art. Parkplatz.

CAMPING

Camping Timitraniemi [WP 092 / N 63° 18′ 21.7″ E 30° 00′ 19.9″], Timitrantie 25, Tel. 045 12 37 166, www.timitra.com; 20. Mai – 10. Sept.; von der Straße 73 2 km westlich von Lieksa beschilderter Abzweig; auf einer hügeligen Halbinsel mit Nadel- und Laubbäumen am See Pielinen gelegen. Sandstrand; 4,5 ha – 120 Stpl.; Standard-Sanitärausstattung; Kiosk, Waschmaschine, Boots- und Fahrradverleih, Sauna, Internetecke. 45 Miethütten. **V & E für Wohnmobile.**

Wer lieber radelt oder paddelt, für den werden ab Lieksa bis zu einwöchige **Mountainbiketouren**, Paddel- und Kanutouren organisiert. Details über das breite Angebot von organisierten Outdoor-Aktivitäten, die vor allem im östlich von Lieksa gelegenen **Ruunaa-Wander- und Freizeitgebiet** um das Outdoorcenter Neitikoski am Fluss Lieksajoki mit seinen zahlreichen Stromschnellen durchgeführt werden, erfährt man im Touristenbüro.

Im Sommer verkehrt von Mitte Juni bis Ende August täglich um 10 Uhr und um 15 Uhr von Lieksa aus regelmäßig die **Autofähre** „MF Pielinen" über den See Pielinen nach Koli. Die Fahrt – Dauer eine Stunde und 40 Minuten – ist überaus reizvoll. Vom Wasser aus sind die Seenlandschaft und der Anblick der bewaldeten Höhen von Koli besonders imposant.

ROUTE: *Von Lieksa auf der Straße 73 südwärts Richtung* **Joensuu**. *Unter-*

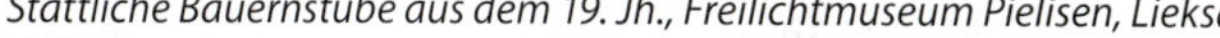

Stattliche Bauernstube aus dem 19. Jh., Freilichtmuseum Pielisen, Lieksa

wegs passiert man ein Vogelbeobachtungsrevier. Auf Holzstegen kann man über die Feuchtgebiete hier gehen und Watvögel und andere Arten beobachten.

Auf dem Wege von Lieksa nach Süden bietet sich Gelegenheit zu einem kleinen Umweg entlang des Pielinen-Sees über **Vuonislahti** zum **Paateri Eva Ryynänen Ateljee**, dem Atelier von Eva Ryynänen (1915 – 2001) **[WP 093 / N 63° 09' 09.5" E 30° 02' 13.2"]**.

Die von der Künstlerin geschaffenen Holzfiguren, die durch ihren lebendigen Ausdruck beeindrucken, finden international Anerkennung. Die Motivthemen fand die Holzschnitzerin und Bildhauerin vor allem in der Natur. Zum Hauptwerk der Künstlerin gehört die Paateri-Kapelle.

Auf Führungen können – außer der Kapelle – auch das Haus und das Atelier der Künstlerin besichtigt werden. Und es gibt ein Galerie-Café *(geöffnet 15. Mai – 15. Sept. Tgl. 10 – 18 Uhr; im Winter von Mitte Februar bis Mitte März tgl. 10 – 16 Uhr).*

ROUTE: *Die Straße 518 von Vuonislahti nach Süden Richtung* **Kelvä** *ist unbefestigt und nicht in bestem Zustand. Rund 24 km südlich von* **Vuonislahti** *nimmt man die Straße 515 nach Westen. Sie trifft nach 17 km auf die Fernstraße 6, der wir nordwärts bis* **Ahmovaara** *folgen (18 km).*

In **Ahmovaara** zweigt die Straße 504 nach Osten zum weitverzweigten See Pielinen ab (17 km). Auf dem Wege dahin liegt nach 10 km der 347 hohe **Berg Ukko-Koli**, der „Tempel der Stille", wie die Anhöhe von Naturenthusiasten auch schon genannt wurde. Man fährt hinauf bis zu den **Parkplätzen [WP 094 / N 63° 05' 45.3" E 29° 48' 11.2"]**.

Vom oberen Parkplatz führen Fußwege, aber auch eine kostenlose **Kabinenbahn,** hinauf zur Bergplattform am Sokos Hotel Koli mit Panoramarestaurant und dem Visitor Centre Ukko in 305 m Höhe (www.koli.fi). Die Bahn verkehrt ganzjährig täglich zwischen 8 und 22 Uhr. Oben auf der Bergplattform beim Hotel gibt es keine Parkplätze!

Neben dem Hotel führen Treppen hinauf auf den Gipfel (347 m). Wer sich der Mühe des Aufstiegs auf die Anhöhen unterzieht, die in grauer Vorzeit den hiesigen Bewohnern als Opferstätte dienten, wird mit einem **prächtigen Rundblick** auf die Seenlandschaft des Pielinen und die Wälder Kareliens belohnt.

Der Bergzug bei Koli, Teil der uralten Bergkette der Karelidien, ist Teil des rund 30 qkm großen **Nationalparks Koli** mit einer ganzen Reihe markierter Wanderwege. Kenner schätzen diese Gegend wegen ihrer überwältigenden Farbenpracht vor allem im Herbst. Präzises Kartenmaterial z. B. über den 60 km langen Wanderweg „Herajärvi" erhält man im **Luontoseksu Ukko, dem Besucherzentrum Ukko**, Ylä-Kolintie 39, Tel. 02 05 64 56 54, www.vaaravaraukset.fi (Infozentrum, Multivisionspräsentation, Ausstellungen gegen Gebühr).

Insgesamt glänzt die Provinz Karelien mit rund 1.000 Kilometer an markierten Wanderwegen. Besonders unwegsame Feuchtgebiete, Täler, Flüsse oder Schluchten sind durch Bohlenwege, Knüppeldämme oder einfache Hängebrücken passierbar gemacht worden. In regelmäßigen Abständen findet man Rastplätze, Feuerplätze und einfache Biwak- und Schutzhütten oder Wildmarkhütten, die aber in aller Regel unbewirtschaftet sind. Letztere müssen auch im Voraus gebucht werden.

Gutes Kartenmaterial im Maßstab 1:100.000 kann in den Touristenbüros erworben werden. Trotz guter Wegmarkierung sollte man etwas Erfahrung (auch bezüglich Ausrüstung) im Wildniswandern haben. Und für jene, für die der Umgang mit Karte und Kompass völliges Neuland ist, empfiehlt sich die

Teilname an einer geführten Wildnistour. Einfach so aufs Geratewohl in die finnischen Wälder hineinzuwandern, kann rasch zum unkalkulierbaren Risiko werden.

PRAKTISCHE HINWEISE – KOLI

Koli Tourist Information, Ylä-Kolintie 2, FI-83960 Koli, Tel. 04 51 38 74 29; www.koli.fi.

HOTEL

Sokos Hotel Koli, 75 Zi., Myyntipalvelu arkisin klo 8-16, Tel. 020 12 34 662, www.sokoshotelkoli.fi; das Firstclasshotel auf der Kuppe des Koliberges im Koli Nationalpark bietet neben angenehmer Unterbringung auch herrliche Ausblicke in die Landschaft. Ein Restaurant und ein Café, 4 Saunas, Fitnessraum mit Jacuzzi. Parkplatz unterhalb der Bergkuppe. Das Hotel ist mit der Kabinenbahn zu erreichen.

CAMPING – KOOPRAVAARA BEI AHMOVAARA

Camping Future Freetime Koli [WP 096 / 63° 02' 23.0" E 29° 42' 45.9"], Kopravaarantie 27, Ahmovaara, Tel. 010 32 23 040, www.futurefreetime.fi; 1. Jan. – 31. Dez.; Zufahrt von der Straße 6 ostwärts Richtung Kopravaara und noch 2 km unbefestigte Zufahrtsstraße zum Platz, beschildert. Zum See Valkealampi hin geneigtes Wiesengelände mit einigen eingeebneten Stellflächen, mit Birken durchsetzt, von Wald umgeben. Ansprechende Lage unterhalb eines Hügels mit Wohnhaus (Rezeption). Ca. 6 ha – 50 Stpl.; funktionelle, aber eigenwillige Sanitäranlagenkonzeption, Sauna, sehr schöne Campingküche, Grillhütte, Badesteg, Bootssteg. Chemikalausguss im oberen Eingangsbereich.

Blick von den Kolihöhen auf die Seenlandschaft des Pielinen

9. KOLI - HOSSA

Länge der Tour:	Rund 380 km.
Die Route:	Straßen 6 und 75 nach **Nurmes** - Straße 75 nach **Kuhmo** - Straße 912 bis **Suomussalmi**- Straße E63/5 bis **Peranka** - Straße 9190 nach **Hossa**.
Reisedauer:	Mindestens ein Tag.
Höhepunkte:	Das **Bomba-Haus** * in Nurmes - die **Museen** ** in Kuhmo - das **Winterkriegsdenkmal** bei Mäkelänranta - das **„Stille Volk"** * bei Suomussalmi - **Wandern** ** bei Hossa.

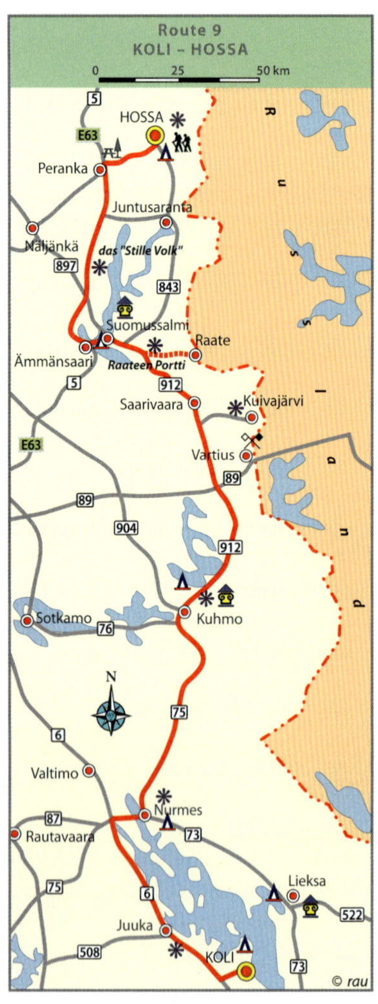

ROUTE: *Weiterreise zur Straße 6 bei Ahmovaara, der wir über* **Juuka** *(Holzhausviertel, Mühlenmuseum) nordwärts folgen und nach 64 ostwärts auf die Straße 75 nach* **Nurmes** *abzweigen.*

Nach etwa 12 km passiert man südlich von Juuka bei **Nunnanlahti** das **Finnische Steinzentrum** mit dem sog. Steindorf (Ausstellungen von Tulikivi- und Kermansavi-Feuerstellen, Café-Restaurant, Souvenir- und Keramikladen, Kinderspielplatz). In der Nähe wird in einem tiefen Steinbruch Speckstein abgebaut. Speckstein eignet sich vorzüglich zur Verarbeitung in Öfen aus Naturstein, zur Herstellung von Feuerstellen, Geschirr und Kunstgegenständen der unterschiedlichsten Art.

In **Nurmes** am Nordende des Sees Pielinen sind die Sehenswürdigkeiten rasch aufgezählt. Im Ortszentrum mit einem noch gut erhaltenen Holzhausviertel findet man das Nurmes-Talo Kulturzentrum (www.nurmes.fi).

Die bekannteste Sehenswürdigkeit ist das **Bomba-Haus Bomban talo, [WP 097 / N 63° 32' 02.4" E 29° 10' 17.4"]** www.bomba.fi (Restaurant s. u.). Es soll das größte Blockhaus Nordeuropas sein und es ist eine Rekonstruktion eines mehrstöckigen Anwesens, das sich ein gewisser Herr Jegorow Bombin 1855 für seine 24-köpfige Großfamilie hatte bauen lassen.

Das Bomba-Haus in Nurmes

Im Sommer (21. Juni – 14. August) wird das Bomba-Haus zum Karelischen Kulturzentrum mit Veranstaltungen, Folklore, Markt, karelischen Speisen etc.

Am östlichen Ortsrand von Nurmes liegt das Anwesen **Hyvärilä** mit dem Kartanohotel (Landhotel), das das Zentrum einer großen Ferienanlage mit Golfplatz darstellt. Auf dem Grundstück liegt auch der Campingplatz Hyvärilä. Beschreibung siehe weiter unten.

ROUTE: *Von Nurmes auf der Straße 75 weiter nordwärts durch schier endlose Wälder mit wenig landschaftlicher Abwechslung bis* **Kuhmo** *(82 km). Etwa 12 km südlich von Kuhmo passiert man das* **Jyrkänkoski Denkmal [WP 100 / N 64° 02' 10.5" E 29° 34' 33.9"]**, *eine Erinnerungstafel und Gedenkstätte an den Winterkrieg 1939/40.*

Übrigens, wenn Sie wieder mal essen gehen und Piroggen oder Karjalan Paisti auf der Speisekarte entdecken, sollten Sie zugreifen. Es handelt sich nämlich um typisch karelische Spezialitäten. Das eine sind gebackene und oft mit Eibutter bestrichenem Kartoffelbrei oder auch schon mal süß gefüllte Teigtaschen, das andere ist ein köstlicher Schmoreintopf mit Schweinefleisch, Rind- oder Lammfleisch und reichlich Zwiebeln.

Kuhmo im nördlichen Karelien gelegen, ist recht eng mit der Entstehung des finnischen **Nationalepos Kalevala** verbunden.

Elias Lönnrot, der „Vater des Kalevala", war auf seinen zahlreichen Recherchereisen, auf denen er alte Sagen, Geschichte, Lieder und Bräuche sammelte, mindestens viermal in Kuhmo. Auf einer dieser Reisen, besser gesagt Wanderungen um 1830 begegnete Lönnrot dem sog. Alten Mann von Hutoaho, der sich als wahre „Fundgrube" erwies. Der alte Herr muss Lönnrot eine Menge an Geschichten und Überlieferungen erzählt haben, die dazu ausreichten, einen der ersten Bände, die

PRAKTISCHE HINWEISE – NURMES

Karelia Expert Nurmes Tourist Service [WP 099 / N 63° 32' 30.1" E 29° 08' 18.4"], Kauppatori 3, FI-75500 Nurmes, Tel. 05 03 36 07 07; www.visitkarelia.fi; *geöffnet Mo – Fr 9 – 16 Uhr, Juni bis Aug. bis 17 Uhr.*

RESTAURANT

Bomban Ravintolat, Suojärvenkatu 1, Tel. 01 07 63 76 04; das bekannte Restaurant im Bomba-Haus mit sehr schönem typisch karelischem Ambiente pflegt besonders die karelische Küche wie z. B. Piroggen, leckere Teigtaschen mit Fleischfüllung. Schöne Terrasse, im Sommer Folkloreveranstaltungen.

HOTELS

Hotel-Restaurant Nurmeshovi, 30 Zi., Kirkkokatu 21, Tel. 013 25 62 600, www.nurmeshovi.com; Mittelklassehotel mit Restaurant und Bar.
Hyvarilan Matkailukeskus/Hyvärilä; 14 Zi. und 6 Appartements, Lomatie 12, Tel. 207 46 67 80, www.hyvarila.com; angenehmes Ferienhotel der guten Mittelklasse, Restaurant, Fahrrad-, Kajak- und Bootsverleih, Badestrand, 9-Loch-Golfplatz. Parkplatz. Campingplatz nebenan s.u.
Sokos Hotel Bomba, 113 Zi., Tuulentie 10, Tel. 01 36 87 200, www.sokoshotels.fi/en/hotels/nurmes-hotellit/; das Firstclasshotel gehört zum Karelischen Zentrum mit dem schönen Bomba-Haus, einem der größten Holzhäuser in Finnland. Der Fitnessbereich mit Schwimmbad bietet Anwendungen mit Akkupunktur und diversen physiotherapeutischen Behandlungen. Das Restaurant im Bomba-Haus bietet gemütliche Räumlichkeiten mit hübscher Terrasse und eine Bühne für folkloristische Veranstaltungen. Das Buffet mit karelischen Speisen rundet das Angebot ab. Parkplatz.

CAMPING

Camping & Hotel Hyvärilä [WP 098 / N 63° 31' 54.3" E 29° 11' 56.1"], Tel. 01 36 87 25 00, Lomatie 12, www.hyvarila.com; 1. Juni – 15. Sept.; Zufahrt von der Straße 73 ca. 2 km östlich des Ortes; gepflegtes, etwas geneigtes Wiesengelände mit Birken zwischen Waldrand, Hotelgebäude und großem Golfplatz, in ansprechender Lage, zum Pielinen-See hin sind Tennisplätze vorgelagert. Befestigte Stellplätze; 9 ha – 100 Stpl.; Standard-Sanitärausstattung; Sauna, Cafeteria, Tennis; Strandbad; 30 Miethütten. Anmeldung in der Hotelrezeption. **V & E für Wohnmobile**.

Lönnrot veröffentlichte, und Vorläufer des Kalvala waren, mit gesammelten Geschichten zu füllen.

Eine überaus wichtige Rolle für Kuhmo und seine Bewohner, nicht nur in der Stadt, sondern auch im Hinterland, spielte Generationen lang und noch bis ins 20. Jh. hinein, eine schwarze, klebrige, im Gebiet um Kuhmo in großem Umfang gewonnene Masse – **Teer**.

Teer war – noch vor Holz und Papier – der finnische Exportschlager schlechthin. Und das abgelegene, in den tiefen karelischen Wäldern „versteckte", lange nur über die Seen und Wasserläufe erreichbare Kuhmo profitierte davon. Teer kann man aber nicht irgendwo einfach abbauen, er musste hergestellt werden.

Um Kuhmo herum produzierte man Holzteer. Harzhaltiges Holz, die Basis für Holzteer (andere Teerarten sind u. a. Schiefer- oder Kohleteer), war ja in Hülle und Fülle vorhanden. Teer wurde in jener Zeit z. B. beim Bau und zur Konservierung von Holzgebäuden verwendet (wird an Dächern und Außenwänden historischer Holzkirchen, z. B. an den norwegischen Stabkirchen, heute noch gemacht). Und Holzgebäude gab es reichlich im ganzen skandinavischen Raum. Dazu kam der Schiffbau. Bis zu Beginn des 19. Jh. wurden Boote und Schiffe, Segelschiffe damals, fast ausnahmslos aus Holz gebaut. Und Decks und Planken wollten abgedichtet sein, Tauwerk haltbar gemacht werden.

Nicht genug damit. Schmiede strichen ihre Arbeiten mit Teer ein, um sie nicht so leicht rosten zu lassen oder sie zu schmieren. Lederzeug, Stiefel, Zugseile rieb man mit Teer ein, um sie haltbarer und griffiger zu machen. Bauern kurierten die Wunden ihrer Zugtiere mit Cremes, die Teer enthielten oder sie strichen Bauch und Brust der Tiere mit Teercreme ein, um ihnen in den sommerheißen Wäldern, Stechmücken vom Leibe zu halten. Teer wurde zum „Schwarzen Gold Finnlands".

Die Herstellung von Teer war in jenen Jahren ein ebenso mühsames und langwieriges, wie profitables Geschäft. In handliche Stücke gespaltene Holzstämme wurden kreisförming zu einem großen Hügel aufgeschichtet, durch Erde abgedichtet und entzündet, und zwar so, dass das Holz langsam und kontrolliert verschwelte. Bei der Prozedur entstand Holzkohle und beim Abkühlen der begehrte Holzteer.

Die anfangs bräunliche weiche Masse, die je länger sie lagerte eine dunklere Farbe und eine festere Konsistenz annahm, wurde in Fässer gefüllt und mit den sog. Teerboten, großen Ruderbooten in mühsamer Knochenarbeit über Seen und Flüsse bis nach Oulu am Botnischen Meerbusen transportiert, von wo aus Teer aus Kuhmo nach ganz Europa exportiert wurde.

Besuchenswert in Kuhmo ist das **Juminkeko Visitor Centre [N 64° 7' 35.43" E 29° 30' 47.30"]**, Kontionkatu 25 *(geöffnet Mo – Fr. 12 – 18 Uhr, im Juli tgl. 12 – 18 Uhr; www.juminkeko.fi).* Das Ausstellungs- und Informationszentrum für das Kalevala Epos und für karelische Kultur, das von der Juminkeko-Stiftung betreut wird, ist in einem futuristisch anmutenden Holzgebäude untergebracht, dessen Dach von zahlreichen glatten Holzsäulen getragen wird. Für dieses Objekt moderner finnischer Architektur zeichnen die renommierten finnischen Architekten Markku Komonen und Mikko Heikkinen verantwortlich.

Zentrales Thema aller Ausstellungen hier ist – neben der Pflege der Volkstradition in Bezug zur Kaleva-

PRAKTISCHE HINWEISE – KUHMO

VisitKuhmo [N 64° 7' 37.34" E 29° 31' 31.10"], Koulukatu 13, FI-88900 Kuhmo, Tel. 04 43 53 55 93; www.visitkuhmo.fi; *geöffnet Juni Mo - Fr 9 - 16.30 Uhr, Juli tgl. 9 – 18 Uhr.*

RESTAURANT

Ravintola Eskobar, Kainuuntie 84, Tel. 040 18 48 770, www.eskobar.fi; einfaches Lokal im Kuhmo Centre „The City of Kuhmo", wo der sog. Pizza-Burger zu haben ist, zur Mittagszeit steht ein Lunchbuffet bereit.

CAMPING BEI KUHMO

Camping Lentuankoski [WP 104 / N 64° 11' 05.4" E 29° 34' 35.0"]; Lentuankoskentie 435, Tel. 040 77 30 050; 1. Juni – Mitte September; Zufahrt von der Straße 912 westwärts noch 4 km. Wiesenhügel zwischen Flusslauf und Seeufer. Ca. 2 ha – 40 Stpl.; einfache Standard-Sanitärausstattung.

la-Dichtung und der Erforschung der Ursprünge der finnischsprachigen Kultur – wie erwähnt, das Kalevala, dessen unterschiedlichsten Aspekte wie Literatur, darstellende Kunst und Musik beleuchtet werden. Darüber hinaus verfügt das Zentrum über die größte Sammlung von Kalevalaübersetzungen. Die Ausstellungen werden durch regelmäßig im Auditorium präsentierte Multimediaprogramme ergänzt, die zu gewissen Zeiten auch in deutscher Sprache gezeigt werden. Das Kulturzentrum bemüht sich auch um wechselnde Ausstellungen, Konzerte und Volksmusikfestivals

Eine weitere Sehenswürdigkeit von Kuhmo ist das **Naturmuseum Petola Luontokeskus Petola [WP 103 / N 64° 07' 16.6" E 29° 34' 54.3"]**, Lentiirantie 342, Hiitola, *(geöffnet tgl. 9 - 17 Uhr; www.suurpedot.fi; www.luontoon.fi)*. Das moderne Naturhistorische Museum und Informationszentrum hat sich den vier einheimischen Wildtieren Bär, Wolf, Luchs und Vielfraß verschrieben. Anhand Ausstellungsstücken und drei verschiedenen Filmen bekommt der Besucher das Thema „Unbegrenzte Natur" sehr interessant vorgeführt.

Das **Winterkriegsmuseum Talvisotamuseo [WP 101 / N 64° 07' 01.6" E 29° 35' 13.4"]**, *Kainuuntie 82, (geöffnet 1. - 21. Juni Mo - Fr 9 - 18 Uhr, 25. Juni - 31. Aug. Mo - Fr 9 - 18 Uhr; Sa + So 11 - 16 Uhr; sonst mo - Fr 9 - 15 Uhr)*, zeigt Fotos, Landkarten und andere Erinnerungsstücke aus dem russisch-finnischen Winterkrieg 1939/40. Bemerkenswert ist das Winterkriegsmuseum auch deswegen, weil es sich zwar mit der strategischen, waffentechnischen Seite des Krieges auseinandersetzt, aber auch versucht, diese schwere Zeit aus dem Blickwinkel der finnischen Zivilbevölkerung zu zeigen.

Das einstmals sehr sehenswerte Kalevala-Dorf Kalevalakylä [WP 102 / N 64° 07' 08.8" E 29° 34' 43.2"] war bei unserem letzten Besuch samt dem angegliederten Campingplatz, Freilichtmuseum, Hotel und der Sängerhalle *geschlossen!* Über eine Wiedereröffnung oder über den Weiterbestand der gesamten Anlage, einst eine der großen Sehenswürdigkeiten der Region, war bei unseren Recherchen vor Ort auch im Touristeninformationsbüro nichts in Erfahrung zu bringen!

Falls Sie ein Schwäche für die Tierfotografie haben, können Sie in Kuhmo im Boreal Wildlife Centre Arrangements für eine Nacht in einer Fotografierhütte machen. Die Sache ist nicht gerade billig, aber die Chancen Bären oder Vielfraß vor die Linse zu bekommen sind sehr gut. Infos, Details und Preise erfährt man unter www.viiksimo.fi.

ROUTE: *Von Kuhmo via* **Saarivaara** *auf der Straße 912, der „Via Karelia", nordwärts Richtung* **Suomussalmi**.

Nördlich von Kuhmo sind die **Stromschnellen Lentuankoski** ein sehenswertes Naturschauspiel.

Abstecher nach Kuivajärvi

Je nach zur Verfügung stehender Zeit kann man kurz vor Saarivaara von der Straße 912 (Via Karelia) einen Abstecher ostwärts auf welliger Erdstraße nach **Kuivajärvi [N 64° 39' 33.4" E 30° 06' 23.8"]** unternehmen (22 km). Kuivajärvi gilt als eines der wenigen noch existierenden urkarelischen Dörfer in Finnland. Der Flecken, eine Handvoll Holzhäuser samt einer orthodoxen Kirche, liegt am Ende der Straße an einem schönen See, der die russische Grenze bildet. Gegenüber der orthodoxen Kirche findet man das **Gasthaus „Domnan Pirtti"**, ein großes, dunkles Blockhaus aus dem Jahre 1963, mit weißen Fenstern, mit einigen Übernachtungszimmern und mit einer urgemütlichen Gaststube, die als Cafeteria fungiert, in der auf Vorbestellung aber auch karelische Gerichte zu haben sind *(geöffnet*

Das Kalevala Epos, Finnlands Nationalepos

Finnlands Kalevala ist eine literarische Sammlung von Sagen und Legenden, Liedern, Hochzeitsweisen, aber auch von Zaubersprüchen und mystischen Ritengesängen. Kalevala soll soviel wie „das Land Kalevas" bedeuten. Und Kaleva ist der Urahn aller im Kalevala besungenen Helden.

Der Ursprung vieler dieser Überlieferungen, poetischen Erzählungen und romantischen Weisen stammen aus dem Kulturkreis Kareliens, einem Landesteil Finnlands, der bis ins 19. Jh. hinein ein von bäuerlicher Kultur und den Einflüssen des benachbarten Russland (zu dem es letztendlich ja noch gehörte) geprägt war.

Die finnische Sprache war damals noch keinesfalls allgemeine Landessprache. Bis zu Beginn des 19. Jh. war Finnland Teil des schwedischen Königreiches. Schwedisch war damals Amtssprache. Und in den wirtschaftlich entwickelten Städten und Häfen im Süden des Landes sprach man in den Amtsstuben, Kontoren und in den Kreisen des breiten Bürgertums demnach Schwedisch. Finnisch war damals noch die Sprache der einfachen Landbevölkerung, der Bauern und Waldarbeiter.

Neben dem Finnischen konnten sich vor allem in Karelien aber auch alte Riten, Erzählungen, Lieder und Gesänge, der Gebrauch traditioneller Instrumente wie der Kantele, Aberglaube und Bräuche halten,

1809 kam Finnland an Russland. Als Großfürstentum war Finnland damals zwar ein gewisses Maß an Autonomie zugebilligt worden. Aber vielen Finnen war das zu wenig. Langsam machte sich im Lande ein Gefühl breit, das man durchaus als Nationalgefühl bezeichnen kann. Eine nationale Bewegung, wenn auch – dem damaligen Zeitgeist entsprechend – von einer gewissen Romantik geprägt, erlebte ihre Blüte.

Vielleicht vom aufkeimenden Nationalgefühl inspiriert begann der Arzt, Schriftsteller, Philologe und leidenschaftliche Sprachforscher **Elias Lönnrot** (1802 – 1884) damit, vor allem Karelien zu bereisen und die dort noch sehr lebendigen Lieder, Gesänge, Dichtungen, Erzählungen und Bräuche zu sammeln und aufzuschreiben. Zwischen 1828 und 1834 unternahm Lönnrot insgesamt elf Reisen, vornehmlich Wanderungen, durch Karelien, sprach natürlich mit den Leuten, besuchte Dorffeste, hörte Musikweisen, Lieder und Gesangsinterpretation der legendären Runensänger (Runen sind hier als mündlich überlieferte Lieder zu verstehen) und fast vergessene Sagen und Erzählungen, sah Volkstänze und Bräuche.

Am Ende hatte Lönnrot einen waren Schatz ursprünglicher finnischer Überlieferungen und Sagen gesammelt, die er 1835 erstmals als „Kalevala" veröffentlichte (Originaltitel: *„Kalewala, taikka Wanhoja Karjalan Runoja Suomen kansan muinoisista ajoista – „Kalevala, oder alte Runen Kareliens über altertümliche Zeiten des finnischen Volkes"*). Fünf Jahre später veröffentlichte Lönnrot die weniger bekannte lyrische Liedersammlung „Kanteletar". Das Kalevala Epos aber stieß rasch auf große Aufmerksamkeit in der Bevölkerung. Elias Lönnrot ergänzte das Kalevala immer wieder durch neue Beiträge und Sagensammlungen, bis 1849 ein umfassendes volkskundliches Werk mit 22.795 Versen vorlag. Insgesamt soll Lönnrot annähernd 65.000 Verse gesammelt haben.

Neben Mikael Agricola gilt Lönnrot übrigens als „zweiter Vater der finnischen Sprache". Denn das Kalevala Epos war in finnischer Sprache verfasst, was nicht zuletzt zu einem neuen nationalen Verständnis und zur Identität unter Finnlands Bürgern beitrug und das Kalevala rasch zu Finnlands Nationalepos erhob.

Natürlich befassten sich Bildhauer, Designer, Dichter und Komponisten mit dem Nationalepos und nahmen z. B. die Sage um den weisen, bärtigen Barden und Sagenhelden Väinämöinen, der oft mit wallendem Haar und Bart beim Spielen einer Kantele dargestellt wird, zum Thema ihrer Werke.

1. Juni - 31. Aug. tgl. 10 – 19 Uhr, Tel. 04 01 84 34 23; www.domnanpirtti.fi).

HAUPTROUTE

ROUTE: *Zurück zur Straße 912 und weiter nordwärts nach* **Suomussalmi**. *Die Strecke ist nicht sonderlich abwechslungsreich – Wälder, Wälder, Wälder, unterbrochen von kleinen Seen.*

Rund 20 km östlich von Suomussalmi passiert man bei **Mäkelänranta** am Abzweig zur sog. **Museumsstraße Raatteentie** das erst 2003 eingeweihte **Winterkriegsmonument Raatteen Portti Talvisodan Monumenti [WP 105 / N 64° 50′ 52.6″ E 29° 19′ 39.4″]**, Raatteentie 2.

Ein nahezu drei Hektar großes Meer aus Hunderten von Felsbrocken bildet diese Erinnerungsstätte. Die Anzahl der Steine entspricht der Anzahl der hier im Winterkrieg 1939/40 Gefallenen.

Mitten in dem Feld aus Steinen erhebt sich eine Skulptur aus vier gebogenen, in die vier Himmelsrichtungen weisenden Elementen. Oben erkennt man Reihen unterschiedlich großer Kupferglöckchen, 105 an der Zahl, eines für jeden Tag des Winterkrieges. Die Inschrift im Sockel des Monuments bedeutet so viele wie „Der Mensch stirbt, aber die Erinnerung lebt fort".

Das von Erkki Pullinen aus Soumussalmi entworfene Monument ist eine von vielen Gedenkstätten entlang der unbefestigten Museumsstraße Raatteentie, der „Straße der Kriegsgeschichte", die nach 18 km in **Raate** an der russischen Grenze endet. Hier wütete der russisch-finnische Winterkrieg besonders verlustreich.

Gleich neben dem Monument liegt ein **Museum**, das über die Geschichte des Winterkrieges von 1939/40 informiert *(geöffnet 15. Mai - 15. Juni + 16. Aug. - 30. Sept. tgl. 11 - 17 Uhr, 16. Juni - 15. Aug. tgl. 10 - 18 Uhr; www.raatteenportti.fi).*

Suomussalmi, eine kleine Stadt mit kaum mehr als 9.000 Einwohnern, liegt am verzweigten und weit nach Norden reichenden See Kiantajärvi.

Das Winterkriegsmonument

Das **Kotiseutumuseo**, ein **Heimatmuseum [N 64° 54' 56.52" E 28° 59' 14.81"],** findet man im alten Ortskern Kirkkoniemi auf einer kleinen Insel unweit nördlich vom Kirchdorf **Suomussalmi kirko**, in der Kirkkotie 35 *(geöffnet Mitte Juni – Ende Aug. Di - So 10 - 18 Uhr)*.

Das Freilichtmuseum, das heute da liegt, wo in früheren Zeiten die erste Kirche der Gemeinde Suomussalmi entstanden war, zeigt zwanzig historische, erhaltenswerte, für die Region typische Gebäude aus dem 18. und 19. Jh., die in den 50er und 60er Jahren des vergangenen Jahrhunderts aus dem Umland hierher gebracht, restauriert und wieder aufgebaut wurden. Die mit originalen Gegenständen, Möbeln und Exponaten ausgestatteten Gebäude vermitteln einen schönen Einblick in den Alltag und in die Lebensart der Bevölkerung Ende des 19. Jh.

Eines der schönsten und gleichzeitig ältesten Gebäude des Freilichtmuseums ist das Alanne-Haus. Es stammt aus dem frühen 18. Jh. und diente damals lange als Gasthof für reisende Kaufleute. Besonders schön ist die „gute Stube", das Wohnzimmer des Anwesens, das im Stil des 19. Jh. eingerichtet ist.

Ansonsten ist Suomussalmi aus touristischer Sicht vor allem Ausgangspunkt für Outdooraktivitäten im Winter wie im Sommer im weiter nördlich gelegenen Freizeit-, Wander- und Wassersportgebiet bei Hossa.

Ca. 35 km nördlich von Suomussalmi tauchen östlich (rechts) etwas unterhalb der Straße 5/E63 die Figuren des **„Stillen Volkes" Hiljainen Kansa [WP 106 / N 65° 05' 37.1" E 28° 54' 14.6"]** auf. Dieses illustre Kunstobjekt ist das Werk des Künstlers Reijo Kela. Es umfasst annähernd 700 vogelscheuchenähnliche Figuren in bunten Kleidern, mit Torfköpfen und Heufrisuren.

Es ist ein eigenwilliges, interessantes Kunstwerk, dessen Sinn vom Künstler nicht beantwortet wird. Jeder soll seine eigenen Schlussfolgerungen ziehen. Eine der Interpretationen meint, es könne ein Symbol für das ruhige, besonnenen Volk Finnlands sein. Es ist wohl auch von Bedeutung, dass, wenn das „Stille Volk" entkleidet und wieder neu eingekleidet wird, was zweimal im Jahr geschieht, an dieser Stelle 700 Kreuze verbleiben.

Im Sommer werden in der kleinen Blockhütte des je nach Wetterlage geöffneten „Wiesencafés" Niity-Kahvila auf offenem Feuer frisch gekochter Kaffee und Pfannkuchen mit Himbeermarmelade angeboten *(geöffnet 5. Juni - 16. Juni tgl. 10 - 17 Uhr; 17. Juni -11. Aug. tgl. 9 - 18 Uhr; Eintritt frei; www.suomussalmi.fi)*.

PRAKTISCHE HINWEISE – SUOMUSSALMI

Suomussalmi Tourist Information, Jalonkaarre 3 - 5, Jalonniemi Haus (nahe der Straße 5), 89601 Suomussalmi (Ämmänsaari), Tel. 08 61 55 55 45; www.suomussalmi.fi.

HOTEL

Scandic Kiannon Kuohut, 71 Zi., Jalonkatu 1, Tel. 71 07 70, www.scandichotels.com; Restaurant, Schwimmbad, Garage.

CAMPING

Camping Kiantajärvi [N 64° 52' 14.3" E 28° 59' 51.7"], Juntusrannantie 24, Tel. 0440 71 12 09; 1. Juni – 30. Sept.; an der Straße 912 ca. 3 km östlich von Ämmänsaari; Wiesengelände im Birkenwäldchen, schön am Kiantajärvi-See gelegen; ca. 4 ha – 100 Stpl.; Mindestausstattung; 4 Miethütten.

„Das Stille Volk"

ROUTE: *Weiterreise auf der Straße 5/E63 Richtung Kuusamo. Unterwegs in* **Peranka** *Abzweig* **[N 65° 23' 39.1" E 29° 02' 03.6"]** *ostwärts auf die Straße 9190 nach* **Hossa** *(27 km).*

Ca. 9 km südlich von Peranka findet man an der Straße 5/E63 den mit ‚Alassalmen Muistomerkki' beschilderten **Rast- u. Picknickplatz [N 65° 17' 44.3" E 29° 04' 09.6"]** in schöner Lage am See. Toiletten, Picknicktische, Feuerstelle, Mülltonne.

Hossa ist das urbane Zentrum eines riesigen Naturgebietes, durch das rund 90 km markierte Wanderwege führen. Darüber hinaus findet man in Hossa ein Informationsbüro, Hotels, Miethütten und Campingplätze. www.metsa.fi.

Zentrum der Freizeitaktivitäten ist das **Hossa Naturzentrum** am See Öllöri, Tel. 02 05 64 60 41; *geöffnet Anf. Apr. – Anf. Aug. tgl. 9 – 22 Uhr, Anf. Aug. – 30. Sept. tgl. 9 – 20 Uhr, übrige Zeit tgl. bis 16 Uhr; http://www.outdoors.fi/Customerservicepoints/visitorcentres/hossa/.* Hier gibt es Informationen zu Wandertouren, Wanderkarten, Karten für die Kanustrecken, Fischlizenzen, die Anmeldung zum Campingplatz und für die Ferienhütten, Ausstellungen über Fauna und Flora der Region, ein Auditorium, ein Café-Restaurant und hier kann man Kanus und Boote mieten. Nur wenige hundert Meter entfernt liegt der Campingplatz.

Neben diversen Wildniswanderungen zählt eine Tour zu den steinzeitlichen **Felszeichnungen Hossan Värikallio** (Hossa Farbfelsen) zu den beliebtesten Ausflügen in der Gegend. Man gelangt per Kanu oder auf markierten Wanderwegen zu den Felszeichnungen. Zu Fuß sind es ab dem Parkplatz Lihapyörre dann nochmals rund 4 km zu den Felsmalereien. Vom Hossa Naturzentrum werden auch geführte Touren zu den Felszeichnungen angeboten.

Die rötlichen, erst 1977 zufällig entdeckten Malereien sind an einer senkrechten Felswand, die unmittelbar aus dem schmalen, langgestreckten Somerjärvi-Sees aufsteigt, zu sehen. Ein schmaler Holzsteg, der für max. fünf Personen gleichzeitig geeignet ist, führt dicht über dem Wasser bis an die Basis der Felswand. Die Malereien – bislang wurden 60 Motive entdeckt – sind ungefähr zwischen 5.000 und 7.000 Jahre alt. Dargestellt sind Tiere und menschenähnliche Gestalten.

Nochmals knapp 4 km weiter (per Boot sind es kaum 800 m) nördlich von Värikallio findet man an der Ostseite des von steilen, bis 50 m hohen Felswänden eingerahmten, drei Kilometer langen Canjonsee **Julma Ölkky** eine kleine Gruppe weiterer Felszeichnungen. Bislang hat man in ganz Finnland keine weiter nördlich gelegenen Felszeichnungen gefunden.

Wie man aus Beschreibungen der Felsmalereien erfährt, haben die Motive nur deshalb die Jahrtausende überstanden, weil durch Auswaschung Mineralien aus dem Felsen getreten sind, die sich als konservierende Schicht über die Felszeichnungen gelegt haben.

PRAKTISCHE HINWEISE – HOSSA

Hossan Naturum Visitor Center „Hossan Luontokeskus", Jatkonsalmentie 6, 89929 Ruhtinansalmi, beim Karhunkainalo Campingplatz, Tel. 02 05 64 60 41, http://www.outdoors.fi/Customerservicepoints/visitorcentres/hossa/; *geöffnet Anf. Apr. – Anf. Aug. tgl. 9 – 22 Uhr, Anf. Aug. – 30. Sept. tgl. 9 – 20 Uhr, übrige Zeit tgl. bis 16 Uhr.*

CAMPING

Camping Erä-Hossa [WP 107 / N 65° 26′ 34.2″ E 29° 33′ 02.0″], Ruhtinansalmi, Hossantie 278 B, Tel. 08 73 23 10, e-Mail: era-hossa@luukku.com; 1. Jan. – 31. Dez.; 28 km östlich Peranka und ca. 7 km außerhalb von Hossa; naturbelassenes Gelände im Föhrenwald oberhalb eines Sees, Miethütten am Platzrand zum See hin; ca. 15 ha – 120 Stpl.; einfache Standard-Sanitärausstattung; 10 Miethütten.

Karhunkainalo Camping [WP 108 / N 65° 28′ 04.7″ E 29° 31′ 03.9″], Ruhtinansalmi, Jatkonsalmentie 6, Tel. 02 05 64 60 41; 15. Feb. – 31. Okt.; ca. 7 km nordwestlich Hossa Zufahrt von der Straße 843 (Hossa – Kuusamo); großzügig angelegtes, weitläufiges Campingareal im Kiefernwald nahe eines Sees. Drei Campingareale unterschiedlicher Größe, jeweils mit Grillhütte. Zwei Platzareale mit geteerten Stellplätzen mit Stromanschluss für Caravans und Wohnmobile. Ein Areal vorwiegend für Zelte und mit einigen Caravanplätzen. Die Campinganlage liegt oberhalb des Rezeptionsgebäudes mit Cafeteria. Ca.15 ha – 60 Stpl. + Zelte; gute Standard-Sanitärausstattung, zeitgemäße Campingküche. Badestrand Uimranta, Strandsauna. Separates Hüttenareal mit 15 Miethütten. Vor dem Rezeptionsgebäude großer Parkplatz für Tagesbesucher (Ausgangspunkt von Wanderwegen und Naturpfaden, Angelmöglichkeiten, Kanuaktivitäten).

10. HOSSA – KEMIJÄRVI

Länge der Tour: Rund 280 km.

Die Route: Straße 843 bis **Ahola** – Straße 5/63 bis **Kuusamo** – Straße 81 über **Posio** bis **Autti** – Straße 944 bis **Kemijärvi**.

Abstecher: Von Kuusamo nach **Juuma**, Oulanka Nationalpark, ca. 45 km einfach.

Reisedauer: Mindestens ein Tag.

Höhepunkte: Das **Freilichtmuseum** in Kuusamo – **Wandern** *** im Oulanka Nationalpark – das **Kaffeetassenmuseum** * im Keramik Pentik Zentrum in Posio – der **Wasserfall Auttiköngäs** *.

*ROUTE: Weiterreise von Hossa auf der Straße nach Norden bis **Ahola** (rund 49 km). Westlich des Ortes führt die Straße 5/E63 nach Norden. Ihr folgen wir bis **Kuusamo** (rund 33 km).*

Kuusamo, 1868 gegründet und heute eine modern anmutende Stadt mit rund 17.000 Einwohnern, ist das wirtschaftliche und administrative Zentrum im Nordosten Finnlands. Die Stadt liegt mitten in einer seenreichen Waldlandschaft und ist daher wichtiger Ausgangspunkt für Freizeit- und naturverbundene Urlaubsaktivitäten im Sommer wie im Winter.

Kuusamo war in den Russisch-Finnischen Krieg 1944 verwickelt. Hilfe kam durch unterstützende deutsche Truppen. Diese retteten die **Kirchenglocken** der Stadt vor den anrückenden russischen Truppen, indem sie die Glocken kurzerhand auf dem Friedhof vergruben. Die Glocken waren lange verschollen und erst viel später konnte der damalige Kommandant das Versteck nennen.

Ein eher bescheidenes **Freilichtmuseum [WP 110 / N 65° 57' 32.7" E 29° 12' 20.3"]** liegt am südöstlichen Ortsrand in der Kitronintie Nr. 6. Zu sehen ist eine Handvoll kleiner, historischer Holzhäuser, die zu einem bäuerlichen Gehöft gehören, wie es bis 1930 in Betrieb war.

PRAKTISCHE HINWEISE – KUUSAMO

Kuusamo Tourist Bureau [WP 109 / N 65° 57' 21.0" E 29° 09' 33.2"], Torangintaival 2, 93600 Kuusamo, Tel. 040 86 08 365; www.kuusamolapland.fi, www.ruka.fi.

HOTELS

Holiday Club Rantatropiikki, 123 Zi., Kylpylätie 5, Tel. 03 06 86 40 00, www.holidayclubresorts.com/resorts/kuusamontropiikki/; Mittelklassehotel mit Wellnesseinrichtungen aller Art, bemerkenswert ist das tropische Hallenbad. Restaurant, Parkplatz.

Sokos Hotel Kuusamo, 150 Zi., Kirkkotie 23, Tel. 020 12 34 693, www.sokoshotels.fi; Firstclasshotel mit spanischem Restaurant „Torero", das nicht nur spanische, sondern auch finnische und karelische Speisen anbietet, „Olli's Bar" mit Karaoke dreimal die Woche und der „Hotku Club" bringt Tanzvergnügen im Sommer. Schwimmbad, Garage.

CAMPING

Camping Rantatropiikki [WP 111 / N 66° 00' 04.5" E 29° 10' 02.3"], Kylpyläntie, Tel. 020 12 34 906, www.holidayclub.fi; 1. Jan. – 31. Dez.; ca. 5 km nördlich von Kuusamo beschilderter Abzweig von der Straße 5/E63, zum Hotel Holiday Club Rantatropiikki mit Tropenbadelandschaft gehörend, hier auch Anmeldung; leicht hügeliges Gelände im lichten Föhrenwald, geteerte Stellplätze, dezentrales Sanitärgebäude, über einen kleinen Hügelrücken hinab zum Strandbad; ca. 8 ha – 140 Stpl.; Mindestausstattung; Restaurant, Tennis, Fahrradverleih; 17 Miethütten. **V & E für Wohnmobile**. Der bekannte Wanderweg Karhunkierros (Bärenring) verläuft in der Nähe.

Abstecher in den Oulangan kansallispuisto Nationalpark

ROUTE: *Man verlässt Kuusamo auf der Straße 5/E63, fährt über* **Ruka** *nordwärts und zweigt nach rund 25 km ostwärts nach* **Juuma** *ab (ca. 12 km).*

Bei **Ruka** hat sich um den 462 m hohen **Rukatunturi** das riesige, in ganz Finnland überaus populäre und beliebte **Wintersportzentrum Rukankylä [WP 66° 10' 04.5" E 29° 08' 21.0"]** etabliert, mit Liften, Langlaufloipen, Ski- und Rodelpisten, Ferienhäusern, Hotels, Restaurants und der Campingmöglichkeit „Jtä-Rukä".

Ein Sessellift führt auch im Sommer zum Gipfel. Und wer möchte, kann auf einer 1 km langen Sommerrodelbahn wieder hinabfahren. Allerdings macht das Ganze im Sommer, wenn der Schnee nicht alles gnädig überzieht, deutlich, welche Eingriffe in die Natur nötig waren, um dieses gigantische Freizeitzentrum zu realisieren.

Juuma [WP 113 / N 66° 16' 15.8" E 29° 22' 51.4"] mit seiner Hängebrücke über die Niskakoski Stromschnellen und dem Camping- und Sommercafé **Juuman Leirintä [WP 114 / N 66° 16' 21.1" E 29° 22' 44.6"]** ist wichtiger Ausgangspunkt für ausgedehnte Wildnistouren.

Unweit nördlich des Ortes liegt der **Oulanka Nationalpark Oulangan kansallipuisto,** eines der schönsten Gebiete für Wanderungen. Der Nationalpark mit Höhen bis 300 m und dem tief eingeschnittenen Tal des Flusses Oulankajoki erstreckt sich über fast 270 qkm zwischen der Straße 5/E63 und der russischen Grenze.

Der Fluss Oulanka mündet übrigens ins Weiße Meer in der äußersten nordwestliche Ecke Russland, sowie alle

Gewässer östlich des Landrückens „Maanselkä", der diese Region Finnlands durchzieht, ins Weiße Meer münden. Alles Wasser westlich der Wasserscheide mündet im Bottnischen Meerbusen.

Die große Outdoorattraktion und sehr beliebt bei Wanderern ist der 80 km lange **Wanderweg „Karhunkierros"**, die **„Große Bärenrunde"**. Bären werden Ihnen auf dem Weg allerdings nicht begegnen. Dazu sind die Tiere viel zu scheu und der Weg zu voll, vor allem in den beiden letzten Septemberwochen. Dann ist Hochsaison auf der Großen Bärenrunde. Und jeder Wanderer ist gut beraten ein Biwakzelt mitzuführen, denn die Schlafplätze in den Hütten entlang des Weges sind dann rasch belegt.

Starten kann man zu der Großen Bärenrunde entweder an deren südlichem Punkt in Ruka, am nördlichen Punkt am Hautajärvi Visitor Center, aber auch zwischendrin in Juuma zum Beispiel oder am Oulanka Visitor Center.

Der Weg ist gut gepflegt und mit orangefarbenen Farbmarkierungen und Holzpfählen deutlich gekennzeichnet. Dennoch sollte man, wenn man den Weg über die gesamte Länge von 80 km gehen will, über gute Kondition und Erfahrung im Wildniswandern mitbringen.

In regelmäßigen Abständen findet man Rast- und Feuerplätze, Unterstände und Wildmarkhütten. Empfohlen wird, neben einer entsprechenden Ausrüstung für eine Wildniswandertour, auch die Mitnahme eines Handys mit vollem Akku, um im Notfall Hilfe rufen zu können. Der Empfang entlang des Wanderweges ist außer in den Canyons gut.

Auch wenn Sie ihren vierbeinigen Freund mit auf die Wanderung nehmen wollen ist das kein Problem. Allerdings müssen Hunde ständig an der Leine geführt werden und in Übernachtungshütten sind Hunde nicht zugelassen.

Die Große Bärenrunde führt an allen Naturschönheiten und an den großen

Der Rukatunturi im Sommer, ...

Sehenswürdigkeiten des Oulanka Nationalparks, wie dem **Canyon des Flusses Oulankjoki**, den fast 50 m hoch aufragenden **Ristikallio Klippen** und an den wilden, 300 m langen Stromschnellen **Kiutaköngäs**, für die der Park berühmt ist und den Stromschnellen **Taivalköngäs** vorbei.

Wer die Zeit für eine mehrtägige Wanderung nicht hat, kann sich auf den Weg der **„Kleinen Bärenrunde/Pieni Karhunkierros"** machen. Der 12 km lange, grün markierte Weg startet bei Juuma, ist mit Hängebrücken, Stegen, Bohlen- und Treppenwege zwar bestens präpariert, verlangt dem Wanderer aber doch etwas an Kondition und Ausdauer ab. Der Weg führt durch eine fantastische Waldlandschaft mit Schluchten, Stromschnellen am Kitkajoki wie den **Myllykoski Fällen** mit der alten Wassermühle oder dem 10 m hohen **Wasserfall Jyrävä**, mit der Schutzhütte Siilastupa unterhalb des Falls.

Zentrum der Outdooraktivitäten im Oulanka Nationalpark Park ist das Naturzentrum **Oulanka National Park Visitor Center (Oulangan Luontokeskus) [N 66° 22′ 6.10" E 29° 18′ 46.97"]**, Liikasenvaarantie 132 *(geöffnet tgl. 10 - 16 Uhr, Juni – 30. Sept. tgl. 10 – 18 Uhr, Tel. 205 64 68 50, www.ruka.fi, www.outdoors.fi/customerservicepoints/visitorcenters/oulanka)*. Zu erreichen ist das Center von Ruka aus über die Straße 5/E63 Richtung Kemijärvi und Straße 950 bis **Käylä**. Hier auf Straße 8693 13 km ostwärts Richtung Liikasenvaara.

Im Visitor Center erhält man Informationen (Wanderkarten etc.) über den Park, die diversen Wanderwege und deren Schutzhütten. Und es gibt eine Ausstellung über Flora und Fauna, sowie das Safari-Café Susi. Darüber hinaus findet man hier einen **Campingplatz** und einen Parkplatz.

Das Oulanka Visitor Centre ist eine vorzügliche Basis für Tagestouren auf der „Großen Bärenrunde", z. B. zu den Stromschnellen Kiutaköngäs. Der grün markierte Rundweg ist 8 km lang.

... aber im Winter ist der Berg ein Sportparadies. Foto: Visit Finland Media Bank

Die Stromschnellen Kiutaköngäs im Oulanka Nationalpark. Foto: Visit Finland Media Bank

HAUPTROUTE

ROUTE: *Von Kuusamo auf der Straße 5/E63 nordwärts bis* **Nissinvaara** *(9 km), dort westwärts ab auf die Straße 81, vorbei am* **Rastplatz** *am See bei* **Hyväniemi [WP 115 / N 66° 05' 37.7" E 28° 24' 49.4"** *und über* **Posio** *bis* **Autti** *(110 km).*

Hinter Hyväniemi überquert die Straße 81 auf einer Brücke den Yli Kitka-See, der hier nur wenige hundert Meter breit ist. Hier bieten sich wunderschöne Ausblick über den See.

Im weiteren Verlauf der Route passiert man **Posio**, einen Ort der Keramikindustrie. Eine besuchenswerte Sehenswürdigkeit dort ist das **Internationale Kaffeetassenmuseum** und das Heimatmuseum im **Keramikkunstzentrum Pentik Design [WP 117 / N 66° 06' 45.8" E 28° 10' 48.0"]**. Pentik Design aus Posio ist seit langem eine berühmte Marke für Keramikkunst, Glas, Textilien und Innendesign; www.pentik.com.

ROUTE: *Weiter auf der Straße 81 westwärts bis* **Autti**.

Rund 6 km östlich von Autti zweigt nordwärts [WP 118 / N 66° 17' 17.5" E 27° 12' 05.9"] eine Schotterpiste ab, die nach 1 km an einem Parkplatz, im Som-

PRAKTISCHE HINWEISE – POSIO

Posio Tourist Information, Maaninkavaarantie 5, 97900 Posio, Tel. 044 76 74 218; www.posio.fi. *Geöffnet Mo – Fr 10 – 16 Uhr, Sa 10 – 15 Uhr.*

CAMPING

Camping Himmerki Lomakeskus [WP 116 / N 66° 04' 55.2" E 28° 17' 00.3"], Himmerki 8, Tel. 0440 35 26 02; www.himmerki.com; 1. Jan. – 31. Dez.; Abzweig ca. 8 km östlich von Posio, etwa 1 km abseits der Straße 81; Waldcamping in hügeligem Gelände an schönem See; Standard-Sanitärausstattung; Gasthaus, Sauna; 24 Miethütten.

mer mit Café, endet. Vom Parkplatz mit Feuerstelle und Picknickplatz führt ein kurzer Fußweg zum **Wasserfall Auttiköngäs,** der durch eine schmale Felsschlucht zu Tal stürzt.

Der Kemijoki diente lange Zeit zum Holzflössen. Eine Holzrinne am Auttiköngäs ermöglichte den Flößern, die Baumstämme über Stromschnellen in der Schlucht zu bringen.

Würde man dem Fluss aufwärts folgen, träfe man nach rund 15 km auf die etwa 20 km lange **Schlucht von Korouoma**, deren Felswände stellenweise 100 m hoch aufragen. Es gibt einen 26 km langen Wanderweg, der aber nur erfahrenen und geübten Wanderern zu empfehlen ist.

Auf dem Weg von Autti auf der Straße 944 nordwärts nach Kemijärvi markiert eine Tafel den **Polarkreis/ Napapiiri [WP 119 / N 66° 33' 44.7" E 27° 15' 09.8"].**

Kemijärvi mit annähernd 9.000 Einwohnern, ist die nördlichste und mit einer Gemarkungsfläche von 3.504 qkm drittgrößte Stadt in Finnland. Das Gebiet um Kemijärvi ist seit dem 16. Jh. permanent besiedelt und seit dem frühen 18. Jh. ein wichtiger Handels- und Marktplatz der Region. Heute ist die Stadt nicht nur Zentrum der Holzindustrie, sondern auch Mittelpunkt der Verwaltung, Bildung und Dienstleistung im ganzen nordöstlichen Lappland.

Zu den wenigen Sehenswürdigkeiten in der Stadt zählt das **Kemijärvi Museum [N 66° 43' 11.68" E 27° 24' 7.57"]**, Sepänkatu 4 *(geöffnet Mitte Juni – Ende Aug. tgl. 10 – 16 Uhr)*. Das Regionalmuseum, das sich mit bäuerlichem Kunsthandwerk und Textilien aus den beiden vergangenen Jahrhunderten befasst.

Wie sich die Technik der Motorschlitten entwickelt hat, die in den langen finnischen Wintern längst zu einem wichtigen Verkehrs- und Transportmittel geworden sind, kann man im **Snowmobile Museum** mit über 100 Motorschlitten sehen, Varastotie 11, neben dem Bahnhof.

PRAKTISCHE HINWEISE – KEMIJÄRVI

Touristeninformation [WP 120 / N 66° 42' 54.6" E 27° 25' 54.0"], Jaakonkatu, 98100 Kemijärvi, Tel. 040 18 92 050, www.lakelapland.fi. *Geöffnet Mo – Fr 10 – 16 Uhr.*

HOTELS

Kemijärvi, 130 Zi., Vapaudenkatu 4, Tel. 016 45 82 200, www.hotellikemijärvi.fi; bescheidenes Mittelklassehotel im Stadtzentrum, ohne Restaurant, Sauna.

Mestarin Kievari, 19 Zi., Kirkkokatu 9, Tel. 016 32 07 700, www.81 35 77; kleines Mittelklassehotel, Restaurant, Garage.

CAMPING

Camping Kemijärvi [WP 121 / N 66° 42' 57.5" E 27° 25' 09.5"], Hietaniemenkatu 7, Tel. 040 77 89 106; 25. Mai – 31. Aug.; am westlichen Ortsrand beschilderter Abzweig an der Brücke über den Kemijoki. Überschaubares, eingezäuntes, ebenes, schattenloses Wiesengelände bis an den Kemijärvi reichend, Stellplätze durch niedere Hecken unterteilt. Ansprechende Lage am See; ca. 2 ha – 80 Stpl.; Standard-Sanitärausstattung; Sauna, Campingküche, Waschmaschine mit Trockner, Kiosk, Cafeteria mit Terrasse in der Hochsaison, Boots – und Fahrradverleih. Am Sanitärhaus Bodenauslass für Wohnmobilabwässer.

11. KEMIJÄRVI - INARI

Länge der Tour: Rund 315 km.

Die Route: Straße 5/E63 **Vuostimo**– Straße 962 und 4/E75 bis **Sodankylä** – Straße 4/E75 über **Ivalo** bis **Inari**.

Abstecher: Zum **Lemmenjoki.**

Reisedauer: Mindestens ein Tag.

Höhepunkte: Wandern im **Nationalpark Pyhätunturi** oder im **Uhro Kekkosen Nationalpark** – die Aussicht vom **Kanuspää-Berg** * – die alte Kirche in **Sodankylä** –„Goldwaschen" in **Tankavaara** – das **Siida Saami Museum** *** in Inari – Wildniswandern im **Lemmenjoki Nationalpark** *.

Diese Tour führt mitten hinein nach **Lappland**, den auch heute noch ursprünglichsten Teil Finnlands. Es riecht förmlich nach Abenteuer. Ruhe, Abgeschiedenheit und eine weitgehend noch ursprünglich gebliebene Natur lassen sich hier schon auf der kürzesten Wander- oder Kanutour hautnah erleben. Ein Spaziergang oder ein Bad im See wenn nachts um eins die Sonne immer noch am Himmel steht, bleiben unvergesslich. Und Menschen, die das Glück hatten, Lappland im Winter erleben zu dürfen, schwärmen geradezu von den tief verschneiten Landschaften, der klaren Luft, von einer Snowmobil- oder Husky-Tour und von dem so mystisch anmutendem Phänomen des Polarlichts. Und Winter wird es hier oben schon Mitte Oktober, der sich dann bis weit in den April hineinzieht.

ROUTE: *Von Kemijärvi auf der Straße 5/E63 nordwärts bis* ***Vuostimo*** *(34 km). Dort nach Nordwesten auf der Straße 962 über* ***Kultakero*** *und* ***Luosto*** *bis* ***Aska*** *und auf der Straße 4/E75 bis* ***Sodankylä*** *(76 km)*

An der Straße 962 passiert man nach rund 14 km den westlich von Kultakero gelegenen 540 m hohen **Pyhätunturi**. Die Anhöhe war einst eine Opferstätte der Sami (die früher übliche Bezeichnung „Lappe" wird zwischenzeitlich als unpassend angesehen und ist nicht mehr gebräuchlich). Das Gebiet um den Berg wurde bereits 1938 zum **Pyhätunturi Nationalpark / Pyhätunturi kansallispuisto** erklärt (www.pyha.fi). Die Gegend ist bekannt für gute Wandermöglichkeiten. Beim Nationalparkzentrum steht der ganzjährig geöffnete **Pyhä Caravan Site [WP 122 / N 67° 01' 09.3" E 27° 15' 13.5"]** zur Verfügung, eine Campingmöglichkeit mit 110 Stellplätzen, Tel. 08 86 00 400, www.pyha.fi/accommodation_ger/.

Auf dem Lampivaara-Fjell, ca. 38 km südöstlich von Sodankylä und südlich der Gemeinde **Luosto**, liegt 1 km westlich der Straße 962 der **Parkplatz [WP 123 / N 67° 08' 13.7" E 26° 55' 19.9"]** der **Amethyst-Grube** von Luosto, **Lampivaara Ametistikaivos**. Vom Parkplatz führt ein 2,5 km langer Fußweg zur Tagebaumine in schöner Berglandschaft des Pyhä-Luoston-Nationalparks.

Die Mine ist *geöffnet 1. Juni - 15. Aug. tgl. 11 - 17 Uhr, 16. Aug. - 30. Sept. tgl. 11 - 16 Uhr, Okt. Di – Sa 11 – 15 Uhr; www.amethystmine.fi; www.laplandluosto.fi*. Es werden Führungen angeboten.

Die Amethyst-Grube von Luosto ist die einzige dieser Art in Europa. Auf den Führungen erhält der Besucher Informationen über die Geheimnisse des mystischen Amethyststeines und darf seinen eigenen Glücksstein schürfen.

Luosto (www.luosto.fi) ist ein bekannter Ferienort mit über 150 km Langlaufloipen und vielen Skipisten. Im Sommer ist das Gebiet zwischen Luosto und Pyhä ein Eldorado zum Wandern in und um den Pyhä-Luoston Nationalpark /Pyhäntunturi kansallispuisto mit Nationalparkzentrum, Hüttendorf, Hotels und einer Campingmöglichkeit.

Man erreicht **Sodankylä**, einst Lappensiedlung, heute eine moderne Stadt. Historische Sehenswürdigkeit im Stadtzentrum ist die **Vanha Kirkko**, die **Alte Kirche von Sodankylä [WP 126 / N 67° 24' 53.7" E 26° 35' 46.4"]** *(geöffnet Anf. Juni - Mitte Aug. tgl. 9 - 18 Uhr)*. Der schlichte Holzbau entstand im Jahre 1689 und gilt als eine der ältesten Holzkirchen in ganz Finnland. Sie ist seit ihrer Entstehung unverändert geblieben. Ursprünglich diente die

Die Alte Kirche von Sodankylä

Denkmal der Rentierzüchter in Sodankylä

Kirche den Sami aus Sodankylä, Kittilä, Savukoski und Pelkosenniemi als Gotteshaus, nachdem ihnen der legendäre Lapplandpfarrer und Missionar Gabriel Tuderus den Schamanenkult und ihre Naturreligion rigoros verboten hatte.

Solche Lappenkirchen waren mehrfach im Jahr das Zentrum von großen Kirchenfesten, zu denen die nomadisierenden Sami aus der ganzen Umgebung kamen. Diese Feste waren für sie ein gerne genutzter Anlass zur Kommunikation, für Handel und Märkte.

Keine 300 m entfernt von der Alten Kirche steht die schöne Skulptur „Das Rentier und der Lappländer". Die Bronzeskulptur wurde zu Ehren der Rentierzucht, dem wichtigen Haupterwerb vieler samischer Familien, 1970 von Ensio Seppänen gestaltet und hier errichtet. Im Großraum Sodankylä sollen angeblich weit über 20.000 Rentiere leben.

Das **Sodankylä Heimatmuseum Sodankylän Kotiseutumuseo [N 67° 24' 13.02" E 26° 35' 19.65"]**, Hamputörnmäntie 16 *(geöffnet Anf. Juni – Ende Aug. Mo – Sa 10 – 17 Uhr, So 12 – 18 Uhr; www.lapinmuseot.fi/sodankyla)* liegt südlich der Innenstadt. Das Kuukkeli Haus, das Hauptgebäude des Freilichtmuseums, zu dem mehrere Farm- und Wirtschaftsgebäude gehören, war noch zu Beginn des 20 Jh. Wohnhaus einer Bauernfamilie, das um 1960 hierher verlegt und als Museum eingerichtet wurde.

Eine sehr interessante, leider nur wenige Wochen im Sommer geöffnete Sehenswürdigkeit bei Sodankylä ist das ca. 12 km südöstlich der Stadt am Ostufer des Flusses Kitinen gelegene sog. **Aurorahaus Revontulikato Pohjan Kruunu [N 67° 19' 44.28" E 26° 41' 53.55"** (Annäherungswert!)], Välisuvonnontie 13 *(geöffnet Anf. Juni –Ende Juni und noch einmal von Mitte bis Ende Juli Di - Sa 12 – 16.30 Uhr. Vorführung jede volle Stunde, auf Englisch, Dauer 30 Min.).*

In einem einer samischen Kota nachempfundenen Gebäude können Sie sich hier auch im Sommer von der Mystik des Polarlichts gefangen nehmen lassen. Während Bilder und Videos von Nordlichtern an die Decke des Raumes projiziert werden, erfahren Sie etwas über den wissenschaftlichen Hintergrund des Polarlichtphänomens ebenso, wie über die Welt der Sagen und Legenden, die seit Jahrhunderten die samische Kultur bereichern.

Manche Finnen nennen das Polarlicht „revontulet", was soviel wie „Feuer des Fuchses" bedeutet. Hintergrund ist eine samische Sage, die davon erzählt, dass ein Fuchs durch den Schnee schnürt und die dabei aufgewirbelten Schneekristalle das lange unerklärliche Phänomen am Winterhimmel erzeugen.

Nordöstlich von Sodankylä wird mit gigantischem finanziellem Aufwand eines der größten Vorkommen Europas an Nickel, Gold, Uran und anderen seltenen Erzen erschlossen. Von Jahrhundertfunden ist da die Rede: Allerdings stoßen die Aktivitäten nicht nur bei Naturschützern auf große Skepsis. Eingreifende Auswirkungen auf die Umwelt, ja sogar auf das Klima werden befürchtet.

Die **Mitternachtssonne** ist um Sodankylä von **30. Mai bis 14. Juli** zu sehen. Man kennt diese helle Jahreszeit hier auch als die „nachtlosen Nächte". Die **Polarnacht**, Kernzeit der dunklen Jahreszeit „Kaamos", dauert hier von 10. bis 25. Dezember. Und von Ende Oktober bis Mitte Mai liegt hier Schnee.

ROUTE: *Von Sodankylä auf der Straße 4/E75 nach* **Tankavaara.**

Im weiteren Verlauf der langen Strecke nach Norden ändert sich die Landschaft kaum. Sie wird geprägt von unermesslich weiten Wäldern. Diese Waldgebiete sind für den Autofahrer recht eintönig. Nur selten gibt es Ausblicke in die Landschaft. Aufmerksamkeit ist dennoch geboten. Gelegentlich halten sich Rentiere auf oder neben der Straße auf und queren oft unvermittelt die Fahrbahn.

PRAKTISCHE HINWEISE – SODANKYLÄ

Sodankylän Matkailu Oy / Tourist Information [WP 127 / N 67° 24' 51.8" E 26° 35' 33.2"], Jäämerentie 3, 99 600 Sodankylä, Tel. 04 07 46 97 76; www.sodankyla.fi; *geöffnet Mo – Fr 9 – 17 Uhr, Mitte Juni – Mitte Aug. auch Sa 10 – 15 Uhr.*
Im Gebäude der Touristeninformation findet man auch die **Museums-Galerie Alariesto**. Zu sehen sind Arbeiten des Malers Andreas Alariesto (1900 – 1989).

HOTELS

Sodankylä Hotel, 54 Zi., Unarintie 15, Tel. 016 61 71 21, Restaurant, Schwimmbad.
Hotel Bear Inn, 42 Zi., Lapintie 7, Tel. 020 16 20 600, www.hotelli-karhu.com; freundliches Mittelklassehotel im Stadtzentrum. Das Restaurant serviert internationale Küche, aber auch lappländische Spezialitäten. Sauna mit Gästelounge.

CAMPING

Camping Sodankylä Nilimella [WP 128 / N 67° 25' 02.0" E 26° 36' 27.0"], Keluskentie 5, Tel. 016 61 21 81, www.naturex-ventures.fi; 1. Juni – 30. Aug.; an der Straße 5/E63 östlich von Sondankylä Richtung Kemijärvi; durch Straße zweigeteiltes unebenes Wiesengelände; ca. 4 ha – 100 Stpl.; Standard-Sanitärausstattung; Imbiss, Sauna, Waschmaschine mit Trockner, 27 Miethütten. **V & E für Wohnmobile.**

Camping Orakoski [WP 125 / N 67° 20' 20.0" N 26° 39' 06.2"], Jäämerentie 68, Tel. 016 61 19 65; Ende Mai – Ende Aug.; an der Straße 4/E75, ca. 10 km südl. von Sodankylä; Wiesenstreifen im Birken- und Kiefernwald am See; ca. 5 ha – 100 Stpl.; Mindestausstattung; 31 Miethütten.

Rund 100 km nördlich von Sodankylä passiert man den Ort **Tankavaara** und das „Goldwäscherdorf" **Tankavaara Kultamuseo [WP 129 / N 68° 10' 44.2" E 27° 05' 52.3"]**, Kultakuja 35 *(geöffnet 1. Juni - 15. Aug. tgl. 9 - 18 Uhr, 16. Aug. - 30. Sept. tgl. 9 - 17 Uhr, sonst Mo - Fr 10 - 16 Uhr; www.kultamuseo.fi)*. Einer Art Western- oder Goldgräberstädtchen nicht unähnlich, dreht sich hier alles ums Gold. Im **Goldmuseum** wird der Besucher über die Goldgräberorte der Welt informiert. Und Besucher können sich auch im Goldwaschen versuchen. Durch das ausgedehnte Museumsgelände verkehrt ein dampfbetriebenes Schmalspurbähnchen.

Gold wurde schon Mitte des vergangenen Jahrhunderts nicht nur bei Tankavaara sondern auch im Ivalojoki, im Lemmenjoki und anderen Flüssen Lapplands gefunden und bis um 1900 auch gefördert. Später versiegten die Goldadern, der Abbau wurde unlukrativ. Seitdem suchen hier nur noch ausgesprochene Optimisten und Touristen nach dem legendären „Mutterfelsen", um den sich so viele Sagen Lapplands ranken, ähnlich wie um den im Rhein versunkenen Goldschatz der Nibelungen.

Neben dem Goldwäscherdorf findet man das **Kekkosen-Nationalpark Visitor Center Koilliskaira** (Parkplatz), *geöffnet Ende Mai bis Ende September Mo - Fr 9 - 17 Uhr, Sa + So 9 - 16 Uhr.*

Östlich der Straße 4/E75 bis hin zur russischen Grenze erstreckt sich der 2.550 qkm große **Uhro Kekkosen Nationalpark**, ein nahezu unberührtes Stück Wald- und Tundralandschaft. Höchste Erhebung im Park ist der 718 m hohe Sokosti. Eine Ausstellung im Besucherzentrum Koilliskaira in Tankavaara zeigt alles Wissenswerte über den Nationalpark, seine besondere Natur und die Freizeitmöglichkeiten *(geöffnet 1. Juni - 30. Sept. tgl. 9 - 18 Uhr, übrige Zeit Mo - Fr 9 - 16 Uhr; www.luontoon.fi)*.

ROUTE: *Über die gut ausgebaute Straße 4/E75 erreicht man über* **Kakslauttanen** *rasch* **Saariselkä** *mit einem großen Shopping Center. 24 km weiter ist man in* **Ivalo**.

Rund 30 km nördlich von Tankavaara beim Flecken **Kakslauttanen** liegt ein komfortables Hotel u. a. mit Glashütten, die sich im Winter in Iglus verwandeln und als **Eishotel** dienen, www.kakslauttanen.fi.

Saariselkä (www.saariselka.fi), touristisches Zentrum im Großraum Inari, ist Ausgangspunkt für Wander- und Skitouren. Und im Sommer nutzen viele Besucher die Möglichkeiten zu Mountainbiketouren oder Nordic-Walking Ausflügen. Und ganz Unentwegte kommen hierher sogar zum Goldschürfen. Die touristische Infrastruktur in Saariselkä ist gut. Man findet hier im **Siula-Gebäude**, Kelotie 1, eine Touristeninformation (Ausstellungen, 240 Grad Panorama-Videopräsentation), und darüber hinaus Restaurants, Hotels und Tourveranstalter.

Wenige Kilometer nördlich des Ortes hat man vom 440 m hohen **Kaunispää**, zu dem von der Hauptstraße eine Straße führt, einen weiten Blick auf die umliegenden Wälder und Höhen. Der Berg gehört bereits zum **Urho Kekkosen Nationalpark (Urho Kekkosen kansallispuisto).** Man findet oben ein Restaurant und einen Souvenirshop (Tuliaistupa).

Ivalo ist ein Verkehrsknotenpunkt mit Flughafen, dem nördlichsten in Finnland, sowie Verwaltungs- und Versorgungszentrum der Region mit Hospital, Geschäften und Hotels. Eine wichtige Straßenverbindung führt von hier zur russischen Grenze bei Raja Jooseppi.

Im Winter ist Ivalo Ausgangspunkt für sog. Arktische Safaris, für Wildnisferien in der verschneiten Tundra, Skitouren, Rentier-Safaris oder Schneemobil-Trekking Touren. Infos über sol-

Eishotel bei Kakslauttanen. Foto: Visit Finland Media Bank

che Pauschalarrangements gibt es bei den Touristenbüros.

Die Mitternachtssonne ist im Bereich um Inari und Ivalo von **22. Mai bis 22. Juli** zu sehen.

Ausflug von Ivalo nach Nellim

Nellim/Njelim, ein kleines Sami-Dorf am Ostufer des Inarisees ganz in der Nähe der russischen Grenze, liegt 44 km nordöstlich von Ivalo und ist über die unbefestigte Straße 969 zu erreichen. Der Ort ist ein Schnittpunkt dreier samischer Kulturkreise, der der Inari Sami, der Finnisch Sami und der Skolt Sami. Vor allem die Skolt Sami haben sich seit Generationen der orthodoxen Glaubensrichtung angeschlossen. Ihre ganz aus Holz gebaute, der Heiligen Dreifaltigkeit geweihte **Orthodoxe Kirche** ist eine Sehenswürdigkeit.

Nellim ist auch ein Zentrum der Forstwirtschaft. Zahlreiche Flößrinnen sind noch erhalten. Über sie wurde bis in die Mitte des vergangenen Jahrhunderts Holzstämme in den Inarisee geschwemmt und von dort über den Fluss Paatsjoki, der weiter nördlich die Grenze zwischen Russland und Norwegen bildet, zu den Sägewerken am Eismeer geflößt. Es gibt einen markierten Weg zu den Flößrinnen von Nellim.

Heutiges Zentrum der Skolt Sami ist **Svettijärvi**, 115 km nordöstlich von Inari an der Straße 971 gelegen, der Straße ins norwegische Neiden. Die größte Gruppe der Skolt Sami wurde nach dem Zweiten Weltkrieg 1949 vom russischen Pečenga (rund 30 km südöstlich vom norwegischen Grense Jakobselv entfernt an der Straße nach Murmansk gelegen) nach Svettijärvi umgesiedelt.

HAUPTROUTE

ROUTE: *Von Ivalo auf der Straße 4/ E75 nordwärts bis* **Inari** *(40 km).*

Auf dem Weg nach Inari passiert man nach rund 12 km den als „Karhunpesäkivi“ (Bärenhöhle) vermarkteten Rastplatz mit im Sommer großem Souvenirangebot.

Inari mit ca. 7.000 Einwohnern, von denen annähernd 2.000 der samischen Volksgruppe angehören, ist seit alters her ein Zentrum der Samischen Kultur und Tradition. Es ist heute aber auch eine stark vom Tourismus geprägte Gemeinde.

PRAKTISCHE HINWEISE – IVALO

Northern Lapland Tourism [WP 131 / N 68° 39' 23.6" E 27° 32' 20.4"], Piiskuntie 2, 99800 Ivalo, Tel. 016 68 71 11.

HOTELS

Hotel Ivalo, 94 Zi., Ivalontie 34, Tel. 016 68 81 11, www.hotelivalo.fi; gehobenes Mittelklassehotel, mehrere Restaurants, darunter das gemütliche Blockhausrestaurant „Kammi", Schwimmbad, 3 Saunas, Internetecke, Parkplatz.

Hotel Kultahippu, 30 Zi., Petsamontie 1, Tel. 016 32 08 800, www.hotellikultahippu.fi; einladendes, gutes Mittelklassehotel am Ivalojoki. Das Restaurant serviert ein Lunchbuffet von 11 – 15 Uhr. Abendausklang findet man im Hippun Kellari- Nachtclub mit Livemusik und anderen Unterhaltungen statt. Sauna, Parkplatz.

CAMPING

Ivalo River Camping [N 68° 37' 29.08" E 27° 32' 33.11"], Kerttuojantie 1, Tel. 0400 39 50 46, www.ivalorivercamping.com; 7. Juni – 26. Aug.; ca. 4 km südlich von Ivalo; Wiese nahe der Straße 4/E75, durch die Straße vom Fluss Ivalojoki getrennt; Campingmöglichkeit bei der SEO-Tankstelle mit Restaurant, im Sommer abends mit Live-Musik; Mindestausstattung. 12 Miethütten.

Camping Ukonjärven Lomakylä [WP 132 / N 68° 44' 12.5" E 27° 28' 38.9"], Ukonjärventie 1, Tel. 016 66 75 01, www.ukolo.fi; 15. Mai – 15. Sept.; Straße 4/E75, ca. 10 km nördl. Ivalo beschilderter Abzweig und noch 1 km; naturbelassenes Waldgelände mit geschotterten Stellflächen in schöner, ruhiger Lage am See Ukonjärvi mit Strand; ca. 9 ha – 50 Stpl.; Standard-Sanitärausstattung; Restaurant, Laden, WLAN, Sauna, Waschmaschine mit Trockner, Bootsverleih, Internetecke. 21 Miethütten. **V & E** für Wohnmobile.

Das Städtchen liegt am Südwestufer des Sees **Inarijärvi**, Finnlands zweitgrößtem See. Die Angaben über die Größe des Sees schwanken. Denn die exakte Vermessung des riesigen Gewässers gestaltet sich durch die vielen Inseln – es sollen mehr als 3.300 sein – und durch die zerrissene Uferlinie überaus schwierig. Nach offizieller Lesart soll die überaus verästelte Uferlinie des 80 km langen und 50 km breiten See 3.308 Kilometer lang sein.

Souvenirstand bei Inari

Die wohl bekannteste der über 3.300 Inseln im Inarisee ist die **Insel Ukonsaari**. Sie liegt nur unweit nordöstlich von Inari. Ukonsaari ist ein uraltes Naturheiligtum der Sami. Auf der Insel findet man einen etwa 30 m hohen Felsen, auf dem früher die Menschen der Gegend dem Donnergott Ukko opfer-

Im Freilichtmuseum Siida Saami in Inari

ten. Im Sommer werden Ausflüge mit schnellen Katamaranbooten zur Insel Ukonsaari angeboten.

Andere Sehenswürdigkeiten im Inarisee sind die Eishöhle Korkia Maura, die Friedhofsinsel, der Grenzgedenkstein des Vertrages von Teusina und das ehemalige Gefängnislager der Wehrmacht auf der Insel Kaamassaari.

2012 erhielt die Volksgruppe der finnischen Sami ein modernes Kulturzentrum, das **„Saami Cultural Centre Sajos"** (www.samediggi.fi). Es beherbergt neben Büros des finnisch-samischen Parlaments eine Bibliothek für samische Literatur, ein Kusthandwerkszentrum, ein Restaurant und Konferenzeinrichtungen.

Ein schönes, wenn auch nicht gerade billiges Souvenir aus Lappland ist handgearbeiteter Sami-Silberschmuck aus Inari Silber.

Zu den Sehenswürdigkeiten in Inari zählt vor allem das **Siida Saami Museum [WP 134 / N 68° 54' 35.7" E 27° 00' 49.6"]**, Inarintie 46, am nördlichen Ortsrand *(geöffnet 1. Juni - 19. Sept. tgl. 9 - 20 Uhr, übrige Zeit Di - So 10 - 17 Uhr; www.siida.fi)*. Ein Besuch im Siida Saami Museum ist ein absolutes Muss auf einer Reise durch Lappland.

Das sehr sehenswerte Siida-Museum gibt in einem modernen Gebäude – neben interessanten Ausstellungen über Fauna und Flora der nordischen Natur – auch Einblick in das Kulturgut und das Leben der Sami. Ein erst 2003 in der Nähe von Inari gefundener Silberschatz zeigt schöne geflochtene Halskränze mit fein verzierten Anhängern.

Für das angrenzende Freilichtmuseum wurden aus verschiedenen Teilen Nordfinnlands Gebäude hierher gebracht und wieder aufgebaut. So entstand eine Museums-Siedlung, die sich mit verschiedenen Lebens- und Arbeitsbereichen des samischen Alltags befasst.

Im Museum findet der Besucher neben dem Restaurant „Sarrit" auch das städtische Touristeninformationsbüro, das u. a. Auskünfte über die Wandermöglichkeiten rund um Inari und über die Erlaubnis, die für manche Touren notwendig ist, erteilt.

Inari ist ein idealer Ausgangspunkt für Kanu- oder Wildwassertouren, für Wildniswanderungen oder Bootsausflüge auf dem Inarisee. Wer sich gerne in der Natur bewegt, findet in und um

Inari vielfältige Möglichkeiten und Angebote – im Sommer wie im Winter.

Zur samischen Opferstätte auf der **Insel Ukonsaari** gelangt man während der Zeit vom 1. Juni bis 31.August täglich mit dem Schiff M/S Inari II der Lake Lines Inari.

Auf der Festlandseite, gegenüber der Insel Ukonsaari, liegt etwa 3 km landeinwärts der Pielpavuono-Bucht die **Wildmarkkirche von Pielpajärvi**, ein beliebtes Wanderziel. Die ganz aus Holz errichtete Kirche stammt aus der Mitte des 18. Jh. und war bis Ende des 19. Jh. das Gotteshaus der in der Umgebung ansässigen samischen Bevölkerung, bis Inari das urbane Zentrum der Region wurde. Heute ist die Kirche von Pielpajärvi eine überaus beliebte Hochzeitskirche. Gottesdienste finden gewöhnlich nur noch zu Ostern und zum Johannisfest an Mittsommer statt.

Man erreicht die nordöstlich von Inari gelegene Kirche entweder mit Booten oder auf dem 7 km langen Wanderweg Kansanopisto.

Abstecher zum Lemmenjoki

ROUTE: *Straße 955 nach Südwesten, rund 37 km, zunächst bis* **Me-**

PRAKTISCHE HINWEISE – INARI

Inari Info im Siida Museum, Inarintie 46, 99870 Inari, Tel. 040 16 89 668, www.inarilapland.org; *geöffnet 1. Juni - 31. Aug. tgl. 9 - 19 Uhr, übrige Zeit Mo - Fr 10 - 17 Uhr.*

RESTAURANT

Ravintola Sarrit, Inarintie 46, Tel. 016 66 16 62, www.siida.fi/contents/restaurnt/; freundliches Lokal im Siida Museum. Sein Lunchbuffet, das täglich von 11 – 15 Uhr serviert wird, ist über Inari hinaus beliebt. Geöffnet ist das Sarrit während der Öffnungszeiten des Museums Juni – Mitte Sept. tgl. 9 – 20 Uhr, sonst tgl. a. Mo 10 – 17 Uhr.

HOTELS

Hotel Inari, 25 Zi., Inarintie 40, Tel. 016 67 10 26, www.hotelliinari.fi; Mittelklassehotel mit gemütlichem Ambiente, die Restaurantküche bietet neben internationalen Gerichten auch lappländische Spezialitäten vom Rentier, Maräne aus dem Inarisee und Moltebeeren aus dem Wald an. Parkplatz. Im Sommer werden Ein- und Zweitages-Angelausflüge angeboten.

Inarin Kultahovi, 29 Zi., Saarikoskentie 2, Tel. 016 51 17 100, www.hotelkultahovi.fi; direkt am Wildwasserfluss Juutua bietet „die authentische Stimmung der arktischen Region", so der Hotelprospekt. Das Restaurant Aanaar hält Spezialitäten vom Rentier und Fischen bereit. Garage.

CAMPING

Camping Lomakylä Inari [WP 133 / N 68° 54' 07.8" E 27° 02' 11.2"], Inarintie 26, Tel. 016 67 11 08, www.saariselka.fi, www.lomakyla-inari.fi; 15. Mai – 30. Sept.; am südl. Ortsrand zwischen Straße 4/E75 und See; schräge Wiesen am See mit befestigten Stellplätzen, ca. 2 ha – 50 Stpl.; gute Standard-Sanitärausstattung; Kiosk, Sauna, Waschmaschine mit Trockner, WLAN, Bootsslipanlage mit Bootssteg, Bootsverleih. 39 Miethütten.

V & E für Wohnmobile.

Camping Uruniemi [N 68° 54' 04.2" E 27° 04' 08.4"], Uruniementie 7, Tel. 050 37 18 826, www.uruniemi.com; 1. Juni – 20. Sept.; ca. 2 km südl. Inari, leicht geneigte Wiese am See unterhalb der Straße 4/E75; ca. 4 ha – 55 Stpl.; Standard-Sanitärausstattung; Cafeteria, Sauna; 10 Miethütten. Boots-, Kanu- und Fahrradverleih.

Rentiere – häufige Begleiter am Wegesrand im hohen Norden

nesjärvi. *Bereits ca. 6 km nach Inari passiert man einen Parkplatz an einem schönen, stillen See in herrlicher Lage, der von finnischen Wohnmobilfahrern gerne als Übernachtungsplatz genutzt wird, allerdings ohne Einrichtungen.*

Kurz nach Menesjärvi zweigt man westwärts nach Lemmenjoki im **Nationalpark Lemmenjoen / Lemmenjoen kansallispuisto** ab. Nach weiteren 10 km erreicht man schließlich **Lemmenjoki**. An dieser Straße liegt der kleine Campingplatz Valkeaporo (Beschreibung siehe weiter unten).

Der 70 km lange Fluss Lemmenjoki ist quasi der Nerv im Lemmenjoki Nationalpark, dem größten seiner Art in Finnland. Im Nationalpark, in dem auch das samische Dorf Lisma und die Rentierfarm Kaapin Jouni aus dem 19. Jh. liegen, bietet sich eine Vielzahl an Outdoormöglichkeiten. Auch hier spielt der Fluss eine wichtige Rolle, entweder als Freizeit- und Wassersportobjekt, als Angelgewässer oder schlicht als Transportweg.

Und nach wie vor wird an abgelegenen Teilen des Lemmenjoki und an seinen Nebenarmen ernsthaft nach Gold geschürft. Zentrum ist das Dorf Lemmenjoki.

Die Straße nach **Lemmenjoki** endet am **Feriendorf Ahkun Tupa/Lemmenjoen Lomamajat** am Fluss Lemmenjoki. Es gibt Miethütten und ein Café-Restaurant, Lemmenjoentie 1030, Tel. 016 67 34 35, www.ahkuntupa.fi.

Der Weg nach Lemmenjoki ist vor allem für Kanufahrer und Wildniswanderer ein beliebter Abstecher von Inari aus. Von der Flussstation verkehren von Mitte Juni bis Mitte September täglich zweimal Boote zu den Stromschnellen von Ravadasköngäs und nach Kultalan Hamina im Goldgebiet am Lemmenjoki. 1946 wurde am Lemmenjoki tatsächlich etwas Gold gefunden und kurzzeitig entwickelte sich so etwas wie ein Miniaturgoldrausch.

Die Anlegestellen am Wasserfall **Ravadasköngäs** und am **Kultalan Hamina** sind Ausgangspunkte für **Wildniswanderungen** auf markierten Pfaden im Nationalpark Lemmenjoen. Einer der markierten Trails führt auf den 535 m hohen Joenkielinen. Es gelten – wie in allen finnischen Nationalparks

– gewisse Verhaltensvorschriften bzgl. Campieren, Feuerstellen, Fischen etc.

Mein Tipp! Als gute Wanderzeit wird die zweite Hälfte des Monats September angesehen. Schon Ende August beginnt im hohen Norden der Herbst. Erste Nachtfröste stellen sich ein. Die lästigen Mücken verschwinden dann und das Laub färbt sich prächtig. Kenner schätzen diese Ruska-Zeit von Ende August bis Ende September als ausgezeichnete Wanderzeit. Außerdem führen Bäche und Flüsse dann in aller Regel am wenigsten Wasser und lassen sich zu Fuß leichter überqueren. Ist man in den Monaten Juli und August unterwegs, unbedingt ein wirksames Mittel gegen Stechmücken (Spray, Stift) mitnehmen!

HOTEL – MENESJÄRVI

Hotel Korpikartano, 24 Zi., Meneskartanontie 71, Tel. 040 45 60 457, www.menesjarvi.fi; das Landhotel Korpi (Korpikartano) liegt in schöner Lage am See Menesjärvi ca. 35 km südwestlich von Inari an der Straße 955 Richtung Kittilä. Restaurant und Bar, Rauchsauna. Im Sommer Ausflüge zum Lemmenjoki, zum Goldwaschen und Besuch einer Rentierfarm, Grill- und Saunahütte am See.

CAMPING – LEMMENJOKI

Valkeaporo Camping Lemmenjoki [WP 135 / N 68° 43' 44.5" E 26° 21' 25.2"], Lemmenjoentie 134, Tel. 0400 39 46 82, www.valkeaporo.fi; 1. Juni – 30. Sept.; ca. 35 km südwestlich von Inari an der Straße 955 nach Lemmenjoki gelegen. Kleine, überschaubare Campingwiese, hübsch zwischen Wald und See gelegen, eben, schattenlos; einfache, aber zeitgemäße Sanitärausstattung, Sauna; Miethütten. Die Platzleitung bietet Bootsausflüge zu den Ravadafällen des Lemmenjoki, sowie Touren zu Goldwaschclaims und Kanutouren an.

Am Lemmenjoki

Nordlicht

Polarlicht oder **Nordlicht** (aurora borealis) sind Erscheinungen am nächtlichen Himmel in polaren Zonen, die der Wissenschaft lange Zeit Rätsel aufgaben.

Wenn sich in den langen Winternächten der Himmel streifenweise hellgrün färbte, oder wenn stundenlang ein in bläulichem Licht erstrahlender, übernatürlicher Vorhang vom Himmel zu hängen schien, wurden Märchen und Sagen der Tundrabewohner, der Sami oder Eskimos, lebendig.

Böse Geister sollen auf der Suche nach armen Seelen sein, Verstorbenen wird angeblich mit dem Nordlicht ins ewige Leben geleuchtet und die Richtigkeit von Vorhersagen wird heute noch von so manchem an die Erscheinung dieses überwältigenden Naturschauspiels geknüpft.

Nordlicht - Foto: Visit Finland Media Bank

Später versuchte man dem Phänomen mit wissenschaftlicher Logik auf die Spur zu kommen. Da die Astrophysik aber noch in den Kinderschuhen steckte, muten auch die ersten Deutungsversuche noch etwas unbeholfen an.

Ein gewisser Herr Hells war zum Beispiel der festen Überzeugung, das ganze Phänomen sei „ein optischer Meteor, welcher aus der Zurückwerfung des Sonnenlichtes von platten Eisteilchen" erklärbar sei.

Die Hypothese eines Herrn Mairan Anfang des 18. Jahrhunderts war, dass Polarlicht eine „Folge der in den Luftkreis eintretenden Sonnenatmosphäre" sei. Und der britische Nordpolforscher Sir John Franklin (1786 – 1847), kam der Sache ebenfalls schon recht nahe. Er bezeichnete das Nordlicht als „elektrisches Gleichgewicht zwischen der Polarluft und derjenigen, der gemäßigten Erdstriche" und brachte somit Nordlicht als erster in Verbindung mit atmosphärischer Elektrizität.

Von der Sonne werden ständig durch gewaltige Ausbrüche elektrisch geladene Teilchen ins All geschleudert. Und nicht selten sind diese Sonnenwinde so enorm, dass sie bis an das Kraftfeld der Erde heranreichen. Durch das Magnetfeld der Erde können sie aber nicht in die Erdatmosphäre eindringen. Nur an den Polen, Polarlicht ist ja im nördlichen Polargebiet ebenso zu sehen, wie im südlichen, ist es möglich, dass diese elektrisch aufgeladenen Teilchen auf die Atmosphäre treffen.

Drei Dinge sind also nötig, um das faszinierende Phänomen des Nordlichts entstehen zu lassen: Elektrisch geladene Teilchen der Sonnenwinde, Magnetfeld und Luftmoleküle (Stickstoff und Sauerstoff).

Wissenschaftlich erklärt ist heute die Erscheinung Nordlicht. Aber das schmälert nicht im geringsten die geheimnisvolle Stimmung angesichts der blassblau oder hellgrün über dem dämmrigen Nachthimmel der Polarzonen wallenden Geistervorhänge.

12. INARI - MUONIO

Länge der Tour: Hauptroute rund 405 km.

Hauptroute: Straße 4/E75 bis nördlich von **Kaamanen** – Straße 92 bis **Karasjok (N)** – (evtl. Abstecher zum Nordkap) – Straße 92 von Karasjok bis **Stuoranjargga (N)** – Straße 93 über **Kautokeino (N)** und **Enontekiö (FIN)** bis **Polajoensuu** – Straße 21/E8 bis **Muonio**.

Abstecher zum Nordkap: Straße E6 von **Karasjok (N)** über **Lakselv** bis **Olderfjord** – Straße E69 über **Honningsvåg** zum **Nordkap** (rund 270 km einfach, mindestens zwei Tage zusätzlich).

Alternativroute: Straße 955 über **Lemmenjoki** und **Pokka** bis **Köngäs** (53 km unbefestigt) – Straße 956 bis **Sirkka** – Straße 79 bis **Muonio** (rund 255 km).

Reisedauer: Mindestens ein Tag (Hauptroute).

Höhepunkte: Das **Sápmi Museum und Kulturzentrum** in Karasjok – **Abstecher zum Nordkap** *** – Wandern am **Pallastunturi** ** bei Muonio.

HAUPTROUTE

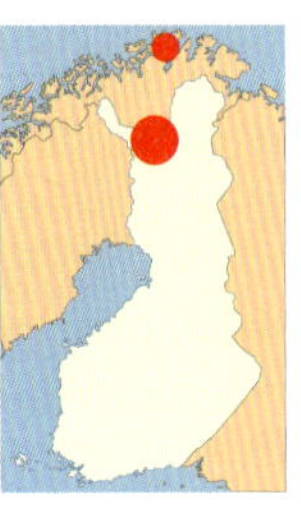

ROUTE: *Weiterreise von Inari auf der Straße 4/E75 nordwärts bis 8 km nördlich von* **Kaamanen/Gámas**. *Dort westwärts ab auf die Straße 92 und über Karigasniemi/Gáregasnjárga an der finnisch-norwegischen Grenze nach* **Karasjok** *in Norwegen.*

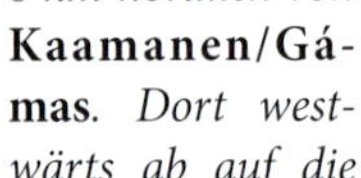

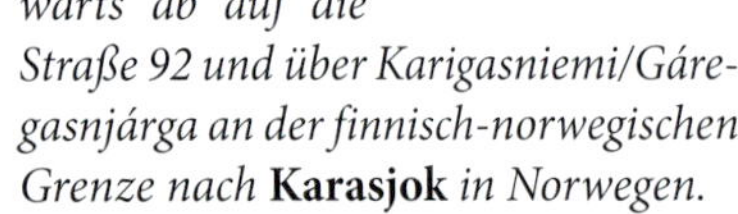

CAMPING - KAAMANEN

Camping Jokitörma [WP 136 / N 69° 05' 28.0" E 27° 11' 08.4"], Kaamasentie 2709, Tel. 016 67 27 25, www.jokitorma.net; 1. Juni – 15. Sept.; 27 km nördlich von Inari an der Straße 4/E75 gelegen, Wiesengelände am Kaamasjoki 1,5 ha – 50 Stpl.; Mindestausstattung. Bootsverleih. Miethütten.

Karasjok/Kárášjohka mit knapp 2.900 Einwohnern, von denen viele zu den heute noch etwa 100 nomadisierenden Samifamilien zählen, ist kulturelles und gesellschaftliches Zentrum im norwegischen Teil des Samilandes.

Dokumentiert wird der Anspruch Karasjoks „Hauptstadt der Samen" zu sein u. a. mit dem neuen **Sameting**, dem Parlament der norwegischen Sami. Es gilt als architektonisches Monument des ersten Ureinwohner-Parlaments der Welt.

Typisches Merkmal der Trachten der Karasjok-Sami ist übrigens die sternförmige bunte Mütze.

Karasjok als Kulturzentrum der in der Finnmark lebenden Sami gewährt mit diversen Ausstellungen und Museen Einblick in die interessante Samenkultur und in die Lebensweise dieses Nomadenvolkes. Dazu zählt die **„Samiske Samlinger – Samische Sammlung" (Riddo Duottar Museat)**, Mari Boine geaidnu 17 *(geöffnet 1. März - 31. Okt. tgl. 9 - 18 Uhr; www.rdm.no)*. Die Ausstellungen befassen sind mit der Kultur- und Kunstgeschichte des Samivolkes. Interessant auch die angeschlossene Freilichtabteilung und Sami-Siedlung.

Eine zentrale, besuchenswerte Informationsstelle ist **Sápmi [WP 137 / N 69° 28' 25.1" E 25° 30' 24.0"]**, der Kultur- und Themenpark „Land der Samen", Porsangerveien 1 *(geöffnet 4. Juni - 12. Aug. tgl. 9 - 19 Uhr, Frühsommer und Herbst tgl. bis 16 Uhr. Winter Mo - Fr 9 - 16 Uhr; www.sapmi.no)*. Hier findet man neben einem großen Parkplatz nicht nur das Büro der **Touristeninformation**, einen Souvenirladen und eine Cafeteria, sondern auch Ausstellungen zu nahezu allen Bereichen des samischen Alltags. Darüber hinaus bieten ein ethnischer Themenpark, ein **Freilichtmuseum**, das nahezu alle Aspekte der samischen Kultur und Geschichte anschaulich präsentiert, sowie eine **Videopräsentation** Einblick in die Welt der Samen. Außerdem werden hier samische Aktivitäten veranstaltet.

PRAKTISCHE HINWEISE – KARASJOK/KÁRÁŠJOHKA

Tourist Information Sápmi, Porsangerveien 1, im Sápmi Kulturpark, 9730 Kárášjohka/Karasjok, Tel. 78 46 88 00. *Geöffnet 4. Juni - 12. Aug. tgl. 9 - 19 Uhr, Frühsommer und Herbst tgl. bis 16 Uhr. Winter Mo - Fr 9 - 16 Uhr; www.sapmi.no.*

RESTAURANT

Storgammen Restaurant, Leavnnjageaidnu 3, Tel. 78 46 88 60; das aus Holz und Torf erbaute Gebäude ist einer Samijurte nachempfunden. Auf Rentierfellen ums offene Feuer sitzend kann man hier samische Spezialitäten genießen. Das Restaurant gehört zum Rica Hotel Karasjok und ist nur von 11. Juni – 17. Aug. 11 – 23 Uhr oder nach Vereinbarung geöffnet.

HOTEL

Rica Hotel Karasjok, 66 Zi., an der E6 Porsangerveien/Leavnnjageaidnu 1, Tel. 78 46 88 60; www.rica.no/hotelkarasjok; gutes Mittelklassehotel neben dem Themenpark Sápmi gelegen; 2 Restaurants, eines davon ist das im samischen Stil eingerichtete „Storgammen-Restaurant" (siehe oben). 2 Bars, Nachtclub, Sauna, Fitnesscenter, Parkplatz.

CAMPING

Camping Karasjok [WP 138 / N 69°28' 07.3" E 25° 29' 05.8"], Kautokeinoveien, Tel. 78 46 61 35, www.karacamp.no; 1. Jan. – 31. Dez.; von der Straße E6 auf die R92 Richtung Kautokeino, noch ca. 1 km; von Wald begrenzte Wiesenstreifen, ca. 3 ha – 50 Stpl.; Standardausstattung; Sauna, Waschmaschine mit Trockner, WLAN; Fahrradverleih. 22 Miethütten.

Ebenfalls zum Themenpark Sápmi gehört **Storgammen**, „Die große Hütte“, ein einem großen Erdhaus nachempfundenes Restaurant mit typisch lappländischem Ambiente. Die Gäste sitzen hier auf mit Rentierfell belegten Bänken um eine zentrale Feuerstelle.

Wer den nachstehend beschriebenen **Abstecher zum Nordkap** nicht unternehmen will, bitte weiter mit **„Hauptroute“** weiter hinten.

Das **Nordkap**, ersehntes Ziel vieler Nordlandreisender, ist von Karasjok nur noch etwa 270 km entfernt. Und seit Mitte 2012 sind auch die teuren Mautgebühren für das Seetunnel zur Nordkapinsel entfallen. Wer also zwei, besser drei Urlaubstage (und eine lange Nacht auf dem Nordkapplateau) in seiner Reiseplanung erübrigen kann, sollte nicht lange überlegen und den Abstecher unternehmen.

Sami – „Nomaden des Nordens“

Die Bevölkerungsgruppe der Sami (Lappen) nennt sich in ihrer eigenen Sprache *sábme*, mit dialektbezogenen Abweichungen wie *sápmelaš* auf Finnisch-Samisch. Die Bezeichnung *Lappe* empfinden sie als mit einem negativen Beiklang belastet, wie das Schwedische Institut berichtet. In Schweden haben die Sami durchgesetzt, dass das Wort *same* (plur. *samer*) verwendet wird, was breite Schichten der Sami auch in den anderen skandinavischen Ländern akzeptieren. Die deutsche Abwandlung dieses Wortes ist *Sami* (singular und plural). In diesem Reiseführer ist also nicht mehr von Lappen, sondern von Sami die Rede.

Bis auf den heutigen Tag ist nicht eindeutig nachgewiesen, von woher die Sami einst in den skandinavischen Raum einwanderten. Vielfach wird angenommen, dass sie vor Jahrtausenden aus dem Gebiet des Urals oder der Wolga kamen. Diese Überlegung basiert auf der Tatsache, dass Samische Dialekte deutlich finnisch-ugrischen Ursprungs sind. Sicher ist, dass schon vor rund 10.000 Jahren Stämme samischer Völker im skandinavischen Raum gesiedelt haben, wie archäologische Funde beweisen. Noch vor etwa 2.000 Jahren war das gesamte Gebiet des heutigen Finnland von Sami besiedelt. Andere Sami-Völker wohnten an den Küsten des Atlantiks im heutigen Norwegen, auf der Kola Halbinsel Russlands und an den Küsten des Bottnischen Meerbusens.

Heute leben über 75.000 Sami in einem Gebiet, das von der Finnmark in Norwegen, über Schwedisch- und Finnisch Lappland bis auf die Kola Halbinsel, dem nordwestlichen Teil Russlands, reicht. Die meisten Sami leben in Norwegen. Die kleinste Samigruppe ist in Russland zu Hause.

Ganz unterschiedlich in den nordischen Ländern ist übrigens die Definition, wer als Sami gilt und wer nicht. Das finnische Sami-Parlament, das im Länderparlament eine beratende Funktion hat, definiert das so: Jeder der sich für einen Sami hält und dessen Muttersprache Samisch ist, oder mindestens einer der Eltern oder Großeltern Samisch als Muttersprache hatte, gilt als Sami. Und wie einer Veröffentlichung des Samenparlaments in Inari zu entnehmen ist, können Sami in ihren Gemeinden Behördenangelegenheiten zwar auf Samisch abwickeln, eine besondere Stellung der traditionellen Gewerbe der samischen Bevölkerung sieht das finnische Gesetz aber nicht vor. Anders in Norwegen und Schweden. Dort steht den Samen ein besonderes Recht auf Rentierzucht und deren Nebengewerbe gesetzlich zu.

Zwischen 1551 und 1808 stand das finnische Gebiet der Sami unter der Herrschaft der schwedischen Krone. Der offizielle Titel des Schwedenkönigs hatte damals den Zusatz „König der Lappen von Norrland“.

Der Lebensraum der Sami (auf Finnisch-Samisch „Sápmi") reichte früher viel weiter nach Süden. In den waldreichen Gegenden fanden sie ihr Auskommen als Jäger und Pelzhändler. Mit der Zeit drangen aber Siedler aus dem Süden immer weiter nach Norden vor und der von Hause aus friedliebende Sami zog sich immer weiter nach Norden zurück. In den Tundren, die für eine Urbarmachung durch die Landnehmer aus dem Süden wenig taugten, fanden die Sami eine neue Heimat. Die arktischen Breiten aber waren nicht so reich an Pelztieren. Man machte sich das Ren zur Lebensgrundlage. Viele der Sami wurden so gezwungenermaßen Nomaden, denn das Ren war nicht zu domestizieren oder „sesshaft" zu machen. Andere Stämme zogen weiter an die Küste oder ließen sich an den fischreichen Flüssen nieder und wurden Fischer.

Seit etwa der Mitte des 20. Jahrhunderts folgen immer weniger Sami dem Zug des Rens. Dienten die Tiere, die früher nur in kleinen Herden gehalten wurden, einst als Zug- und Lasttiere, als Lieferanten für Milch, Fleisch, Fell, Knochen, Sehnen etc. (alles, was nicht verzehrt werden konnte, wurde zu Gebrauchsgegenständen weiterverarbeitet), werden sie heute fast ausschließlich zur Fleischgewinnung gehalten.

Die Methoden der Zucht und die Überwachung der Herden wurden modernisiert, Hubschrauber, Sprechfunk, Geländewagen und Snowscooter sind im Einsatz. Die meisten Rentierzüchter haben sich zu genossenschaftsähnlichen „Sami-Dörfern" *(cearru)* zusammengeschlossen, in denen die verwaltungstechnischen und wirtschaftlichen Belange der Zucht und der Vermarktung der Produkte gesteuert werden. Heute ziehen schätzungsweise noch 750.000 Tiere durch das nordskandinavische Gebiet.

Stark in Mitleidenschaft gezogen wurde die Rentierzucht im Frühjahr 1986 durch die Folgen der Reaktorkatastrophe in Tschernobyl. Durch hohe Cäsiumwerte im Rentierfleisch hatte dieser kleine Wirtschaftszweig über Jahre einen nicht abschätzbaren Schaden erlitten.

Im Winter, zur Zeit der Rentierscheide, wenn schlachtreife, aber auch kranke und alte Tiere ausgesondert werden und Jungtieren das Zeichen des Besitzers in die Ohren oder das Fell geschnitten wird, wählte man früher gerne Kirchdörfer wie Sodankylä in Finnland zum Beispiel, Karasjok in der Finnmark oder Jokkmokk in Schweden als Standquartier. Es waren Orte, wo Sami mit anderen Zivilisationen in Berührung kamen und mit ihnen Handel trieben.

Rentierzug in Lappland

Die Sprache der Sami gliedert sich in drei Grunddialekte – Ost-Samisch, Zentral-Samisch und Süd-Samisch – und annähernd fünfzig Unterdialekte, zwischen denen aber nicht selten größere Unterschiede bestehen, als zwischen der deutschen und der norwegischen Sprache zum Beispiel. Und ein Sami vom nördlichen Eismeer würde wahrscheinlich einen Sami aus Mittelschweden kaum verstehen, bedienten sie sich nicht der Landes- und Amtssprache.

Die Sprache der Sami ist eine Sprache mit einem überaus reichen Vokabular. Sehr zahlreich sind die Bedeutungen für Dinge der Natur. So gibt es überaus präzise Beschreibungen für Landschaften, Gewässer, den Schnee oder für Tiere. Alleine für den Begriff Rentier soll es so zahl- und variantenreiche Bezeichnungen z. B. für das Fell, das Geschlecht, das Geweih, das Alter u.s.w. geben, dass es mit diesen Begriffen ohne weiteres gelingt, aus einer tausendköpfigen Herde ein Tier so präzise und eindeutig zu beschreiben, dass es jeder Kundige auch aus der größten Herde problemlos herausfindet.

Sami bei Altafjord, Norwegen

Bis in jüngste Zeit war der Gebrauch ihrer Dialekte unter der samischen Bevölkerung stark im Abnehmen begriffen. Heute hat man allerdings – unter den Sami selbst wie auch in Regierungskreisen der skandinavischen Länder – längst erkannt, dass die samische Sprache ein unabdingbares Kulturgut ist, das es zu erhalten und zu fördern gilt.

Wie bei vielen nomadisierenden Völkern haben sich Schrift und Literatur kaum entwickelt. Viel größere Bedeutung kam der Überlieferung in Erzählungen oder Liedern zu. In der Tradition der Sami hat hier das *Joiken*, eine Art erzählender Sprechgesang, sehr große Bedeutung. Beim Joiken werden Geschichten erzählt, Personen und Ereignisse geschildert oder Landschaften beschrieben.

Zu den wenigen Werken der Literatur werden die 1910 erstmals erschienene Erzählung *„Mui'talus Samiid birra"* von Johan Turi und die 1969 erschienene Erzählung *„Anta"* von Andreas Labbas, mit Geschichten von der ursprünglichen Lebensweise der Sami gerechnet.

In Finnland ist die Existenz der Samikultur seit 1996 im Grundgesetz verbrieft. Vertreter des Samiparlaments haben einen Sitz im finnischen Parlament. Und seit geraumer Zeit gibt es auch in Finnland samischsprachige Nachrichtensendungen im Fernsehen und samischsprachige Zeitschriften wie „Sápmelaš" und „Anarâš". Und schon seit 1906 haben die Samen ihre Nationalhymne, das von Isak Saba geschriebene „Lied der Sami" und seit 1986 auch ihre eigene Flagge mit den Grundfarben samischer Trachten Blau, Rot und Gelb, sowie dem markanten farbigen Kreis, der Sonne und Mond symbolisiert und ein Hinweis darauf sein soll, dass sich frühere Samigenerationen traditionell für „Töchter und Söhne der Sonne" gehalten haben. Samischer Nationalfeiertag ist der 6. Februar (Quelle: „Veröffentlichung des Saamischen Parlaments Inari von 2006").

ABSTECHER: VON KARASJOK ZUM NORDKAP

ROUTE: *Von Karasjok auf der Straße E6 nordwärts über* **Skoganvarre, Lakselv, Stabbursnes** *und* **Indre Billefjord** *nach* **Olderfjord** *(140 km).*

Wenige Kilometer südlich von Stabbursnes passiert man einen schön am Vesterbotn gelegenen **Rast- und Picknickplatz**, Picknicktische, Toilette.

Stabbursnes ist Ausgangspunkt für Touren in den **Stabbursdalen Nasjonalpark.** Das 96 qkm große Natur- und Landschaftsschutzgebiet erstreckt sich westlich vom Porsangerfjord. Es ist ein artenreiches Eldorado der Tier-, Pflanzen- und Vogelwelt. Einige der Bäume dort sollen 500 Jahre alt sein. Im Park gibt es eine ganze Reihe markierter Wanderwege. Infos darüber im Naturhaus.

In Stabbursnes findet man das **Stabbursnes Naturhus og Museum** *(geöffnet 14. Juni - 17. Aug. tgl. 9 - 20 Uhr; übrige Zeit 11 - 18 Uhr; www.museumsnett.no/stabbursnes).* In diesem Natur- und Informationszentrum erfahren Sie alles über Fauna und Flora im Stabburdsdalen und über den nördlichsten Kiefernwald dort.

Eindrucksvolle Landschaftsbilder sieht man in den Videopräsentationen, die im Museum gezeigt werden. Interessant ist der Film „Skábma - Gedanken über acht Jahreszeiten“, der die samischen Jahreszeiten im hohen Norden schildert. Man erhält Auskunft über Wanderwege und Touren im Nationalpark.

Östlich von **Indre Billefjord [N 70° 17‘ 06.2“ E 25° 04‘ 15.8“]** kann man zu einer Gruppe markanter weißer Dolomitfelsen im Meer, die als **„Die Trolle**

PRAKTISCHE HINWEISE – SKOGANVARRE, LAKSELV, STABBURSNES

Porsangerfjord Travel, Smørstadbrinken 1, 9700 Lakselv, Tel. 97 41 23 57, www.visitporsanger.no. *Geöffnet Anf. Juni bis Mitte Aug. Mo. - Fr. 10 - 19 Uhr, Sa. + So. 11 - 17 Uhr.*

HOTEL – LAKSELV

Lakselv Hotell, 44 Zi., Karasjokveien, E6, Tel. 78 46 54 00; www.lakselv-hotell.no; Restaurant, Sauna. Ganzjährig geöffnet.

CAMPING

Skoganvarre

Camping Skoganvarre [N 69° 50‘ 18“ E 25° 4‘ 36“], Tel. 78 46 48 46; www.skoganvarre.no; Anf. Jan. – Ende Dez.; an der E6; ebenes Wiesengelände bis an den See Øvrevatnet reichend, in schöner Finnmarklandschaft gelegen; ca. 3 ha – 40 Stpl. + 30 Dau.; Standard-Sanitärausstattung; Imbiss, Sauna, Waschmaschine mit Trockner, Bootsverleih, Bootssteg; 32 Miethütten, 12 Zimmer.

Lakselv

Camping Solstad [N 70° 03‘ 06.2“ E 25° 00‘ 30.6“], Tel. 78 46 14 04; 1. Juni – 31. Aug.; ca. 1 km östl. von Lakselv; ca. 2 ha – 150 Stpl.; einfache Standard-Sanitärausstattung; 16 Miethütten.

Stabbursnes

Camping Stabbursdalen Feriesenter [N 70° 10‘ 39.8“ E 24° 54‘ 30.3“], Tel. 78 46 47 60; www.stabbursdalen.no; 1. März – 31. Dez., an der E6, Wiese am Fluss Stabburselva hinter einigen Miethütten; ca. 3 ha – 70 Stpl. + zahlr. Dau.; einfache Sanitärausstattung; Kiosk, Imbiss, Sauna, Waschma-

schiene; **V & E für Wohnmobile.** 30 Miethütten.

im Trollholmsund" bekannt sind, abzweigen. 5 km Stichstraße dorthin.

Über sie gibt es eine hübsche samische Geschichte. Man erzählt sich, dass eines Nachts eine Schar von Trollen auf dem Weg über die Finnmarksvidda war. Sie hatten eine riesige Kiste voller Gold bei sich, die sie an der Küste weit im Norden sicher verstecken wollten. Langsam ging die Nacht zu Ende und die Trolle versuchten nun fieberhaft am Porsangerfjord ein Loch zu graben, in dem sie ihren Schatz verbergen konnten. Aber so sehr sie sich auch mühten, kein Loch war groß genug, um den Schatz aufnehmen zu können. Also wanderten sie weiter. Aber gerade als sie den Porsangerfjord überqueren wollten, ging die Sonne auf. Und alle leichtsinnigen Trolle, die sich vor den ersten Sonnenstrahlen nicht rechtzeitig versteckten, wurden zu Stein.

ROUTE: *In* **Olderfjord** *zweigt nach Nordosten die E69 zum Nordkap ab. Die Straße führt über* **Stranda** *und durch das* **Nordkaptunnel** *nach* **Honningsvåg** *und zum* **Nordkap** *(130 km).*

Die Nordkapstraße E69 folgt ab Olderfjord der Küstenlinie des Porsangerfjords und verschafft immer wieder eindrucksvolle Ausblicke auf die Eismeerküstenlandschaft. Man passiert das 2.980 m lange Skarbergtunnel.

Die **Nordkapinsel Magerøya** ist über ein **Straßen- und Tunnelsystem** (insgesamt 28,6 km), das teils unter dem Meer verläuft, zu erreichen.

Das Tunnel unter dem Magerøy-Sund zählt mit 6,87 km Länge zu einem der längsten unterseeischen Straßentunnel der Welt. An seinem tiefsten Punkt liegt der Tunnel 212 m unter dem Meeresspiegel. Die Benutzung des Straßen-/Tunnel-Systems zur Nordkapinsel Magerøya ist seit 1. Juli 2012 mautfrei!

Der wichtige Fischereihafen **Honningsvåg [N 71° 00′ 06.2" E 25° 57′ 56.2"]** (ca. 3.600 Einw.) ist der Hauptort der 437 qkm großen Insel Magerøya. Zu den bescheidenen Sehenswürdigkeiten der Hafenstadt zählt das **Nordkapmuseum - Maritim Museum** im Nordkaphuset am Fiskeriveien 4. Mit kulturhistorischen Sammlungen und Ausstellungen wird u. a. über die Fischerei und den Nordkaptourismus berichtet.

Nordkap

Das Nordkap (www.northcape.no) auf 71° 10′ 21" nördlicher Breite, liegt 34 km nördlich von Honningsvåg.

Das 307 m hohe, fast senkrecht zum Eismeer abfallende Felsplateau gilt als der nördlichste per Straße erreichbare Punkt Europas. Die Betonung liegt aber auf „per Straße erreichbar". Denn das weiter nordwestlich gelegene Kap Knivskjellodden ragt noch ein paar Kilometer weiter nach Norden.

Ab Honningsvåg führt die E69 (Wintersperre von ca. Mitte Oktober bis Ende Mai) durch eine fast außerirdisch anmutende, kahle Landschaft, ohne Strauch, ohne Baum, nur in windgeschützten Mulden mit Islandmoos, Flechten und höchstens etwas knöchelhohem Gestrüpp bewachsen.

Nach dem Anstieg ins Vestfjordfjellet (336 m) genießt man von der Stra-

CAMPING – OLDERFJORD / RUSSENES

Russenes Camping / Olderfjord Hotel [N 70° 28′ 38.9" E 25° 04′ 04.2"], Tel. 78 46 37 11; www.olderfjord.no; 1. Apr. –31. Okt.; nördlich der Straßengabelung bei Olderfjord liegt **Russenes** an der E69; Campinggelegenheit bei einer Touristenstation mit Gasthof und **Hotel**; ca. 2,5 ha – 100 Stpl. (stark von Dauercampern belegt!); Standard-Sanitärausstattung; Laden, Restaurant; **V & E für Wohnmobile**. 35 Zimmer, 14 Miethütten.

ßenkehre einen weiten Blick über den Tufjorden nach Westen.

Später taucht in der Ferne links der Straße die weiße Kugel einer Radarstation auf und wenig später hat man, nach Tausenden von Kilometern, das eigentliche Ziel und einen der Höhepunkte der Reise erreicht – das Nordkap.

An einer **Mautstation** an der Zufahrt zum Nordkap muss Eintritt bezahlt werden – 235 Kronen pro Person, was rund satten 30,- Euro entspricht! Die Gebühr

PRAKTISCHE HINWEISE – HONNINGSVÅG

Nordkapp Turist Informasjon, Nordkapp Reiseliv AS, Fiskeriveien 4D, 9750 Honningsvåg, Tel. 78 47 70 30; www.northcape.no. *Geöffnet: 15. 6. - 15. 8. Mo - Fr 8.30 - 20 Uhr, Sa + So 12 - 20 Uhr. Winterhalbjahr: Mo - Fr 9.30 – 15.30 Uhr.*

HOTELS

Rica Bryggen Hotel, 42 Zi., Vågen 1, Tel. 78 47 72 50; www.rica.no/bryggen; gutes Mittelklassehotel am Hafen. Restaurant. Geöffnet 15. 5.-1. 8.
Rica Hotel Honningsvåg, 174 Zi., Nordkappgata 4, Tel. 78 47 72 20; www.rica.no/hotelhonningsvag; gutes Mittelklassehotel am Hurtigruten-Kai. Restaurant. Ganzjährig geöffnet.

Skipsforden/Kamøyvær
Rica Hotel Nordkapp, 290 Zi.; in **Skipsfjorden**, Tel. 78 47 72 60, www.rica.no/hotelnordkapp; Restaurant. Geöffnet 1. 6. – 15. 8.

V&E

CAMPING

Camping Nordkapp [N 71° 01' 36.2" E 25° 53' 18.2"], Tel. 78 47 33 77; www.nordkappcamping.no; 1. Mai – 30. Sept.; in **Skipsfjord** an der E69 ca. 8 km nördl. Honningsvåg Richtung Nordkap (25 km); ca. 5 ha – 100 Stpl.; Standard-Sanitärausstattung; Laden, Imbiss, Waschmaschine mit Trockner; **V & E für Wohnmobile**; 16 Miethütten; 10 Zimmer.

Skarsvåg
Camping Midnattsol [N 71° 5' 34" E 25° 47' 7"], Tel. 78 47 52 13, www.midnattsolcamping.no; 1. Juni – 15. Sept., Abzweig von der Hauptstraße Richtung Skarsvåg und noch ca. 2 km; kleine, gestufte Wiese in windgeschützter Lage beim Midnatsol Hotell. **V & E für Wohnmobile**. 15 Miethütten. Zum Nordkap 13 km.
Nordkapp Caravan & Camping [N 71° 05' 43.1" E 25° 47' 26.2"], Tel. 45 22 19 42; www.nordkappcaravancamp.no; 1. Juni – 31. Aug.; ca. 1 km südwestl. von Skarsvåg; kleine, ebene, befestigte Fläche in windgeschützter Lage vor einer Handvoll Miethütten an einem See. Zum Nordkap 13 km.
Kirkeporten Camping [N 71° 06' 27.4" E 25° 48' 48.7"], Storvannsveien 2, Tel. 78 47 52 33; www.kirkeporten.no; 20. Mai – Ende Sept.; am südwestl. Ortsrand von Skarsvåg; kleine, einfache Campingmöglichkeit, teils auf ebener, geschotterter Fläche zwischen Campinghütten und einem See. 3 ha – 40 Stpl.; Standard-Sanitärausstattung; Imbiss, Kiosk, Waschmaschine mit Trockner, Internetecke. **V & E für Wohnmobile**. 10 Miethütten.

WOHNMOBIL-STELLPLATZ

Auch auf dem **Nordkapplateau** (Eintritt!) findet man eine **Campingmöglichkeiten in Form eines Stellplatzes [WP 139 / N 71° 10' 06.5" E 25° 46' 46.9"]** auf windiger Schotterfläche (ohne jegliche Einrichtung) vor der Nordkaphalle. In der Nordkaphalle gibt es Toiletten, Cafeteria, Restaurant.

schließt Parkerlaubnis für 48 Stunden Aufenthalt, Eintritt zur Nordkaphalle und zum Videokino ein.

Campen ist auf dem großen, steinigen, dem Wind ausgesetzten **Parkplatz [WP 139 / N 71° 10' 06.5" E 25° 46' 46.9"]** bei der Nordkaphalle gestattet (keine Wasser- oder Stromanschlüsse, Sanitäranlagen in der Nordkaphalle).

Wildes Campen ist zwischenzeitlich auf der ganzen Nordkapinsel verboten!

Der englische Seefahrer Richard Chancellor, 1553 mit seinem Segler „Edward Bonaventura" auf der Suche nach einem nördlichen Seeweg nach China, nannte das bis dahin namenlose Kap „North Cape".

Als erster „Tourist" wird 1664 der italienische Pfarrer Francesco Negri verzeichnet.

Das Nordkap

Etwa ab dem Ende des 18. Jh. wurde in wohlbetuchten Gesellschaftskreisen eine Seereise ins Nordmeer mit Besuch des Nordkaps ein beliebter Ausflug mit „Expeditionscharakter". Die Damen und Herren mussten damals allerdings von der Anlegestelle in der Hornvika-Bucht, östlich des Kaps, einen beschwerlichen Aufstieg zum Plateau auf sich nehmen.

Zu sehen gibt es auf dem völlig kahlen, steinigen Nordkap-Plateau neben Felsen, Meer und Himmel einen stählernen Globus, einen kleinen Obelisken zum Gedenken an König Oskar II., der das Nordkap 1873 besuchte, sowie eine Marmorbüste des Herzogs von Orleans, Louis Phillipe. Der spätere „Bürgerkönig" (1830 – 1848) besuchte das Nordkap 1795, während die Grande Nation von den Wirren der Revolution erschüttert wurde.

Und neben der Nordkaphalle sieht man die 1989 geschaffenen Skulpturen „Kinder der Erde", die die grenzüberschreitende Freundschaft, Hoffnung, Freude und Zusammenarbeit symbolisieren sollen.

Die **Mitternachtssonne** ist am Nordkap vom **11. Mai** bis **31. Juli** zu erleben. Aber in den Tagen vor und nach den eben genannten Daten ist hier – sofern Wolken keinen Strich durch die Rechnung machen – ein Sonnenuntergang ein grandioses Erlebnis.

Wohlgemerkt – in der Mitternachtssonnenperiode zwischen 11. Mai und 31. Juli geht die Sonne nicht komplett unter. Sie kommt nur in die Nähe, bzw. streift die Kimm am Horizont. Zwar ergibt das effektvolle Stimmungsbilder, aber einen richtig feurigen Sonnuntergang wird man dann nicht erleben!

„Hier stehe ich endlich an der äußersten Spitze der Finnmark – ja, am Ende der Welt. Hier wo die Welt endet, nimmt auch meine Neugier ein Ende und ich kehre zufrieden nach Hause zurück, wenn Gott es will" schrieb Francesco Negri über seinen Nordkapbesuch im Jahre 1664.

Aber: Die bequemen Verkehrswege durch Norwegen bis direkt zum Nordkap führen Jahr für Jahr mehr Besucher hierher. Und ein mitternächtliches Beobachten der über die Kimm ziehenden Sommersonne genießt man – zumindest in der Hauptreisezeit – inzwischen im Bade eines babylonischen Stimmengewirrs, das von hunderten von Touristen aus aller Herren Länder stammt, die kurz vor Mitternacht mit einer wahren Busarmada angefrachtet werden.

In der Nordkaphalle stolpert man dann über lagernde Touristen, quält sich an endlosen Schlangen am Postschalter vorbei, wo der begehrte Nordkapstempel täglich auf sackweise abtransportierte Postkarten gehämmert wird, sucht oft vergeblich nach einem freien Tisch in der Cafeteria und wird durch den riesigen Souvenirsupermarkt geschoben. Romantisch ist es dann am nördlichsten Punkt Europas wahrlich nicht mehr!

Ihren Nordkapbesuch können Sie übrigens mit dem Erwerb eines „Nordkap Diploms" krönen (gibt's im Souvenirshop).

Die Nordkaphalle [N 71° 10' 12.6" E 25° 47' 08.3"] *(geöffnet 18. Mai - 17. Aug. tgl. 11 - 01 Uhr; 18. - 31 Aug. 11 - 22 Uhr; 2. Sept. - 17. Mai - 11 - 15 Uhr; www. visitnordkapp.net),* ein riesiger Touristenpavillon, ist das infrastrukturelle Zentrum am Nordkap. Heute findet der Besucher in wohlig warmer Atmosphäre u. a. das **Kompasset-Café und Restaurant**, ein **Postamt**, einen großen **Souvenirmarkt**, die sog. **Thai-Nische** (1989 zur Erinnerung an König Chulalongkorn von Siam eingerichtet, der das Nordkap 1907 besuchte), die kleine ökumenische **St. Johannes-Kapelle**, die gerne für Trauungen benutzt wird, und ein **Video-Kino** mit 225-Grad-Leinwand. Dort wird ein recht spektakulär gemachter Film über das Nordkap und seine Umgebung gezeigt. Der Besuch des Films lohnt sehr!

Durch einen tief im Nordkap-Fels verlaufenden Tunnelgang mit einigen Schaubildern in der Wand, gelangt man zur großen **Grotten Bar**. An einer Seite ist die aus dem Fels gesprengte, unterirdische Halle von einem 80 qm großen Panoramafenster (mit Terrasse) abgeschlossen, das den Blick auf das Meer bzw. die Mitternachtssonne erlaubt.

Die Grotten Bar ist bewirtschaftet. Hier können Sie, an amphitheatralisch angeordneten Bartischchen sitzend, bei einem Glas Sekt das Nordkapabenteuer ausklingen lassen.

Vom 6. Juni bis 31. Juli veranstaltet man in der Grotten Bar die „Mitternachtszeremonie".

Auf der Rückreise, die ab dem Nordkap zwangsläufig nur nach Süden führen kann, bietet sich nach 13 km Gelegenheit nach **Skarsvåg**, dem „nördlichsten Fischerdorf der Welt" und Norwegens nördlichster Gemeinde abzuzweigen. Ein nur schwer erkennbarer Fußweg führt von Skarsvåg zum Felsen **„Kirkeporten"** (Kirchenpforte), ca. 30 Minuten Gehzeit. Interessanter Blick zum Nordkap. Und zwischen 24 und 2 Uhr scheint die Mitternachtssonne durch das Felsentor.

Ein anderer Abstecher führt 13 km nördlich von Honningsvåg westwärts zum Fischereihafen **Gjesvær** (*Gjesvær Turistsenter*, Motel und Camping, 1. 6. – 15. 9.). Dort werden z. B. Hochseeangeltörns und sog. Safaris zu den vorgelagerten Vogelfelsen angeboten.

ROUTE: *Ab Honningsvåg zurück bis* **Olderfjord** *an der E6 und weiter*

Warten auf die Mitternachtssonne – Wohnmobile aus ganz Europa am Nordkap

südwärts. Auf dem Rückweg nach Finnland kann man entweder den gleichen Weg zurück bis **Karasjok** *wählen und mit der* **Hauptroute** *weiter über* **Kautokeino** *reisen. Oder man nimmt ab* **Olderfjord** *die Straße E6 bis* **Alta** *und folgt dort der Straße 93 südwärts nach* **Kautokeino**.

HAUPTROUTE

ROUTE: *Ab* **Karasjok/Káràšjohka** *auf der R92 westwärts. Nach 97 km trifft man auf die Straße 93, der wir südwestwärts zunächst bis* **Kautokeino/Guovdageaidnu** *folgen, das man nach weiteren 31 km erreicht. Auf dem nicht sonderlich abwechslungsreichen Weg über die seendurchsetzte Hochebene nach Kautokeino passiert die Straße 92 einige teils ansprechend gelegene Rast- und Picknickplätze. Allerdings taucht auf dem gesamten Weg bis Kautokeino keine Tankstelle auf!*

Kautokeino/Guovdageaidnu – der Stadtname bedeutet angeblich so viel wie „auf halber Strecke“ – hat zwar lediglich knapp 3.000 Einwohner, gilt aber wegen ihrer Gemarkungsfläche von stattlichen 9.708 qkm als größte Gemeinde in Norwegen. Etwa ein Drittel der Einwohner verdient seinen Lebensunterhalt mit der Rentierzucht (ca. 100.000 Rentiere).

Kautokeino ist u. a. ein wichtiges Ausbildungszentrum für die samische Bevölkerung. Und man ist stolz auf des Beaivváš Sámi Našunalateáhter, das Samische Nationaltheater, das einzige seiner Art im Norden, www.beaivvas.no.

Eine besondere Bedeutung für die Bewohner von Kautokeino hat das Osterfest, das hier nicht nur als religiöses Fest gefeiert, sondern von vielen Veranstaltungen und weltlichen Festen begleitet wird. Z. B. wird das Ende des langen Winters gefeiert. Und es finden ein Grand Prix der Samischen Melodie, die Weltmeisterschaft im Rentierrennen, Konzerte etc. statt.

Zu den eher bescheidenen Sehenswürdigkeiten zählt das Freilicht- und Hofmuseum **Kautokeino Bygdetun Boaranjárga** *(geöffnet 15. Juni - 15. Aug. Mo - Sa 9 - 18, So 12 - 18 Uhr, übrige Zeit wochentags bis 15 Uhr).*

ROUTE: *Weiterreise von Kautokeino/Guovdageaidnu auf der Straße 93 südwärts. Nach 43 km passiert man die norwegisch-finnische Grenze* [**N 68° 39‘ 34.4“ E 23° 19‘ 24.0“**]. *Von hier führt die Straße weiter nach* **Enontekiö** *in Finnland, das man nach weiteren 38 km erreicht.*

Enontekiö hat mit rund 8.400 qkm das größte Gemeindeterritorium im äußersten Nordwesten Finnlands. Landesweit gesehen ist Enontekiö nach Inari und Sodankylä die drittgrößte Kommune in Finnland.

In dem relativ schmalen Landschaftsarm zwischen norwegischer und schwedischer Grenze leben aber kaum mehr als 2.000 Menschen, was einer Bevölkerungsdichte von theoretisch 0,2 Personen pro Quadratkilometer entspricht. Knapp ein Viertel der Bevölkerung gehört der Volkgruppe der Sami an.

Die meisten Einwohner verdienen ihren Lebensunterhalt in der Tourismusbranche, die im Sommer und fast mehr noch im Winter – Winter ist hier fast 200 Tage im Jahr – aktiv ist und mit der Rentierzucht, die allerdings abnehmende Tendenzen aufweist.

Aus touristischer Sicht sind es vor allem die sog. naturverbundenen Outdooraktivitäten wie Wildniswandern, Kanufahren oder Fischen (vor allem Forelle und Lachs) und im Winter Langlauf, Ski- und Schneeschuhwandern, Hunde- und Motorschlittenfahren, zu denen gute Voraussetzungen bestehen und vielfältige Angebote gemacht werden.

Die **Mitternachtssonne** kann man hier zwischen dem **24. Mai** und dem **20. Juli** erleben. Die dunkle Zeit Kaamos mit dem Höhepunkt der **Polarnacht** herrscht vom **27. Oktober** bis **15. Januar**.

Südlich der eigentlichen Gemeinde Enontekiö, die am schmalen See Ounasjärvi und an der Einmündung der Straße 956 aus Osten in die Straße 93 liegt, erstreckt sich der **Nationalpark Pallas-Yllästunturin kansallispuisto**, der sich aus den Naturschutzgebieten Pallas-Ounastunturi und Ylläs-Aakenur zusammensetzt. Die über 1.000 qkm umfassende imposante Bergregion, Finnlands drittgrößter Nationalpark, umfasst mehrere Höhen über 700 m. Höchste Erhebung ist der 807 m hohe Pallastunturi, der mit Fahrzeugen von Muonio aus erreichbar ist.

Ab Enontekiö-Hetta führt ein 55 km langer Wanderweg zum Pallastunturi. Entlang des Weges findet man Rast-, Feuer- und Zeltplätze ebenso wie Übernachtungshütten.

Detaillierte Informationen über den Nationalpark Pallas-Yllästunturin kansallispuisto hält das **Skierri Fell Lapland Nature Centre** in Enontekiö-Hetta bereit, Peuratie 15, 99400 Enontekiö, Tel. 04 00 55 62 15, u. a. Ausstellungen, AV-Präsentationen *(geöffnet Mo - Fr 9 - 16 Uhr; www.tosilappi.fi)*.

PRAKTISCHE HINWEISE – KAUTOKEINO/GUOVDAGEAIDNU

Touristeninformation, 9520 Kautokeino/Guovdageaidnu, Tel. 78 48 65 00, www.kautokeino.no; *geöffnet 15. Juni - 30. Juni tgl. 9 - 16 Uhr, 1. Juli - 15. Aug. tgl. 9 - 18 Uhr.*

HOTEL

Kautokeino Villmarksenter, 17 Zi. + 8 Miethütten, Hannoluojka 2, Tel. 78 48 76 02, Restaurant, Sauna, Bootsverleih.

CAMPING/MOTEL

Arctic Motell & Camping [WP 140 / N 68° 59′ 53.1″ E 23° 02′ 08.0″], Suomaluodda 16, Tel. 78 48 54 00; www.kauto.no; 1. Jan. – 31. Dez.; an der Durchgangsstraße 93 Richtung Enontekiö, kleinere Campingmöglichkeit bei einer Hüttenanlage mit 25 Miethütten und Sauna.

PRAKTISCHE HINWEISE – ENONTEKIÖ

Tourist Information, Ounastie 165, 99400 Enontekiö, Tel. 04 04 87 69 80; www.enontekio.fi.

HOTELS

Lapland Hotel Hetta, 66 Zi., Ounastie 281, Enontekiö-Hetta, Tel. 01 63 23 70, www.laplandhotels.com; komfortables Haus nahe dem Nordufer des Sees Ounasjärvi, Schwimmbad, Sauna. Restaurant. Organisation von Freizeitaktivitäten

Hotel Hetan Majatalo, 34 Zi., Riekontie 8, Enontekiö-Hetta, Tel. 01 65 54 04 00; www.hetan-majatalo.fi; alteingesessenes, gemütliches, familiär geführtes Haus ganz in der Nähe des Sees Ounasjärvi gelegen, einfachere, preiswertere Zimmer im separaten Gästehaus. WLAN, Fitnessstudio, Sauna, Restaurant, auch lappländische Küche. Kamin-Lounge, Souvenirshop. Organisation von Freizeitaktivitäten.

CAMPING – PALOJÄRVI BEI ENONTEKIÖ

Camping Galdotieva [WP 141 / N 68° 34' 15.8" E 23° 20' 05.8"], Palojärvi, Tel. 016 52 86 30, www.harriniva.fi; 19 km nördlich von Enontekiö an der Straße 93 bei der Neste-Tankstelle. In einem zu einem See hin geneigten Birkenwäldchen; einfache Standard-Sanitärausstattung. Restaurant, Sauna, Miethütten. Hotel.

Muonio mit kaum zweieinhalbtausend Einwohnern ist eine kleine Gemeinde an der Hauptverkehrsader E8 nach Norwegen und am Grenzfluss zu Schweden, dem Muonionjoki. Nach Muonio ist übrigens ein Asteroid benannt, den ein finnischer Astronom, der vermutlich aus Muonio stammte, 1938 in Turku im All entdeckte.

Darüber, dass um Muonio große Auto- und Reifenfirmen vor allem im Winter gerne ihre Produkte testen, wird gerne das Mäntelchen des Schweigens gehängt. Man will sich verständlicherweise nur ungerne in die Karten schauen lassen. Aber ausgebuffte Erlkönigjäger wissen natürlich Bescheid. Und seit geraumer Zeit sollen diverse Automobilunternehmen ihrer betuchten Klientel exklusives Fahrtraining auf den winterlichen Teststrecken anbieten.

Von wirtschaftlicher Bedeutung für den Ort ist der unweit östlich gelegene Nationalpark **Pallas-Yllästunturin kansallispuisto** und dort der 807 m hohe **Pallastunturi**. Oben auf dem Pallastunturi findet man neben Parkmöglichkeiten und Startpunkten zu ausgedehnten Wanderungen auch ein **Besucherzentrum**Pallastunturintie 557, Tel. 02 05 64 79 30), das auch mit dem Auto erreichbar ist. Man verlässt Muonio ostwärts auf der Straße 79. Nach 12 km kommt man nach **Serkijärvi**. Dort zweigt man nordostwärts ab auf die Straße 957. 14 km weiter kommt man zur nordwärts abzweigenden Zufahrtsstraße hinauf auf den Pallastunturi und zum Besucherzentrum, das man nach 6 km erreicht.

Im Besucherzentrum kann man sich mittels Ausstellungen, Filmen und Multimediapräsentationen über die geologischen Gegebenheit der Region sowie über Flora und Fauna im Nationalpark informieren (dankenswerterweise auch in deutscher Sprache!). Das Besucherzentrum und seine Einrichtungen sind auch für Rollstuhlfahrer zugänglich.

Ganz in der Nähe des Besucherzentrums liegen das **Pallas Hotel** (63 Zimmer, mittlere Preislage) mit Café und Restaurant und eine einen knappen Kilometer entfernte **Campinggelegenheit**.

HOTELS – MUONIO

Harriniva Hotel, 64 Nichtraucher-Zimmer und 28 Blockhütten, Jarrinivantie 35, 99300 Muonio, Tel. 04 00 15 51 00; rustikales Ferienhotel am Grenzfluss Muonionjoki gelegen, einige Zimmer mit eigener Sauna, Restaurant, Bar, Wellness, Sauna, Organisation von Freizeitaktivitäten.

Hotel Jeris, 26 Zimmer und 40 Blockhütten, Jerisjärventie 91, 99300 Muonio, Tel. 01 65 58 511; Restaurant, Wellness. Organisation von Freizeitaktivitäten.

Lapland Hotel Olos, 54 Zi., Oloshotellintie 25, 99300 Muonio, Tel. 01 65 36 111; südlich der Straße 79, ca. 10 km südöstlich von Muonio, komfortables Tagungshotel, gehobene Preislage, Restaurant mit Glaskuppeldach, Fitnesscenter, Schwimmbad, Saunas.

CAMPING – MUONIO

Camping Harriniva Muonio [WP 67° 55′ 56.1″ E 23° 39′ 41.2″], Harrinivantie 35, Tel. 016 53 00 300, www.harriniva.fi; 1. Juni – 30. Sept.; ca. 3 km südlich der Kreuzung der Straßen 21/E18 und 79. Zwei Geländestufen mit 15 geschotterten Stellflächen, teils unter hohen Kiefern am mächtigen Grenzfluss Muonionjoki. Schmaler Wiesenstreifen für Zelte. Unterhalb des Hotels, zwei Reihen Miethütten anschließend. 3 ha – 30 Stpl.; einfache, aber funktionelle Sanitärausstattung. Restaurant, Imbiss, Sauna, Waschmaschine, Grillhütte am Fluss, Raftingstation, Boots- und Fahrradverleih. 28 Miethütten. **V & E für Wohnmobile** ohne Bodenauslass.

Und wer sich hier oben nur ein wenig umsehen will, ohne gleich auf große Wandertour zu gehen (55 km Wanderwege nordwärts nach Enontekiö-Hetta und rund 70 km südwärts bis Ylläsjärvi), kann sich auf dem 2,5 km langen **Vatijuru Nature Trail**, der am Besucherzentrum startet, etwas die Beine vertreten.

Die **Mitternachtssonne** kann man bei Muonio von Anfang Juni bis Anfang August erleben und zwischen Anfang Dezember und Anfang Januar herrscht **Polarnacht**.

ALTERNATIVROUTE

ROUTE: *Von Inari auf der Straße 955 südwestwärts über* **Menesjärvi** *und* **Pokka** *bis* **Köngäs** *und weiter auf der Straße 956 bis* **Sirkka**, *insgesamt 194 km. In Sirkka kann man in die Tour 13, Muonio – Rovaniemi, einsteigen.*

Von Inari bis Pokka ist die Straße 955 durchgehend asphaltiert und führt entlang des Lemmenjoki-Nationalparks (Lemmenjoki kansallispuisto), des größten Nationalparks Finnlands.

Rund 17 km hinter Pokka ändert sich der Straßenzustand. Auf rund 53 km wird die Asphaltstraße bis kurz vor Köngäs zur Erdstraße. Dennoch ist die Straße bei wenig Gegenverkehr und trockenem Wetter gut zu befahren, wenn auch staubig. Die Fahrt führt durch eintönige, waldreiche, leicht hügelige Landschaft.

Mitternachtssonne und Polarnacht

Eine interessante Besonderheit der Regionen nördlich des Polarkreises ist die Mitternachtssonne im Sommer bzw. die Polarnacht im Winter. In Nordskandinavien geht von Mitte Mai bis Mitte Juli die Sonne nicht unter. Selbst auf der Höhe von Stockholm ist im Hochsommer bereits gegen 2.30 Uhr Sonnenaufgang. Dafür ist von Dezember bis in den Januar hinein die Sonne in Nordskandinavien überhaupt nicht zu sehen und in südlichen Landesteilen ist um den 21. Dezember herum gegen 15 Uhr schon wieder Sonnenuntergang.

Ein altes Märchen der Samen erzählt, warum es Mitternachtssonne und Nordlicht gibt:

Gott war am Ende der Erschaffung der Welt angelangt. Zufrieden betrachtete er sein Werk, das ihm wohlgeraten schien. Nun hatte er aber in seinen Händen noch etwas übrig vom Material, aus dem die Erde geschaffen war. Aber es waren lauter Dinge, die ihm nicht mehr verwendbar erschienen. Da gab es noch einige riesige Flächen Ödland, ein paar Fjorde, Wildflüsse waren übrig, Rentiermoos und viele Felsbrocken. Damit diese Reste niemanden stören sollten, warf sie der Schöpfer weit nach Norden an den Rand der Welt, da wo niemand lebte. So entstand die Tundra, der nördlichste Teil Lapplands. Aber siehe da, auch in diesen unwirtlichen Erdenzipfel wanderten Menschen. Und so schenkte ihnen der Herr zum Trost und zur Freude die Mitternachtssonne und das geheimnisvoll strahlende Nordlicht.

Das magische Schauspiel des Polarlichts ist in der am längsten dauernden Jahreszeit, dem Winter, zu sehen. Die Finnen wie die Sami teilen die Winterzeit gerne in zwei Hälften ein, in die Zeit der Dunkelheit und in die Zeit der wiederkehrenden Sonne. *„Kaamos“* ist die lange Zeit der Dunkelheit.

Wochenlang geht die Sonne nicht auf. Ab Ende November verabschiedet sie sich für rund fünfzig Tage. Vollständige Finsternis herrscht aber auch dann nicht. Das Licht der Sterne bricht sich tausendfach auf dem hell glitzernden Schnee und taucht alles in ein mystisches Dämmerlicht.

Ein befreiendes Aufatmen geht durch die Menschen im hohen Norden, wenn Ende Januar, etwa zu Beginn des zweiten Winterabschnittes, die Sonne wieder über den Horizont klettert. Kaamos, die dunkle Jahreszeit, ist auch die Zeit der Rentierwanderungen nach Süden.

Mitternachtssonne am Inarisee

Ein kurzer Übergang zum Sommer ist der Frühling. Schon unter den letzten Resten des Schnees blühen die ersten Moosblumen. Und nun geht alles sehr schnell. Die Natur legt ein atemberaubendes Tempo vor. Die Zeit zum Blühen, Gedeihen und Reifen ist extrem kurz.

Zur Mittsommerzeit, so um den 20. Juni, ist Lappland am hellsten und von da ab am wärmsten. Bis 35 Grad Wärme können erreicht werden. Schon zeitig im Frühjahr haben sich die Rentierherden wieder aufgemacht, um nach Norden zu ziehen und auf den luftigen Höhen der Tunturis und an den Küsten des Eismeeres den Mückenschwärmen zu entgehen. Dann ist ganz Skandinavien auf den Beinen. Und zum Fest der Mittsommerwende hält es niemanden zu Hause.

Aber schon im September kann auf den Höhen, noch zaghaft zwar, der erste Schnee fallen. Die Natur beginnt sich auf die lange, kalte, lichtarme Jahreszeit vorzubereiten. Und als wollte sie zeigen was in ihr steckt, verwandelt sich das Laub der Birken, das Moos und das Heidekraut in ein leuchtendes Farbenfest. Diese in Lappland „Ruska“ genannte Jahreszeit ist der farbenprächtige Höhepunkt des Herbstes, für Kenner sowieso die schönste Jahreszeit in Lappland.

13. MUONIO – ROVANIEMI

Länge der Tour: Rund 260 km.
Die Route: Straße 79 über **Sirkka**, **Kittilä** und **Sinettä** bis **Rovaniemi**.
Reisedauer: Mindestens ein Tag.
Höhepunkte: Das **Museum Arktikum** *** in Rovaniemi – Polarkreis und das „Weihnachtsdorf" **Santa Claus Village** *.

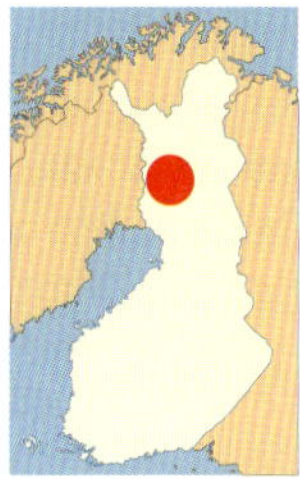

ROUTE: *Von Muonio auf der Straße 79 über* **Sirkka** *nach* **Kittilä** *(82 km).*

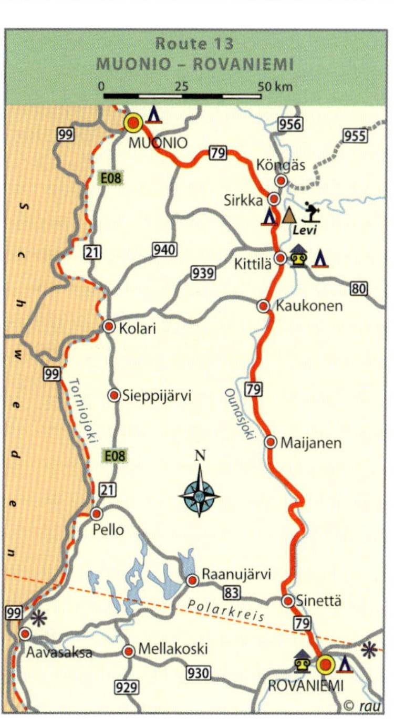

Rund 12 km südöstlich von Muonio passiert man den Abzweig der Straße 957 die nordwärts zum 807 m hohen **Pallastunturi** führt (20 km), Zentrum des **Nationalparks Pallas-Yllästunturin kansallispuisto** mit Visitor Center und dem Hotelli Pallas (siehe auch vorhergehende Tour 12, Inari – Muonio). Rund um den Pallastunturi hat sich ein bedeutendes Wintersportgebiet entwickelt.

Die Ansiedlung **Sirkka** und das benachbarte **Levi**, heute eine Retortensiedlung aus Hotels, Ferienhäusern und Mietbungalows haben sich in den letz-

PRAKTISCHE HINWEISE – SIRKKA/LEVI

Touristeninformation Levi [WP 144 / N 67° 48' 17.0" E 24° 47' 54.2"], Myllyjoentie 2, Tel. 016 63 93 300, www.levi.fi; *geöffnet Mo – Fr 10 – 16.30 Uhr, Sa + So 11 – 16 Uhr.*

HOTEL

Sokos Hotel Levi, 202 Zi., Tahtitie 5, Tel. 016 32 15 500, www.sokoshotels.fi/en/hotels/levi/; gutes Mittelklassehotel in zentraler Lage von Levi. Restaurant Kiisa und Café mit Lobby Bar. Garage.

CAMPINGMÖGLICHKEIT – SIRKKA/LEVI

Levilehto Apartments & Camping [WP 143 / N 67° 48' 23.9" E 24° 48' 07.8"], Sirkka, Levintie, Tel. 04 03 12 02 00, www.levilehto.fi; Anf. Nov. – Ende Aug.; Campingmöglichkeit in Levi bei Sirkka an der Hauptstraße 79 (Sirkka – Kittilä), in Gehnähe zum Touristenbüro; ebene Wiese hinter dem Apartment-Hotel Levilehto, auch für Zelte; ca. 3 ha – 50 Stpl.; Restaurant, Mindest-Sanitärausstattung. 50 Miethütten.

CAMPINGMÖGLICHKEIT – KITTILÄ

Camping Kittilä [WP 145 / N 67° 38' 48.5" E 24° 56' 12.5"], Kittilä, Tel. 01 66 42 239; Mitte Juni – Mitte Aug.; ca. 1 km südöstlich von Kittilä an der Straße 80 Richtung Sodankylä; einfache Übernachtungsmöglichkeit auf Wiesen zwischen der Straße und dem Fluss Ounasjoki. Nach langem Regen tiefgründige Wiese; ca. 2 ha – 50 Stpl.; sehr einfache Ausstattung. Miethütten.

ten Jahren zu einem bekannten Wintersportzentrum am Fuße des 530 m hohen Levi-Bergstocks gemausert. Insgesamt 26 Skilifte bringen die Besucher hinauf zu 47 Skipisten. Dazu gibt es viele Kilometer Langlaufloipen und Snowscooterbahnen. Eine Gondelbahn, die bislang einzige Finnlands, bringt Besucher auch im Sommer auf die Anhöhe. Und die Sommerrodelbahn finden besonders junge Besucher attraktiv.

Der Ort **Kittilä** bietet außer dem **Särestoniemi museo**, einem Museum für moderne Kunst, das Werke des finnischen Künstlers Reidar Säresstöniemi zeigt, nichts besonderes; www.sarestoniemenmuseo.fi.

ROUTE: *Weiterreise auf der Straße 79 über* **Maijanen** *und* **Sinettä** *nach* **Rovaniemi** *(rund 155 km).*

Rovaniemi, eine neuzeitlich wirkende Stadt mit etwa 60.000 Einwohnern, liegt am Zusammenfluss von Ounasjoki und Kemijoki. Rovaniemi ist Verwaltungshauptort der Provinz Lappland und Universitätsstadt und wird auch als „Tor nach Lappland" bezeichnet.

Urkundlich erwähnt wurde Rovaniemi, wie es heißt, schon im 15. Jh. Zur eigentlichen Stadtgründung aber kam es erst 1929 und Stadtrechte erhielt Rovaniemi erst 1960.

Im Zweiten Weltkrieg wurde die Stadt nicht zuletzt durch die deutsche Wehrmacht stark in Mitleidenschaft gezogen und vollständig niedergebrannt. Nach den Kriegswirren – Rovaniemi hatte damals kaum 8.000 Einwohner – erhielt der finnische Architekt Alvar Aalto den Auftrag zur Neuplanung des Stadtbildes. Er konzipierte ein modernes urbanes Zentrum, dessen Straßen wie man sagt, in der Form eines Rentiergeweihs angelegt sein sollen.

Zu den Sehenswürdigkeiten Rovaniemis zählen die von Alvar Aalto 1975 entworfene **Lappia Halle**, Jorma Etontie 8 A, ein Kongress- und Konzertzentrum, sowie das neue **Rathaus,** Hallituskatu 7, das aus dem Jahre 1988 stammt. Neben der Lappia Halle liegt das Bibliotheksgebäude, ebenfalls nach Entwürfen von Aalto 1965 errichtet.

Bemerkenswert ist auch das Gebäude des **Kulturhauses „Korundi"** in der Lapinkävijäntie 4 aus dem Jahre 1986. Hier sind das Kammerorchester Lapplands (Konzertsaal mit vorzüglicher Akustik) sowie das **Kunstmuseum** beheimatet. Das Kunstmuseum präsentiert neben wechselnden Ausstellungen häufig Werke aus der Kunstsammlung der Stiftung Jenny und Antti Wihuri *(geöffnet Di – So 11 – 18 Uhr, 1. Juni – 31. Aug. tgl. 11 – 18 Uhr; www.korundi.fi).*

Wirklich lohnend ist ein Besuch im Museum **Arktikum [WP 146 / N 66° 30' 24.9" E 25° 43' 30.0"]**, Pohjoisranta 4 *(geöffnet 1. Juni - 31. Aug. tgl. 9 - 18 Uhr; übrige Zeit Di - So 10 - 18 Uhr; www.arktikum.fi)*, das durch sein langes, knapp 175 m langes, markantes Glasgewölbe am Fluss auffällt.

Das Arktikum ist ein Forschungszentrum und **Museum** für Lappland und die arktischen Regionen. Es vermittelt durch seine Exponate, Bilder und Computerprogramme einen Einblick in die arktische Natur und in die Lebensweisen, Sitten, Kulturen und Naturreligionen der Völker Lapplands, Sibiriens und der Inuit in Alaska, Grönland und Kanada.

Das Museum Arktikum in Rovaniemi. Foto: Visit Finland Media Bank

Die Ausstellungen „Die Wege des Nordens" über die Provinz Lappland befassen sich mit der Kulturgeschichte des Samivolkes von der Frühzeit bis heute. Breiter Raum wird auch der wechselvollen Geschichte Rovaniemis eingeräumt.

Im „Arktischen Zentrum", eine andere umfangreiche Abteilung des Museums, die unter der Leitung der Universität Lappland steht, wird u. a. mittels interaktiver, computeranimierter Ausstellungen die arktische Region, die Vielfalt der Kultur arktischer Völker, aber auch die Verletzlichkeit des Gleichgewichts zwischen Mensch und Natur vorgestellt.

Darüber hinaus findet der Besucher im Arktikum neben wechselnden Ausstellungen ein Nordlichttheater, ein Café-Restaurant, einen Museumsshop, eine Galerie und eine Bibliothek.

Das Gebäude gleich neben dem Arktikum, das Wissenschaftszentrum **„Pilke-Haus"** ist dem Thema „Wald" gewidmet *(geöffnet Di – Fr 9 – 18 Uhr, Sa + So 10 – 18 Uhr; www.tiedekeskus-pilke.fi)*. Die Ausstellungen dort sind Themen wie der Nutzung der nordischen Wälder, der Vielfalt von Holzprodukten oder dem ökologischen Bauen gewidmet. Das Wort „pilke" bedeutet angeblich soviel wie „Holzspan", der zum Feueranzünden benutzt wird.

Bei längerem Aufenthalt in Rovaniemi lohnen die beiden folgenden Museen einen Besuch.

Das **Lappland Waldmuseum Lapin Metsämuseo [N 66° 28' 41.58" E 25° 45' 20.47"]**, Metsämuseontie 7 *(geöffnet 1. Juni - 31. Aug. Di - So 12 - 18 Uhr)*, mit seinen Gebäuden, Gegenständen und Fotografien, gewährt Einblicke in das Leben der Waldarbeiter und Holzflößer in der Zeit um 1900 in Lappland.

Das etwas in die Jahre gekommene und etwas desolat wirkende **Freilichtmuseum Kotiseutumuseo [WP 149 / N 66° 28' 46.7" E 25° 44' 38.1"]**, Pöykköläntie 4 *(geöffnet 1. Juni – 31. Aug. Di – So 12 – 18 Uhr)* im Südosten der Stadt (ca. 3 km, Straße 78 Richtung Ranua) jenseits des Kemijoki fungiert als Heimat- und Bauernhofmuseum.

Und von der **Aussichtshöhe Ounasvaara [N 66° 30' 5.18" E 25° 46' 59.19"]** (203 m) in der Nähe des gleichnamigen Hotels östlich des Stadtzentrums hat man einen sehr schönen Blick auf die Stadt.

Die **Mitternachtssonne** ist in Rovaniemi von **6. Juni** bis **7. Juli** zu sehen.

Rund 22 km nördlich von Rovaniemi liegt bei **Norvajärvi** ein deutscher Soldatenfriedhof, auf dem 2.500 Gefallene des Zweiten Weltkriegs beigesetzt sind. Am Eingang zu der monumentalen Grabstätte eine moderne Pieta.

Aufgrund seiner Nähe zum Polarkreis wurde **Rovaniemi** zur Heimat des Weihnachtsmanns erklärt. Am **Polarkreis Napapiiri** (66° 33′ 07″ Nord) nördlich von Rovaniemi an der Straße 4/E75 Richtung Ivalo ist das „**Werkstattdorf des Weihnachtsmanns**" entstanden, großer Parkplatz. Schlaflose Nächte dürfte der Weihnachtsmann in der Hochsaison vor Weihnachten erleben. Dann sind angeblich rund 700.000 Briefe von Kindern aus der ganzen Welt zu beantworten.

Im sog. **Santa Claus Village [WP 147 / N 66° 32′ 38.2″ E 25° 50′ 39.5″]** *(geöffnet Jan. - Mai + Sept. - Nov. tgl. 10 - 17 Uhr, Juni - Aug. bis 18 Uhr; Dez. tgl. 9 - 19 Uhr; www.santaclausvillage.info)* fällt einem der Werbespruch ein „Ja ist denn heut' schon Weihnachten". Wer sich nicht daran stört, der kann hier an jedem Tag im Jahr im Nikolausambiente Weihnachtssouvenirs erstehen.

Und im Polarkreispostamt können Sie Grußkarten aufgeben, die Ihre Lieben dann rechtzeitig vor Weihnachten erreichen. Cafeterias, Restaurant, zahlreiche Souvenirläden.

Höhepunkt ist der sog. „Geheimis-Tunnel", ein kurzer Spaziergang durch eine Art Geisterbahnröhre an dessen Höhepunkt Sie sich das ganze Jahr über gegen Gebühr mit dem Weihnachtsmann fotografieren lassen können.

Nicht genug damit. Die Stadtväter Rovaniemis halten ihre Stadt offenbar nicht nur für das „pulsierende Herz Lapplands", sondern auch für die Weltmetropole des ganzjährigen Weihnachtsgeschäfts. Denn nur 2 km vom „Werkstattdorf des Weihnachtsmanns" entfernt findet der interessierte Besucher den **Santapark [WP 148 / N 66° 32′ 24.6″ E 25° 48′ 01.7″]**, Tarvantie 1 *(geöffnet Mitte Juni – Mitte Aug. Di – Sa*

„Werkstatt des Weihnachtsmannes" – Santa Claus Village am Polarkreis bei Rovaniemi. Foto: Visit Finland Media Bank.

10 - 18 Uhr, Ende Nov. – Mitte Jan. tgl. 10 – 18 Uhr; www.santapark.com). In diesem unterirdischen **Freizeit- und Vergnügungspark** können Sie gegen Eintritt unter dem Polarkreis mit Ihren Kindern im Kreise von Elfenschulen, Wunschtrommeln, Eisgalerien, Nordlicht, Nikolausbüro, Lebkuchenbäckerei etc. auch im Sommer Weihnachtsstimmung erleben.

PRAKTISCHE HINWEISE – ROVANIEMI

Rovaniemi Tourist Information Matkailuneuvonta [WP 147 / N 66° 30' 08.0" E 25° 43' 50.3"], Lordinaukio, Lordi Square, Maakuntakatu 29 – 31, 96200 Rovaniemi, Tel. 016 34 62 70 (+358 16 34 62 70), www.visitrovaniemi.fi. *Geöffnet im Sommer und im Dez. täglich, sonst Mo – Fr 9 – 18 Uhr.*

RESTAURANT

Restaurant Nili, Valtakatu 20, Tel. 04 00 36 96 69, www.nili.fi; uriges Lokal mit lappländischem Ambiente, das mit Dingen aus der lappländischen Tundra ausgestattet ist, z. B. Rentiergeweihen, Fellen, Dingen aus Leder etc. Natürlich werden passende Gerichte aus dem Nordland serviert. Geöffnet Juni und Juli, sonntags und montags geschlossen.

HOTELS

Scandic Rovaniemi, 167 Zi., Koskikatu 23, Tel. 016 46 06 000; www.scandichotels.com/hotels/countries/finland/rovaniemi/; Firstclasshotel in zentraler Lage, Restaurant, Bar, Sauna, Garage.

Cumulus Rovaniemi, 57 Zi., Valtakatu 23, Tel. 016 33 36 00; www.cumulus.fi; gutes Mittelklassehotel in zentraler Lage, Restaurant „Polar", Pub „Pisto", Schwimmbad, 2 Saunas, Garage.

Rantasipi Hotel Pohjanhjovi, 212 Zi., Pohjanpuistikko 2, Tel. 016 33 711, www.rantasipi.fi; Firstclasshotel mit ausgezeichnetem Restaurant „Pohjanhovi", Bar mit Karaoke mittwochs und donnerstags sowie Tanzabende freitags und samstags. Schwimmbad, Garage.

CAMPING

Camping Ounaskoski [WP 151 / N 66° 29' 50.9" E 25° 44' 37.9"], Jäämerentie 1, Tel. 016 34 53 04; www.ounaskoski-camping-rovaniemi.com; Ende Mai – Mitte Sept.; südöstlich der Stadt gelegen, Zufahrt von der Straße 4/E75, Ausfahrt Rovaniemi, zur Straße 78 Richtung Ranua, gleich nach dem Ostende der Flussbrücke beschilderter Abzweig; noch in Gehnähe zur Stadt über die Flussbrücke; gepflegte, langgestreckte eingezäunte Wiesenstufen mit einigen Birken und Nadelbäumen, bis an den Kemijoki reichend, in ansprechender Lage mit Blick zur Stadt; befestigte Stellplätze, teils durch Pfähle und schüttere Büsche markiert, Zeltwiese am Fluss; ca. 2,5 ha – 120 Stpl.; gute Standard-Sanitärausstattung; Laden, Waschmaschine mit Trockner, WLAN auf einigen Stellplätzen. **V & E für Wohnmobile.**

Camping Napapiirin Saari-Tuvat [WP 150 / N 66° 31' 02.0" E 25° 50' 40.1"], Kuusamontie 96, Tel. 016 35 60 045; www.saarituvat.fi; 1. Jan. – 31. Dez.; rund 5 km östlich der Stadt zwischen Straße 81 Richtung Kusamo und dem Kemijoki; gepflegtes, schattenloses Wiesengelände bei einem Hüttendorf oberhalb des Flusses; ca. 3 ha – 150 Stpl.; Standard-Sanitärausstattung; Kiosk, Waschmaschine, WLAN; 32 Miethütten. **V & E für Wohnmobile.**

14. ROVANIEMI – TORNIO – RANUA

Länge der Tour: Rund 345 km.

Die Route: Straße 4/E75 bis **Muurola** – Straße 930 bis **Aavasaksa** – Straße 21/E8 bis **Tornio** – Straße E8/E75/4 über **Kemi** bis **Simo** – Straße 924 bis **Nuupas** – Straße 78 bis **Ranua**.

Reisedauer: Mindestens ein Tag.

Höhepunkte: Die **Zarenhütte** und der **Aussichtsturm bei Aavasaksa** ** – die Orgel in der **Kirche von Övertorneå** (Schweden) – die **Stromschnellen des Torniojoki** *** bei Tornio – der **Eisbrecher „Sampo"** bei Kemi – der **Zoo in Ranua** ***.

ROUTE: Man verlässt Rovaniemi auf der Straße 4/E75 in südwestlicher Richtung und zweigt nach 26 km in **Muurola** *westwärts auf die Straße 930 nach* **Aavasaksa** *ab (rund 80 km). Die Reise hierher führt durch einsame, kaum besiedelte Gegend mit Birken- und Kiefernwälder soweit das Auge reicht.*

Nördlich von **Aavasaksa**, das nur wenige Kilometer südlich des Polarkreises liegt und daher noch von der hellen Sommerzeit der nachtlosen Nächte profitiert, bietet sich Gelegenheit zu einem Abstecher in den östlich der Hauptstraße gelegenen **Kruununpuisto Naturpark**. Die Straße führt durch Waldgelände und durch eine Hüttensiedlung mit Skiliften bergwärts und endet an einem Parkplatz am Berg Kruununpuisto (242 m).

Vom **Parkplatz [WP 153 / N 66° 23' 51.5" E 23° 43' 36.8"]** geht ein kurzer Fußweg hinauf zur **Zarenhütte Keisarinmaja** von 1882 und zu einem **Aussichtsturm**. Nimmt man die Mühe des Turmaufstiegs über eine Wendeltreppe zur verglasten, windgeschützten Aussichtsplattform auf sich, wird man mit einem prächtigen **Panoramablick** auf die wei-

Die Zarenhütte bei Aavasaksa

te, waldreiche Hügellandschaft und den breit mäandernden Fluss Tornionjoki im Westen und bis hinüber nach Schweden belohnt.

Die Zarenhütte übrigens hat nie ein Zar betreten. Während der Zeit, als Finnland ein Großherzogtum von russischen Gnaden war und unter der Herrschaft der russischen Zaren stand, war nach der Thronbesteigung von Alexander III. eine Reise des jungen Zaren zusammen mit dem Großherzog von Finnland nach Nordfinnland geplant. Anlässlich des bevorstehenden kaiserlichen Besuchs wurde auf dem Kruununpuisto eine Jagdhütte gebaut. Die politischen Verhältnisse allerdings veranlassten den Zarenhof dazu, die Reise nicht anzutreten. Die Hütte allerdings stand, hatte ihren Namen weg und diente viele Jahre Besuchern des Aussichtsberges als Café und als Schutzhütte.

Zurück in Aavasaksa bietet sich ein kurzer Abstecher über den Fluss Tornionjoki nach **Schweden** zur **Kirche von Övertorneå [WP 154 / N 66° 23' 24.7" E 23° 39']** an. Die vieleckige Holzkirche mit Schindeldach, verzierten Türmchen, bemaltem, freistehendem und mächtigem Glockenturm, wunderschönem Kirchenschiff, bemerkenswerter Kanzel und mit der ältesten Orgel Schwedens, stammt aus der Mitte des 18. Jh. und ist eine Sehenswürdigkeit.

Auf der Weiterfahrt entlang des Ostufers des mächtigen Torniojoki nach Tornio sollte man spätestens in Kukkola von der Straße 21/E8 zum Fluss abzweigen (1,3 km). Die **Stromschnellen Kukkolankoski [WP 155 / N 65° 57' 49.2" E 24° 02' 40.3"]** rund 16 km nördlich von Tornio sind vor allem nach der Schneeschmelze Ende Mai, Anfang Juni ein eindrucksvolles Schauspiel (Park-

CAMPING – AAVASAKSA

Aavasaksa Aurinkomaja, Campingmöglichkeit [WP 152 / N 66° 23' 23.2" E 23° 43' 51.4"], Tel. 016 57 81 50; 1. Jan. – 31. Dez.; nördlich von Aavasaksa an der Straße zur Zarenhütte gelegen; überwiegend naturbelassenes Waldgelände; ca. 2 ha – 30 Stpl.; Standard-Sanitärausstattung; Imbiss, Cafeteria in der Saison; der Platz ist Teil des Feriendorfes Aurinkomaja.

platz, Cafeteria). Und für passionierte Lachsangler sind die Stromschnellen so etwas wie das Mekka ihres Sports. Der Torniojoki gilt als einer der besten Lachsflüsse Skandinaviens.

Rund 10 km nördlich von Tornio passiert man ein Denkmal an die Schlacht von Tornio, das an der Westseite der Straße 21/E8 zu finden ist.

Die Grenzstadt **Tornio** liegt – wie fast alle Städte am Bottnischen Meerbusen – an einer Flussmündung. Hier ist es die Mündung des Torniojoki, des Grenzflusses zwischen Finnland und Schweden. Der lachsreiche Fluss, der die großen Fjälls Lapplands entwässert, ist über 500 km lang. Der gesamte Flusslauf ist noch heute völlig naturbelassen, unbegradigt und gilt als längster frei fließender Fluss in ganz Europa. Der schwedische Gegenpart von Tonrio ist auf der Westseite des Flusses die Nachbarstadt Haparanda.

Beide Städte, in denen zusammen rund 32.000 Menschen leben, verstehen sich als ein Bindeglied der beiden Länder. Ihre städtebauliche, bildungspolitische und wirtschaftliche „Vision 2020" basiert denn auch auf enger Kooperation und auf der Überwindung von Grenzen.

Tornio ist Sitz der Brauerei, deren Produkt „Lapin Kulta" Bier im ganzen Land erhältlich ist.

Tornio und Haparanda sind recht moderne Städte und zu Handel und Industrie hin orientiert. Aus touristischer Sicht haben die Städte, außer den üblichen Heimat- und Stadtmuseen und den Kirchen, wie die schindelgedeckte **Kirche [WP 156 / N 65° 51' 01.2" E 24° 08' 32.9"]** mit einem wunderschönen Glockenturm mit Spitztürmchen in Tornio, eigentlich keine Sehenswürdigkeiten zu bieten.

ROUTE: *Weiterreise von Tornio auf der zur Schnellstraße ausgebauten-Straße 29/E8 südostwärts nach* **Kemi**, *29 km.*

An der Mündung des Kemijoki liegt die Stadt **Kemi**, die Stadt der holzver-

Die Stromschnellen Kukkolankoski

PRAKTISCHE HINWEISE – TORNIO

Tornio/Haparanda Tourist Office [WP 157 / N 65° 50' 31.2" E 24° 08' 58.5"], Pakkahuoneenkatu 1, Green Line, 95400 Tornio, Tel. 05 05 90 05 62, www.haparandatornio.com; www.tornio.fi; *geöffnet 1. Juni – 7. Aug. Mo – Fr 9 – 19 Uhr, Sa + So 10 – 18 Uhr, sonst Mo – Fr 9 – 17 Uhr.*

HOTEL

Tornio City Hotel, 45 Zi., Itäranta 4, Tel. 04 00 10 58 00, www.tch.fi; Mittelklassehotel mit Tradition, an Europa's längstem naturbelassenen Fluss Torne und in Gehnähe zum Einkaufszentrum mit verschiedenen Restaurants gelegen, darunter das **Museumsrestaurant „Pajan Vinti"** mit Erinnerungsstücken aus der langen Geschichte der Brauerei Lapin Kulta, Bars und Nachtclubs. Sauna und Schwimmbad.

CAMPING

Camping Tornio [WP 158/ N 65° 49' 54.9" E 24° 12' 02.3"], Matkailijantie, Tel. 016 44 59 45; www.campingtornio.com; 3. Mai – 30. Sept.; von der Straße 29 Richtung Kemi auf die Straße 922 Richtung Puuluoto abzweigen und noch 1,5 km südwärts bis zum beschilderten Abzweig; Wiesen im Birkenhain; 5 ha – 60 Stpl.; Standardausstattung, Waschmaschine und Trockner. Sauna, Campingküche. 15 Miethütten.

arbeitenden Industrie. Dennoch gibt es einiges Sehenswerte, wie z. B. das **Stadthaus** mit Aussichtsterrasse, das **Kunstmuseum** im Kemi Kulturzentrum (Marina Takalon katu 3), die **Edelsteingalerie Jalokivigalleriaan** (Kauppakatu 29, Edelsteinkunst, Nachbildungen von Königskronen, *Mo – Fr 9 – 17 Uhr*) und das **Arbeiter- und Friseurmuseum Kauppakatu** (Leinosenpolku 10).

Kleiner Tipp! In Kemis Innenstadt gilt an fast allen Kreuzungen und Straßeneinmündungen die Vorfahrtsregel „rechts vor links"!

Im Hafen **Ajos**, auf einer Halbinsel einige Kilometer südlich von Kemi, kann der **Eisbrecher „Sampo" [WP 160 / N 65° 39' 38.0" E 24° 31' 06.0"]** (www.sampotours.com) besichtigt werden. Im langen finnischen Winter werden

PRAKTISCHE HINWEISE – KEMI

Kemi Tourist Info, Valtakatu 26, Kemi City Hall, Tel. 04 06 80 31 20, www.kemi.fi, *geöffnet tgl. 8 – 15.30 Uhr.*

RESTAURANT

HuviRetki, Hahtisaarenkatu 3, Tel. 016 22 831, www.huviretki.fi; internationale Küche.

HOTELS

Hotel Merihovi, Keskuspuistokatu 6 - 8, Tel. 040 68 53 500, www.merihovi.fi; Mittelklassehotel mit Restaurant, Café und Bar.

CAMPING

Camping Kemi [WP 159 / N 65° 43' 37.0" E 24° 34' 07.9"], 15. Juni – 31. Aug.; am südöstlichen Stadtrand von Kemi gelegen, in Kemi der Beschilderung Jalokivigalleriaan und Camping folgen; ebene Wiese mit befestigten Stellplätzen auf einer Halbinsel im Kemijoki, neben dem Freizeithafen. Nicht abgegrenzte sommerliche Camping-Notlösung.

Der Eisbrecher „Sampo"

mit der „Sampo" auch Eisbrechertouren durch den zugefrorenen Bottnischen Meerbusen durchgeführt (Ende Dezember bis Mitte April). Die Zufahrt zum Eisbrecher „Sampo" zweigt östlich von Kemi von der Straße E8/E75 südwärts auf die Straße 920 ab, noch 8 km, durch das riesige Öltanklager und noch 1 km unbefestigt.

In Finnland frieren im Winter alle Häfen mehr oder weniger zu. Für die Wirtschaft des Landes ist es aber unverzichtbar, Häfen und Seewege für die winterliche Schifffahrt offen zu halten. In Finnland haben Eisbrecher also eine lange Tradition. Ein Vertreter dieser Spezialschiffe ist die „Sampo", die 1960 auf der Wärtsilä-Werft in Helsinki gebaut wurde und von 1961 bis 1987 in der Ostsee Dienst tat.

ROUTE: *Weiterreise von Kemi auf der Straße 4/E8/E75 28 km nach Südosten bis* **Simo** *und hier auf die Straße 924, die nach Nordosten über* **Alaniemi** *nach* **Nuupas** *führt (80 km). In Nuupas trifft man auf die Straße 78, der wir südwärts bis* **Ranua** *folgen (13 km)*

Ein Besuch des **Arktischen Wildparks Ranuan Eläinpuisto**, *(geöffnet 1. Juni - 31. Aug. 9 - 19 Uhr, sonst tgl. 10 - 16 Uhr; www.ranuazoo.com)* lohnt sehr. Sehen Sie mindestens zwei Stunden für den etwa 2,5 km langen Rundgang vor. Auf Wegen und Holzbrücken kann man durch das ausgedehnte, mitten im Wald gelegene Gehege spazieren und in Skandinavien und in arktischen Regionen heimische Tiere beobachten. Zu sehen sind Elche und Bären natürlich, dann Luchse, Wölfe, Vielfraße und Eisbären, weiter Pelztiere wie Biber, Nerze, Hermeline etc. und viele Vogelarten, wie Uhus, Schneeeulen oder Kraniche. Sehr angenehm fällt auf, dass die Beschreibung der wichtigsten Tierarten auch in deutscher Sprache erfolgt!

Kaum 300 m vom Eingangsbereich des Wildparks mit Souvenirshop, Restaurant, Bushaltestelle und großem Parkplatz entfernt liegt der neu angelegte Rauna Zoo Camping, siehe unten.

HOTELS – RANUA

Gasthaus Ranua, 18 Zi., Pappilantie 1, Tel. 040 12 91 351; sehr schön am See gelegenes gutbürgerliches Hotel mit Restaurant, Boots- und Quadverleih, Sauna am See. 4 km östlich vom Ranua Zoo gelegen.

Holiday Village Gulo Gulo, www.ranuazoo.com; 20 komfortable Appartements in einer von Wald umgebenen, modernen Appartementhaussiedlung im Blockhausstil, gegenüber von Ranua Zoo Camping.

CAMPING

Camping Ranuanjärvi [WP 161 / N 65° 55' 13.4" E 26° 34' 29.2"], Leirintäalueentie 5, Tel. 040 54 36 011, www.ranua.fi; 1. Juni – 31. Aug.; ca. 3 km östl. von Ranua an der Straße 941 Richtung Posio gelegen, beschilderter Abzweig; Gelände im Föhrenwald oberhalb des Sees Ranuanjärvi ansprechend gelegen, mit Badesteg; ca. 4 ha - ca. 70 Stpl.; Standard-Sanitärausstattung; Kiosk, Sauna, Waschmaschine mit Trockner, WLAN, Bootsverleih, Minigolf, **V & E für Wohnmobile**. 20 Miethütten.

Ranua Zoo Camping [WP 162 / N 65° 56' 41.3" E 26° 27' 46.5"], Rovaniementie 29, Tel. 016-35 51 921 www.ranuazoo.com; 1. Mai – 30. Sept.; ca. 5 km nordwestlich von Ranua an der Straße 78 und ca. 300 m vom Ranua Zoo entfernt gelegen, Anmeldung am Ticket Office des Ranua Zoos. Ebenes, überschaubares Wiesengelände, noch ohne Baumbewuchs, von Wald umgeben. 42 geteerte Stellplätze, alle mit Stromanschluss, einige auch mit Kabelanschluss. Großer Kinderspielplatz. Neue, komfortable Sanitäranlagen, aber für die Größe des Platzes zu wenig Installationen. Bei unserem letzten Besuch waren die Sanitäranlagen nur mittels eines Zugangscodes zugänglich, der aber an allen Türen groß angeschrieben war. Komfortable Campingküche, Waschmaschinenraum, Behinderten-Sanitärraum, Grillplatz, **V & E für Wohnmobile**. Im großen und ganzen sich selbst überlassener Campingplatz, im Sanitärbereich videoüberwacht. GoKart-Bahn nebenan, Holiday Village Gulo Gulo gegenüber.

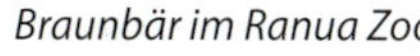

Braunbär im Ranua Zoo

15. RANUA - OULU

Länge der Tour: Rund 220 km.

Die Route: Straße 78 bis **Pudasjärvi** – Straße 855 bis **Tannila** – Straße 849 bis **Yli-Ii** – Straße 851 bis **Ii** – Straße 4/E8/E75 bis **Oulu**.

Reisedauer: Mindestens ein Tag.

Höhepunkte: Die **Kirche** bei Pudasjärvi – das **Steinzeitdorf** bei Yli-Ii – das **Freilichtmuseum Turkansaari** ** bei Oulu.

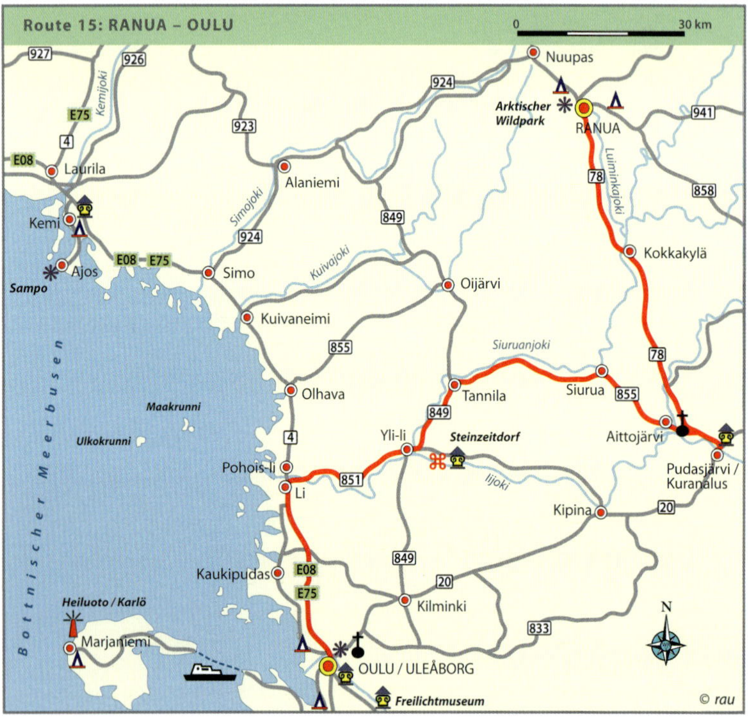

ROUTE: *Von Ranua auf der Straße 78 südwärts bis kurz vor* **Pudasjärvi** *(rund 70 km). Ca. 7 km nördlich von Pudasjärvi Abzweig westwärts auf die Straße 855. Nach 2 km kommt man zur alten* **Kirche von Pudasjärvi**.

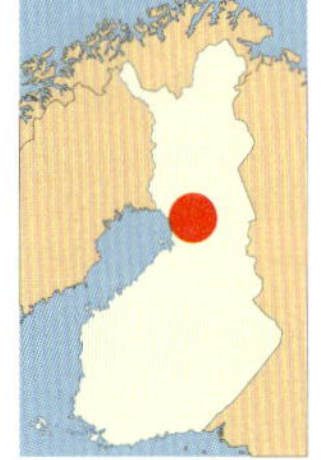

Die **Pudasjärvi Kirche** mit schönem Glockenturm und komplett von Holzeinfriedungen umfasstem Friedhof sowie das ganz in der Nähe gelegene **Heimat- und Freilichtmuseum [WP 163 / N 65° 23' 19.1" E 26° 54' 00.9"]** lohnen einen Stopp. Die Kirche in ihrer heutigen Form stammt aus der Zeit um 1781.

ROUTE: *Weiterreise auf der Straße 855 bis* **Tannila**. *Hier entlang des Flüsschens Siuruanjoki südwärts auf der Straße 849 bis* **Yli-Ii**. *Rund 5 km östlich liegt zwischen Straße*

Das rekonstruierte Steinzeitdorf Kierikkikeskus

8540 und dem Fluss Lijoki das **Steinzeitdorf Kierikkikeskus**.

Dem **Steinzeitdorf Kierikkikeskus [WP 164 / N 65° 21′ 39.4″ E 25° 56′ 46.4**″] ist ein interessantes **Museum** angeschlossen, in dem neben prähistorischen Exponaten und Grabungsfunden auch eine 20-minütige Videopräsentation über die graue Vorzeit informiert *(geöffnet tgl. 10 – 16 Uhr)*. Parkplatz, Cafeteria, Souvenirshop.

Im Freigelände spaziert man auf einem etwa 500 m langen Bohlenweg durch den Wald bis zu einem nahen Steinzeitdorf an den Ufern des Flusses Lijoki. Mehrere Hütten wurden hier nach Erkenntnissen, die Forscher aus Grabungsfunden gewannen, soweit wie irgend möglich authentisch rekonstruiert und eingerichtet. Interessant ist, wie die Dächer der einzelnen Hütten gedeckt sind. Am kleinen Sandstrand liegen Einbäume, wie sie wohl auch schon von den steinzeitlichen Bewohnern der Flussufer zum Fischen genutzt worden sind. Es schließt sich ein kleiner Rundweg an, an dem die Funktion der unterschiedlichsten Tierfallen erklärt wird.

ROUTE: *Vom Steinzeitdorf zurück zur Straße 851 und weiter westwärts bis* **Li** *(32 km). Hier stößt man auf die Straße 4/E8/E75, der wir südwärts bis* **Oulu** *folgen (rund 40 km).*

Oulu, die größte Stadt in Nordskandinavien, liegt an der Mündung des Oulujoki. Schon im 13. Jh. hatten sich Koggen der Hanse bis in den Bottnischen Meerbusen vorgewagt, um hier an dem schon damals wichtigen Warenumschlagplatz an der Flussmündung Salz gegen Fisch zu handeln. Es dauerte aber noch gut 300 Jahre, bis 1605 der schwedische König Karl IX. hier die Stadt **Uleåborg** gründete.

Aufgeblüht ist die Stadt durch die Herstellung von Holzteer und die Teerverschiffung im 18. und 19. Jh. Später, nach dem Ende der Segelschiffära, wurde der schier unermessliche Reichtum an Holz anders genutzt. Den Platz, den vormals der Teerhandel innehatte nahmen nun Holzindustrie und Papierherstellung ein. Und seit ausgangs des 20. Jh. hat sich Oulu einen Ruf als Hochburg der Informationstechnologie erworben.

Heute hat Oulu annährend 140.000 Einwohner.

Nicht uninteressant: Im Stadtgebiet von Oulu steht ein **kostenloses WLAN-Breitbandnetz** (www.panoulu.net) zur Verfügung. Ohne Benutzerkennung oder Anmeldung hat man praktisch überall Internetzugang, z. B. am Marktplatz, in der Fußgängerzone Rotuaari, in der Stadtbibliothek, auf der Hailuoto-Fähre, in den Bussen 19 und 50 und an anderen öffentlichen Hotspots.

Eine markante Sehenswürdigkeit im Zentrum von Oulu ist der **Dom [WP 166 / N 65° 00′ 54.7″ E 25° 28′ 29.9″]**, Kirkkokatu, mit seinem dominierenden Turm von 1777. Nach dem Kirchenbrand von 1822 konnte der Dom nach Plänen von Carl Ludvig Engel restauriert werden.

Zwei Straßenzüge weiter südlich fällt die Neorenaissance-Fassade des **Rathauses**, Kikkokatu 2A, mit den beiden Türmchen auf. Das Gebäude, das schon als Hotel, Restaurant und als Gesellschaftshaus der Stadt gedient hat, stammt aus der zweiten Hälfte des 19. Jh. und ist ein Werk des schwedischen Architekten Stenberg.

Beachtung verdient die Skulpturengruppe **„Lauf der Zeit“**, von Sanna Koivisto geschaffen und 2005 zum 400. Jahrestag der Stadt enthüllt. Auf einer Granitmauer sieht man 32 Personengestalten, angeführt vom Schwedenkönig Karl IX, gefolgt von Pelztierjägern, Männern mit Teerfässern, Kapitänen, Handwerkern etc., die alle in der Geschichte der Stadt und ihrer Umgebung eine Rolle spielten. Am Ende der Mauer sitzt ein kleiner Junge, die Zukunft der Stadt symbolisierend. Und die Leute aus Oulu lassen es sich nicht nehmen, dem kleinen Martti, so wird der kleine Junge auf der Mauer genannt, in der eisigen Winterzeit eine Jacke oder Schal und Mütze – selbstgestrickt wohlgemerkt – umzulegen.

Gleich hinter dem Rathaus findet man das Büro der **Touristeninformation**, Torikatu 10.

Eines der lebhaftesten Zentren der Stadt ist der Platz vor der **Markthalle** am Westrand der Stadt, ganz in der Nähe des Gästehafens. Der von Restaurants, Cafés und Geschäften umgebene Platz wird von einer Bronzeskulptur, dem stadtbekannten **Marktpolizisten Toripolliisi** „bewacht“. Die rundliche, gedrungene Figur mit strengem

Der historische Sternenturm in Oulu beherbergt heute ein gemütliches Café

Freilichtmuseum Turkansaari

Gesicht stammt von Kaarlo Mikkonen und wurde 1987 enthüllt.

Ein gutes Stück nördlich des kleinen Franzénparks neben dem Dom gelangt man am Nordende der Kirkkokatu über eine für Fahrzeuge gesperrte Brücke (davor kleiner Parkplatz – WP 169 / N 65° 00′ 58.4″ E 25° 28′ 36.2″) in den **Ainola-Park** und zum **Nord-Österbotten-Museum Pohjois-Pohjanmaan Museo [N 65° 1′ 3.35″ E 25° 28′ 30.23″]**, das mit seinen Ausstellungen Einblick in Kultur und Geschichte der Stadt Oulu und ihres Umlandes gibt *(geöffnet Jan. – Mai + Sept. – Dez. Di – So 10 – 17 Uhr, Juni, Juli + Aug. Di – Fr 10 – 18 Uhr, Sa + So 11 – 18 Uhr, freitags freier Eintritt; www.ouka.fi/ppm)*.

Außer dem Besuch im Museum lohnt ein Spaziergang durch den Park, der noch mit weiteren besuchenswerten Dingen aufwartet, wie mit dem Kunstmuseum von Oulu, mit einem Spielpark, einem Sommertheater, einem Café und mit der längsten Fischleiter Finnlands.

Auf der kleinen Halbinsel **Linnansaari [N 65° 1′ 3.21″ E 25° 28′ 5.70″]** findet man unmittelbar an der Westseite der verkehrsreichen Ausfallstraße den „Sternenturm". Ursprünglich stand hier eine 1605 auf Befehl des Schwedenkönigs Karl IX. größtenteils aus Holz errichtete Befestigung, deren Ende in der Nacht des 31. Juli 1793 ein Blitzschlag besiegelte. Der Blitz schlug tragischerweise in den Pulverkeller ein. Das desaströse Ergebnis kann man sich vorstellen. Die gesamte Festung wurde ein Raub der Flammen. Kaum hundert Jahre später baute man auf den Ruinen ein Observatorium zur Navigationsschulung von Seekadetten. Und seit 1912 ist hier das **Café im Sternenturm** eingerichtet, kleiner Parkplatz [WP 168 / N 65° 01′ 02.9″ E 25° 28′ 04.4″]

Jedes Jahr im August ist Oulu, eine der Rockhochburgen des Landes, Austragungsort eines der bizarrsten Rock-Spektakel in ganz Finnland. Zumindest die junge und jung gebliebene Einwohnerschaft von Oulu ist dann ziemlich

Alte Gaststube mit Hochzeitsbroten unter der Decke, Freilichtmuseum Turkansaari bei Oulu

aus dem Häuschen, wenn die **Weltmeisterschaft im Luftgitarrespielen** ausgetragen wird (www.omvf.net). Die Teilnehmerschaft ist international und das illustre Publikum ist jedes Mal begeistert.

Ein Besuch im **Freilichtmuseum Turkansaari Turkansaaren Ulkomuseu [WP 175 / N 64° 56′ 47.6″ E 25° 42′ 09.5″]**, Turkansaarentie 165, das etwas außerhalb der Stadt liegt, ist absolut lohnend *(geöffnet 1. Juni - 15. Aug. 10 - 18 Uhr; 16. Aug. - 15. Sept. 10 - 16 Uhr; www.oula.ouka.fi/ppm/english/turkansaari.html)*. Entweder erreicht man das Museum auf der Straße 22 Richtung Kajaani (letztes Stück der Zufahrt auf 1 km unbefestigt) oder im Sommer mit dem Ausflugsdampfer M/S Lempi.

Die einzelnen historischen Museumsgebäude, meist aus dem bäuerlichen Bereich zusammengetragen und hier liebevoll wieder aufgebaut und eingerichtet, liegen richtig idyllisch auf einer kleinen, grünen Insel, auf die der Besucher über eine kurze Brücke gelangt.

In einem zentralen Gebäude ist in einer alten Gaststube ein sehr einladendes **Café** eingerichtet, in dem unter anderem köstliche, frischgebackene Zimtschnecken und dampfender Kaffee angeboten werden. An der Decke des Cafés sieht man auf langen Stangen aufgereiht sog. „Hochzeitsbrote“. Das sind runde Brotfladen mit einem Loch in der Mitte, damit man sie auf die Stange schieben konnte. Aufgehängt wurden die Brote von den Gästen von Hochzeitsfeierlichkeiten. Sie sollten dem Brautpaar Glück, Segen und Wohlergehen bringen.

PRAKTISCHE HINWEISE – OULU

Oulu Tourist Information [WP 167 / N 65° 00′ 49.0″ E 25° 28′ 12.4″], Torukatu 10, 90015 Oulu, Tel. 08 55 84 13 30, www.visitoulu.fi. *Geöffnet Mo – Fr 9 – 16 Uhr.*

RESTAURANTS

Uleåborg, Aittatori 4-5, Tel. 08 88 11 188, www.uleaborg.fi; in einem ehemaligen Salz- und Gemüselagerhaus eingerichtet findet man das Restaurant im ersten Stock, während im Erdgeschoss die kleine Bar mit kleinen Gerichten aufwartet. Der Küche sagt man nach, kulinarische Genüsse aus dem gesamten skandinavischen Raums zu servieren.

Sokeri-Jussin Kievari/Taverne, Pikisaarentie 2, Tel. 08 37 66 28, www.sokerijussi.net; sehr einladendes, gemütliches Lokal mit schöner Terrasse. Der Küchenchef hat sich der traditionellen Ostbottnischen Küche verschrieben.

HOTELS

Holiday Inn Oulu, 154 Zi., Kirkkokatu 3, Tel. 08 88 39 111, www.holiday-inn.fi; das Firstclasshotel befindet sich nahe der Kathedrale und dem Ainola Park. Freundliches Ambiente. Restaurant „Brasserie Botnia", Botnia Bar. Hallenbad, Whirlpool, Fitnesseinrichtungen.

Sokos Hotel Eden, 169 Zi., Holstinsalmentie 29, Tel. 020 12 34 603, www.sokoshotels.fi/en/hotels/oulu/eden/; das Mittelklassehotel liegt am Sandstrand von Nallikari. Es bietet Einrichtungen wie Hallenbad, Wellness- und Fitnesseinrichtungen, Restaurant „Maisema", die Lobby Bar „Ara" und eine Pool Bar, wo auch Snacks gereicht werden. Großer Parkplatz.

CAMPING

Oulu

Camping Nallikari [WP 165 / N 65° 01' 46.7" E 25° 25' 03.8"], Hietasaari, Leiritie 10, Tel. 044 70 31 353, www.nallikari.fi; 1. Jan. – 31. Dez.; auf der Insel Hietasaari, im Nordwesten der Stadt, ca. 3 km von Oulu-Zentrum entfernt, von der Straße 4/E8/E75 Ausfahrt 11, Zufahrt gut beschildert. Ebenes Waldgelände mit befestigten, nummerierten Stellplätzen, durch Platzwege unterteilt; ca. 10 ha – 250 Stpl.; gute Standard-Sanitärausstattung; Rezeption und Coffee Shop am Eingang, Laden, WLAN, Sauna, Waschmaschine mit Trockner, Boots- und Fahrradverleih. 68 Miethütten. Badestrand nahebei, Sokos Hotel Eden 300 m entfernt. V & E **für Wohnmobile**.

Kempele bei Oulou

Kempele Camping [N 64° 55' 27" E 25° 31' 06"], Sohjanantie 67, Tel. 08 51 54 55; 1. Juni – 30. Aug.; auf der Straße 4/E75 6 km südwärts bis Oulunportti und weiter zur Straße 847, südwärts noch ca. 3 km bis zum Abzweig zum Platz; einfach ausgestattetes Wiesengelände; 17 Miethütten.

Nördlich von Oulu liegen mehrere Campingplätze, u. a.:

Li

Camping Lin Sillat [N 65° 19' 35" E 25° 22' 29"], Haminantie 32, Tel. 08 81 73 300; 1.Jan. – 31. Dez.; Standard-Sanitärausstattung; 19 Miethütten.

Olhava/Li

Camping Seljänperä [N 65° 25' 58" E 25° 21' 44"], Leiritie 50, Tel. 08 81 72 257, Leiritie 50; Ende Mai – Ende Sept.; ca. 4 km südlich Olhava gelegen, leicht welliges Waldgelände bis zum Kies- und Sandstrand reichend; 6 ha – 200 Stpl.; Standard-Sanitärausstattung; Restaurant,13 Miethütten. **V & E für Wohnmobile.**

4 km außerhalb der Stadt Richtung Flughafen liegt an der Straße 847 das **Oulu Automuseum**, Automuseontie 1 **[WP 170 / N 64° 57' 33.5" E 25° 30' 12.0"]**, eine kleines, aber feines Oldtimermuseum mit Cafeteria *(geöffnet*

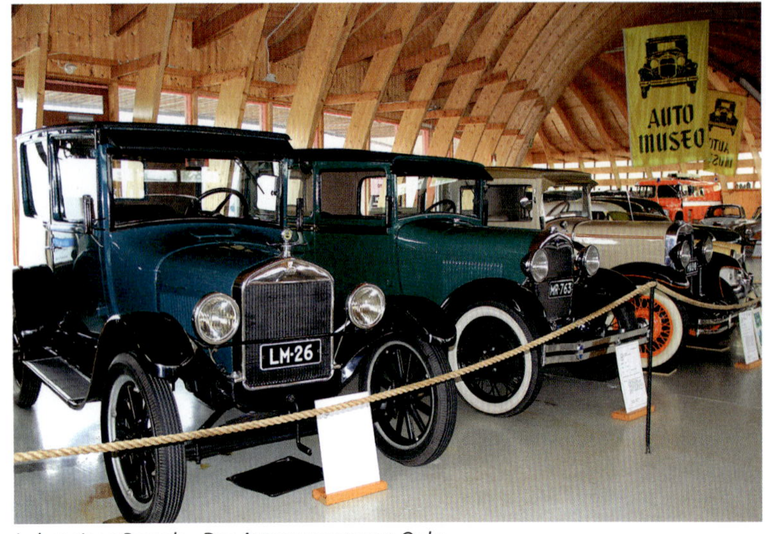

Lohnt einen Besuch – Das Automuseum von Oulu

tgl. 9 – 17 Uhr; www.oulunautomuseo.fi). Ausgestellt sind über 50 historische Fahrzeuge, die ältesten stammen aus der Zeit um 1910, dann Motorräder, Feuerwehrautos, Motoren u. ä.

Ausflug zur Insel Hailuoto

17 km westlich von Oulu liegt an der Straße 816 die **Fährstation Oulunsalo [WP 171 / N 65° 00′ 29.9″ E 25° 11′ 53.2″]**, von der regelmäßig zu jeder vollen Stunde Autofähren zur Insel Hailuoto verkehren. Die Überfahrt ist kostenlos und dauert 30 Minuten. Rückfahrt von der Insel zum Festland jeweils zur halben Stunde. Sollte es Sie im tiefen Winter hierher verschlagen, können Sie mit Ihrem Auto direkt auf die Insel fahren, dann nämlich gibt es einen Fahrweg über das Eis zur Insel.

Die Insel Hailuoto ist die größte Insel im Bottnischen Meerbusen. Hier findet man immer noch kleine Fischerdörfer, reetgedeckte Häuser und Windmühlen. Im Westen liegen weite Sandstrände. Und wer sich für Ornithologie interessiert hat hier Gelegenheit, zu Vogelbeobachtungen.

Das bescheidene **Hailuoto Freilichtmuseum Kniivilän Kotisentumuseo [WP 172 / N 65° 00′ 26.9″ E 24° 41′ 54.2″]** findet man an der Straße nach Marjaniemi *(geöffnet Ende Juni bis Ende Aug. Di – So – 11 – 17 Uhr)*.

Marjaniemi liegt am westlichen Endpunkt der Straße (29 km). Hier findet man auch den **Hailuoto Leuchtturm [WP 174 / N 65° 02′ 25.6″ E 24° 33′ 48.3″]** mit Hotel-Restaurant und kleinem Fischereihafen.

CAMPING AUF HAILUOTO

Marjaniemi/Hailuoto

Camping Ranta-Sumpuu [WP 173 / N 65° 02′ 03.2″ E 24° 34′ 08.3″], Sumpuntie 103, Tel. 08 81 00 690, www.rantasumppu.com; Ende Juni – 31. Aug.; an der Westküste der Insel, Dünengelände mit Nadelbäumen, teils mit befestigten Stellplätze und eine separate Zeltwiese, Badestrand; Imbiss; Cafeteria, Sauna, Waschmaschine mit Trockner, Entsorgungseinrichtung für Chemikaltoiletten; Standausstattung; 17 Miethütten.

16. OULU – VAASA

Länge der Tour: Rund 340 km.

Die Route: Straße 8/E8/E75 bis **Liminka** – Straße 8/E8 über **Raahe/Brahestad** und **Kalajoki** bis **Kokkola/Karleby** – Straße 749 über **Jakobstad/Pietarsaari** bis **Ytterjeppo** – Straße 8 bis **Vaasa**.

Reisedauer: Mindestens ein Tag.

Höhepunkte: Das **Raahe Museum** ** in Raahe – der alte **Stadtteil Neristan** * von **Kokkola/Karleby** – das **Jakobstad Museum** ** – das **Arktische Museum Nanoq** * – die **Museen** ** in Vaasa ** – das **Handwerkerdorf Stundars Käsityöläiskylä** *** bei Vaasa.

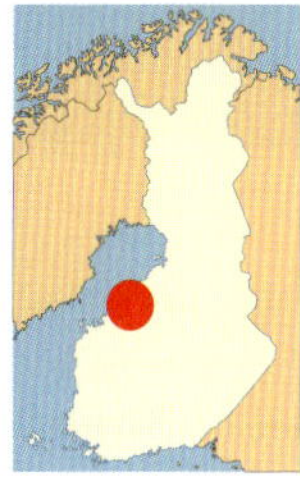

ROUTE: *Von Oulu auf der Autobahn E8/E75 südwärts bis* **Liminka** *(22 km). Dort zweigt man südwestwärts ab auf die Straße 8/E8 und fährt über* **Raahe/Brahestad** *und* **Kalajoki** *bis* **Kokkola/Karleby** *(rund 180 km).*

77 km südwestlich von Oulu erreicht man **Raahe/Brahestad**. Der schwedische Graf Per Brahe hatte das Hafenstädtchen 1649 gegründet. Damals hieß es noch Salo. Heute leben in Raahe annähernd 23.000 Menschen. Wirtschaftlicher Schwerpunkt war lange der Hafen der Stadt, später kam Stahlindustrie hinzu. In jüngerer Zeit nimmt Computer Engineering immer mehr Raum ein.

Schön ist das Erscheinungsbild vor allem der **Altstadt** mit ca. 200 restaurierten Holzhäuser, die allerdings vornehmlich aus dem19. Jh. stammen und nach einem verheerenden Stadtbrand entstanden sind. Das Altstadtensemble mit rechtwinkeligem Straßenraster gruppiert sich um die mächtige Steinkirche und um den stattlichen Platz Pekkatori. Die Mitte des Platzes ziert ein Denkmal des Stadtgründers Per Brahe,

der als Generalgouverneur der schwedischen Krone in Finnland tätig war.

Das **Raahe Museum [WP 177 / N 64° 41′ 13.9″ E 24° 28′ 19.5″]**, Rantakatu 33 *(geöffnet Juni – Aug. Mo – Fr 12 – 18 Uhr, Sa + So 12 – 16 Uhr; übrige Zeit Di – Fr 13 – 17 Uhr, Sa 12 – 16 Uhr; www.raahe.fi)*. Das Museum liegt unmittelbar am Wasser am Rande des Altstadtviertels und zeigt u. a. den ältesten Taucheranzug der Welt, den man in Raahe als „Wanha Herra", den „Alten Herrn" kennt. Der Taucheranzug wurde ausgangs des 18. Jh. ganz aus Leder hergestellt. Weitere Sammlungen zeigen Exponate aus

Das Raahe Museum

exotischen Ländern sowie kulturhistorische Ausstellungen, Kunsthandwerk, Spielzeug u. ä. Eingerichtet ist das Museum im alten Zollgebäude aus der Mitte des 19. Jh.

Ganz in der Nähe des Raahe Museums ist aus dem ausgehenden 18. Jh., der Zeit reicher Reeder und Kaufmannsfahrer an der finnischen Westküste, das sog. **„Gröna slottet"**, das ehemalige

PRAKTISCHE HINWEISE – RAAHE

Tourist Information Office, Kirkkokatu 28, 92100 Raahe, Tel. 04 44 39 32 40, www.raahe.fi.

HOTEL

Raahen Hovi, 78 Zi., Kirkkokatu 28, Tel. 08 21 16 400, www.raahenhovi.fi; gutes Mittelklassehotel im Zentrum der Stadt, Restaurant, Sauna Cabinet für 15 Personen.

CAMPING

Camping Raahe Kylmäniemi [WP 176 / N 64° 41' 41.7" E 24° 29' 05.1"], Parkaasintie 2, Tel. 08 43 93 241; 15. Mai – 31. Aug.; am nördlichen Ortsrand von Raahe, beschilderte Zufahrt; naturbelassenes Wiesengelände von Wald umgeben. Nur zeitweise beaufsichtigt. Einfache Sanitärausstattung. Kiosk, Sauna, Waschmaschine mit Trockner, Fahrradverleih. **V & E für Wohnmobile**. 14 Miethütten.

Pyhäjoki

Camping Kielosaari, [WP 178 / N 64° 27' 33.0" E 24° 14' 32.4", Vanhatie 73, Tel. 08 43 32 12, www.kielosaari.fi; Pyhäjoki liegt rund 33 km südlich von Raahe, beschilderter Abzweig von der Straße 8/E8 bei der Shell-Tankstelle und noch ca. 1 km, Platzzufahrt über Holzbrücke bis 3,5 t! Einfahrtstor mit 3,30 m Höhe! Gegenüber den Sportstätten gelegen. Zumindest außerhalb der Ferienzeit meist sich selbst überlassener Platz mit einfacher Ausstattung. Kiosk, Sauna, **V & E für Wohnmobile**. 17 Miethütten.

Stadthaus des Reeders Sovelius fast unverändert erhalten geblieben, Rantakatu 36 *(geöffnet 27. Juni – 1. Aug. 12 – 18 Uhr, übrige Zeit nur nach Vereinbarung! Änderung möglich!)*. Es ist das älteste Wohnhaus der Stadt und beeindruckt den Besucher vor allem durch seine Ausstattung, die dem luxuriösen Lebensstil einer wohlhabenden Reederfamilie im 19. Jh. entspricht.

Sehenswert sind weiter das **Apothekenmuseum**, Kauppakatu 31, *(geöffnet Ende Juni Mitte Aug. Mo – Fr 12 – 18 Uhr, Sa – So 12 – 16 Uhr, übrige Zeit nur nach Vereinbarung, Änderung möglich!)* und das erst in jüngerer Zeit eröffnete **Kruununmakasiini**, das ehemalige **Königliche Kornhaus**. In dem Backsteingebäude in der Merikatu Nr. 10 aus dem Jahre 1852, konnten bis zu 12.000 Fass Getreide zu je 165 Liter aufbewahrt werden. Nach umfassenden Renovierungsarbeiten dient das Gebäude fürderhin als Stadt- und Regionalmuseum.

Der Ort **Kalajoki** liegt in einer beliebten Ferienregion, deren besondere Attraktion – neben dem **Vergnügungspark JukuJukuMaa** – die weißen **Sanddünen von Hiekkasärkät** sind, den nördlichsten der Welt.

Interessant ist das **Fischereimuseum Kalastusmuseo [WP 179 / N 64° 16′ 03.1″ E 23° 55′ 42.8″]**, beschildert mit „Plassi" (www.vanhaplassi.fi) im nördlichen Ortsbereich. Dieses Museum ist kein einzelnes Gebäude, sondern es handelt sich – einem Freilichtmuseum nicht unähnlich – um eine

PRAKTISCHE HINWEISE – KALAJOKI

Kalajoki Tourist Information, Jukupolku 5, Tel. 08 46 66 55, www.kalajokimatkailu.fi; *geöffnet tgl. 8 – 20 Uhr.*

RESTAURANTS

Tapion Tupa, Matkailutie 3, Hiekkasärkät, Tel. 08 46 66 22, www.tapiontupa.com; das Lokal gehört zu einer Ferienanlage mit Hüttendorf, Tapioland Wasserpark, Supermarkt mit Souvenirladen und sogar eine Campingmöglichkeit. Und das Restaurant und die Cafeteria laden ein zum Genießen von typisch ostbottnischen Gerichten.

Pihvitupa Steak House, Hilmantori 2, Hiekkasärkät, Tel. 08 46 66 08, www.ravintolapihvitupa.fi; das gemütliche, rustikale Lokal ist beliebt wegen der besten Steaks in der Region. Man findet das Steak House inmitten der Ferienansiedlung Särkät.

HOTEL

Hotelli Rantakalla, 35 Zi., Matkailutie 150, Tel. 08 46 66 42,www.rantakalla.fi; gutes Mittelklassehotel direkt am langen Sandstrand gelegen, modern eingerichtete Zimmer, 23 Appartements mit eigener Sauna und Blick zum Meer. Restaurant mit Terrasse. Parkplatz.

CAMPING

Top Camping Kalajoki [WP 181 / N 64° 13′ 57.6″ E 23° 48′ 09.1″], Hiekkasärkät, Tuomipakkaintie, Tel. 08 46 95 200, www.kalajokicamping.fi; 8. Juni – 26. Aug.; 10 km südlich von Kalajoki, Wiesengelände an schöner Sandbucht; ca. 40 ha – 1.100 Stpl.; Komfortausstattung; Restaurant, Imbiss, Supermarkt, Waschmaschine mit Trockner, WLAN, Schwimmbad, Fahrradverleih, Surfcenter, Minigolf, weiter Sandstrand, Hotel. 73 Miethütten. **V & E für Wohnmobile**; die Anlage gehört zum Ferienzentrum Kalajoki Resort mit Wellnesseinrichtungen im Spahotel Sani. Nahe des Vergnügungsparks JukuJukuMaa.

Der Strand von Hiekkasärkät

Reihe der unterschiedlichsten Gebäude an der Mündung des Kalajoki in die Bottnische See, die bis in die 30er/40er Jahre des vergangenen Jahrhunderts hinein den lebhaften Handelsplatz Plassi bildeten, heute kaum noch vorstellbar. Später entstand hier etwas weiter nördlich ein großes Sägewerk und auf der anderen Flussseite hatte sich eine große Schiffswerft für Holzboote etabliert.

Mittelpunkt des Handelsplatzes ist die **Fabrikantenvilla Havula [WP 180 / N 64° 16' 16.1" E 23° 55' 54.3"]**. Sie ist während der Sommermonate zu besichtigen *(geöffnet Mitte Juni – Mitte Aug. Mi – Fr 12 – 18 Uhr, Sa + So 12 – 16 Uhr)*.

Kokkola/Karleby wurde bereits 1620 vom schwedischen König Gustav II. Adolf gegründet und gehört somit zu den ältesten Städten Finnlands. Die Stadt blühte im 18. und 19. Jh. durch Schiffbau, Handel und Teerindustrie auf. Kokkola ist die nördlichste zweisprachige Stadt (Finnisch/Schwedisch) des Landes. Auch auf kulturellem Gebiet hat Kokkola einiges zu bieten. So hat hier z. B. das weit über die Grenzen des Landes hinaus bekannte Kammerorchester von Mittelostbottnien seinen Sitz.

Einer der bedeutendsten Söhne der Stadt war Anders Chydenius (1729 – 1803), der zunächst als Pfarrer in Kokkola wirkte, in der Stadt aber auch das kulturelle Leben bereicherte, in dem er z. B. eine der ersten Bibliotheken in Finnland einrichtete und sich später einen Namen als Abgeordneter und Wirtschaftswissenschaftler machte.

Chydenius wurde auch schon mit dem Beinamen „Adam Smith des Nordens" belehnt. Der Engländer Adam Smith lebte im 18. Jh. und gilt als Begründer der Volkswirtschaftslehre.

Neben seinen wissenschaftlichen Arbeiten fand Chydenius auch noch Zeit, seinen gesellschaftlichen Einfluss auch für eine bessere Gesellschaft, für Demokratie und Gleichberechtigung und die Respektierung von Menschenrechten geltend zu machen.

Nach Anders Chydenius ist die Universität von Kokkola benannt. In einem Nebengebäude des Pfarrhauses aus dem Jahre 1736, in dem Chydenius einige Zeit lebte, ist ein Gedenkzimmer eingerichtet.

Sehenswert in Kokkola ist u. a. der alte **Stadtteil Neristan [WP 185 / N 63° 50' 27.4" E 23° 08' 01.7"]** (Parkplatz Nähe Marktplatz), mit einem Straßengrundriss von 1665 und einem gut erhaltenen Holzhausviertel.

Eine besondere Sehenswürdigkeit am Südrand der Altstadt ist das **Roos-Haus [N 63° 50' 14.18" E 23° 7' 50.62"]**, Pitkänsillankatu 39, Ecke Isokatu. 1813 hatte sich die wohlhabende Kaufmannsfamilie Roos dieses stattliche, repräsentative Haus errichten lassen. Der Familienpatron Andreas Roos galt damals als reichster Mann Finnlands.

Heute ist im Roos-Haus das **K. H. Renlund-Museum** untergebracht *(geöffnet 1. Juni – 31. Aug. Di – So 11 – 16 Uhr, 1. Sept. – 31. Mai Di – Fr 12 – 15 Uhr, Do bis 20 Uhr, Sa + So 12 – 17 Uhr)*. Ausgestellt ist die reiche Kunstsammlung von Karl Hermann Renlund (1850 – 1908), die der Kommerzienrat einst der Stadt vermacht hat, sowie eine Sammlung von Werken von Vaikko Vionoja (1909 – 2001). Und in einem Nebengebäude, dem ehemaligen Salzmagazin des Roos-Hauses, ist heute die Kamerasammlung des Fotografen Leo Torppa zu sehen.

Bemerkenswert ist darüber hinaus das **Rathaus** von Carl Ludvig Engel. Nördlich davon erstreckt sich entlang des Stadtkanals „Suntti" der einladender **Englische Park**, der Stadtpark von Kokkola. Da wo sich heute der Park ausdehnt, spielte sich bis ins 19. Jh. der Teermarkt ab. Teer war für Kokkola lange der wichtigste Exportartikel. Im Park findet man auch einen „Teerpfad" mit Infotafeln zu diesem Thema. Neben diversen Skulpturen, wie der hübschen weißen Beltija-Statue, ist in einem kleinen Gebäude eine im Krimkrieg erbeutete Barkasse der Königlich Englischen Flotte zusehen. Und wenn Sie hier im Sommer abends spazieren gehen, können Sie den beleuchteten Wasserorgeln zusehen.

Ein gutes Stück südlich der Altstadt liegt im Viertel Kirkkonmäki die

Im Holzhausviertel Neristan, Kokkola/Karleby

PRAKTISCHE HINWEISE - KOKKOLA/KARLEBY

Kokkola Tourist Information [N 63° 50' 22.15" E 23° 7' 59.89"], Marktplatz Kauppatori 3, FI-67100 Kokkola, Tel. 06 82 89 402; www.visitkokkola.fi; www.neristan.fi.

HOTELS

Hotel Seurahuone, 45 Zi., Torikatu 24, Tel. 020 79 59 600, www.seurahuone.com; alteingesessenes Mittelklassehotel im Zentrum mit Restaurant, Pub mit Livemusik, mittwochs bis sonntags ist eine Karaoke Bar geöffnet und ein Nachtclub sowie 3 Saunas, in einer davon kann man sogar am offenen Feuer auch speisen. Parkplätze.

Best Western Hotel Kokkola, 76 Zi., Rantakatu 14, Tel. 06 82 41 000, www.hotelkokkkola.fi; Mittelklassehotel nahe der Altstadt Neristan und dem Shopping Center Chydenia gelegen, Frühstücks-Restaurant. Garage.

CAMPING

Camping Kokkola [WP 183 / N 63° 51' 13.6" E 23° 06' 36.5"], Meritie 10, Tel. 06 83 14 006, www.kokkola-camping.fi; Jan. – Dez.; am nördlichen Ortsrand von Kokkola an der Straße 749; von Baumgruppen durchsetztes ebenes Wiesengelände an einem Wasserarm und neben dem Freizeithafen. Badebucht mit Sandstrand im Gehnähe. Standard-Sanitärausstattung. Restaurant, 21 Miethütten.

Steinkirche Kaarlela [WP 186 / N 63° 49' 37.9" E 23° 07' 41.5"]. Die Kirche stammt aus der Zeit um 1460 und gilt als ältestes Gebäude der Stadt. Ausgangs des 18. Jh. erfuhr der Kirchenbau maßgebliche Umbauten, die von dem damals hier wirkenden Pfarrer Anders Chydenius (s. o.) beaufsichtigt wurden. Beachtung im Kircheninneren verdient die Kanzel, die 1622 aus Schweden hierher gebracht wurde, sowie der sog. „Almosenempfänger", eine Holzfigur aus der Zeit um 1784. Die Holzplastik gilt als die älteste ihrer Art in Ganz Finnland. Almosenempfänger fand man früher vor vielen Kirchen. Sie dienten als Opferstock, in den man ein Almosen für Arme und Mittellose werfen konnte.

Der „Almosenempfänger" bei der Steinkirche Kaarlela bei Kokkola/Karleby

Ebenfalls auf dem Kirchhügel liegt das **Kaarlela Heimatmuseum**, Kirkkopolku 4 *(geöffnet 1. Juni – 31. Aug. Di – So 11 – 16 Uhr)*, ein kleines Freilichtmuseum mit Bauernhof, Scheune Schmiede, Gerberei und mit dem ehemaligen Pfarrhaus mit Anders Chydenius Gedächtniszimmer (s. o.).

Ca. 8 km östlich von Kokkola liegt in der Gemeinde **Kälviä** an der Straße 8 das **Traktor- und Bauernmuseum Eläinpuisto Museokylä [WP 182 / N 63° 51' 24.2" E 23° 18' 58.3"]**, Valtatie 8 *(geöffnet Mitte Mai – Ende Aug. tgl. 10*

– *18 Uhr; www.elainpuisto.fi).* Sehenswert in dem privat geführten Museum mit Streichelzoo sind die etwa 30 alten Traktoren und Oldtimerautos.

Ein beliebtes Ziel sommerlicher Schiffsausflüge ist die **Leuchtturminsel Tankar**. Vom Schiffsanleger mit Parkplatz **[WP 184 / N 63° 51' 27.4" E 23° 06' 53.8"]** startet die **M/S Jenny** zu fünfstündigen Ausflugsfahrten zur Leuchtturminsel. Das Schiff verkehrt von Anfang Juni bis 31. Aug. Mi, Sa + So um 12.00 Uhr ab Maripuisto/Kokkola, Ankunft Tankar um 13.30 Uhr, Abfahrt Tankar um 15.30 Uhr Ankunft Maripuisto/Kokkola um 17.00 Uhr. Von Mitte Juni bis Mitte Aug. Abfahrten tgl. außer Mo und samstags auch um 18.00 Uhr.

Viele Generationen lang war Tankar eine wichtige Niederlassung von Robbenfängern und Fischern. Und seit 1889 bietet der Leuchtturm von Tankar der Schifffahrt eine wichtige Orientierungshilfe in den von zahllosen Inseln und Klippen durchsetzten Küstengewässern. Heutige Besucher können die Insel Tankar auf **Naturpfaden** erkunden, von Mitte Juni bis Mitte August den samstags und sonntags von 13.30 bis 15.15 Uhr geöffneten **Leuchtturm** gegen Gebühr besteigen, sich die **Fischerkapelle** von 1754 oder das **Robbenfängermuseum** ansehen oder im **Café-Restaurant** eine Pause einlegen (www.tankar.fi). Wer länger bleiben will, kann im Tankar Inn (5 Zimmer) oder im Haus des Leuchtturmwärters übernachten, Infos dazu unter Tel. 06 82 89 402, www.tankar.fi.

ROUTE: *Die Kokkola Küstenstraße 749 wird auch als „Sieben-Brücken-Straße" bezeichnet. Sie führt durch schöne Küstenlandschaft über die Orte* **Öja**, **Eugmo** *und* **Holm** *nach* **Jakobstad/Pietarsaari**.

Jakobstad/Pietarsaari, eine Stadt am Bottnischen Meerbusen mit fast 400jähriger Geschichte, kann für sich in Anspruch nehmen, eine der wenigen Städte der Welt zu sein, die von einer Frau gegründet worden sind. Die schwedische Gräfin Ebba Brahe war dafür verantwortlich, dass hier 1652 der Grundstein zu einer Stadt gelegt wurde. Benannt hat die Gräfin die Neu-

Der Leuchtturm auf der Insel Tankar. Foto: Visit Finland Media Bank

gründung nach ihrem verstorbenen Gemahl Jacob de la Gardie. Wie vielen Hafenstädten am Bottnischen Meerbusen gelang es auch Jakobstad vom Handel mit Holz und Teer zu profitieren. Auch der Schiffbau erlebte bis ins 19. Jh. hineine in Jakobstad eine Blütezeit. Gekrönt wurde diese Aera mit der Barke „Herkules", der als erstem finnischen Segler eine Weltumrundung gelang. Vor allem im 19. Jh. war Jakobstad Heimathafen einer ganzen Reihe von Großseglern. Mit der Rekonstruktion des Zweimasters „Jakobstads Wapen" wird an die große Zeit der Windjammer, der Seefahrt und des Seehandels erinnert. Das Schiff liegt, falls es nicht gerade verchartert ist, im Westen der Stadt im Gamla Hamn/Vanha Satama.

Ein der namhaften Persönlichkeiten Finnlands, die in Jakobstad/Pietarsaari das Licht der Welt erblickten, ist der Nationaldichter Johan Ludvig Runeberg (1804 – 1877). **Runebergs Sommerhütte [N 63° 42' 10.53" E 22° 43' 50.72"]** am Österpåvegen, nordöstlich außerhalb der Stadt ganz in der Nähe des Campingplatzes, kann zwischen Mittsommer und Ende August täglich von 12 – 16 Uhr besichtigt werden. Runeberg erhielt das Sommerhaus 1851 als Zeichen der Wertschätzung von dem wohlhabenden Reeder und Kaufmann Mattson Malm vermacht.

Das **Jakobstad Museum [N 63° 40' 18.46" E 22° 42' 12.77"]**, Storgatan 2 (Isokatu 2), ist im ehemaligen Stadthaus der Reederfamilie Malm eingerichtet *(geöffnet tgl. 12 – 16 Uhr)*.

Das Anwesen der Malms wurde 1838 nach dem großen Stadtbrand vom 2. September 1835 fertiggestellt. Es war die Zeit, in der die Familie Malm über die größte Handelsflotte der Gegend verfügte.

Der letzte Spross der Reederfamilie, Otto, starb 1898 ohne Nachkommen. Das große Familienanwesen hatte er in seinem Nachlass der Stadt Jakobstad/Pietarsaari vermacht. Obwohl ein Großteil der Einrichtungs- und Kunstgegenstände der Familie 1904 unter den Hammer kamen, sind die zu besichtigenden Salons und Räumlichkeiten der Malms noch immer sehenswert eingerichtet.

In Nebengebäuden sind ein nostalgischer Tante-Emma-Laden und „Rita's Haarstudio" zu bestaunen. Andere Museumsabteilungen geben Einblick in die Lebensumstände in Jakobstad/Pietarsaari im 18. und 19. Jh. und befassen sich mit Seefahrt und Schiffbau.

Der **Stadtteil Skata** nördlich der Innenstadt und der Skolgatan, früher das Wohnviertel von Handwerkern und Seeleuten, gilt als größtes, zusammenhängendes, unverändert aus dem 18. Jh. erhaltenes Holzhausviertel Finnlands

Wer kennt noch Zichorie-Kaffee? In Jakobstad können Sie der Geschichte dieses Kaffee-Zu- bzw. Ersatzes früherer Zeiten nachspüren. Gewonnen wird der Stoff aus einer Pflanzenwurzel, die der Familie des Chicorée und der Wegwarte zuzuordnen ist. Das **Museum** in einer ehemaligen **Zichorienfabrik [N 63° 42' 25.61" E 22° 41' 46.70"]** des Industriellen Wilhelm Schauman aus dem Jahre 1893, liegt nördlich der Innenstadt an der Straße Alholmintie/Alhomsvägen 71 *(geöffnet Juni + Juli Di – Fr 12 – 16 Uhr; www.sikurimuseo.fi)*.

Nicht weit nördlich der Zichorienfabrik findet man ein Motorenmuseum.

PRAKTISCHE HINWEISE – JAKOBSTAD/PIETARSAARI

Jakobstad City Tourist Information [WP 188 / N 63° 40' 27.8" E 22° 42' 15.0"], Salutorget 1, FI-68600 Jakobstad, Tel. 06 72 31 796; www.jakobstaad.fi.

HOTEL

Hotel Epoque, 35 Zi., Jakobsgatan 10, Tel. 08 67 88 71 00, www.hotelepoque.fi; moderne Firstclasshotel im ehemaligen „Tullhuset" mit ausgezeichnetem Restaurant, einer Lounge Bar und einem Café.

CAMPING

Camping Svanen-Joutsen [WP 63° 42' 16.9" E 22° 43' 43.6"], Luodontie 50, 68660 Jakobstad, Tel. 06 72 30 660, www.pkol.cop.fi/svanen; 1. Juni – 31. Aug.; beschilderte Zufahrt vorbei am riesigen Holzkraftwerk; einfache Campingmöglichkeit am westlichen Ortsrand von Jakobstad. 1,5 ha – 35 Stpl.; 32 Miethütten.

Sollte Sie Interesse an selten gewordenen Heil- und Nutzpflanzen haben, lohnt ein Besuch im **Aspergens Trädgård / Aspegrens Garten [N 63° 40' 12.43" E 22° 42' 42.36"]** auf dem Rosenlund Anwesen am Südrand der Innenstadt (www.rosenlund.fi). Parkplätze findet man in den Straßen Masaholmsvägen und Trädgårdsgatan. In von Backsteinmauern umgebenen Gärten werden Küchenkräuter und Heilpflanzen, so wie sie im 18. Jh. verwendet wurden, angebaut und gepflegt. Darüber hinaus gibt es einen Rosengarten und einen „Biblischen Garten".

In einem ehemaligen Stallgebäude aus der Mitte des 18. Jh. ist heute das **Heimat- und Regionalmuseum für Jakobstad** eingerichtet *(geöffnet Anf. Juli – Mitte Aug. Di - Sa 12 – 16 Uhr, So 12 – 15 Uhr).*

Einladendes **Café „Örtagården"** („Kräutergarten") in der Orangerie. Das Café ist von Ende Mai bis Mitte September dienstags bis samstags von 11 bis 17 Uhr geöffnet. Der Kräutergarten selbst ist ganzjährig täglich zugänglich.

Weiter südlich der Innenstadt liegt an der Vaasantie die **Pedersöre-Kirche [N 63° 39' 52.90" E 22° 42' 7.67"]** aus dem 13. Jh. Am Eingang zur Kirche steht der „Fattiggubbe", ein hölzerner Bettler oder „Almosenmann". Diese Art von Holzfiguren findet man noch an vielen Kirchen dieser Gegend.

Knapp 7 km westlich von Jakobstad/Pietarsaari Richtung Fäboda liegt das **Arktische Museum Nanoq Arktinen museo nanoq [WP 189 / N 63° 39' 25.4" E 22° 35' 04.9"]** *(geöffnet 1. Juni – 31. Aug. tgl. 12 – 18 Uhr, übrige Zeit Di – Fr 12 – 16 Uhr; www.nanoq.fi).* In grönländischer Sprache bedeutet Nanoq so viel wie Eisbär. Das Museum befasst sich denn auch mit Leben und Kultur der Eskimovölker. Große Freilichtabteilung mit Wildhütten, Goldgräberblockhütten, Trapperhütten, Torfhäusern u. a. Sommercafé.

ROUTE: *Von Jakobstad/Pietarsaari auf der Straße 749 über* **Nykarleby/Uusikaarleppyy** *nach* **Munsala** *an der Straße 8/E8.*

Aus **Nykarleby/Uusikaarleppyy** stammt der Finnische Dichter und „Märchenerzähler" Zacharias (Sakari) Topelius. Außer als Dichter wurde Topelius vor allem als Autor von Kinderbüchern im Lande populär. Eine seiner von den Kindern geliebten Geschichte handelt zum Beispiel von der Elfe in der Burg von Turku. Topelius betätigte sich auch als Journalist bei der Helsingfors Tidningar, wo er seine ersten Werke veröffentlichen konnte. Und von 1854 bis 1878 war er Professor und Rektor an der Universität in Helsinki. Topelius starb am 12. März 1898 in Sibbo/Björkudden.

Sein Elternhaus **Kuddnäs Gård** im Jakobstadsvägen 22, in dem Topelius am 14. Januar 1818 das Licht der Welt erblickte, dient heute als Museum *(geöffnet 15. Mai – 31. Aug.; www.nykarleby.fi).* Das weiße Wohnhaus ist von einem hübschen Park umgeben. Dort findet man auch ein Backhaus, einen Wagenschuppen und einen Lustpavillon. Es gibt ein Café.

Besichtigen kann man weiter das **Nykarleby Stadtmuseum** (Josef-Herler-Sammlung, Trachtensammlung aus dem 19. Jh., Handel und Seefahrt).

Sehenswert ist die alte **Kirche von Nykarleby [WP 190 / N 63° 31' 22.6" E 22° 31' 35.7"]**. Die markante Kirche an der Brücke über den Nykarlebyfluss ist der Heilige Brigitta geweiht, stammt aus der Zeit um 1708 und zählt somit zu einer der ältesten Holzkirche Finnlands. Der freistehende Glockenturm hinter der Kirche stammt aus dem Jahre 1702. Eine der drei Glocken dort ist fast 400 Jahre alt.

Das Kircheninnere weist beachtenswerte Deckenmalereien auf, mit dem Symbol der Dreifaltigkeit im Zentrum, umrahmt von Wolken, Engeln und Trompeten. Auffallend sind die ge-

In der alten Kirche von Nykarleby

malten Vorhänge an den Fenstern. Sie stammen aus der Mitte des 18. Jh. und wurden vor allem von Daniel Hjul-ström gefertigt, dem auch das Altarbild zugeschrieben wird. Von dem Kirchenmaler Johan Alm stammt die Gestaltung der prächtigen Kanzel. Die Buntglasfenster im Chor sind jüngeren Datums. Sie stammen aus dem Jahre 1940.

In **Munsala**, ca. 8 km südlich von Nykarleby, lohnt ein Besuch in der **Kirche von Munsala [WP 191 / N 63° 27' 14.7" E 22° 26' 05.7"]**, die über die älteste noch in Gebrauch befindliche Kirchenorgel verfügt. Sie tut ihren Dienst seit nunmehr über 300 Jahren. Beachtung verdienen die Malereien im Kircheninneren und die Buntglasfenster rechts und links vom Altar. Erbaut wurde die aus Feldsteinen errichtete Kirche im Jahre 1784.

Mitte des 19. Jh. tat sich die Gemeinde Munsala als Pionier auf dem Gebiet der Schulbildung hervor. Andreas Svedberg gründete 1862 in Munsala die erste Volksschule im damals schwedischen Teil Finnlands, in der auch Lehrer ausgebildet wurden. Das Schulmuseum **Finnlands Svenska Skolmuseum** in Svedbergs erstem Schulhaus erinnert an diese Zeit.

ROUTE: *Weiterreise auf der Straße 8/E8 entlang der Westküste nach* **Vaasa/Vasa**.

Vaasa/Vasa [WP 193 / N 63° 05' 38.3" E 21° 36' 38.1"] konnte kürzlich seine 400jährige Stadtgründung feiern. Vaasa ist eine zweisprachige Stadt. Man spricht nicht nur Finnisch, sondern auch Schwedisch. Vieles in Vaasa hat Verbindungen zur schwedischen Kultur und vieles gibt es doppelt, Zeitungen zum Beispiel, Straßennamen, Theatervorstellungen, Schulunterricht etc.

Das ursprüngliche Vaasa wurde schon 1606 vom Schwedenkönig Karl IX. gegründet. Der Ort war damals einer der ersten Handelshäfen in Ostbottnien. 1852 fiel die Stadt einem verheerenden Feuer zum Opfer und wurde fast komplett zerstört. Mit dem Neuaufbau von Vaasa wurde zehn Jahre später und 7 km südlich der verbrannten Stadt auf der Landzunge Klemetsö begonnen. Für vier Monate im Jahre 1918, vom 29. Januar bis 3. Mai, wurde Vaasa die Ehre zuteil, Hauptstadt Finnlands zu sein.

Die Ruinen von **Gamla Vaasa [WP 197 / N 63° 04' 27.7" E 21° 43' 17.0"]** sind über die Straße 715, der alten Zufahrtsstraße zur Stadt, zu erreichen. Reste einer Festungsanlage erinnern an die Ursprünge der Stadt.

Heute leben in Vaasa gut 60.000 Einwohner, von denen fast drei Viertel Finnisch sprechen.

Sehenswerte Museen und Ausstellungen

Heimatmuseum Österbotten & Terranova, Museokatu 3 *(geöffnet Di – So 12 – 17 Uhr, Mi bis 20 Uhr, Fr freier Eintritt)*. Zentraler Teil des Museums ist eine Ausstellung zur Geschichte, Kultur und wirtschaftlichen Entwicklung der Stadt, die durch Sammlungen von Volkskunst, Gemälden und Möbel, Glas- und Keramikobjekte, Fotografien und Filme ergänzt werden.

Die UNESCO-Weltkultur-Ausstellung Terranova befasst sich mit dem Kvarken Archipel, mit Flora und Fauna der zerklüfteten Inselwelt vor Vaasa. U. a. erfährt man in der Terranova-Ausstellung, dass ein Phänomen des Archipels darin liegt, dass sich das Gebiet seit dem Abschmelzen des drei Kilometer dicken Eispanzers vor etwa 20.000 Jahren jedes Jahr um sage und schreibe acht Millimeter hebt.

Kuntsi Museum für Moderne Kunst, Satama puisto *(geöffnet Di – So 11 – 17 Uhr, Do bis 20 Uhr, Fr freier Eintritt)*. Ursprung des Museums ist die Kunstsammlung von Konsul Simo Kuntsi (1913 – 1984). Er hatte alle seine in Jahren zusammengetragenen wertvollen Kunstobjekte (Pop Art, Surrealismus, Postmoderne, Expressionismus etc.) der Stadt Vaasa vermacht, mit der Maßgabe, dass die Sammlung in der Stadt zu verbleiben hat und der Öffentlichkeit zugänglich gemacht wird. Wechselnde Ausstellungen bereichern das Kunstangebot des Museum.

Kunstgalerie Tikanoja, Hovioikeudenpuisto 4 *(geöffnet Di – Sa 11 – 16, So 12 – 17 Uhr, www.tikanojantaidekoti.fi)*. Eingerichtet ist die Galerie im ehemaligen Wohnhaus des wohlhabenden Unternehmers Frithjof Tikanoja (1877 – 1864). Zu sehen ist die Gemälde-sammlung Tikanojas, darunter sind Werke von Pablo Picasso, Paul Gaugin,

Die Stadtkirche von Vaasa

Edgar Degas sowie Arbeiten finnischer Künstler wie Albert Edelfelt u. a. Auch wechselnde Ausstellungen.

Brage Freilichtmuseum, Hietalahti *(geöffnet Ende Juni – Mitte Aug. Di – Fr 11 – 17 Uhr, Sa + So 12 – 16 Uhr; www.vasabrage.fi)*. Zu sehen sind u. a. neun historische Holzgebäude, die einst zum Harfschen Gehöft bei Närpes gehörten und um 1920 hierher gebracht wurden, um den Kern des Freilichtmuseums im Stil eines ostbottnischen Bauernhofes zu bilden. Fast alle Gebäude sind noch original eingerichtet. Besonders interessant ist die Stube im Hauptgebäude, die als ostbottnische Brautstube hergerichtet ist. Eine zünftige Bauernhochzeit wurde damals ausgangs des 19. Jh. noch drei ganze Tage lang gefeiert.

Im Laufe der Zeit wurde das Museum um weitere historische Gebäude vor allem aus der Küstenregion ergänzt. Ebenso interessant wie ungewöhnlich ist das aus Steinen gelegte, begehbare Labyrinth, die sog. Trojaburg.

Vaasa Auto- und Motormuseum, Myllykatu 18 *(geöffnet 1. Mai – 30. Sept. tgl. 11 – 16 Uhr; www.vaasanveteraaniautoseura.fi)*, zu sehen sind auf mehreren Etagen über 100 Oldtimer, Motorräder und Motoren.

Das eher bescheidene **Seehistorische Museum Merimuseo/Sjömuseum Vaasa [WP 195 / N 63° 06' 24.4" E 21° 35' 10.7"]** liegt auf der Halbinsel Brandö, Salmikatu *(geöffnet Ende Mai – 31. Aug. Mo – Fr 11.30 – 18.30 Uhr)*. Informiert wird über den Hafen und das maritime Leben in Vaasa und an den finnischen Küsten.

Besonders lohnend ist ein Besuch im sog. **Handwerkerdorf Stundars Käsityöläiskylä [WP 198 / N 63° 00' 51.5" E 21° 38' 44.6"]** beim Ort **Solf/Sulva**, Stundarsvägen 5 *(geöffnet Ende Juni – Mitte Aug. tgl. 11 – 17 Uhr www.stundars.fi)*, ca. 15 km südlich von Vaasa gelegen. In dem wunderschönen Freilichtmuseum kann man nicht weniger als 43 historische Gebäude, hübsche rote Häuschen, Werkstätten, die meisten noch original eingerichtet, sowie zwei Windmühlen bestaunen.

Im Sommer wird hier das Fest „Kalas på Stundars" veranstaltet, ein traditionelles Hochzeitsfest, wie es früher gefeiert wurde.

Übrigens – Die weite Ebene **Söderfjärden** westlich von Solf, mit einem

Stundars Freilichtmuseum

Durchmesser von rund 6 km, rührt von einem urgewaltigen Meteoriteneinschlag her, der hier vor 500 Millionen Jahren niederging. Heute ist das Gebiet ein Refugium selten gewordener Vögel. Im Herbst können hier Kolonien von rastenden Kranichen beobachtet werden.

Das **Söderfjerden Informationszentrum**, Marenintie 226 *(geöffnet 20. Mai – 30. Sept. Mi 18 – 20 Uhr, So 14 – 20 Uhr; www.meteoria.fi)* mitten im Kratergebiet, informiert mit seinen Ausstellungen über die geologischen Hintergründe des Kraters, sowie über Flora und Fauna der Region. Außerdem findet der Besucher hier neben einem Café und einer alten Getreidescheune einen Turm zur Vogelbeachtung.

Die Replot-Brücke

Bei ausreichend zur Verfügung stehender Zeit lohnt die Fahrt von Vaasa auf der Straße 724 und über die **Replot-Brücke**, mit 1.045 m Finnlands längster Brücke, nach **Replot/Rallpaluoto** auf der Insel Vallgrund.

Vor der großen Brücke findet man in schöner Lage am Meer den bestens ausgestatteten **Rastplatz Fjärdskär [WP 196 / N 63° 12′ 20.3″ E 21° 29′ 26.1″]**, siehe auch weiter unten.

Vor allem in Sommer bietet es sich an, einen **Schiffsausflug in den Schärengarten** vor Vaasa zu unternehmen. Die Boote verkehren von Ende Juni bis Mitte August ab dem Hafen Sisäsatama zweimal täglich, um 12 Uhr und um 15.30 Uhr, Dauer drei Stunden. Darüber hinaus werden noch eine ganze Reihe weiterer Bootstouren, zum Beispiel mit dem Nachbau eines Postseglers aus dem 17. Jh. angeboten.

Zwischen Vaasa und Umeå in Schweden bestehen ganzjährige **Schiffs- und Autofährverbindung**, RG Line Oy, Hafenterminal, Tel. 0207 71 68 10; www.rgline.com.

PRAKTISCHE HINWEISE – VAASA/VASA

Vaasa Tourist Office [WP 194 / N 63° 05′ 38.5″ E 21° 36′ 50.8″], Raastuvankatu 30 / Rådhusgatan 30, FI-651000 Vaasa, Tel. 06 32 51 145; www.visitvaasa.fi. *Geöffnet Juni – Aug. 9 – 17 Uhr, Juli Mo – Fr 9 – 17 Uhr, Sa + So 10 – 18 Uhr, sonst Mo – Fr 9 – 16 Uhr.*
Eine bequeme Möglichkeit sich auf einem Stadtrundgang führen zu lassen, ist das Programm **MobiTour**. Sie können einen in Publikationen der Touristeninformation veröffentlichten Code mit Ihrem Smartphone scannen, über den Browser im Handy über www.upclde.fi herunterladen oder bei älteren Handies mit einem Nummerncode herunterladen und bekommen dann die Erklärungen zu zwei unterschiedlich langen Stadtspaziergängen auf Ihr Handy.

RESTAURANTS

Kalle's Inn, Söderudden, Klobbskatvägen 189, Tel. 010 23 11 300, www.kallesinn.com; ca. 25 km nordwestlich von Vaasa über Replot zu erreichen. Abgelegen am Ende der Straße findet man in schöner Umgebung am Strand das Restaurant, in dem man angesichts des Meeres die ausgezeichnete Küche genießen kann. Natürlich serviert man Fischgerichte, frisch aus dem Tagesfang zubereitet.

Bacchus, Strandgatan 4, Tel. 010 47 06 200, www.bacchus.fi; das rustikale Kellerlokal ist bekannt für seine hervorragende Küche und den erlesenen Weinkeller. Eine Sommerterrasse ist an Sonnentagen gut besucht.

HOTELS

Radisson Blu Royal Hotel, 285 Zi., Hoivioikeudenpuistikko 18, Tel. 020 12 34 720, www.radissonblu.com; Firstclasshotel in zentraler Lage mit dem rustikalen Restaurant Fransmanni, dem Frühstücksrestaurant Central, dem O'Malley's Pub und der Royal Bar & Night. Schwimmbad mit Fitnessraum.

Best Western Hotel Vallonia, 52 Zi., Centrumsvägen 3, Mustasaari, Tel. 06 32 88 200, www.vallonia.fi; in Sepänkylä 4 km östlich des Ortsbereichs gelegenes gutes Mittelklassehotel in relativ ruhiger Lage, sehr angenehmes, warmes Ambiente, Restaurant, großer Parkplatz.

Spa Hotel Rantasipi Tropiclandia, 184 Zi., Lemmenpolku 3, Tel. 06 28 38 000, www.rantasipi.fi; auf der Insel Vaskiluoto gegenüber des Stadtzentrums von Vaasa. Ein Tropenhallenbad mit Riesenrutsche, ein Wasserpark im Freien, Fitness und Wellnesseinrichtungen mit Jacuzzi und Sauna sowie ein Restaurant und eine Tanzbar lassen kaum noch Wünsche offen. Großer Parkplatz.

CAMPING

Top Camping Vaasa [WP 192 / N 63° 06' 01.0" E 21° 34' 35.7"], Vaskiluoto, Tel. 020 79 61 255; www.topcamping.fi/vaasa; 19. Mai – 26. Aug.; am westlichen Ortsrand über die Straße ‚Blå Vägen' zur Insel Vaskiluoto, beschildert. Weitläufiges, weitgehend naturbelassenes Wiesengelände mit weitstehenden, hohen Birken und Kiefern, bis an eine Bucht reichend. Befestigte Stellplätze für Caravans und Wohnmobile, dazwischen Grünflächen für Zelte. Vom kleinen Strand Blick auf riesige, geräuschvolle Industrieanlage mit Schloten. 9 ha – 250 Stpl.; Standard-Sanitärausstattung. Restaurant, mehrere Grillhütten, Sauna, Waschmaschine mit Trockner, WLAN, Fahrradverleih, Miettretboote. Neben dem Minigolfplatz hinter der Imbissstube **V & E für Wohnmobile** mit bequem zu befahrender Betonfläche mit Bodenauslass für Grauwasser, Wasserhahn mit Schlauch. Miethütten. In der Nähe liegen der Freizeitpark Wasalandia und die Vergnügungsbadelandschaft Tropiclandia.

RASTPLATZ BEI VAASA

Ein gutes Stück nordwestlich von Vaasa findet man an der Straße 724 am östlichen Ende der Replot-Brücke auf einer Landzunge am Meer den **Rastplatz „Fjärdskär"**, ein wunderschön gelegener Picknickplatz mit Felsküste, kleinem Sandstrand und Blick zur markanten Hängebrücke. Zur Verfügung stehen Grillhütte mit Aussichtsturm, Grillplatz am Ufer, Feuerholz, Spielplatz, Picknickbänke. Toiletten mit Waschbecken. Infotafel mit den Sehenswürdigkeiten der Gegend. Waldpfad. Badeplatz, Umkleidekabinen.

17. VAASA – MERIKARVIA

Länge der Tour: Rund 215 km.

Die Route: Straße 673 nach **Närpes/Närpiö** – Straße 676 **Kaskinen/Kaskö** - Straße 8/E8 nach **Kristinestad/Kristiinankaupunki** – Straße 8/E8 und Landstraße nach **Merikarvia.**

Reisedauer: Mindestens ein Tag.

Höhepunkte: Die alte **Steinkirche von Närpes/Närpiö** *– das Altstadtviertel von **Kaskinen/Kaskö** * – der **Lebell'sche Kaufmanns-Museumshof** *** in **Kristinestad/Kristiinankaupunki.**

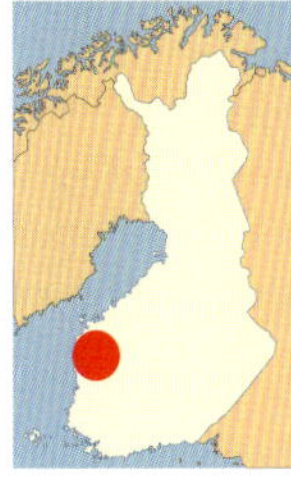

Routenalternativen: Am schnellsten gelingt der Weg nach Süden auf der Fernstraße 8/E8.

Wer etwas Zeit mitbringt, kann auch die küstennahe Straße 673 nach **Närpes/Närpiö** wählen. Außergewöhnliches bietet die Strecke aber nicht, außer vielleicht die großen Gewächshäuser um den Flecken **Töjby**, in denen in erster Linie Tomaten und Gurken angebaut werden.

Ja, und Freunde des gepflegten Tangotanzes werden es sich natürlich nicht nehmen lassen, einen Umweg über Finnlands Tangometropole **Seinäjoki** zu machen.

Umweg über Finnlands Tangometropole Seinäjoki

ROUTE: **Seinäjoki** *liegt rund 81 km südöstlich von Vaasa an der Straße 18.*

Der Grund für den Umweg: In Finnland ist der Tangotanz Kult. Und **Seinäjoki** ist die Hauptstadt des finnischen Tangos.

Sollten Sie zufällig Mitte Juli durch Seinäjoki kommen, werden Sie den Ort fast eine Woche lang im Tangofieber erleben. Man hört, dass während des landesweit bekannten **Festivals Tango Markkinat** (www.tangomarkkinat.fi) nicht selten Hunderttausende bis in den frühen Morgen durch die sommerhellen Straßen der Stadt tanzen. Nicht Argentinien ist dann der Nabel der Tangowelt, sondern das finnische Städtchen Seinäjoki.

Von finnischen Frauen, die ihre Männer ja kennen müssen, hört man gelegentlich, dass der „Finne an sich" nicht gerade ein begnadeter Tänzer sei. Er brauche einen einfachen Tanz. Und da käme der Tango gerade recht. Wie bitte? Dem Tango wird doch nachgesagt, er sei gerade ein nicht einfacher Tanz. Gut getanzt sei er ein Feuerwerk an Erotik, Leidenschaft, Hingabe.

Der finnische Tango kommt da – offenbar den nördlichen Breiten angepasst – etwas abgekühlt daher, einfacher halt. Hauptsache Moll, der Rest ergibt sich. Manfred Ertel hat irgendwann im Nachrichtenmagazin „Der Spiegel" geschrieben: „Der Finn-Tango ist eine Mischung aus deutscher Marschmusik und russischer Romanze". Und ein tangokundiger finnischer Schriftsteller hat den finnischen Tango einmal als „Rhythmisches Gehen auf dem Tanzboden" bezeichnet. Ja, wenn das so ist. Vielleicht werden Sie sich ja ganz schnell mit dem finnischen Kulttanz Tago anfreunden?

HAUPTROUTE

ROUTE: *Von Vaasa auf der Straße 8/E08 oder über die küstennahe Straße 673 und über* **Närpes/Nerpiö, Kaskinen/Kaskö** *nach* **Kristinestad/Kristiinankaupunki**.

Närpes/Närpiö ist die „Tomatenstadt" Finnlands. Hier wird über die Hälfte des Tomaten- und 33% des Gurkenbedarfs des Landes angebaut.

Die **alte Steinkirche von Närpes [WP 199 / N 62° 28' 00.9" E 21° 19' 43.8"]**, mit ihren 150 Kirchen-Pferdeställen beiderseits der Straße 676, etwas südlich der Stadt gelegen, ist die Sehenswürdigkeit von Närpes/Närpiö. Beim winterlichen Kirchgang dienten die Ställe als Unterkunft für die Pferde der oft von weit her gekommenen Kirchenbesucher. Und die vorspringenden Dächer der Hütten schützten Schlitten und Wagen vor dem Wetter.

Die Ursprünge des Kirchdorfs reichen zurück bis ins 14. Jh. Damals stand an der Stelle der heutigen Kirche bereits eine kleine Holzkapelle. Mit dem Bau der heutigen Kirche wurde Mitte des 15. Jh. begonnen. Es dauerte aber noch einige Jahrhunderte, bis das Gotteshaus nach diversen Um- und Erweiterungsbauten ausgangs des 18. Jh. endlich in der heutigen Form vollendet war.

Eine Besonderheit im Kircheninneren ist, dass an der Stelle, an der normalerweise der Altar platziert ist, die Orgel steht. Der Altar liegt rechts im Kirchenschiff gegenüber der Kanzel.

Beachtung verdient aber vor allem das große **Kruzifix**, das von der Decke hängt. Das Kreuz, Ende des 15. Jh. von einem aus Norddeutschland stammenden Holzschnitzer gefertigt, zählt zu den kostbarsten Kunstwerken der Kirche von Närpes. Einstmals diente es als Altarkreuz, bis das Altargemälde 1803 von dem schwedischen Hofmaler Pehr Hörberg geschaffen wurde.

Auf dem Boden des Kirchenschiffs sieht man Grabplatten, die die Gräber von Geistlichen der Kirchengemeinde bedecken. Die meisten Grabplatten stammen aus dem 17. Jh., der Zeit, in der der Klerus von Nerpäs das Recht für sich und seine Angehörigen in Anspruch nahm, ihre letzte Ruhestätte in der Kirche zu finden.

Kaskinen/Kaskö nimmt für sich in Anspruch, die westlichste Seefahrerstadt des Landes zu sein. Die Stadt liegt 11 km westlich der Straße 8/E8. Bemerkenswert ist die schachbrettartig, rechtwinklige Anlage der Straßen, gesäumt von Holzhäusern aus dem 18. Jh. Unter ihnen zählt das **Gutshaus Bladh** zu den größten ihrer Art in Finnland.

Bekannt für seine Fischräuchereien besitzt dieses Städtchen natürlich auch ein **Fischereimuseum**. Im Sommer werden Fischspezialitäten an der Pier angeboten. Fischfangfestival Anfang Juli.

CAMPING –KASKINEN/KASKÖ

Camping Marianranta/Mariestrand [WP 200 / N 62° 23' 36.4" E 21° 13' 57.3"], Närpiöntie 1, Tel. 050 59 56 296, www.luonnonkulku.fi; am nördlichen Ortsrand von Kaskö gelegen; ebene Wiese zwischen Bahnlinie, Straße und Wald, einfache Ausstattung. 11 Miethütten.

Kristinestad/Kristiinankaupunki [WP 201 / N 62° 16' 27.4" E 21° 22' 39.3"] wartet in seinen schmalen, gepflasterten Gassen mit einer Reihe hübscher alter Holzhäuser auf, die an die Zeit große Zeit des 18. Jh. erinnern, als Kristinestad Heimat wohlhabender Reeder und Kaufleute war.

Wie bei so vielen Städten am Bottnischen Meerbusen, war es auch in Kristinestad der schwedische Graf Per Brahe, der in den Chroniken als Stadtgründer auftaucht. 1649 wurde Kristinestad auf Geheiß der schwedischen Königin Christina auf der Halbinsel Koppö an der Bucht Norrfjärden gegründet.

Aber erst hundertfünfzig Jahre später wurde aus dem verschlafenen Nest ein aufblühender Hafen, als der Stadt endlich Stapel- und Handelsrechte verliehen wurden. Es war die Zeit, in der sich Schiffsbauer, Handwerker, Händler, Brauer, Seeleute, Reeder und Kaufleute in der Stadt sesshaft machten und sich stattliche Häuser errichten ließen, die noch heute zu den Sehenswürdigkeiten von Kristinestad gehören.

1856 entstand das repräsentative Rathaus, in das die Verwaltung der zwischenzeitlich auf über 4.000 Einwohner angewachsenen Gemeinde einzog. Und die Handelsflotte der Stadt zählte im 19. Jh. mit zu den größten an der finnischen Westküste. Lebhaftes Zentrum der Stadt war schon damals der **Salutorget/Kauppatori**, der Marktplatz. Hier wurde mit allem gehandelt, was zum täglichen Leben notwendig war. Hier kaufte man nicht nur Lebensmittel, sondern auch Werkzeug, Textilien, Gebrauchsgegenstände etc. etc. Läden oder Geschäfte gab es damals kaum in der Stadt, also versorgte man sich auf dem Markt mit dem Notwendigen. An diese alte Tradition wird jedes Jahr am ersten Wochenende im September mit dem **Historischen Markt** erinnert, wenn alle Marktleute wie in der Zeit des 18. oder 19. Jh. gekleidet sind und das Marktgeschehen von Straßenmusikanten, Zauberern und Theaterkünstlern begleitet wird.

Küche und Vorratskammer im historischen Lebell'schen Kaufmannshof in Kristinestad. Foto mit freundlicher Genehmigung.

Auf jeden Fall einen Besuch wert ist der **Lebellska köpmansgården**, der **Lebell'sche-Kaufmannshof [N 62° 16' 22.85" E 21° 22' 41.19"]** aus dem 18. Jh. Er liegt in der Strandgatan Nr. 51 – 52, nur wenige Meter vom Hauptplatz Kauppatori entfernt *(geöffnet 1. Mai – 31. Aug. tgl. Mo – Fr 11 – 17 Uhr, Sa + So 11 – 14 Uhr)*. Von außen eher unscheinbar, überrascht die Inneneinrichtung um so mehr.

Zu sehen sind – neben prächtigen Einrichtungsutensilien – die kostbaren Möbel und Einrichtungsgegenstände samt der Küche mit Vorratskammer einer wohlhabenden Kaufmannsfamilie.

Im Obergeschoss liegen Schlafzimmer, der sog. Barocksaal mit bemalter Holzdecke, ein Biedermeierzimmer und ein heller Empiresalon mit wunderschöner Sitzgarnitur. Der kleine Garten mit seinen alten Schuppen und Hütten ist geradezu gemütlich.

Einen Straßenzug weiter südlich sieht man in einem kleinen Park, dem Kyrkeparken zwischen Västra Långatan und Östra Långgatan, die neue, 1897 erbaute **Stadtkirche**. Bis Januar 1859 stand hier ein eng bebautes Stadtviertel, dessen Häuser zum überwiegenden Teil dem wohlhabenden Kaufmann Carl Emil Carlström gehörten (siehe auch „Carlsro" weiter unten). Im Januar 1859 brach in einem Haus Feuer aus und wenige Stunden später wurde das gesamte Straßenviertel ein Raub der Flammen.

Oft waren winterliche Stadtbrände besonders verheerend, da die meisten Wasserquellen zugefroren oder vereist waren und erst zeitraubend freigelegt werden mussten. Bis dahin standen – begünstigt durch die enge Bebauung mit Holzhäusern – nicht selten ganze Straßenzüge in Flammen. Von weiteren Feuersbrünsten blieb Kristinestad zum Glück verschont.

Übrigens, wenn Sie in den engen Gassen aufmerksam an den historischen Holzfassaden mit oft schön gestalteten Fenstern entlanggehen, werden Sie an manchen Fenstern kleine, oft schon erblindete Spiegel sehen, von missgünstigen Menschen auch als „Spion" bezeichnet, die so eingestellt sind, dass man bequem und ungesehen das Geschehen auf der Straße hinauf und hinunter beobachten konnte und manchem neugierigen Bewohner gewiss unterhaltsame Abwechslung verschaffte, quasi Fernsehen im 19. Jh.

Das **Seefahrtmuseum Kristinestads Sjöfartsmuseum [N 62° 16' 26.76" E 21° 22' 46.05"]** am Salutorget/Kauppatori 1, dem Marktplatz *(geöffnet Mitte Mai – Mitte Aug. Di – So 12 – 16 Uhr)* ist im Obergeschoss eines stattlichen Gebäudes im Empirestil aus dem 19. Jh. eingerichtet, in dem lange die Segelmacherwerkstatt der Reederei Wendelin untergebracht war.

Am Steuerrad eines Segelschiffes oder in einer Kapitänskajüte können Sie der Segelschiffromantik nachhängen, oder Sie können etwas über die Kunstfertigkeit der Schiffszimmerleute erfahren.

Die Seglerflotte aus Kristinestad befuhr einstmals die Weltmeere, exportierte Teer und Holz bis nach Aus-

tralien und brachte Zucker und Tabak, aber auch exotische Gewürze, Mode und ungewohnte Bräuche und Sitten mit nach Hause.

Falls Sie auf Ihrem Stadtspaziergang eine Pause einlegen wollen, bietet sich im **Café-Restaurant „Alma"** [N 62° 16' 25.24" E 21° 22' 48.18"] am Marktplatzufer gute Gelegenheit dazu. Angesichts eines großen Schiffsmodells der 1875 in Kristinestadt von Stapel gelaufenen Bark „Alma" im Gastraum, können Sie sich auf neue Taten vorbereiten.

Lohnend ist auch der Weg rechts vorbei am Rathaus zur eindrucksvollen alten **Holzkirche Ulrika-Eleonora [WP 202 / N 62° 16' 31.4" E 21° 22' 25.6"]** neben einem großen Parkplatz oberhalb des Stadtzentrums beim Rathaus.

Die Kirche, so wie wir sie heute sehen, entstand ausgangs des 17. Jh. auf den Resten eines älteren Bethauses, das im Sommer 1697 ein Raub der Flammen geworden war. Bemerkenswert im Kircheninneren sind die bemalten Seitenwände der Sitzbankreihen und die beiden Votivschiffe. Votivschiffe wurden von Seeleuten gespendet, die Schiffbrüche oder verheerende Stürme glücklich überlebt und in Seenot ein Gelübde zur Spende abgelegt hatten.

Falls Sie sich länger hier aufhalten werden und auch die Gegend um die

Morgennebel in den Schären

PRAKTISCHE HINWEISE – KRISTINESTAD/KRISTIINANKAUPUNKI

Kristinestad Tourist Information [N 62° 16′ 26.86″ E 21° 22′ 37.40″], Handelshuset Ecke Rådhusgatan 2 a, FI-64100 Kristinestad, Tel. 06 22 12 311; www.visitkristinestad.fi, www.krs.fi.

RESTAURANT

Pavis, Tel. 050 554 15 70, auf der Insel Högholmen/Korkeasaari ca. 3 km südlich der Stadtmitte von Kristinestad liegt der ehemalige, hübsche Segelpavillon am Meer, in dem das Restaurant eingerichtet wurde. Sauna am Meer, Montag Ruhetag.

HOTEL

Kristina, 25 Zi., Östra torget/Itätori 1, Tel. 06 22 12 555, www.hotelkristina.fi; Mittelklassehotel in schöner Lage am Meeresarm gegenüber der Stadt, hübsches Restaurant mit Sommerterrasse, Pub und Bar.

CAMPING

Camping Pukinsaari-Bockholmen [WP 203 / N 62° 15′ 52.2″ E 21° 21′ 44.8″], Salantie 32, Tel. 05 05 27 33 56, 16. Mai – 2. Sept.; am südlichen Stadtrand; ebenes Wiesengelände an einer Bucht in sehr ansprechender Lage; einfache Standardausstattung; 15 Miethütten.

Stadt erkunden wollen, aber keine Fahrräder dabei haben, im Touristenbüro können Sie Räder leihen.

Rund 5 km nördlich der Stadt liegt **Carlsro [N 62° 18′ 47.67″ E 21° 22′ 29.33″]**, Carlsrovägen 181, eine prächtige Luxusvilla mit türmchengekrönten Giebeln aus dem frühen 20. Jh., die sich ein Herr namens C. A. Carlström, Reeder und Kommerzialrat, als Sommerresidenz hatte erbauen lassen. Die dreistöckige Villa im verspielten „Zuckerbäckerstil" liegt am See Storträsket/Suurjärvi und beherbergt heute das **Stadtmuseum von Kristinestad** *(Carlsrovägen 181, geöffnet Mitte Juni – Anf. Aug. tgl. 11 – 16 Uhr)*. 1960 erwarb der Kunstsammler Åke Weckström das Anwesen, um hier seine umfangreiche Sammlung zu präsentieren, die noch heute Mittelpunkt des Stadtmuseums ist.

Der **Kilens hembygdsgård,** das **Heimatmuseum Kilen/Kiili [N 62° 2′ 10.78″ E 21° 18′ 37.51″]** liegt rund 30 km südlich von Kristinestad in **Siibyy/Sideby**, Kilvägen/Kiilintie 90 *(geöffnet Juni + Aug. tgl. 11 – 18 Uhr, Juli 10 – 19 Uhr; edu.krs.fi/museo/deutsch.html)*. Die 30 Gebäude auf dem ausgedehnten Museumsgelände verschaffen dem Besucher einen schönen Überblick über die Vielfalt der Holzbauarchitektur der Region, wie sie im Milieu der Fischer- und Bauernkultur üblich war. Darüber hinaus sieht man Ausstellungen zur Telefon- und zur Schiffbautechnik früherer Zeiten. Das Museumsgelände wird nicht nur auch zu Festen und Veranstaltungen, sondern wegen seiner romantischen kleinen Inselkapelle und dem großen Tanzplatz an der Fischsalzerei gerne bei sommerlichen Hochzeitsfeierlichkeiten genutzt.

ROUTE: *Von Kristinestad ist die Straße 272 nach Süden zu empfehlen. Sie führt sehr schön über einen Fahrdamm mit schönen Ausblicken in die inselreiche Meeresbucht (38 km). In* **Sideby** *(Freilichtmuseum Kilen/Kiili, siehe oben) ostwärts zur Fernstraße 8/E8 (24 km), der wir südwärts bis* **Tuorita** *folgen (24 km). Dort nach Westen auf die Straße 270 nach* **Merikarvia** *(8 km).*

PRAKTISCHE HINWEISE – MERIKARVIA

Merikarvia municipality, Kauppatie 40, 29900 Merikarvia, Tel. 04 47 24 63 33, www.merikarvia.fi.

CAMPING – MERIKARVIA

Camping Mericamping [WP 205 / N 61° 50′ 56.3″ E 21° 28′ 15.0″], Palosaarentie 67, Tel. 02 55 11 283, www.mericamping.fi. 1. Juni – 31. Aug.; von der Straße 8/E8 (Vaasa – Pori) auf die Straße 270 westwärts zum Ort abzweigen. Der Platz liegt ca. 4 km westlich von Merikarvia, von der Ortsumgehung beschildert. Ebenes schattenloses Wiesengeviert unterhalb des Rezeptionsgebäudes mit Cafeteria. Der von Birkenwald umgebene Platz mit befestigten Stellplätzen reicht bis an die Meeresbucht; ca. 3 ha – 40 Stpl. + Dau.; Standard-Sanitärausstattung; Cafeteria, Minigolf, Badestrand, Grillhütte am Ufer, Sauna, Rauchsauna. **V & E für Wohnmobile**; Holzverarbeitender Betrieb in Sicht- und Hörweite.

Zu den Sehenswürdigkeiten in **Merikarvia** zählt die **Kirche [WP 204 / N 61° 51′ 33.8″ E 21° 30′ 14.6″]**, die angeblich zweitgrößte Holzkirche in Finnland aus dem Jahre 1899, das klein Regionalmuseum neben dem Rathaus in der Kauppatie 42 und die von Alvar Aalto entworfene **Villa Mairea** in Noormarkku.

Das überaus bescheidene **Fischereimuseum Kalastusmuseo** von Merikarvia liegt 4 km westlich des Ortes an der Straße zum Campingplatz kurz vor dem Campingplatz. Ein extra Umweg dorthin lohnt sich wirklich nur bei sehr großem Interesse am finnischen Fischereiwesen.

Mericamping, Grillhütte und Strand

18. MERIKARVIA – TAMPERE

Länge der Tour: Rund 190 km.

Die Route: Straße 2680 über **Ahlainen** bis **Reposaari** – Straße 2 bis **Pori** – Straße 11 bis **Tampere**.

Reisedauer: Mindestens ein Tag.

Höhepunkte: **Poris Museen** * und das **Pori Jazzfestival** – das **Museumszentrum Vapriikki** **, das **Spionagemuseum** ** und weitere Museen in **Tampere**.

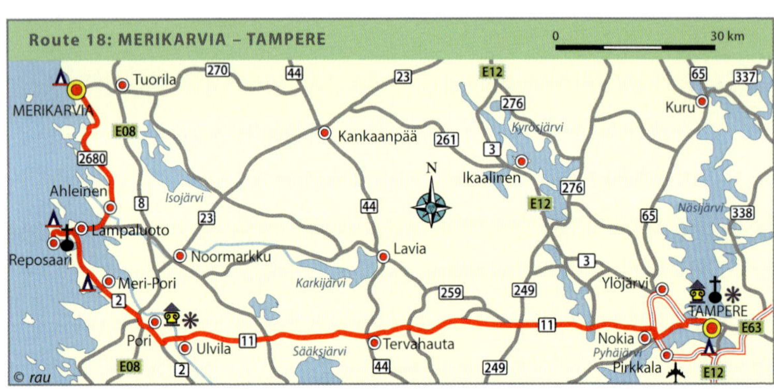

ROUTE: *Weiterreise von Merikarvia südwärts auf der küstennahe Straße 2680 bis* **Ahleinen** *mit seiner bemerkenswerte Kirche von 1796 (28 km). Dort westwärts auf den Straßen 272 und 269 über* **Lampaluoto** *nach* **Reposaari** *auf der gleichnamigen Insel (rund 21 km).*

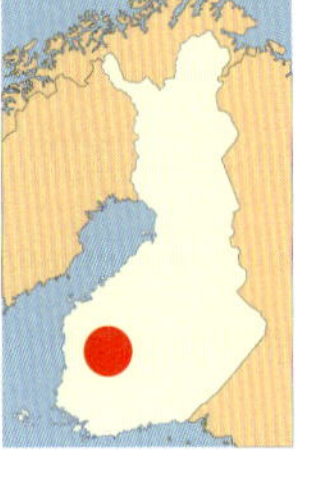

Die Holzhäuser und die hübsche, fensterreiche **Kirche [WP 207 / N 61° 36′ 31.3″ E 21° 27′ 05.8″]** im eigentlichen Ort **Reposaari** lassen noch erahnen, dass das Städtchen schon bessere Zeiten gesehen hat. Es wird in Prospekten als das schönste Fischerdorf an der Westküste Finnlands bezeichnet, was allerdings nur mit großer Sympathie zu bestätigen ist. Für Besucher ist die Kirche von Reposaari geöffnet von Ende Juni bis Mitte August montags bis freitags von 10 bis 16 Uhr.

Der **Parkplatz am Sportboothafen [WP 209 / N 61° 36′ 46.1 E 21° 26′ 53.7″]** wird auch als Wohnmobil-Stellplatz genutzt.

Ganz am Ende der Straße Satamapolku, beim Leuchtturm von Reposaari, liegt das **Merimesta-Fischrestaurant [WP 208 / N 61° 36′ 16.6″ E 21° 27′ 26.7″]**. Hier können Sie nicht nur feine Fischgerichte genießen, sondern Sie haben auch die Möglichkeit frischen

CAMPING – REPOSAARI

Camping Siikaranta [WP 206 / N 61° 37′ 09.7″ E 21° 25′ 19.8″], Reposaaren Maantie 1070, Tel. 02 63 84 120, www.siikarantacamping.fi; 1. Juni – 19. Aug.; naturbelassenes Gelände im hochstämmigen Mischwald am Meerufer.

und geräucherten Fisch zu kaufen *(geöffnet Mo – Sa 10 – 18 Uhr, So 12 – 18 Uhr; www.merimesta.fi)*. Leider ist der Parkplatz am Leuchtturm umgeben von einer wenig reizvollen Küstenszenerie, die dominiert wird von Windgeneratoren, Industrieanlagen und anderen recht unschönen Bauten.

ROUTE: *Von Reposaari auf der Straße 2 nach* **Pori/Björneborg** *(30 km).*

Der Weg nach Pori führt über mehrere Inseln und Brücken, von denen schöne Ausblicke möglich sind.

Pori/Björneborg an der Mündung des Kokenmäenjoki in den Bottnischen Meerbusen entstand ursprünglich aus einem herzoglichen Anwesen. Der in der martialischen Burg von Turku residierende Herzog von Finnland, Johann, Sohn des Schwedenkönigs Gustav Vasa, hatte sich 1563 hier den großen Gutshof Ulvila errichten lassen. Dem Herzog und seiner jungvermählten Gemahlin Katarina Jagellonica waren die eisigen Winter in der unwirtlichen Burg zu Turku zu viel geworden. Man zog sich in der kalten Jahreszeit mit samt dem 200-köpfingen Hofstaat, „inkl. Hofzwergen" wie es heißt, lieber in das wohl gemütlichere Ulvila zurück. Von dem herzoglichen Anwesen ist heute zwar nichts mehr übrig. Aber aus der Ansiedlung, die im Laufe der Zeit um den Hof entstanden ist, hat sich später die Stadt Björneborg, das heutige Pori entwickelt.

Die Flussinsel **Kirjurinluoto [N 61° 29′ 31.67″ E 21° 47′ 3.95″]** mitten in Pori, die das Jahr über als gerne besuchter Stadtpark mit Strand, Kinderspielen, Sommerrestaurant, Spazierwegen etc. als Erholungsgebiet und Freizeitoase der Stadtbevölkerung dient, wird jedes Jahr im Juli während des fünf Tage dauernden, berühmten **Pori Jazzfestivals** von Zehntausenden von Musikliebhabern bevölkert. Die Openair-Veranstaltungen auf der Insel sind der Höhepunkt des Festivals. Aber in der Stadt finden während dieser Zeit in den vielen Clubs entlang des Flusses Kokenmäenjoki und auf den Stadtplätzen jede Menge weitere, oft auch eintrittfreie Konzerte statt. In den vergangenen Jahren kamen zu den etwa 120 Konzerten während des Pori Jazzfestival jedes mal über 150.000 Besucher.

Tatsächlich sind das vielfältige Kulturprogramm (z. B. Politiker-Diskussionsrunde Suomi Areena Mitte Juli), die Open-Air-Feste (z. B. Pori Folk Culture Festival Mitte August) und Märkte (z. B. Baltic Hering Markt im September), die die Stadt jedes Jahr veranstaltet, für viele Besucher der Anlass für einen Besuch in Pori. Infos und aktuelle Termine zu dem reichen Kulturprogramm der Stadt findet man unter www.maisa.fi.

Ein überaus stattlicher Bau ist das schöne **Rathaus von Pori**. Robert Junnelius, seines Zeichens Stadtdirektor, hatte sich das Palais ausgangs des 19. Jh. im Stil der venezianischen Renaissance errichten lassen. Und um den „Jennelius Palast" auch ja stilgerecht planen zu können, soll der Architekt August Krook extra nach Venedig gereist sein. 1962 ging das etwas in die Jahre gekommene Gebäude in den Besitz der Stadt über und wurde in den 1990ern einer umfassenden Restaurierung unterzogen.

Das **Pori Kunstmuseum [N 61° 29′ 24.88″ E 21° 47′ 39.17″]**, Eteläranta, *(geöffnet Di – So 11 – 18 Uhr, Mi bis 20 Uhr; www.poriartmuseum.fi)* befasst sich in seinen Ausstellungen in erster Linie mit moderner, internationaler Kunst, in deren Zentrum die Sammlung der Maire Gulichsen Kunststiftung steht.

Untergebracht ist das Museum in einem historischen Gebäude aus der Mitte des 19. Jh., das ehemals als Lager- und Zollhaus diente und das schöne Gebäudeensemble am Fluss mit seinen Neo-Renaissancefassaden komplettiert. Bei Schachtarbeiten für Erweiterungsbauten des Museums stieß man übrigens auf ein Gewölbe aus dem frühen 17. Jh.

Das Museum bietet ein großes Programm von wechselnden Ausstellungen und es verfügt über einen gut sortierten Museumsshop mit einer reichen Auswahl an Kunstliteratur.

Gleich neben dem Kunstmuseum liegt das **Alte Gerichtsgebäude Raatihuone [N 61° 29′ 22.17″ E 21° 47′ 37.59″]**, Hallituskantu 9A. Es stammt aus dem Jahre 1841 und wurde nach Plänen des Architekten Carl Ludvig Engel errichtet. Heute findet man hier u. a. das Rathauskeller-Restaurant.

Das **Satakunta Museum [N 61° 29′ 23.37″ E 21° 47′ 27.62″]**, Hallituskatu 11 *(geöffnet Di – So 11 – 18 Uhr, Mi bis 20 Uhr)*, liegt nur einen Straßenzug westlich vom Pori Kunstmuseum. Thema der Ausstellungen des Heimat- und Regionalmuseums sind Kultur und Geschichte und die Entwicklung des Handels entlang des Flusses Kokemöenjoki und der Region Satakunta, die heute in etwa dem Gebiet des Landkreises Pori entspricht.

Das **Ark Naturzentrum Luontotalo Arkki [N 61° 29′ 9.80″ E 21° 47′ 30.40″]**, Pohjoispuisto 7, im Stadtzentrum präsentiert Ausstellungen über Flora und Fauna im Feuchtgebiet von Satakunta *(geöffnet Di – So 11 – 17 Uhr)*.

Auf dem Käppärän Friedhof westlich der Innenstadt ließ der Minenbesitzer F. A. Juselius im 19. Jh. für seine bereits im Alter von elf Jahren verstorbenen Tochter das **Juselius Mausoleum [N 61° 29′ 11.90″ E 21° 45′ 29.40″]** errichten *(geöffnet 1. Mai – 31. Aug. tgl. 12 – 15 Uhr, übrige Zeit So 12 – 14 Uhr)*. Die Fresken an den Wänden wurden nach den Vorlagen der früheren, leider nicht mehr erhaltenen Wandmalereien von Jorma Gallen-Kallela gestaltet.

PRAKTISCHE HINWEISE – PORI

Pori Region Tourist Information [N 61° 29′ 2.92″ E 21° 47′ 48.40″], Promenadezentrum, Yrjönkatu 17, Täljemtori, im Haus der Handelsbanken im 2. Stock, FI-28100 Pori, Tel. 02 62 17 900; www.pori.fi; *geöffnet 1. Juni – 15. Aug. Mo – Fr 9 – 18 Uhr, Sa 10 – 15 Uhr; 16. Aug. – 31. Mai Mo – Fr 9 – 16.30 Uhr.*

HOTELS

Cumulus, 110 Zi., Yrjönkatu 24, Tel. 02 55 09 00, www.cumulus.fi; Mittelklassehotel, serviert nur Frühstück, Parkplatz, Garage.
Yteri Hotel & Spa, 113 Zi., Sipintie 1, Tel. 02 62 85 300, www.yterinkylpylahotelli.fi; das gute Mittelklassehotel liegt nahe des Sandstrands von Yteri und bietet alles was unter Wellness zu verstehen ist, vom Schwimmbad bis zum Fitnessstudio, Jacuzzi, türkische oder finnische Sauna etc. Im Yteri Spa Restaurant am Meer wird das Frühstück- und Lunchbuffet serviert, am Abend speist man à la carte. Weiter steht eine Piano-Bar & Café, die Happy Jazz Terrasse und der Karaoke Night Club zur Verfügung. Parkplatz.

CAMPING – YTERI BEI PORI

Top Camping Yyteri [WP 210 / N 61° 34′ 19.2″ E 21° 33′ 08.9″], Yterinsantojentie 1, Tel. 02 63 45 700, www.yyteri.fi/camping/de/; 1. Jan. – 31. Dez.; ca. 15 km nordwestlich von Pori Richtung Mäntyluoto; teils ebenes, teils abschüssiges Wiesengelände bis an den schönen Sandstrand reichend; ca. 10 ha – 200 Stpl., gute Standard-Sanitärausstattung; Imbiss, Kiosk, Sauna, Waschmaschine mit Trockner, Tennis, Fahrradverleih, WLAN, Internetecke; **V & E für Wohnmobile**, 70 Miethütten.

Die rund 15 km nordwestlich der Stadt und in der Nähe des Campingplatzes Yyteri gelegenen Dünen und **Sandstrände von Yyteri [N 61° 34' 1.59" E 21° 31' 40.14"]** erstrecken sich über annähernd 6 km. Sie werden auch gerne als ‚Finnische Riviera' bezeichnet.

ROUTE: *Von Pori auf der Straße 11 ostwärts nach* **Tampere**, *115 km.*

Rund 13 km vor Tampere passiert man **Nokia**, eine Industriestadt mit rund 32.000 Einwohnern. Der Stadtname wurde durch den gleichnamigen Hersteller von Mobiltelefonen, Kommunikationselektronik und Computertechnik weltbekannt. Gegründet wurde das Nokia-Unternehmen 1865 von dem Ingenieur Frederik Idestam (1838 – 1916). Damals allerdings stellte man Papierprodukte her. 1987 wurde bei Nokia das erste tragbare Mobiltelefon produziert. Heutiger Firmensitz des langjährigen Weltmarktführers in Sachen Handys ist in Espoo.

Tampere (schwedisch Tammerfors) mit heute annähernd 215.000 Einwohnern liegt landschaftlich recht reizvoll zwischen dem See Näsijärvi im Norden und dem See Pyhäjärvi im Süden.

Mitten in der Stadt findet man die zwischenzeitlich gezähmten Stromschnellen **Tammerkoski**, die Wasserstraße mit einem Gefälle von 18 m zwischen den Seen Näsijärvi und Pyhäjärvi.

Über Jahrhunderte waren die Stromschnellen das Herz der Stadt. Hier bauten schon im 15. Jh. Bauern ihre Getreidemühlen. Es entstanden Handelswege und an den Kreuzungspunkten von Land- und Wasserwegen Marktplätze, auf denen die Produkte gehandelt wurden.

1779 dann befahl der Schwedenkönig Gustav III., dass hier an dem Marktflecken mit kaum 200 Einwohnern eine Stadt entstehen sollte, in der sich Handel, Handwerk und Industrie ansiedeln sollten.

Es dauerte aber noch etwa hundert Jahre, bis sich am Tammerkoski die ersten Industriebetriebe ansiedelten und an den Ufern die ersten Fabrikgebäude aus Backstein entstanden. Als dann um 1836 des sechsgeschossige Fabrikgebäude der Finlayson Baumwollmühle am Tammerkoski hochgezogen wurde, eine dominierende Anlage in der dama-

Tampere. Foto: Visit Tampere

*TAMPERE – **1** Touristeninformation – **2** Bahnhof – **3** Museumszentrum Vapriikki – **4** ehem. Finlayson Baumwollspinnerei, Finnisches Arbeiter Museum, Dampfmaschinenmuseum, Textilindustriemuseum, Medienmuseum Rupriikki, Spionagemuseum – **5** Arbeitermuseum – **6** Tampere Kunstmuseum – **7** Lenin-Museum – **8** Mumintal-Museum, Mineralienmuseum, Stadtbibliothek – **9** Aleksanterin Kirche – **10** Kunstmuseum Hiekka – **11** Särkänniemi Park, Aussichtsturm – **12** Busbahnhof – **13** Ausflugsboote Runoilijan tie / Dichterweg – **14** Ausflugsboote Suomen Hopealinja / Finnische Silberlinie – **15** Kähräsaari Einkaufszentrum, Untere Stromschnellen, Kraftwerk, Fußgängerbrücke – **16** Tammerkoski Stromschnellen – **17** Tammerantori, Marktplatz – **18** Hauptpost*

ligen Zeit, war das wie ein Startschuss zu weiteren Industrieansiedlungen. Tampere entwickelte sich nach und nach zu einem der bedeutendsten Wirtschaftszentren im Süden Finnlands. Zeitweise sprach man sogar vom finnischen Manchester. Bis in die 70er Jahre des vergangenen Jahrhunderts waren es vor allem die Papierindustrie, der Maschinenbau und die Textilindustrie, die den Wohlstand der Region sicherten. Arbeitersiedlungen, rauchende Schlote und dunkelrote Fabrikgebäude aus Backstein prägten die Stadt, in deren Mitte die Stromschnellen Tammerkoski die Turbinen des unentbehrlichen Elektrizitätswerkes antrieben.

Zum Ende des 20 Jh. hin begannen sich die wirtschaftlichen Schwerpunkte zu verlagern. Maschinenbau und Textilindustrie wanderten ab. Geblieben sind Werkhallen, Arbeitersiedlungen und Wirtschaftsgebäude. Nicht alle konnten von neuen Industrien übernommen werden. Aber in Tampere fand man bald eine praktische Lösung. In viele der ehemaligen, angegrauten Werks- und Produktionshallen zogen Boutiquen, Theater, Restaurants und vor allem Museen ein.

Über die lange Geschichte Tamperes als Industriestadt informiert das **Museumszentrum Vapriikki (3) [WP 212 / N 61° 30′ 12.1″ E 23° 45′ 40.7″]**, Alaverstaanraitti 5 *(geöffnet Di – So 10 – 18 Uhr, Tel. 02 07 16 69 66; www.tampere.fi/vapriikki)*, das in den Werkshallen der ehemaligen Fabrikanlagen der „Tampereen Pellava- ja Rauta-Teollisuus Osake-Yhtiö" (Tampere Leinen- und Eisen-Industrie Ltd.), kurz **Tampella**, eingerichtet wurde.

Die diversen Abteilungen des umfangreichen Museums befassen sich nicht nur mit Aspekten diverser, traditioneller Industrien und Fabrikationen, sondern präsentieren auch naturkundliche Sammlungen, eine Ausstellung von Kostümen und Porträts der amerikanischen Fotografin und Modesammlerin Ostapeck, eine Abteilung über die Geschichte der Stromschnellen Tammerkoski, ein Abteilungen mit moderner Technik und technischen Erfindungen, ein Schuhmuseum sowie eine Ausstellung über den Finnischen Bürgerkrieg im April 1918. Und falls Sie mit Kindern unterwegs sind, werden Sie natürlich auf die Puppen- und Spielzeugsammlung nicht verzichten wollen. Auch interessante wechselnde Ausstellungen.

Genau gegenüber des Tampella-Fabrikareals mit dem Museumszentrum Vapriikki liegt das ausgedehnte Fabrikviertel der einstigen **Finlayson Baumwollspinnerei (4) [N 61° 30′ 3.35″ E 23° 45′ 40.42″]**. Man erreicht sie über die Satakunnansilla Brücke gleich südlich von Tampella.

Dieses riesige Gebäudeensemble aus der Mitte des 19. Jh. an der Straße Satakunnankatu am Westufer des Tammerkoski mit dem historischen sechstöckigen Bau „Kuusvooninkinen", ein absolutes Novum in der Industriearchitektur der damaligen Zeit, war der Wegbereiter für die Industrialisierung nicht nur in Tamperes, sondern in ganz Finnland.

Museumszentrum Vapriikki

Ursprünglich von einem schottischen Entrepreneur namens James Finlayson gegründet, machte später Wilhelm von Nottbeck die Baumwollspinnerei zum größten und modernsten Industriebetrieb der Gegend. 1870 arbeiteten hier mehr als 2.700 Menschen. Das ganze Viertel war eine Stadt in der Stadt, mit eigener Kirche, Schule, Kindertagesstätte, Krankenhaus und Bank. Und in der Stadt wurden für die Arbeiter und Angestellten Werkswohnungen errichtet.

Neben Geschäften, Boutiquen, Restaurants, Kinos, dem Grafikbetrieb Himmelblau und einem Kulturzentrum für Kinder findet der Besucher im Finlayson-Quartier heute ein **Dampfmaschinenmuseum** (mit einer Sulzer Dampfmaschine von 1900 mit 1.600 PS, der größten je in Finnland betriebenen Dampfmaschine), das **Finnische Zentralmuseum der Arbeiterbewegung Werstas** (www.tyovaenmuseo.fi), die **Kunsthalle TR1**, ein **Textilindustriemuseum**, das interaktive **Medienmuseum Rupriikki** und das interessante

Spionagemuseum, das erste Spionagemuseum weltweit, wie es in der Eigenwerbung heißt. Die Museen sind Di – So 11 – 18 Uhr geöffnet; www.werstas.fi.

Nicht alltäglich ist, was im **Vakoilomuseo**, im **Spionage Museum** zu sehen ist, Stakunnankatu 18 *(geöffnet Juni – Aug. Mo – Sa 10 – 18 Uhr, So 11 – 17 Uhr; Sept. – Mai tgl. 11 – 17 Uhr; www.vakoilumuseo.fi)*. Vor allem aus der Zeit des Kalten Krieges, als die politische Welt noch in Ost und West getrennt war, sind interessante Exponate zu sehen, mit denen die misstrauische Zunft der Schlapphüte operierte. Das Museum bietet nicht nur einen einzigartigen Einblick in die technische Welt der Spionage, sondern lädt Besucher auch ein, ihr Geschick als Geheimagent zu testen.

Eindrucksvoll ist ein Besuch im **Arbeitermuseum Alt-Amuris Amurin Työlaismuseo (5) [WP 214 / N 61° 29' 58.4" E 23° 44' 33.2"]**, Satakunnankatu 49 *(geöffnet 15. Mai – 16. Sept. Di – So 10 – 18 Uhr, Museumscafé ganzjährig geöffnet; www.tampere.fi/amuri)*. In der aus mehreren Holzhäusern – die der Abrissbirne im Zuge des Baus neuer Wohnblocks entgangen sind – bestehenden Arbeitersiedlung mit Laden und Kneipe ist zu sehen, wie ein kinderreicher Arbeiterhaushalt um die Wende zum 20. Jh. auf sehr begrenztem Wohnraum funktionieren musste.

Einen ähnlichen Ausstellungschwerpunkt hat sich das Zentralmuseum der Arbeiterbewegung im Finlayson-Quartier gesetzt.

Zwei Straßenzüge weiter südlich liegt das **Tampere Kunstmuseum (6) [N 61° 29' 53.82" E 23° 44' 39.20"]**, Puutarhakatu 34 *(geöffnet Di – So 10 – 18 Uhr; www.tampere.fi/taidemuseo)*. Ausgestellt sind Themen zur Kunstgeschichte, sowie Exponate finnischer und internationaler Kunst der Gegenwart.

An die Frühzeit jener politischen Epoche, in der Finnland sich wohl oder übel am Gängelband des mächtigen Nachbarn Russland befand, erinnert das **Lenin Museum (7) [WP 213 / N 61° 29' 47.3" E 23° 45' 07.2"]** in Tampere, Hämeenpuisto 28, angeblich das einzige ständige Lenin-Museum weltweit *(geöffnet Mo – Fr 9 – 18 Uhr, Sa + So 11 – 16 Uhr; www.lenin.fi, Tel. 03 27 68 100)*. Themenschwerpunkte der Aus-

Tamperes Zentral-Platz. Foto: Visit Tampere

stellung sind „Lenins Lebensgeschichte" und „Lenin in Finnland".

Vladimir Ilyitch Ulyanov war am 22. April 1870 in Simbirsk, dem heutigen Ulyanovsk, geboren worden. Später nahm er das Pseudonym Vladimir Ilyitch Lenin an. Nach Auslandsaufenthalten wurde Lenin die führende Persönlichkeit während der Oktoberrevolution. Lenin starb 1924.

Eingerichtet ist das Museum standesgemäß in den Räumlichkeiten des Gewerkschaftshauses, das im Laufe seiner Geschichte gelegentlich Tagungsort der Sozialdemokratischen Partei Russlands war. U. a. erfährt man im Museum, dass es anlässlich einer dieser Tagungen zu einem Treffen zwischen Lenin und Stalin gekommen sei. Und wer mit der kommunistischen Geschichte nicht so vertraut ist, erfährt darüber hinaus, dass sich Lenin längere Zeit in Tampere im Untergrund aufgehalten hat und dass die Sowjetregierung im Jahre 1917 als erste weltweit die Unabhängigkeit Finnlands anerkannte.

Vielen kleinen Besuchern wird ein Besuch im **Mumintal-Museum (8),** Hämeenpuisto 20, besondere Freude bereiten *(geöffnet Di – Fr 9 – 17 Uhr, Sa + So 10 – 18 Uhr; www..tampere.fi/muumi; Tel. 02 07 16 65 78).* Das Museum beschäftigt sich mit den annähernd 2.000 Originalwerken der Schriftstellerin und Zeichnerin Tover Jansson. Jansson ist die Erfinderin der Mumin-Figuren, die natürlich im Mittelpunkt der Ausstellungen stehen.

Das Museum ist in dem recht futuristisch wirkenden Bau der **Stadtbibliothek (8) [N 61° 29' 53.82" E 23° 44' 39.20"]** von Tampere untergebracht. Außer dem Mumintal-Museum ist hier auch noch ein **Mineralienmuseum** zu besichtigen.

Das Bibliotheksgebäude, das von oben betrachtet (was gewöhnlichen Sterblichen aber kaum möglich sein wird) angeblich der Form eines Waldhuhns mit ausgebreiteten Flügeln ähneln soll, ist ein Werk der Architekten Reima und Raili Pietilä. Aus ihrer Feder stammen auch die Pläne zur **Kaleva Kirche**, einem monumentalen Beispiel moderner Kirchenarchitektur im Stadtteil Kaleva, der östlich der Innenstadt liegt

Die **Aleksanterin kirkko (9) [N 61° 29' 50.67" E 23° 44' 56.08"]** im Zentrum konnte ausgangs des 19. Jh. im neugotischen Stil fertig gestellt werden. Sie liegt in einem kleinen Park, der bis Ende des 19. Jh. als Friedhof von Tampere diente. Hier fanden u. a. namhafte Persönlichkeiten und Industrielle der Stadt ihre letzte Ruhestätte.

Geweiht ist die Kirche dem Heiligen Alexander, wobei bei der Wahl des Kirchenpatrons sicher auch die Tatsache eine Rolle gespielt haben mag, dass zu jener Zeit der russische Zar Alexander II. auch Herr über Finnland war.

In der orthodoxen Kirche von Tampere

Der Aussichtsturm Nässineula am Vergnügungspark Särkänniemi. Foto: Visit Tampere

Gegenüber der Kirche liegt auf der nördlichen Seite der Straße Pirkankatu das **Kunstmuseum Hiekka (10) [N 61° 29‘ 51.50“ E 23° 44‘ 54.96“]**, Pirkeankatu 6, *(geöffnet Di – Do 15 – 18 Uhr, So 12 –15 Uhr; www.hiekantaidemuseo.fi)*. Das Gebäude ist das ehemalige Wohnhaus des Goldschmieds Kustaa Hiekka (1855 –1937), der als Begründer der finnischen Edelmetallindustrie zu Wohlstand gekommen war. Sehenswert sind die kostbar möblierten Salons des Hauses und die bemerkenswerte Kunstsammlung Hiekkas.

Und falls Sie sich einen weiten Überblick über Tampere verschaffen wollen, gelingt Ihnen das vom 168 m hohen **Aussichtsturm Nässineula** (Panoramarestaurant, geöffnet 11 – 23 Uhr) am **Vergnügungs- und Abenteuerpark Särkänniemi (11) [N 61° 30‘ 15.13“ E 23° 44‘ 41.91“]** ganz vorzüglich, Laiturikatu 1 *(geöffnet tgl. 10 – 20 Uhr; www.sarkanniemi.fi)*. Neben Fahrgeschäften bietet der Vergnügungspark auch ein **Aquarium**, ein **Planetarium** und einen **Kinderzoo**.

Außerdem ist hier das **Kunstmuseum Sara Hildén** zu finden, Laiturikatu 13 *(geöffnet Mitte Mai – Ende Aug. tgl. Mo – So 11 – 18 Uhr; www.tampere.fi/sarahilden)*. Ausgestellt sind finnische Kunst, Möbel, Gold- und Silbergegenstände.

Das **Angebot an Schiffsausflügen** ist vor allem in der Zeit von Anfang Juni bis Mitte August überaus vielfältig. So kann man mit dem Nostalgiedampfer MS „Tarjanne“ von Tampere aus auf dem Näsijärvi nordwärts bis hinauf nach Virrat oder mit den modernen Flusskreuzfahrtschiffen der Silverline südwärts über Visavouri bis nach Hämeenlinna fahren. Auch ein zünftiger Schaufelraddampfer, die M/S „Elias Lönnrot“, ist auf den Wasserwegen nördlich von Tampere unterwegs. Es gibt abendliche Dinnercruises, Rock- und Jazz-Fahrten, Piratenfahrten für Kinder u. ä.

Die aktuellen Termine und Angebote erhält man von Suomen Hopealinja Oy / Finnish Silverline, Laukontori 10 A 3, Tampere, Tel. 01 04 22 56 00; www.hopealinja.fi.

Oldtimerfreunde und Rallyesportbegeisterte kommen in **Kangassala**, rund 20 km östlich von Tampere an der Straße 12 gelegen, voll auf ihre Kosten. Dort findet man das schön am See mit Strandbad und Picknickwiese gelegene **Mobilia-Automuseum Mobilian Autokylö [WP 215 / N 61° 26‘ 28.4“ E 24° 07‘ 47.7“]**, Kustaa Kolmannentie 75 *(geöffnet1. Juni – 14. Aug. tgl. 10 – 20 Uhr, übrige Zeit 10 – 16 Uhr; www.mobilia.fi)*. Zum Automuseum gehört eine umfangreiche Abteilung mit Fahrzeugen aus dem Rallye- und Rennsport.

PRAKTISCHE HINWEISE – TAMPERE

Visit Tampere Tourist Information (1) [WP 211 / N 61° 29' 49.1" E 23° 46' 20.6"], Rautatienkatu 25 A, Hauptbahnhof, 33100 Tampere, Tel. 03 56 56 68 00, www.visittampere.fi; *geöffnet Juni – Aug. Mo – Fr 9 – 18 Uhr, Sa + So 11 – 15 Uhr; Sept. – Mai Mo – Fr 8.30 – 16.30 Uhr.*

RESTAURANTS

Plevna/Panimoravintola Plevna, Itäinenkatu 8 (Finlayson-Gebäude), Tel. 03 26 01 200, www.plevna.fi; ein Pub & Restaurant der Brauerei Plevna. Sie ist die einzige echte finnische Brauerei, die vor Ort dunkles und helles Bier braut. Die Küche serviert finnische und internationale Spezialitäten. Ein Schnäpschen aus der hauseigenen Destillerie und dazu noch Livemusik lohnt den Besuch dieser Bierkneipe allemal.

Henriks, Satamakatu 7, Tel. 02 07 66 90 62, www.henriks.fi; kleines, aber feines Lokal in zentraler Lage mit guter Küche und ausgewählten Weinen. Sonntag Ruhetag.

Näsinneula, Särkänniemi, Tel. 02 07 13 02 34, www.nasinneula.fi; lecker speisen im rotierenden Aussichtsrestaurant auf dem Turm Näsineula in 124 m Höhe mit weiten Ausblicken auf Tampere und das Umland. Nicht nur die spektakuläre Lage, sondern auch die Qualität der Küche und des Service lohnen hier zu tafeln.

Harald, Hämeenkatu 23, Tel. 04 47 66 82 03, www.ravintolaharald.fi; locker und rustikal geht es hier nach Wikingerart zu. Gut bürgerliche Küche und Getränke, begleitet von erheiternden Trinksprüchen lassen hier das Mahl zum Erlebnis werden. Eine lustige Angelegenheit.

HOTELS

Holiday Inn Tampere, 135 Zi., Yliopistonkatu 44, Tel. 03 24 55 111, www.finland.holidayinn.com; neben dem berühmten Tampere Hall Congress & Concert Centre gelegen, bietet das gehobene Mittelklassehotel modernen Komfort. Restaurant, 2 Saunas, Whirlpool. Garage und Parkplatz.

Cumulus Hämeenpuisto, Hämeenpuisto 47, Tel. 03 38 62 000, www.cumulus.fi/hotellit/en_GB/hotels-tampere/; Mittelklasse-Stadthotel mit freundlichem Ambiente. Restaurant „Huviretki". Fitnessraum.

Victoria, 71 Zi., Itsenäisyydenkatu 1, Tel. 03 24 25 111, www.hotellivictoria.fi; nahe beim Hauptbahnhof und dem Kaufhaus Stockmann gelegen bietet das Mittelklassehotel alles was man von einem Stadthotel erwartet, funktionelle Zimmerausstattung, ein Frühstücksrestaurant und eine Lobbybar, Parkplatz. Gutes Preis-Leistungsverhältnis. Restaurant gegenüber.

CAMPING

V&E

Camping Härmälä [WP 216 / N 61° 28' 18.7" E 23° 44' 19.8"], Leirintäktu 8, Tel. 02 07 19 97 77, www.suomicamping.fi; 7. Mai – 16. Sept.; 4 km südlich von Tampere. Zwei Platzteile rechts und links des Rezeptionsgebäudes. Linker Platzteil wellige Wiesen und eine Grasmulde mit Baumbestand. Rechter Platzteil fast ebene Wiesen von Miethütten und Wald umgeben, im Zentrum eine Reihe ebener, durch Büsche getrennte Stellplätze. Neben der Rezeption findet man eine Cafeteria mit Freiterrasse und einen Spielplatz. Unterhalb des Platzes liegt der Pyhäjärvi-See mit Badestrand; ca. 8 ha – 400 Stpl.; Standard-Sanitärausstattung; Kiosk, Sauna, Waschmaschine mit Trockner, Internetecke, Boots- und Fahrradverleih, **V & E für Wohnmobile**. 110 Miethütten mit spartanischer bis sehr komfortabler Einrichtung.

19. TAMPERE – TURKU – HELSINKI

Länge der Tour: Rund 450 km.

Die Route: Straße 12 bis **Rauma** – Straße 8/E8 bis **Laitila** – Straße 43 bis **Uusikaupunki** – Straßen 196 und 194 über **Askainen** und **Naantali** bis **Turku/Åbo** – Autobahn 1/E18 über **Lohja/Lojo** und **Espoo/Esbo** bis **Helsinki/Helsingfors**.

Abstecher: Von Turku nach **Parainen/Pargas** und in den **Turku Archipel**.

Umweg: Von **Salo** über **Ekenäs/Tammisaari** nach **Lohja/Lojo**.

Reisedauer: Mindestens zwei, besser mehr Tage.

Höhepunkte: Das **Emil Cedercreutzin-Museum** ** in Harjavalta – die **Sammallahdenmäki/Eisenzeitgrabhügel** * bei Lappi – die **Altstadt Rauma** ** – der **Schärengarten** *** vor Turku – die **Stadt Turku** ** – Kirche von Tenala **Tenholan kirkko** ** – Eisenhüttenmuseum **Fiskars Bruk Ruukki** * – die **Villa Svårta Slott/Mustion Linna** *** bei Mustion Ruuki – das **Kalkgrubenmuseum** ** bei Lohja/Lojo.

ROUTE: *Von Tampere über die Ringautobahn 3 westwärts zur Straße 12, der wir Richtung Rauma und zunächst bis* **Huittinen** *folgen (78 km). Ab Huittinen bietet sich Gelegenheit zu einem kleinen Umweg auf der Straße*

2 nordwestwärts nach **Harjavalta** *(35 km).*

Ca. 3 km außerhalb von **Harjavalta** liegt das sehenswerte **Emil Cedercreutzin Museum [WP 217 / N 61° 17' 40.0" E 22° 11' 21.5"]**, Museotie 1 *(geöffnet 1. Juni – 31. Aug. Mo – Fr + So 11 – 18 Uhr, Sa bis 16 Uhr; 1. Sept. – 31. Mai Mo – Fr + So 12 – 16 Uhr, Do bis 18 Uhr, Sa geschlossen; www.harjavalta.fi/palvelut/museo/)*. In einem der Gebäude befindet sich das Atelier, in dem der Künstler und Zirkusfan Baron Emil Herman Robert Cedercreutz (1879 – 1949) als Maler, Bildhauer und Meister des Reliefs und der Silhouette (Scherenschnitte) wirkte.

Neben vielen Gemälden, Porträts, Skulpturen etc. ist auch seine private Sammlung von Kunstgegenständen, die Cedercreutz im Laufe seines Lebens in aller Welt sammelte, auf Führungen zu besichtigen. Cederkreutz ließ sich auf der Suche nach seinen Kunstmotiven sehr von der Tierwelt und von der bäuerlichen Kultur und dem ländlichen Raum inspirieren. Eines seiner Lieblingsmotive waren Pferde. Und eine seiner berühmten Bronzeplastiken, „Der Pflüger", steht vor dem Rathaus von Harjavalt.

Neben seinem Œuvre als bildender Künstler schuf Cederkreutz auf seinem Anwesen den **„Tempel des Bauerngeistes"**, eine Sammlung aus Volkskunst, Werkzeugen, Gegenständen aus dem bäuerlichen Bereich, von Fischgeräten und Fahrzeugen. Die Sammlung kann als erstes Heimatmuseum Finnlands angesehen werden.

ROUTE: *Von Harjavalta auf der Landstraße 43 südwärts bis* **Eura** *(16 km) und dort auf der Straße 12 westwärts über* **Lappi** *nach* **Rauma** *(35 km).*

In **Eura** ist ein Besuch im **Prähistorischen Informationszentrum Esihistorian opastuskeskus „Naurava Lohikäärme" [WP 218 / N 61° 07' 37.1" E 22° 08' 01.5"]**, Eurantie 18, möglich *(geöffnet Juni – Aug. Di - So 11 - 17 Uhr; übrige Zeit Do, Fr, Sa 11 – 17 Uhr; www.eura.fi/naurava)*. Die Ausstellungen im Informationszentrum „Lachender Drache" geben Auskunft über die Eisenzeit, die Zeit der Wikinger und über die Grabungsfunde in Lappi

Die prähistorischen Grabhügel von Sammaallahdenmäki

und in anderen der rund 1.300 frühgeschichtlichen Stätten der Umgebung. „Lachender Drache" wurde das Informationszentrum nach einem Drachenkopf an schlangenartigen Ornamenten aus der Wikingerzeit genannt, so wie sie in dem Wikingergrab von Osmanmäki gefunden worden sind.

Eines der Glanzstücke der Ausstellungen hier ist das rekonstruierte Kleid und der Schmuck der „Dame von Eura". Auf Grund eines vorzüglich erhaltenen Fundes in einem Grab aus der Wikingerzeit, konnte das Kleidungsstück, ein Festgewand, sowie die Art der Materialien und der Farben sehr genau rekonstruiert werden.

Das damals entdeckte Grab war die letzte Ruhestätte einer fast 1,7 m großen, 45 Jahre alten Frau. Und die Grabbeigaben und der Schmuck der Toten zeigen, dass es sich hier um eine Person von hohem sozialen Rang gehandelt haben muss.

Das größte bislang entdeckte Hügelgrab aus der Bronzezeit liegt bei **Panelia**, ca. 20 km nordwestlich von Eura. Der rund 30 m lange und vier Meter hohe, aus Feldsteinen aufgeschichtete **Kuninkaanhauta** (Königsgrab) genannte Grabhügel gilt als einer der größten seiner Art in den nordischen Ländern.

Lappi liegt rund 16 km westlich von Eura. Für Interessierte lohnt in Lappi der Weg zur mit **„Sammallahdenmäki" [WP 219 / N 61° 06' 48.2" E 21° 46' 32.4"]** beschilderten archäologischen Stätte (www.unesco.org). Der letzte Teil der insgesamt etwa 3 km langen Zufahrt zum Parkplatz (Toiletten) am prähistorischen Gräberfeld ist unbefestigt. Hier im schönen Föhrenwald finden sich insgesamt 36 Grabhügel aus der Bronzezeit. Sie gehören zum UNESCO-Weltkulturerbe. Das Areal zeigt verschiedene Beispiele von aus Feldsteinen aufgeschichteten Bestattungshügeln aus jener Kulturepoche. Ein markierter Weg führt durch die im Wald verstreut liegenden Hügelgräber.

6 km westlich von Lappi findet man an der Straße 12 den **Rastplatz Lounaskahvila [WP 220 / N 61° 06' 24.8" E 21° 45' 03.5"]** mit Cafeteria *(Mo – Sa 7.30 – 20 Uhr, So 11 – 18 Uhr)*, sowie eine Infotafel über die Region Lappi. Hier ist 24 Stunden Parken erlaubt

ROUTE: *Über die Straße 12 westwärts nach* **Rauma**.

Rauma, 1442 gegründet, ist die dritt-älteste Stadt Finnlands. Die gut erhaltene **Altstadt Vanha Rauma [WP 221 / N 61° 07' 39.6" E 21° 31' 07.1"** – Parkplatz am Ostrand der Altstadt] mit ihren historischen Holzhäusern vornehmlich aus dem 18. Jh., wird als die größte Holzstadt Nordeuropas bezeichnet und steht inzwischen auf der Liste des UNESCO-Weltkulturerbes. Kein Feuer hat das Stadtbild seit dem 17. Jh. verändert. Bis zu Beginn des 19. Jh. war die gesamte Altstadt von einem sog. „Zollzaun" umgeben, an dem die Stadt damals endete.

Die Parkplätze am Rande der Altstadt werden von finnischen Wohnmobilfahrern gerne als Übernachtungs-Stellplatz genutzt, da relativ ruhig und nahe zur Altstadt gelegen. 24-Stunden-Parken ist erlaubt.

Zu den Sehenswürdigkeiten von Rauma zählt die **Heilig-Kreuz-Kirche [N 61° 7' 46.31" E 21° 30' 41.82"]**, Luostarinkatu 1, am Nordrand der Altstadt am Flüsschen Raumanjoki. Die Kirche – bis zur Reformation Klosterkirche einer Franziskanerabtei – stammt aus dem 15. Jh. und beeindruckt im Inneren mit mittelalterlichen Fresken. Der weiße Kirchturm wurde erst 1816 erbaut und war lange ein wichtiger Orientierungspunkt für Seefahrer.

Südlich der Heilig-Kreuz-Kirche erstreckt sich die Altstadt von Rauma, eine Ansammlung von annähernd 600 historischen Holzhäusern. Dort findet man zwischen Kuninkaankatu an der Nord- und der Kauppakatu an der Südseite den Marktplatz mit dem markanten **Alten Rathaus [N 61° 7' 40.94" E 21° 30' 40.74"]** mit Uhrtürmchen. Das Alte Rathaus stammt aus dem Jahre 1776 und beherbergt heute u. a. das **Stadtmuseum** von Rauma, Kauppakatu 13 *(geöffnet 15. Mai - 1. Sept. tgl. 10 - 17 Uhr, sonst Di - Fr 11 - 17 Uhr, Sa 10 - 14 Uhr)*. Schwerpunkt der Ausstellungsthemen ist in erster Linie die Geschichte Raumas als Hafenstadt. Darüber hinaus wird eine sehenswerte Sammlung von Klöppelspitzen gezeigt.

Klöppeln hat in Rauma eine Jahrhunderte alte Tradition. Dieses Frauenhandwerk war für die Stadt früher offenbar so bedeutend, dass man den Spitzenklöpplerinnen am Platz Heslingen Tori, drei Straßen südlich vom Marktplatz, ein Denkmal setzte.

Raumas Altes Rathaus am Marktplatz

Geht man vom Marktplatz die Straße Kauppakatu nach Osten, kommt man nach gut 100 m zum linkerhand gelegenen **Haus Marela [N 61° 7' 40.89" E 21° 30' 54.41"]**, dem Stadthaus wohlhabender Reederfamilien, Kauppakatu 24 *(geöffnet Jan – 15. Mai + 1. Sept. – 31. Dez. Di – Fr 12 – 17 Uhr, Sa 10 – 14 Uhr, So 11 – 17 Uhr, 16. Mai – 23. Juni + 1. Aug. – 31. Aug. Di - So 10 – 17 Uhr, im Juli täglich geöffnet)*. Viele Häuser in der Kauppakatu, einer der Hauptstraßen des Städtchens, wurden ausgangs des 19. Jh. – der Zeit, in der Rauma durch Handel und Seefahrt aufblühte – im Stil der Neorenaissance umgebaut. Wohlhabende Familien statteten ihre Salons damals gerne mit kunstvollen Kachelöfen und kostbar gearbeiteten Wand- und Deckenvertäfelungen aus. Der letzte Schrei damals waren Zimmertüren mit Spiegelfüllungen.

Etwa auf gleicher Höhe liegt in der nördlich parallel verlaufenden Kuninkaankatu an der Ecke zur Gasse Kitukränn, dem Krüppelgässchen, das **Haus Jokela [N 61° 7' 42.75" E 21° 30' 57.27"]**. Hier hatte einst der Mundartdichter Hjalmar Nortamo das Licht der Welt erblickt, der später durch seine Seemannsgeschichten bekannt wurde.

Geht man vom Haus Jokela durch die Gasse weiter nach Norden und überquert den Wasserlauf des Raumanjoki, trifft man am Nordufer auf das **Museumshaus Kirsti [N 61° 7' 45.06" E 21° 30' 57.08"]**, Pohjankatu 3 *(geöffnet 16. Mai – 23. Juni + 1.Aug – 31. Aug. Di – So 10 – 17 Uhr, im Juli tgl. 10 - 17 Uhr)*, ein typisches Zweizimmer-Altstadthaus aus dem 18. Jh. mit idyllischem Innenhof. Gezeigt werden Dinge des Alltags von Seeleuten, Klöpplerinnen, einem Schmied und einem Feuerwehrmann, die hier im Laufe der Zeit gewohnt haben.

Zurück zur Kauppakatu. An deren Ostende findet man in einem gelben Empire-Gebäude das **Rauma Kunstmuseum [N 61° 7' 42.15" E 21° 31' 7.78"]** (wechselnde Ausstellungen).

Das **Rauman Merimuseu**, das **Rauma Seefahrtsmuseum [N 61° 7' 44.16" E 21° 29' 40.68"]**, Kalliokatu 34 *(geöffnet Mitte Juni – Mitte Aug. tgl. 11 – 17 Uhr, übrige Zeit So 12 – 16 Uhr; www.rmm.fi/english/maritimemuseum)* in der Neustadt westlich der Altstadt, informiert über die Seefahrtgeschichte der Stadt, über das Leuchtturmwesen und über Formen der Navigation auf See.

Das **Heimatmuseum Muina [N 61° 5' 19.65" E 21° 35' 23.29"]**, Muinantie 7, im Dorf Vasarainen, liegt knapp 10 km südöstlich von Rauma. Zu sehen ist ein alter Bauernhof mit großer Sammlung von Gegenständen aus dem 19. und frühen 20. Jh. *(geöffnet im Sommer)*.

Bootsausflüge werden zur Leuchtturminsel Kylmäpihlaja, zur Festungsinsel Kuuskajaskari und zu weiteren der

PRAKTISCHE HINWEISE – RAUMA

Rauma City Tourist Information [N 61° 7' 45.62" E 21° 30' 14.63"], Town Service Point Pyyrman, Valtakatu 2, Tel. 02 83 43 512, www.visitrauma.fi.

RESTAURANT

Wanhan Rauman Kellari, Anundilankatu 8, Tel. 02 86 66 700, www.wrk.fi; nicht nur im Kellerlokal sondern auch auf der „Cat's Roof" genannten Terrasse kann man Leckeres aus Küche und Keller genießen. Einen ehemaligen Kartoffelkeller hat man 1967 zum Restaurant ausgebaut, das seither über die Stadt hinaus beliebt ist.

HOTELS

Cumulus Rauma, 104 Zi., Aittakarinkatu 9, Tel. 02 83 78 21, www.cumulus.fi/hotelli/rauma/en_GB/rauma/; Firstclasshotel mit modernem Komfort. Restaurant am Kanal von Rauma gelegen, Schwimmbad, 2 Saunas sowie kostenfreie Parkplätze.

Hotel Vanha Rauma, 25 Zi., Vanhankirkonkatu 26, Tel. 02 83 76 22 00, www.hotelvanharauma.fi; das unter Denkmalschutz der UNESCO stehende kleine Mittelklassehotel liegt am Rande der Altstadt. Funktionelle Zimmerausstattung, Restaurant „S.J.Nyyper". Parkplatz.

CAMPING

Camping Poroholma [WP 222 / N 61° 08' 03.2" E 21° 28' 33.5"], Poroholmantie 8, Tel. 02 53 35 522, www.poroholma.fi; 15. Mai – 30. Aug.; am westlichen Stadtrand von Rauma, von der Straße 12 kommend im Ort beschildert; langgestrecktes, gepflegtes, parkähnliches, leicht hügeliges Gelände (wenig ebene Stellplätze) mit lichtem Nadel- und Laubbaumbestand auf einer Landzunge zwischen Sportboothafen und Bucht mit langem Sandstrand, beiderseits der Zufahrtsstraße zum Sportboothafen. Ansprechende Lage, aber einfache und zu geringe Ausstattung der Sanitäreinrichtungen; 4 ha – 150 Stpl.; Mindestausstattung. Restaurant, Imbiss, Kiosk, Sauna, WLAN, Bootsslipanlage, Bootssteg. **V & E für Wohnmobile**. 20 Miethütten. Eine schöne alte Holzvilla aus der Zeit der Wende vom 19. zum 20. Jh. sowie ein Parkplatz für Strandgäste liegen innerhalb des Campinggeländes.

zahlreichen Eilande vor der Küste angeboten.

ROUTE: *Auf der Weiterfahrt südwärts kann man von der Straße 8/E8 bei* **Laitila** *(30 km) einen Abstecher auf der Straße 43 westwärts hinaus nach* **Uusikaupunki/Nystad** *unternehmen (19 km).*

Uusikaupunki/Nystad ist ein viel besuchter Sommerferienort mit großem Freizeit- und Gästehafen. Vor allem an der Bucht Kaupunginlahti reihen sich die Ausflugslokale. Höhepunkt der sommerlichen Kulturaktivitäten ist die weit über Finnland hinaus bekannte **Crusell-Musikwoche** Ende Juli. Auf dem Programm stehen Symphoniekonzerte, Kammermusik, Streichquartette. Während der Musikwoche gibt es jeden Tag auf dem Marktplatz ein kostenloses Blasmusikkonzert.

Einer der Höhepunkte des Festivals ist immer die „Nacht der Laternen", ein musikalisches Picknick im Freien.

Benannt sind die Musikwochen von Uusikaupunki nach Bernhard Henrik Crusell (1775 – 1838), einem in Uusikaupunki geborenen Komponisten und Klarinettisten.

Sehenswertes

Das **Kulturhistorische Museum**, Ylinenkatu 11, Tel. 02 84 51 54 48 *(geöffnet Anf. Juni – Ende Aug. Mo - Fr 10 - 17 Uhr, Sa + So 12 - 15 Uhr; übrige Zeit Di - Fr 12 - 15 Uhr)*. In dem repräsentativen früheren Stadthaus eines vermögenden Tabakhändlers ist im Obergeschoss eine Seefahrtausstellung zu besichtigen. In einem Nebengebäude des Anwesens ist eine Bootswerkstatt eingerichtet. Die Eintrittskarten für das Kulturhistorische Museum gelten auch für das Lotsenmuseum und für das Seefahrerheim.

Das **Lotsenmuseum**, Vallimäki, Tel. 02 84 51 54; *(geöffnet Anf. Juni – Ende Aug. Mo - Fr 10 - 17 Uhr, Sa + So 12 - 15 Uhr. Übrige Zeit Di - Fr 12 - 15 Uhr)* liegt auf dem sog. Wallhügel südwestlich der Innenstadt gleich neben der ganz in Backstein aufgeführten neugotischen Stadtkirche aus der Zeit um 1860. In der ehemaligen Lotsenstation von Uusikaupunki sind Ausstellungsstücke zu sehen, die im Zusammenhang mit dem Dienst der Lotsen stehen.

Das **Seefahrerheim-Museum**, Myllykatu 18, Tel. 02 84 51 54 13 *(geöffnet Mitte Juni – Mitte Aug. Di - Fr 11 - 16 Uhr, Sa + So 12 - 15 Uhr)*. Hier, in einem der ältesten Wohnhäuser der Stadt, wird das Leben der Seefahrerfamilien Anfang des 20. Jh. anschaulich gemacht.

Das **Automuseum Uusikaupunki [WP 223 / N 60° 48' 35.5" E 21° 26' 51.3"]**, Autotehtaankatu 14, neben dem Werk von Valmet Automotive, Tel. 02 04 84 80 68 *(geöffnet tgl. 11 - 17 Uhr, Juni - Aug. tgl. 10 - 18 Uhr)*. Neben mehr als 100 Oldtimern, Motorrädern, Motorrollern, zwei Flugzeugen und einer nostalgischen, musealen Autowerkstatt können Sie hier die weltweit größte Sammlung von Saab-Automobilen bewundern.

BONK-Zentrum, Siltakatu 2, Tel. 02 84 18 404 *(geöffnet 11. - 20.Juni Mo - Fr 11 - 15 Uhr. 25.Juni - 5. Aug. tgl. 10 - 18 Uhr, 6. - 17. Aug. Mo - Fr 11 - 15 Uhr; www.bonkcentre.fi)*. Hier wird sog. „Bonk-Kunst" präsentiert, die sich in erster Linie mit „funktionsfreien Maschinen und Geräten" und Arbeiten des Künstlers Alvar Gullichsen befasst. Fantasievolle Apparaturen, Kunstobjekte, die viele Besucher eher belustigen.

Bootstouren

Zu den schönsten sommerlichen Abwechslungen zählen Bootsrundfahrten in die Schären und Schiffsausflüge z. B. zur Festungsinsel Katanpää oder zum Leuchtturm auf der Insel Isokari.

Die Sehenswürdigkeit auf der Uusikaupunki ein gutes Stück vorgelagerte **Schäreninsel Isokari** ist der stattliche **Leuchtturm** dort, der zweithöchste Finnlands. Der gut 50 m hohe Turm mit seinem weithin sichtbaren

PRAKTISCHE HINWEISE – UUSIKAUPUNKI/NYSTAD

Uusikaupunki Tourist Information [WP 224 / N 60° 48′ 02.9″ E 21° 24′ 29.0″], Rauhankatu 10, FI-23500 Uusikaupunki, Tel. 02 84 51 52 09; www.uusikaupunki.fi. *Geöffnet: Mo - Fr 9 - 16 Uhr, im Juli bis 17 Uhr und Sa 9 – 15 Uhr.*

HOTEL

Hotel Aquarius, 62 Zi., Kullervontie 11, Tel. 02 84 13 123, www.hotelliaquarius.fi; Hotel der gehobenen Mittelklasse in schöner Lage an einem Meeresarm im Süden der Stadt. Gute Ausstattung mit 2 Restaurant mit Sommerterrasse und dem Bandi-Nachtclub mit gelegentlichen Liveauftritten. Badebereich mit Sauna, Schwimmbad und Whirlpool. Bootshafen. Großer Parkplatz.

CAMPING

Camping Santtioranta, Kalalokkikuja 14, Tel. 02 84 23 62, www.santtioranta-Camping.fi; 2. Juni – 26. Aug.; von der Laivanrakentajantie bei der Ampel an der Schwimmhalle nach rechts auf die Straße Hiuntie ca. 100 m, nach links auf der Kalalokkikuja 200 m. Standard-Sanitärausstattung. Cafeteria, Boots- und Fahrradverleih. 6 Miethütten.

Leuchtfeuer stammt aus dem Jahre 1833 und tut noch heute seinen wichtigen Dienst für die Seefahrt.

In einer ehemaligen Kaserne am Leuchtturm ist heute ein „Schärenkunstzentrum“ mit wechselnden Ausstellungen untergebracht. In der Kaserne kann man für billiges Geld auch übernachten.

Neben militärischen Einrichtungen und einem kleinen Schärendorf findet man auf Isokari auch eine Lotsenstation.

In den Sommermonaten kann man sich **Führungen** anschließen. Die Führungen starten zweimal täglich am Hafen von Isokari und zwar um 11 Uhr und um 17 Uhr, Dauer ca. 1,5 Stunden inkl. Besuch im Leuchtturm.

ROUTE: *Landschaftlich reizvoll ist die Weiterreise auf der Straße 196/192 hinaus nach* **Kustavi** *mit einem Heimatmuseum und einem Feriendorf mit Campingplatz. Der Ort liegt mitten im sog. Schärengarten.*

Um nach Turku zu gelangen, fährt man von Kustavi zurück und über Taivassalo nach Mynämäki (Karjala Heimatmuseum) und nimmt dort die Straße 8/E8 nach Turku.

Alternativ bietet sich der Weg auf der Straße 192 bis zum Abzweig der Straße 1930 [WP 225 / N 60° 37‘ 02.7“ E 21° 54‘ 57.3“] Richtung **Askainen** *und weiter über* **Merimasku** *und die mit*

PRAKTISCHE HINWEISE – KUSTAVI

Tourist Information Service/Kustavin kunnanvirasto, Keskustie 7, 23360 Kustavi, Tel. 02 84 26 600, www.kustavi.fi.

CAMPING

Camping Kustavin Lootholma [N 60° 31′ 50″ E 21° 21′ 59″], Kuninkaantie 81, Tel. 050 55 60 440, www.lootholma.fi; 15. Mai – 31. Aug.; 2 km südlich des Ortes auf einer Halbinsel am Meer gelegen, in waldreicher Umgebung mit Fels- und Sandstrand; 10 ha – 100 Stpl.; Standard-Sanitärausstattung; Restaurant, Sauna, Grillhütte, Waschmaschine mit Trockner, Bootssteg. **V & E für Wohnmobile**. 20 Miethütten, davon einige im Stil von Jurten.

Camping Kustavi Loma Valkama [N 60° 35′ 3″ E 21° 18′ 55″], Valkamantie 81, Tel. 04 00 62 14 90, www.lomavalkama.fi; 1. Mai – 30. Sept.; auf der Straße 1924 ca. 6 km nordwärts auf die Insel Kevo; Wiesen- und Waldgelände auf einer Landzunge am Meer; 6 ha – 35 Stpl.; einfache Standard-Sanitärausstattung. Restaurant, Café, Strandsauna. Miethütten.

„Skärgardens Ringvej" bzw. „Saariston Rengasti" beschilderten Straße 189 nach **Naantali** *und* **Turku** *an.*

Askainen wartet mit dem **Herrensitz Louhisaari [N 60° 34′ 20.41″ E 21° 49′ 57.75″]** aus dem Jahre 1655 auf. Hier wurde 1867 Marschall Mannerheim geboren, dem Finnland seine Freiheit zu verdanken hat (www.mannerheim.fi), siehe auch unter Mikkeli, Route 4.

1795 war das Anwesen von dem aus Schweden stammenden Grafen Carl Erik Mannerheim, dem Urgroßvater des Marschalls, erworben worden. Im Besitz der Familie Mannerheim blieb Louhisaari bis 1904. Im Park des Landschlösschens findet man eine Kapelle, die die Familiengruft der Mannerheims beherbergt.

Beachtung verdient auch die **Steinkirche von Askainen [WP 226 / N 60° 34′ 12.7″ E 21° 51′ 46.0″]**.

Und wer sich sehr für die Kirchenbaukunst im Südwesten Finnlands interessiert, wird im weiter südlich gelegenen **Merimasku** sicher auf die schöne, dunkelrote, aus dem Jahre 1726 stammende **Holzkirche** des Ortes achten **[WP 227 / N 60° 28′ 52.9″ E 21° 52′ 11.9″]**.

Merimasku, zwischenzeitlich in die Großgemeinde Naantali eingemeindet, liegt am äußersten Nordende der über Brücken erreichbaren und nur durch schmale Sunde vom Festland getrennten Insel Otava.

Von Merimasku bietet sich ein Abstecher südwärts auf der Straße 189 nach **Rymättylä** an (rund 13 km). Die große **Steinkirche von Rymättylä [WP 228 / N 60° 22′ 35.6″ E 21° 56′ 30.2″]** stammt im Wesentlichen aus den Anfängen des 16. Jh., die Sakristei allerdings ist noch 200 Jahre älter. Geweiht ist die Kirche dem Heiligen Jakob, dem Schutzpatron des Ortes. Im Kircheninneren sind mittelalterliche Wandfresken und Holzskulpturen zu sehen, darunter eine Figur des Apostels Jakob des Älteren. Der Heilige wird jedes Jahr am Sonntag nach dem 25. Juli in einer feierlichen Jakobsmesse geehrt.

ROUTE: *Rund 7 km östlich von Merimasku liegt* **Naantali.**

Naantali (schwedisch Nådendal), die „Sonnenstadt Finnlands" mit knapp 19.000 Einwohnern, ist ein alter Kur- und ein beliebter Ferienort mit schönen Holzhäusern, die der hübschen Altstadt ein ganz besonderes Flair verleihen. Ab der Mitte des 18. Jh., als die Heilquellen von Viluluoto entdeckt wurden, entwickelte sich Naantali zu einem vielbesuchten Kurort, der während der Zarenzeit seinen Höhepunkt erlebte.

Zu den kulturhistorischen Sehenswürdigkeiten von Naantali zählt die aus dem Mittelalter stammende **Kirche von Naantali [N 60° 28′ 16.29″ E 22° 1′ 3.09″]**, die von 1443 bis zur Reformation die Klosterkirche eines Konvents des Birgittenordens war. Das Kloster war immer auch ein bedeutender Wallfahrtsort, der bei den Pilgern unter dem Namen „Vallis Gratiae" bekannt war, was soviel wie „Gnadental" bedeutet und in der schwedischen Übersetzung „Nådendal" lautet. Als dem Kloster vom Schwedenkönig Christoph III. Handelsrechte verliehen wurden, war das der Auslöser dazu, dass sich um das Kloster rasch ein Städtchen etablierte. In der Altstadt unterhalb der Klosterkir-

Im Märchenpark Muumiparkki, Naantali. Foto: Visit Finland Media Bank

che sind noch heute eine Reihe bemerkenswerter Holzhäuser zu sehen.

Auf der Insel Luonnonmaa unweit vor Naantali liegt das Gut **Kultaranta [60° 28′ 03.0“ E 21° 59′ 50.6“]**, das seit 1922 den finnischen Staatspräsidenten als **Sommerresidenz** dient. Den wunderschönen Park der Residenz kann man im Sommer auf Führungen besichtigen. Die Führungen finden statt vom 12. Juni – 12. August jeweils Dienstag bis Sonntag um 14 Uhr und um 15 Uhr und vom 14. August bis 2. September jeweils um 14 Uhr.

Lustig und unterhaltsam, nicht nur für kleine Besucher, geht es auf der **Abenteuerinsel Väski** und im **Märchenpark Muumiparkki [60° 28′ 11.9“ E 22° 01′ 27.2“]**, www.moominworld.fi, zu, in der sich die von der Schriftstellerin und Illustratorin Tove Jannson geschaffenen Fantasiefiguren tummeln, die irgendwie an lustige Nilpferde erinnern.

Die bedeutendste kulturelle Veranstaltung findet jedes Jahr im Juni statt. Das **Naantali Musikfestival** wird vor allem von Liebhabern der Kammermusik sehr geschätzt.

PRAKTISCHE HINWEISE – NAANTALI

Naantali Tourist Information [N 60° 28′ 10.3“ E 22° 00′ 59.4“] Kaivotori 2, FI-21100 Naantali, Tel. 02 43 59 800; www.naantalinmatkailu.fi. *Geöffnet Ende Mai – Ende Aug. Mo – Fr 9 – 18 Uhr, Sa + So 10 – 16 Uhr; übrige Zeit Mo – Fr 9 – 16.30 Uhr.*

RESTAURANTS

Merisali, Nunnakatu 1, Tel. 02 43 52 451, www.merisali.fi; das hübsche Gebäude des 100-jährigen Kurpavillons am Bootshafen beherbergt das einladende Lokal mit Sommerterrasse, wo nicht nur ausgezeichnet gespeist, sondern im Sommer auch Livemusik gelauscht werden kann.

HOTELS

Kultaranta Resort Golfhotel, 58 Zi., Särkänsalmentie 178, Tel. 06 00 55 00 90, www.kultaranta.fi; Gediegenes Golfhotel der gehobenen Mittelklasse ca. 5 km westlich von Naantali gelegen; Restaurant mit Terrasse, 18-Loch-Golfplatz, Golf Simulator, Spa & Wellnesscenter, Clubhaus Sauna, Fitnesseinrichtungen, Bootshafen. Parkplatz.

Naantali Spa Hotel Resort, 390 Zi., Matkailijantie 2, Tel. 02 44 550, www.naantalispa.fi; das weitläufige Luxushotel liegt ca. 1 km östlich des Stadtzentrums von Naantali. Es soll zu den 100 beste Spahotels der Welt zählen. Welch ein Anspruch! Beeindruckend ist, dass der Gast unter vier verschiedenen Übernachtungsmöglichkeiten wählen kann, nämlich unter dem ursprünglichen Spa Hotel, dem benachbarten Suite-Hotel, unter Unterkünften an Bord der Luxusyacht „Sunborn" oder unter dem Naantali Spa Residence Appartementhotel. Alles ausgestattet vom Feinsten. 11 Restaurants, in denen man aus Gerichten der finnischen bis zur thailändischen Küche wählen kann, Cafés und Bars, 5 Pools, ein römisches Bad, Wellnesseinrichtungen mit Saunen und Dampfbäder. Parkplätze.

CAMPING

Camping Naantali [N 60° 27' 44.1" E 22° 01' 43.1"], Kuparivuori, Kopenkatu 10, Tel. 02 43 50 855, www.naantalinmatkailu.fi/camping; 1. Juni – 2. Sept.; ca. 1 km südlich des Ortszentrum, beschildert, neben dem Sportstadion; teils in Terrassen angelegtes Föhrenwaldgelände; Standard-Sanitärausstattung; Cafeteria und Laden in 500 m Entfernung, Sauna, Waschmaschine mit Trockner, Grillhütte, ca. 2 ha – 53 Stpl.; 34 Miethütten. Teils enge, steile Zufahrtswege zu den Stellflächen.

Turku/Åbo, Finnlands älteste Stadt, wurde schon Anfang des 13. Jh. gegründet. Heute ist Turku mit annähernd 178.000 Einwohnern des Landes fünftgrößte Stadt und bedeutender Fährhafen im Verkehr mit Schweden.

Kein Schwedenkönig ist für die Stadtgründung verantwortlich, sondern Papst Gregor. Er hatte veranlasst, am Fluss Aurajoki, an dessen Mündung Turku liegt, einen Bischofsitz zu errichten. Während sich der Klerus in Turku um die Entstehung eines Dominikanerkloster mühte, legten die weltlichen Herren 1280 den Grundstein zur Burg von Turku. In ihrem Schutze konnten sich Handel und Seefahrt entwickeln.

1640 wurde in Turku die Königliche Akademie gegründet, aus der die erste Universität Finnlands hervorging. Turku war damals die bedeutendste Metropole und folglich auch die Hauptstadt des Landes. Erst im 19. Jh., als Finnland als Großfürstentum unter russische Vorherrschaft geriet, wurde die Hauptstadt nach Helsinki verlegt.

Im September des Jahres 1827 brannte Turku zwei Tage lang. Viele der öffentlichen Gebäude wurden zerstört. Als eine der Folgen der Katastrophe wurde die Universität in die neue Hauptstadt Helsinki verlegt. Damals geriet Turku an den Rand des politischen Geschehens, wirtschaftlich konnte es aber dank seines wichtigen Hafens seine Stellung zurückerobern und weiterhin behaupten. Auch in Turku entstanden nach dem großen Brand viele der Stadtbauten nach Plänen des Architekten Carl Ludvig Engel.

Nach der Erringung der Unabhängigkeit erhielten Kultur und Wissenschaft im ganzen Lande neue Impulse. Und in Turku wurde wieder eine Universität gegründet, 1917 die schwedischsprachige Universität Åbo Akademie und 1919 die finnischsprachige Universität Turun Yliopisto.

Populäre Finnen, die an der Uni von Turku studierten waren z. B. Elias Lönnrot (1802 – 1884), der „Vater“ des Kalevala-Epos, der Philosoph Johan Vilhelm Snellman (1806 – 1881) oder Finnlands Nationaldichter Johan Ludvig Runeberg (1804 – 1877).

Viel früher, nämlich im 16. Jh., studierte in Turku Mikael Agricola (1556 – 1557), ein Bruder im Geiste des Reformators Martin Luther. Agricola studierte 1536 auch an der Universität von Wittenberg.

Ähnlich wie Luther übersetzte Agricola die Bibel in seine damals wenig beachtete zweite Muttersprache Finnisch. Seine erste Muttersprache war Schwedisch. Seitdem gilt Agricola als „Vater der finnischen Schriftsprache“.

Als Bischof von Turku setzte sich Agricola sehr engagiert für die Reformation in Finnland ein. Mit Erfolg. Noch heute gehören rund 80 Prozent der Finnen, die sich zu einer Konfession bekennen, der Lutherischen Kirche an. Eine Statue vor dem Dom von Turku erinnert an Mikael Agricola, der eigentlich Mikael Olavinpoika hieß, und erst später Agricola (lat. für Bauer) als Namen wählte.

Einer der wohl populärsten Söhne der Stadt ist zweifellos der legendäre Langstreckenläufer Paavo Nurmi (1897 – 1973). Nurmi errang in seiner langen

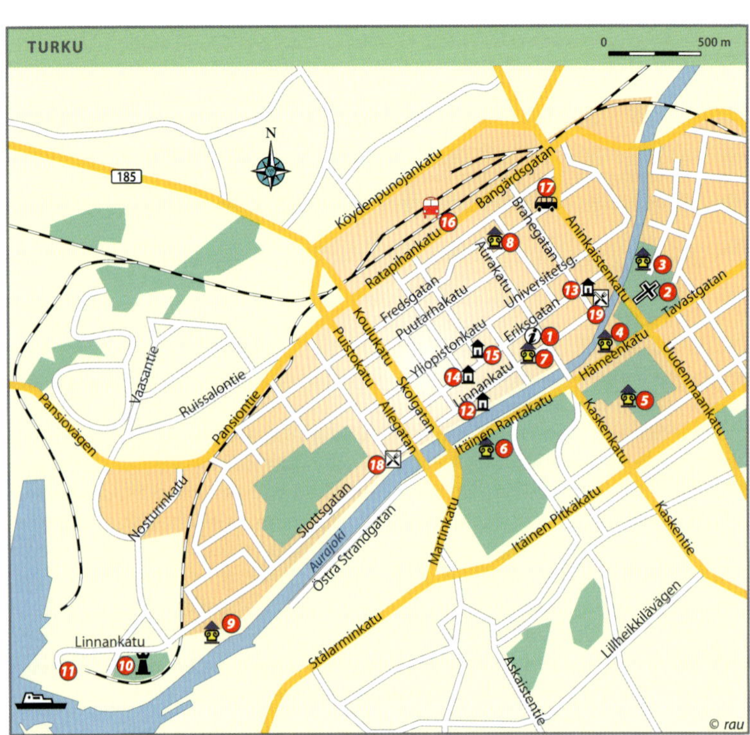

*TURKU – **1** Touristeninformation – **2** Dom von Turku – **3** Sibelius Museum – **4** Aboa Vetus & Ars Nova Museum – **5** Handwerksmuseum – **6** Wäinö Aaltonen-Museum – **7** Apothekermuseum und Qwensel-Haus – **8** Kunstmuseum Puolalanpuisto – **9** Forum Marinum, Seefahrtmuseum – **10** Burg von Turku, Historisches Stadtmuseum – **11** Fährterminal – **12** Hotel Radisson Blu Marina Palace – **13** Hotel Scandic Julia – **14** Hotel Cumulus Turku – **15** Sokos Hotel Seurahuone – **16** Bahnhof – **17** Busbahnhof – **18** Vaakahuone Pavillon, Restaurants – **19** Restaurant Mami*

und erfolgreichen Leichtathletiklaufbahn, während der er an drei Olympiaden teilnahm, nicht weniger als neun Gold- und drei Silbermedaillen. Nurmi stellte viele Weltrekorde auf. In der Stadt auf einer Straßeninsel nahe der Auro-Brücke erinnert ein Denkmal von Wäinö Aaltonen an den Läufer Nurmi. Jedes Jahr, meist Ende Juni, wird mit dem Paavo Nurmi Marathon in Turku an die Leistungen des großen Leichtathleten gedacht und natürlich trägt das Stadion von Turku seinen Namen.

Nurmis Geburtshaus in der Jarrumiehenkatu Nr. 4 ist jedes Jahr am 13. Juni, dem Geburtstag Nurmis, für Besucher geöffnet.

Falls Sie die Zeit haben, Turku ausführlich zu besichtigen, lohnt sich evtl. der Erwerb der **Turkucard**, die kostenlosen Zutritt in diverse Museen, Ausstellungen und städtische Einrichtungen sowie kostenlose Fahrten mit den Stadtbussen erlaubt. Man erhält die Turkucard im Touristenbüro.

Neben einigen schönen neoklassizistischen Gebäuden am Alten Markt zählen zu den **historischen Sehenswürdigkeiten** der Stadt in erster Linie der **Dom** am Nordostende und die **Burg** am Südwestende der Innenstadt.

Der **Dom/Tuomiokirkko (2) [N 60° 27′ 05.1″ E 22° 16′ 40.8″** – Parkplatz Nähe Dom] in der Tuomiokirkkotori 20, aus dem 13. Jh., stand ehemals im Zentrum der Stadt. Heute liegt er, nachdem sich der Mittelpunkt Turkus an das nordwestliche Ufer des Aura joki verlagert hatte, am Nordostrand der Innenstadt in einem parkähnlichen Gelände am Ostufer des Flusses.

Sehenswert im Dom, der nach dem Stadtbrand von 1827 vollständig wieder aufgebaut worden ist, sind die **Wandgemälde** im Chorgewölbe. Ein Motiv dort zeigt den Reformator Agricola, wie er seine finnische Übersetzung des Neuen Testaments dem Schwedenkönig Gustav Wasa überreicht.

Namhafte Persönlichkeiten und gekrönte Häupter fanden im Dom ihre letzte Ruhestätte, so Königin Karin Månsdotter (sehenswerter Marmorsarkophag). Bemerkenswert sind die Glasmalereien der Fenster von Wladimir Schwertschkoff.

Nicht weit vom Dom entfernt findet man in der Piispankatu 17 das **Sibelius-Museum (3) [N 60° 27′ 13.05″ E22° 16′ 41.82″]** *(geöffnet Di - So 11 - 16 Uhr, Mi 18 - 20 Uhr)* mit Sammlungen von Musikinstrumenten und in der Piispankatu 14 das **Bürgerhausmuseum** „Ett Hem" *(geöffnet Mai -Sept. tgl. a. Mo 12 - 15 Uhr)* mit sehenswerter Möblierung und seltenen Kunstgegenständen.

Der Dom zu Turku

Das Doppel-Museum **Aboa Vetus & Ars Nova (4) [N 60° 26′ 59.19″ E 22° 16′ 23.72″]**, Itäinen Rantakatu 4 – 6 *(geöffnet Apr. - Sept. tgl. 11 - 19 Uhr, sonst Di - So 11 – 19 Uhr; www.aboavetusarsnova.fi)* beherbergt einerseits das archäologisch-historische Museum mit Ausstellungen über das mittelalterliche Leben in Turku und andererseits das Museum für moderne Kunst.

Etwas südlich der Innenstadt befindet sich in der Straße Vartiovuorenkatu Nr. 2 das **Handwerksmuseum Luostarinmäki (5) [N 60° 26' 48.40" E 22° 16' 33.84"]** *(geöffnet Mitte Apr. - Mitte Sept. tgl. 10 - 18 Uhr, bis Ende Sept. 10 - 15 Uhr; www.museumcentreturku.fi)*. Als 1827 fast ganz Turku in Flammen stand, wurde dieser Hügel Luostarinmäki vom Feuer verschont. Diesem Umstand ist es zu verdanken, dass die wenigen Holz- und Handwerkshäuser dieses alten Viertels erhalten blieben. In rund 30 Werkstätten des Freilichtmuseums wird das Leben und die Arbeit der Stadtbevölkerung im 18. und 19. Jh. gezeigt.

Ufer das **Apothekermuseum und Qwensel-Haus (7) [N 60° 26' 54.61" E 22° 16' 4.41"]**, Läntinen Rantakatu 13 *(geöffnet Di - So 10 - 15 Uhr, Okt. + Nov. geschlossen)*. Das Museums ist untergebracht im ältesten erhaltenen großbürgerlichen Haus Turkus, 1700 erbaut. Die Räume sind noch im Rokoko- und im gustavianischen Stil ausgestattet und zeigen den luxuriösen Lebensstil, den gehobenen Gesellschaftskreise während der schwedischen Zeit pflegten.

Im Ladenbereich ist ein Apothekenmuseum aus dem 18. Jh. mit Apothekerwohnung und historischem Laboratorium eingerichtet.

Der Segler „Suomen Joutsen" im Seefahrtmuseum „Forum Marinum" in Turku

Auf einem Hügel am Südostufer des Aurajoki findet man in einem Park – neben dem Stadttheater, dem Schwimmstadion *Samppalinna* und dem Sommertheater – das **Wäinö Aaltonen-Museum (6) [N 60° 26' 42.21" E 22° 15' 35.52"]**, Itäinen Rantakatu 38, *(geöffnet Di - So 11 - 19 Uhr)*, das Plastiken des berühmten finnischen Bildhauers zeigt.

Ein Stück weiter südwestlich des Doms liegt am jenseitigen Aurajoki-

Auf der nördlichen Flussseite, vier Straßen nördlich des Apothekermuseums, ist in einem wuchtigen Granitgebäude zwischen Marktplatz und Bahnhof das **Kunstmuseum Puolalanpuisto (8) [N 60° 27' 13.90" E 22° 15' 43.00"]**, Aurakatu 26, untergebracht *(geöffnet Di - Fr 11 - 19 Uhr, Sa + So 11 - 17 Uhr)*. Ausgestellt ist die Sammlung des Kunstvereins von Turku, die sich mit finnischer Kunst seit dem 19. Jh. befasst.

Ein gutes Stück flussabwärts liegen an der Linnankatu am Ufer des Aurajoki einige historische Schiffe vertäut, die zum sehr besuchenswerten **Meereszentrum und Seefahrtmuseum „Forum Marinum" (9) [WP 230 / N 60° 26' 11.2" E 22° 13' 58.2"]**, Linnankatu 72, gehören *(geöffnet Mai - Sept. tgl. 11 - 19 Uhr, sonst Di - So 11 - 18 Uhr, Museumsschiffe Jun. -Aug. tgl. 11 - 19 Uhr; www.forum-marinum.fi)*. Der markante Windjammer **„Suomen Joutsen"** (Finnischer Schwan), ein Dreimaster, wurde 1902 in Frankreich gebaut, segelte dann auf der Salpeterroute zwischen Europa und Südamerika (in den zwanziger Jahren unter deutscher Flagge) und ging 1930 an die finnische Marine. Für sie tat die „Suomen Joutsen" bis 1988 – zuletzt als Seefahrtschule – Dienst.

Der andere Segler ist das Museumsschiff **„Sigyn"**, das 1887 in Göteborg vom Stapel lief und 1939 als Museumsschiff der Åbo Akademie gestiftet wurde. Der Dreimaster mit seiner Bark-Takelage soll der letzte noch existierende aus Holz gefertigte Frachtensegler sein.

Außerdem können u. a. zwei moderne Kriegsschiffe, das Minenschiff **„Keihässalmi"** und das Kanonenboot **„Karjala"**, besichtigt werden. Und seit kurzem hat die Ostseefähre **„MS Bore"**, die vor allem in den 1960er Jahren den Fährverkehr zwischen Turku und Stockholm aufrecht erhielt, für den Rest ihrer Tage am Museumskai festgemacht. Gebaut wurde die MS „Bore" 1960 im schwedischen Oskarshamn.

Die Ausstellungen nebenan im neu errichteten Museumsgebäude berichten über Schiffe und Seefahrer, Seerouten, das Lotsenwesen, den Zoll- und Küstenschutz und die Finnische Marine.

Nicht zu übersehen ist die am Hafen gelegene **Burg von Turku, Turun linna** oder **Åbo-Slott (10) [WP 231 / N 60° 26' 06.5" E 22° 13' 32.8"]**, Linnankatu 80, ein trutziger Bau mit zwei mächtigen, viereckigen Türmen *(geöffnet Mitte Apr. - Mitte Sept. tgl. 10 - 18 Uhr, Di - So 10 - 15 Uhr; www.turkutouring.fi)*. 1280 für den königlichen Statthalter (praefectus Finlandiae) und seine Truppen errichtet, behielt die Burg bis ins 19. Jh. ihre wichtige strategische Bedeutung.

Im 16. Jh. hatte die Festung unter Herzog Johan umfangreiche Erweiterungen erfahren, u. a. wurde damals der prächtige **Festsaal** ausgebaut.

Herzog Johan und seine aus polnischem Adel stammende Gemahlin Katarina Jagellonica waren sehr bemüht, etwas Glanz aus den prächtigen Renaissancehöfen Südeuropas auch in die kalte Burg von Turku zu bringen. Legendär wurden die Hofzwerge Doska und Baska der Herzogin, die sie überall hin mitnahm und war die Reise noch so weit.

Und wenn man erfährt, dass erst Katarina die Gabel in Finnland einführte, kann man sich ein Bild von den höfischen Tischsitten in der Burg von Turku im 16. Jh. machen.

Im Zweiten Weltkrieg erlitt die Burg starke Beschädigungen und in den 50er Jahren des vergangenen Jahrhunderts baute man sie nach alten Plänen originalgetreu wieder auf.

In der Burg ist das **Historische Stadtmuseum** eingerichtet. Dort sind kulturhistorische Objekte, Textilien, Kostüme, Silber-, Zinn-, Glas- und Porzellansammlungen aus dem 17. Jh. und später ausgestellt. Eine Ausstellung neueren Datums beschäftigt sich ausgiebig mit der bewegten Geschichte der Burg von Turku.

Eine nette Abwechslung an einem warmen Sommertag kann eine kleine **Flusskreuzfahrt** auf dem Aurajoki in Turku oder eine längere **Bootstour in den Schärengürtel** vor Turku sein.

Ganzjährig bestehen regelmäßige **Fährverbindungen** von Turku über Åland nach Stockholm, siehe „Fährverbindungen" weiter vorne im Buch.

Mein Tipp! Sollten Sie mit der Fähre von Turku nach Stockholm reisen emp-

Die Burg von Turku

PRAKTISCHE HINWEISE – TURKU

Touristen-Information Turku (1) [WP 229 / N 60° 26' 58.7" E 22° 16' 04.6"], Aurakatu 4, FI-20100 Turku, Tel. 02 26 27 444; www.turkutouring.fi. *Geöffnet: Apr. – Sept. Mo – Fr 8.30 – 18 Uhr, Sa + So 9 – 16 Uhr. Okt. – März Mo – Fr 8.30 – 18 Uhr, Sa + So 10 – 15 Uhr.* Touristische Informationen über Turku und die Region Westfinnland. Fahrradverleih, Internetzugang. Das Büro liegt ganz in der Nähe des Hansa Shopping Centres Hansakortteli.

RESTAURANTS

Mami (19), Linnankatu 3, Tel. 02 23 11 111, www.mami.fi; beliebtes Lokal im historischen Stadtzentrum von Turku in hübscher Lage am Fluss Aura mit Sommerterrasse. Die Küche bemüht sich einfache Gerichte stilvoll zuzubereiten.

Vaakahuone Pavilion (18), Linnankatu 38, Tel. 02 51 53 300, www.vaakahuone.fi; der Vaakahuone Restaurant Complex umfasst das überdachte, 500 Personen fassende Terrassen-Restaurant mit Livemusik, ein Café, die Pizzeria di Musica, ein à la Carte-Restaurant, das Archipelo Buffet, ein Grillrestaurant und eine Bar. Da passt für jeden etwas. Das Ganze ist eingerichtet im Old Vaakahuone, ein ehemaliges Frachtterminalbüro aus 1898, in dem das Frachtvolumen ankommender und ausfahrender Dampfschiffe gewogen und registriert wurde. Es war das erste Gebäude in Eisenkonstruktion in Finnland und steht heute unter Denkmalschutz. Geöffnet im Mai Mi – Sa, Juni – Aug. täglich von 9 bis nach Mitternacht.

HOTELS

Radisson Blu Marina Palace Hotel (12), 184 Zi., Linnankatu 32, Tel. 02 01 23 47 10, www.radissonblu.com; Firstclasshotel am Aura-Fluss im Stadtzentrum gelegen, moderner Komfort mit dem Restaurant „Aurora & Bar" mit langer Glasfront zum Aura-Fluss, serviert werden italienische Spezialitäten und angeblich die besten Steaks der Stadt, und dem Restaurant „Herttua" im 2. Stock mit internationaler Küche, Wellness- und Fitnesszentrum, Garage.

Scandic Julia (13), 85 Zi., Eerikinkatu 4, Tel. 02 33 60 00; www.scandichotels.fi/julia; kürzlich renoviertes Haus der guten Mittelklasse mit Restaurant in französischem Stil, Fitness - und Saunaeinrichtungen. Garage.

Cumulus Turku (14), 101 Zi., Eerikinkatu 30, Tel. 02 21 81 000; www.cumulus.fi; Mittelklassehotel im Zentrum von Turku, neu renoviert, Restaurant, Garage.

Sokos Hotel Seurahuone (15), 80, Eerikinkatu 23, Tel. 02 33 73 01; Mittelklassehotel zentral gelegen, Restaurant „Sevilla", Garage.

CAMPING

Camping Ruissalo [WP 232 / N 60° 25' 32.8" E 22° 05' 52.8"], Ruissalo Saarontie 25, Tel. 02 26 25 101; 1. Jun. – 31. Aug.; E18 in Richtung Turku Hafen (Satama) und noch 7 km weiter südwestwärts vorbei am Ruissalo Spa Hotel zum äußersten Westende der **Insel Ruissalo** (Brücke). Weitläufiges, von Wald umgebenes Campinggelände, überwiegend unebene leicht hügelige, schattenlose Wiesen. Im oberen Platzteil befestigte Stellplätze unter hohen Birken. Dort auch Ausflugsrestaurant und Bushaltestelle (Linie 8 nach Turku). In Meeresnähe mit Badestrand; ca. 15 ha – 400 Stpl.; einfache Standardausstattung; Imbiss, Kiosk, Sauna, Waschmaschine mit Trockner, **V & E für Wohnmobile**. 16 Miethütten. Jugendherberge. Wenig gastfreundliche Rezeption bei unserem letzten Besuch. Eigenwillige, rigorose Stellplatzvergabe. Auf den befestigten, ebenen Stellplätzen besteht gebührenpflichtiger Zwang zur Stromabnahme! Wer als Caravaner oder Wohnmobilist aber keinen Stromanschluss benötigt, wird von der Rezeption auf den Parkplatz vor dem Restaurant oberhalb des Platzes verwiesen, zur gleichen Campinggebühr. Will man nicht wie auf einem Parkplatz Auto an Auto stehen, ist man gezwungen, auf das zwar weite, aber meist schräge Wiesengelände auszuweichen, was bei Regenwetter zu Problemen führen kann.

fiehlt es sich sehr, eine Passage während des Tages zu wählen. Die Fahrt durch die Inselwelt vor Turku, bei den Åland-Inseln und vor Stockholm ist ein unvergessliches Erlebnis.

ROUTE: *Von Turku auf der Autobahn 1/E18 über* **Lohja/Lojo** *und* **Espoo/Esbo** *nach* **Helsinki** *(rund 170 km).*

ABSTECHER IN DEN TURKU-ARCHIPEL

9 km östlich von Turku zweigt bei **Kaarina** die Straße 180 nach Südwesten ab und führt über **Pargas/Parainen**, **Nagu/Nauvo** und **Galtby** mitten hinein in den Turku-Archipel, einem Meer aus unzähligen Schären, Inselchen und Klippen. Die Straße endet nach rund 80 km und nach mehreren Brücken und zwei kostenfreien Fähren schließlich in **Korppoo/Korpoström** auf der Insel Kyrklandet.

Die Inseln im Schärengarten bieten gute Möglichkeiten zum Wandern und Radfahren. Und die ruhigen Gewässer um die schier zahllosen Eilande und Inselchen eignen sich ganz vorzüglich für Paddel- und Kajakausflüge. Es werden auch begleitete Kajaktouren angeboten. Details, Routen, Karten und Infos zu Pauschalangeboten mit Übernachtung erfährt man in Touristenbüro in Pargas, einem Zentrum des Archipel-Tourismus.

UMWEG VON SALO ÜBER EKENÄS/TAMMISAARI NACH LOHJE/LOJO

Wer auf Badefreuden aus ist, oder sich für historische Kirchen und Industriedenkmäler interessiert, sollte auf dem Weg von Turku nach Helsinki ei-

PRAKTISCHE HINWEISE – PARGAS/PARAINEN

The Archipelago Tourist Information [N 60° 18› 13.56» E 22° 18› 5.44»], Strandvägen/Rantatie 28, FI-21600 Pargas/Parainen, Tel. 04 00 11 71 23; www.visitarchipelago.com.

HOTELS

Hotel Restaurant Villa Rainer [N 60° 19' 54.09" E 22° 18' 25.39"], 6 Zi., Sråbbontie 244, Tel. 02 45 89 077, www.villarainer.fi; das kleine, aber feine Landhotel liegt hübsch am Westzipfel der Insel Kirjalansaari, zu erreichen über die Straße 180 Richtung Pargas/Parainen. Vor allem des guten Restaurants wegen lohnt der Weg hierher. Rauchsauna am Strand. Geöffnet täglich vom 25. Juni bis 2. September.
Villa Furuvik, 10 Zi., Malnäsvägen 4, Tel. 09 61 20 100, www.furuvik.fi; ca. 1,5 km südlich von Pargas/Parainen, hübsches Landhotel der gehobenen Mittelklasse, einstige Villa eines Kalkbergwerkdirektors, von schönem Park umgeben. Restaurant, Sommerterrasse, Schwimmbad, Parkplatz.

CAMPING BEI PARGAS/PARAINEN

Solliden Camping [WP 233 / N 60° 18' 59.6" E 22° 18' 05.2"], Aurinkoranta 7, Tel. 04 05 14 23 54, www.solliden.fi; 1. Mai – 30. Sept.; von der Straße 180 kurz vor dem Stadtzentrum von Parainen nordwärts abzweigen, die letzten 300 m der Zufahrt sind unbefestigt; Platz im hochstämmigen Wald und am Meer gelegen, Sandstrand; ca. 2 ha – 100 Stpl.; Standard-Sanitärausstattung; Restaurant, Café mit Internetecke, Kiosk, Sauna. 18 Miethütten.

nen südlichen Umweg über das hübsche Städtchen **Ekenäs/Tammisaari** zur Landzunge bei **Hanko/Hangö** unternehmen.

ROUTE: *Von Turku auf der Autobahn 1/E18 ostwärts bis Ausfahrt Nr. 15 (56 km). Hier südwärts auf die Straße 52 und über* **Salo** *und* **Tenalo/Tenhalo** *nach* **Ekenäs/Tammisaari** *(59 km).*

Königsstraße

Falls Sie lieber auf historischen Wegen reisen wollen, können Sie ab Turku die altehrwürdige **„Königsstraße/Kuninkaantie"** ostwärts nehmen. Die Straße, teilweise als „King's Road" ausgeschildert, einer der ältesten Reisewege durch den Süden Skandinaviens, ist Teil eines uralten Postweges, den etwa seit dem 14. Jh. Kaufleute, Bürger und Geistliche, aber auch gekrönte Häupter auf ihren Reisen vom russischen Sankt Petersburg über Loviisa und Porvoo durch Südfinnland nach Turku nahmen, um von dort über Mariehamn auf den Åland-Inseln, Stockholm und Oslo nach Bergen zu gelangen

Auf unserem Abschnitt folgt die Königsstraße ab Ausfahrt 9 der Autobahn der Landstraße 2351 über **Paimio** nach **Salo**. Das kurvenreiche, lauschige Landsträßchen führt durch Agrarland mit modernen Gehöften und erreicht über **Hajala** und **Halikko** mit seiner mächtigen Kirche mit Rundturm schließlich **Salo**. Salo wartet im Stadtzentrum mit dem sehenswertem **Kunstmuseum Taidemuseo [WP 235 / N 60° 23' 19.0" E 23° 07' 05.1"]** auf, Mariankatu 14 *(ge-*

öffnet Di – Fr 10 – 18 Uhr, Sa + So 11 – 17 Uhr; www.salomus.fi).

ROUTE: *Weiter auf der Straße 52 „Kungsvägen" südwärts bis* **Tenala/Tenhola** *(44 km).*

Die **Kirche von Tenala Tenholan kirkko [WP 236 / N 60° 3' 31.7" E 23° 17' 45.9"]** mit ihrem gedrungenen Glockenturm stammt aus dem Mittelalter. Bis zur Reformation war die Kirche katholisch und dem Hl. Olaf geweiht. Die Besonderheit dieser schönen, aus Feldsteinen errichteten Kirche sind im Inneren die bemalten Pfeiler des Kirchenschiffs und die wunderschön geschnitzte Kanzel. Das Altarkruzifix wurde um 1470 und das Triumphkreuz im Kreuzgewölbe schon im 13. Jh. geschaffen. Die Bedeutung der Kirche im Mittelalter wird auch dadurch deutlich, dass hier lange die offiziellen Amtssiegel der hiesigen Gemeinden aufbewahrt wurden.

ROUTE: *Verzichtet man auf den nachstehend geschilderten Abstecher nach Hanko/Hangö, folgt man ab* **Tenalo/Tenhola** *weiter dem „Königsweg" ostwärts und der Straße 111 über* **Pohja/Pojo** *nach* **Fiskari/Fiskars** *(rund 20 km), siehe weiter hinten.*

Abstecher nach Hanko/Hangö

ROUTE: *12 km südöstlich von Tenalo/Tenhalo liegt* **Ekenäs/Tammisaari** *an der Straße 25. Ihr folgt man 35 km nach Südwesten um nach* **Hanko/Hangö** *zu kommen.*

Hanko/Hangö an der Südspitze der gleichnamigen Halbinsel ist die südlichste Stadt Finnlands.

Die exponierte Lage außerhalb des für die Schifffahrt gefährlichen Schärengürtels brachte es mit sich, dass Hanko schon sehr früh ein lebhafter Handelshafen wurde, dessen strategische Bedeutung die schwedischen Könige rasch erkannten und Stadt und Hafen zu Beginn des 18. Jh. durch eine Festung sicherten. Dennoch wurden die Schweden 1714 in der Seeschlacht vor Hanko von der Kriegsflotte Zar Peters des Großen besiegt.

Russische Truppen hielten sich hier bis in die zweite Hälfte des 19. Jh. auf, befestigten den Hafen weiter, der als einer der ganz wenigen Häfen Finnlands im Winter oft eisfrei bleibt und

Die Kirche von Tenala

Am Strand von Hanko. Foto: Visit Finland Media Bank

Vor allem im 19. Jh. war Hanko auch ein wichtiger Auswandererhafen der Amerika-Emigranten, über den fast eine Viertelmillion Finnen ihre Heimat verließ.

Und von 1940 bis 1955 waren Russen noch einmal die Herren in Hanko, als der Hafen der Baltischen Flotte der Sowjetmarine als Stützpunkt diente.

bauten sogar eine Eisenbahnlinie bis Hanko. Und Russen waren es auch, die die Küste um Hanko gerne als Seebad nutzten und damit einen Badetourismus begründeten, der bis heute anhält. Damals entstanden auch viele der hübschen Villen, wie man sie heute noch im Kurpark von Hanko sieht.

Neben den Festungsmauern, der neugotischen **Stadtkirche [N 59° 49' 27.23" E 22° 58' 14.27"]** von 1892, der **orthodoxen Holzkirche** aus dem ausgehenden 19. Jh. (nur während Gottesdiensten zugänglich) und ei-

PRAKTISCHE HINWEISE – HANKO/HANGÖ

Tourist Information Hanko [N 59° 49' 21.67" E 22° 58' 13.36"], Raatihuoneentori 5, 10901 Hanko, www.hanko.fi. *Geöffnet 1. Juni – 31. Aug. Mo – Fr 9 – 18 Uhr, Sa + So 10 – 16 Uhr; übrige Zeit Mo – Fr 9 – 16 Uhr.*

RESTAURANTS

Origo, Satamakatu 7, Tel. 01 92 48 50 23; www.restaurant-origo.com; angenehme Lokalität, gepflegte Küche, gehobene Preislage. Die Nachtbar des Hauses bietet im Sommer Diskobetrieb mit diversen DJ's bis 4 Uhr morgens.

Darüber hinaus findet man in und um Hanko noch eine ganze Reihe Restaurants der unterschiedlichsten Art, von denen die allermeisten aber nur zwischen Anfang/Mitte Juni und Ende August geöffnet sind.

HOTEL

Regatte, 49 Zi., Torikatu 2, Tel. 01 92 48 64 91; www.hotelregatta.fi; zentral gelegenes Komforthotel am Meer, Café, Internetzugang.

CAMPING

Camping Silversand [WP 236a / N 59° 51' 00.3" E 23° 00' 03.0"], Pahjoinen, Lähteentie 27, Tel. 019 24 85 500, www.silversand.fi; 25. Apr. – 31. Aug.; ca. 3 km nordöstlich von Hanko, ebenes Gelände im Kiefernwald mit schönem Sandstrand; ca. 10 ha – 300 Stpl.; Standardausstattung. Kiosk, Bootsverleih, Sauna, Waschmaschine mit Trockner, Internetecke, WLAN im Rezeptionsbereich. **V & E für Wohnmobile**. 7 Miethütten.

nem Spaziergang durch den **Kurpark** von Hanko zählt zu den eher bescheidenen Sehenswürdigkeiten der Stadt das **Hanko-Museum [N 59° 49′ 18.00″ E 22° 57′ 40.79″]**, Nycanderinkatu 4, mit wechselnden Ausstellungen, gelegentlich auch zum Thema Auswanderung im 19. Jh.

Einen prächtigen Blick über die Stadt und die Küste hat man vom alten **Wasserturm [N 59° 49′ 27.62″ E 22° 58′ 13.69″]** aus, auf dessen Aussichtsplattform man bequem mit einem Aufzug gelangt, Kirkkomäki, Vartiovuori *(geöffnet 1. Juni – 31. Aug. tg. 13 – 16 Uhr, im Juli bis 18 Uhr).*

Größte Attraktion für sommerliche Besucher ist aber nach wie vor der rund 30 km lange Sandstrand mit Dünengürtel, unterbrochen von kleinen Felsbuchten.

ROUTE: *Von Hanko/Hangö zurück auf der Straße 25 über* **Ekenäs/Tammisaari** *bis* **Karis/Karjaa** *und dort westwärts über* **Pohja/Pojo** *bis* **Fiskari/Fiskars**.

Der Ort **Fiskari/Fiskars** präsentiert sich als großes **Freilichtindustriemuseum [WP 237 / N 60° 07′ 38.4″ E 23° 32′ 19.9″]** einer einstigen Eisenhütte (Ruukki), mit Industriegebäuden und Herrenhäusern aus der Zeit, als hier über Generationen Metallwerkzeuge, Maschinen- und Gusseisenteile, Messer und Scheren, aber auch Kanonenkugeln hergestellt wurden. Heute beleben Künstler, Galerien, Geschäfte, Restaurants wie das renommierte Hotel-Restaurant „Fiskars Wärdshus 1836" (12 Komfortzimmer; Tel. 01 92 76 65 10; www.wardshus.fi) und Cafés die Gebäude, zwischen denen sich grüne Parkanlagen erstrecken.

Ein **Museum** am östlichen Ortsrand zeigt die industrielle Entwicklung und die Geschichte der Eisenhütte, Åkerraden 9 *(geöffnet Mo – Fr 11 – 17 Uhr, Sa + So 11 – 16 Uhr; www.fiskarsmuseum.fi).*

Und Informationen über Fiskari/Fiskars erfährt man auf der Webseite www.fiskarsvillage.fi.

ROUTE: *Weiter auf der Straße 104 ca. 12 km nach Nordosten bis zum Abzweig der Straße 186, der wir südostwärts Richtung* **Mustio/Svartå** *folgen. Nach 11 km zweigt in* **Mustion Ruukki/Svartå Bruk** *die Zufahrt zum* **Svartå Slott** *ab.*

Fiskars Freilichtindustriemuseum

Fresken in der Laurentius-Kirche von Lohja

Das Landschlösschen **Svartå Slott/ Mustion linna [WP 238 / N 60° 9' 29.0" E 23° 50' 14.1"]**, Hållsnäsvägen 89, aus dem 18. Jh. ist eines der größten komplett aus Holz errichteten profanen Gebäude des Landes. Die elegante Einrichtung ist im Original aus gustavianischer Zeit erhalten und auf Führungen zu besichtigen *(geöffnet 2. Mai – 31. Aug. Di – So 11 – 17 Uhr, Führungen zur vollen Stunde; www.mustionlinna.fi).*

Im weithin bekannten, ausgezeichneten Restaurant „Schlosskrug" können Sie Gaumenfreuden frönen und im in einem Seitenflügel eingerichteten eleganten Hotel übernachten.

Außerdem lohnt ein Spaziergang durch den ausgedehnten Park mit Seerosenteich und Wasserpavillon. Im Park sind u. a. seltene Pflanzen wie Korkeichen und amerikanische Walnussbäume zu bewundern, die in Skandinavien sonst eher rar sind.

Das stattliche Anwesen Svartå Slott, das zwischen der Mitte des 16. Jh. und der Mitte des 17. Jh. Kronbesitz des schwedischen Königshauses war, kam Mitte des 18. Jh. in den Besitz der Familie Magnus Linder, die ihr Glück mit Eisenhüttenwerken und Sägemühlen gemacht hatte.

Die stattliche Villa entstand zwischen 1783 und 1792 im gustavianischen Stil. Eine Novität für die damalige Zeit war, dass erstmals Doppelglasfenster verwendet wurden. In den folgenden Jahrzehnten kamen weitere Gebäude wie Stallungen, Remisen u. a. hinzu. Für eine kurze Zeit ab 1940 war das Anwesen in anderen Händen, bis Magnus Lindner Svartå Slott und die dazugehörigen Immobilien und Ländereien 1985 zurückkaufte und die Einrichtungen als Museum, Hotel, Restaurant und Konferenzzentrum der Öffentlichkeit zugänglich machte.

ROUTE: *Weiterreise ostwärts zur Straße 25, der wir nach Nordosten bis* **Lohja/Lojo** *folgen, ca. 28 km.*

Die mittelalterliche Steinkirche **St. Laurentius Pyhän Laurin kirkko [WP 239 / N 60° 15' 10.8" E 24° 03' 59.7"]** liegt am Ortsrand von **Lohja/Lojo** und ist einen Besuch unbedingt wert.

In der Kirche sieht man ganz besondere Wandmalereien aus dem 15. Jh. Die gut erhaltenen Fresken stellen eine

Kombination aus heidnischen Themen, bemerkenswerten, furchteinflößenden Teufelsdarstellungen sowie biblischen Szenen aus dem Alten und dem Neuen Testament dar.

Der Bilderzyklus beginnt an der rechten Seite des Chors. Dort sind Motive aus der Schöpfungsgeschichte und die Vertreibung aus dem Paradies zu sehen. Das Jüngste Gericht an der linken Chorseite schließt die Reihe der Freskenmotive ab.

Beachtung verdient auch das Triumphkreuz im Gewölbe des Chorraums. Es wird auf das ausgehende 15. Jh. datiert. Aus der ersten Hälfte des 15. Jh. stammt die Holzplastik an der südlichen Kirchenwand, die den Hl. Laurentius, den Schutzpatron der Kirche, darstellt.

Nicht weit von der Laurentiuskirche entfernt findet man das **Lohja/Lojo Museum [WP 246 / N 60° 15' 23.4" E 24° 04' 10.3"]**, Rovastinkatu 4 *(geöffnet 1. Juni – 15. Aug. 11 – 18 Uhr; übrige Zeit Di – So 12 – 16 Uhr, mittwochs bis 19 Uhr; www.lohja.fi/museo)*. Dieses Freilichtmuseum entstand bereits 1911. Um das Haupthaus, einem Pfarrhaus aus dem Jahre 1860, gruppiert sich in einem hübschen Park eine Reihe weiterer Wohn- und Wirtschaftsgebäude aus dem 18. und 19. Jh. mit sehenswerten Einrichtungen.

Nur etwa 500 m weiter, vorbei an der Firma Nordkalk, gelangt man auf dem Werksgelände der Kalkfabrik zum interessante **Kalkbergbaumuseum Tytyrin kalkkikaivosmuseo [WP 247 / N 60° 15' 42.8" E 24° 03' 58.9"]**. Auf Führungen in finnischer Sprache kann man die relativ kühle, rund 110 m unterhalb der Erdoberfläche gelegene Kalkgrube besichtigen. Da es dort unten ziemlich kalt (8° C) und feucht ist, empfiehlt sich die Mitnahme eines wärmenden Kleidungsstücks.

Alle Besucher werden mit einem Grubenhelm ausgestattet und mit kleinen Bussen hinab zum Startpunkt des rund 1,5 km langen Rundgangs (meist eben und eine Treppe) gebracht. *Die Führungen, Dauer rund eineinhalb Stunden, finden statt: 19. Mai bis 24. Juni Sonntag um 14 Uhr; 25. Juni bis 8. Juli tgl. 12 und 14 Uhr; 9. Juli bis 12. August tgl. 12, 14 und 16 Uhr; 13. August bis 31. August tgl. 14 Uhr; 1. September bis 31. September Samstag und Sonntag um 14 Uhr; www.palvelut.lohja.fi/tytyrinkaivos/.*

Seit 1807 wird in Lohja – zunächst im Tagebau, dann ab 1956 untertage – in den Tytyrin Kalkgruben im großen Stil Kalk abgebaut. Bis in die 1970er Jahre waren hier rund 150 Arbeiter tätig. Heute sind es aufgrund modernerer, leistungsfähigerer Technik noch 20 Minenarbeiter, die bis zu einer Tiefe von 350 m Kalkstein abbauen. In den langen Jahren der Kalkförderung ist hier ein über 60 km langes Stollennetz entstanden.

Im Stadtteil Ojamo, südwestlich der Innenstadt von Lohja, wurde bereits im 16. Jh. zeitweise sogar Erz abgebaut. Auf der alten Erzmine steht heute der **Ojamo Landsitz**, den sich um 1850 ein Offizier namens Dmitri Swertschkoff im russischen Stil hatte erbauen lassen. Besichtigt werden kann das Anwesen aber nur von Gruppen nach vorheriger Anmeldung!

Touristische Informationen: **Lohja Tourist Service Centre**, Hossanmäentie 1, FIN-08350 Lohja, Tel. 04 43 69 13 09; www.visitlohja.fi.

Im **Sammatti**, rund 22 km nordwestlich von Lohja/Loho gelegen, erblickte Elias Lönnrot, Finnlands Nationaldichter, am 9. April 1802 als viertes von sieben Kindern das Licht der Welt. Paikkari, sein Geburtshaus in der Torpantie 20, kann besichtigt werden.

Später im Alter lebte Lönnrot auf seinem Gut **Lammintola** bei Sammatti, Lammintie 399, das im Sommer an Wochenenden für Besucher geöffnet ist *(geöffnet Juni – Aug. Sa + So 12 – 17 Uhr; www.kulttuuriperinto.fi)*.

ROUTE: *Von Lohja/Loyo auf die nahe Autobahn 1/E18 und ostwärts über* **Espoo/Esbo** *nach* **Helsinki/Helsingfors** *(rund 55 km).*

Die Hightech-Stadt **Espoo/Esbo** (www.espoo.fi) westlich von Helsinki ist inzwischen zur zweitgrößten Stadt Finnlands angewachsen. Trotzdem gilt der Stadtteil Tapiola als Gartenstadt. In den 1950ern wurden in privater Initiative unter Regie der Architekten Alvar Aalto und Aulis Blomstedt Wohnanlagen erstellt, deren Konzeption bahnbrechend werden sollte. Und bis in unsere Zeit gilt die Stadt mit ihren Wohnqualitäten im Grünen als vorbildlich.

Größte Sehenswürdigkeit in Espoo ist **EMMA Espoo Museum of Modern Art** im **Ausstellungszentrum WeeGee [N 60° 10' 42.22" E 24° 47 ,41.46"]**, Ahertajantie 5, Tapiola, Tel. 09 81 63 18 18; www.emma.museum.fi *(geöffnet Di, Do, Fr 11 – 18 Uhr, Mi 11 - 20 Uhr, ab 18 Uhr freier Eintritt; Sa + So 11 – 17 Uhr)*. Busse 106, 110.

Im **Ausstellungszentrum WeeGee** finden Sie fünf weitere Museen – das Espoo City Museum KAMU, das Helinä Rautavaara Museum (Kulturen aus aller Welt), das Finnische Spielzeugmuseum Hevosenkenkä, das Finnische Museum für Uhren, Chronometern und Zeitmaschinen, die Galerie Aarni, ein Café und einen Museumsshop.

Darüber hinaus verfügt die Stadt Espoo mit dem **Sello**, dem **Iso Omena** und dem **Tapiola** über drei große **Shoppingmalls.**

Infos zu Helsinki siehe Route 1. Helsinki Touristeninformation, Pohjoisesplanadi **[WP 249 / N 60° 10' 04.5" E 24° 57' 03.3"]**.

PRAKTISCHE HINWEISE – ESPOO/ESBO

Visit Espoo, Keskustorni, 10. Etage, Tapiola, 02100 Espoo, 09 81 64 72 30, www.visitespoo.fi.

HOTELS

Hotel Korpilampi, 151 Zi., Kivilammentie 1, Tel. 09 86 791, www.korpilampi.fi; das gute Mittelklassehotel liegt sehr schön am kleinen See Korpilampi. Funktionelle Zimmer, Restaurant mit Terrasse, 2 Pools, ein Whirlpool und ein Fitnesscenter. 3 Saunen. Karaoke Bar mit Livemusik. Parkplatz. Zum Wasserpark Serena ca. 500 m Entfernung.

Manor Spa Kaisankoti/ Kaisankoti Kartanokylpylä, 50 Zi., Bodomintie 37, Tel. 09 88 71 91, www.kaisankoti.fi; das Firstclasshotel wurde in einem edlen Landsitz eingerichtet und bietet ein gediegenes Ambiente in den Zimmern und im Restaurant, der Wellnessbereich verwöhnt. Parkplatz.

CAMPING

SunCamping Espoo Oittaa [WP 248 / N 60° 14' 20.6" E 24° 39' 27.6"], Kunnarlantie 31, Tel. 09/86 32 585; Ende Mai – Ende Aug.; A1/E18 Ausfahrt Espoo oder Ausfahrt Ring III und noch ca. 5 km nordwärts. Wiesengelände in waldreicher Umgebung, bis nahe an einen See reichend, ansprechend gelegen; ca. 9 ha –250 Stpl.; Standard-Sanitärausstattung. Sauna, **V & E für Wohnmobile**. 29 Miethütten.

20. ÅLAND-INSELN

Länge der Tour: Rund 110 km.

Die Route: Straße 1 nach **Storby** – Straße 2 nach **Hummelvik** – Straße 3 nach **Långnäs** – Straße 4 nach **Geta**.

Reisedauer: Mindestens zwei Tage.

Höhepunkte: Das **Åland-Seefahrtmuseum** und die **Viermastbark „Pommern"** ***, das **Schiffbaumuseum** ** und das **Ålandmuseum** ** in Mariehamn – das **Jagd- und Fischereimuseum** * bei Eckerö * – die **Kirche** * **von Jomala** – das **Schloss von Kastelholm** *** – das **Freilichtmuseum Jan Karlsgården** ** – der **Skeppargården Pellas** * bei Granboda – **Schiffsausflüge** ** zu den Inseln Kumlinge, Föglö oder Kökar.

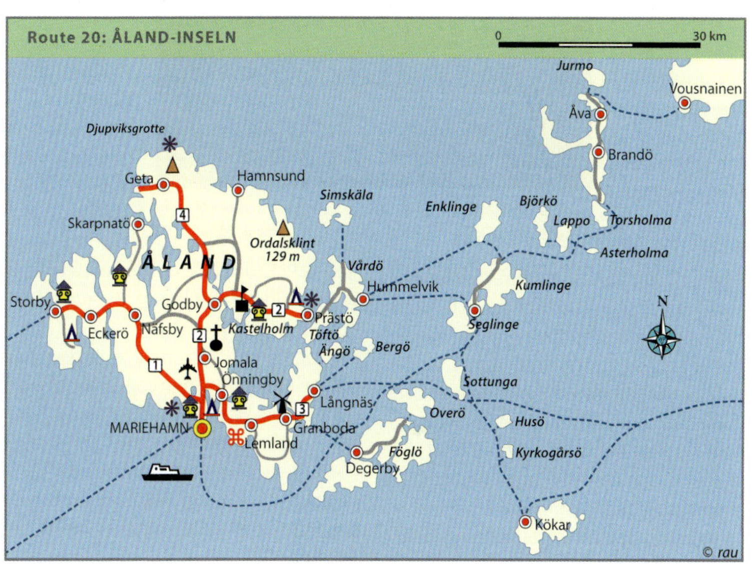

Mein Tipp! Es empfiehlt sich, für die Schiffspassage von Turku nach Mariehamn (auch für die Weiterfahrt von Mariehamn nach Stockholm) eine Tagesfahrt zu wählen. Die Seereise mit den großen Fähren durch das Inselgewirr der Schären, die oft zum Greifen nah erscheinen, ist ein wahres Erlebnis!

Die **Åland-Inseln** (finnisch Ahvenanmaa) umfassen über 6.700 Inseln, die zwischen Schweden und Finnland am Südrand des Bottnischen Meerbusens liegen. Storby, der westlichste per Straße erreichbare Ort, liegt nur rund 40 km nordöstlich von Grisslehamn an der schwedischen Küste entfernt. Åland bedeutet übrigens so viel wie „Wasser-Land".

Hauptinsel, auf der auch die Inselhauptstadt Mariehamn liegt, ist **Fasta Åland**. Fasta Åland wiederum ist durch Brücken mit den nächstgelegenen größeren Inseln Ekerö im Westen,

Lemland im Süden und Lumparland im Südosten verbunden. Alle anderen bewohnten Inseln des Archipels sind mit regelmäßig verkehrenden Lokalfähren zu erreichen. Nicht alle dieser Fähren können Autos transportieren.

Der Åland-Archipel ist eine autonome, finnische Provinz mit annähernd 28.000 Einwohnern, von denen fast die Hälfte in der einzigen Stadt Mariehamn leben. 2011 feierte Mariehamn sein 150jähriges Bestehen.

Ålands Flagge

Trotz finnischer Staatszugehörigkeit spricht man auf den Ålands ausschließlich Schwedisch. Und man ist stolz auf die eigene Flagge, die eigenen Briefmarken, das eigene Autokennzeichen AX, die eigene Internetdomain mit *.ax und die eigene Brauerei Stallhagen.

Zahlungsmittel ist auf den Ålands zwar der Euro, aber die Schwedische Krone wird ebenso akzeptiert. Und man leistet sich eine eigene Regierung, die „Landskapsregeringen".

Wichtigster Wirtschaftszweig ist neben der Schifffahrt in erster Linie der Tourismus.

Die höchste Erhebung, der Orrdalsklint, liegt im Nordosten der Hauptinsel und ist nicht einmal ganze 130 m hoch. Aber das muss keineswegs so bleiben. Auf Grund der „postglazialen Landhebung" steigen die Ålandinseln, wie der ganze finnische Schärengürtel, seit dem Ende der Eiszeit zwar unendlich langsam, aber dennoch stetig aus den Fluten der Ostsee empor, jedes Jahr etwas mehr als einen halben Zentimeter heißt es.

Die Telefonvorwahl für die Ålands ist +358-(0)18.

Schon in der Steinzeit, bestimmt aber in der Bronzezeit lebten Menschen auf den Åland-Inseln wie Grabungsfunde und frühgeschichtliche Hügelgräber z. B. bei Finström/Pålsböle (westlich der Straße 4) beweisen. Auch Wikinger, die Åland als günstige Basis für ihre Kaper- und Handelsfahrten im Ostseeraum und weiter zum Ladogasee und ins Baltikum nutzten, hatten sich auf den Inseln niedergelassen.

Später, etwa ab dem 11. Jh., waren die Ålands unter schwedischer Herrschaft. Die strategisch wichtige Lage mitten in der Ostsee brachte es mit sich, dass schon bald Festungen entstanden. Eine der wichtigsten war die Burg Kastelholm, die noch heute zu besichtigen ist.

Nach einem Intermezzo, in dem sich Dänen und Schweden zu Beginn des 16. Jh. über die Hoheit über die Ålands stritten, erlebten die Inselbewohner eine Periode der Ruhe, die zweihundert Jahre später, während des Großen Nordischen Krieges, abrupt endete. Mitte des 18. Jh. ließen sich russische Marineeinheiten auf Åland nieder, was einen wahren Exodus der Åländer nach Schweden auslöste.

1809 wurden die Åland-Inseln dem Großfürstentum Finnland zugeschlagen und somit Teil des russischen Zarenreichs, was den Åländern offenbar überhaupt nicht gefiel, zumal es immer wieder zu Übergriffen auf die Zivilbevölkerung durch russische Truppen kam. 1918 entschloss man sich zu einer öffentlichen Petition, in der der Anschluss an Schweden gefordert wurde.

1918 landeten tatsächlich schwedische Truppen auf den Ålands, angeblich um den Schutz der Zivilbevölkerung sicher zu stellen.

Als wenig später deutsche Truppen auf den Ålands landeten, die von gewissen politischen Kreisen in Finnland angefordert worden waren, zogen die Schweden ab. Aber schon im November 1918 brach die deutsche Kriegsführung zusammen und zog die Truppen von den Ålands wieder ab.

Offiziell gehörten die Åland-Inseln auch nach dem Ersten Weltkrieg immer noch zum Großfürstentum Finnland.

Aber Schweden versuchte auf der Friedenskonferenz von Versailles immer wieder, Anspruch auf die Åland-Inseln zu erheben.

Im Juni 1921 entschied denn der Völkerbund, dass die Inseln im Staatsverbund Finnlands zu verbleiben hätten, was mancher Åländer wohl etwas zähneknirschend zur Kenntnis genommen haben mag, schließlich tendierte Åland traditionsgemäß mehr nach Schweden. Noch im gleichen Jahr wurde eine Abkommen über die Neutralität der Åland-Inseln getroffen.

Und am 9. Juni 1922 trat das Landsting (später Lagting), das åländische Parlament, zu seiner ersten Sitzung zusammen. Noch heute ist der 9. Juni der Nationalfeiertag der Åländer.

Island Hopping im Åland-Archipel

Die drei wichtigsten Fährlinien im östlichen Archipel sind die Nordlinie **„Norra linjen“**, die Südlinie **„Södra linjen“** und die Querverbindung **„Tvärgående linjen“.**

Die **„Norra linjen“** starten von **Hummelvik** auf Vårdö und verkehren über **Enklinge, Kumlinge** und **Lappo** nach **Torsholma**, sowie von von **Åva** am Nordzipfel der Insel Brändö nach **Jurmo**.

Die **„Södra linjen“** starten in **Långnäs** auf Lumparland und fahren über **Överö**, **Sottunga**, **Husö**, **Kyrkogårsö** und **Kökar** nach **Karpo**.

Die **„Tvärgående linjen“** verkehren zwischen Hummelvik, Kumlinge, Sottunga, Överä und Långnäs.

Fußgänger ohne Fahrrad werden auf den meisten Linien kostenlos befördert. Für Fahrräder wird zumindest in der Sommersaison eine Gebühr erhoben. Pkws und in geringem Umfang auch Wohnmobile (je nach Fährentyp ist nur Platz für zwei, vier, seltener sechs

Einschiffung auf der „Amorella“ der Viking Linie, in Mariehman

große Fahrzeuge vorhanden!) werden gegen Gebühr befördert.

Reservierungen macht man über Ålandstrafiken, Strandgatan 25, 22100 Mariehamn, Tel. 01 85 25 100; www.alandstrafiken.ax. *Geöffnet 1. Jan. – 31. Mai + 1. Aug. – 31. Dez. Mo – Fr 9 – 17 Uhr; 1. Juni – 31. Juli Mo – Fr 8 – 17 Uhr, Sa 9 – 15 Uhr.*

Mariehamn auf einer südlichen Halbinsel der Hauptinsel Fasta Åland gelegen, ist Hauptstadt der autonomen finnischen Region Åland und gleichzeitig die einzige Gemeinde der Inseln, die die Bezeichnung Stadt verdient.

In Mariehamn leben fast 50 Prozent der Einwohner der Ålands. Lebensnerv nicht nur der Stadt Mariehamn, sondern der ganzen Inselgruppe, sind die beiden vorzüglichen Häfen der Stadt – im Westen der vielfrequentierte Fährhafen und im Osten der Segelhafen mit dem Schiffbauviertel oder Seeviertel.

Als offizielles Gründungsdatum der Stadt wird das Jahr 1861 genannt. Gründervater war Zar Alexander II. und die Gemahlin des Zaren, Maria von Hessen-Darmstadt, stiftete den Stadtnamen. Etwa mit Ende des 19. Jh. begann für Mariehamn eine Blütezeit, zu der ein sich vehement entwickelnder Bädertourismus maßgeblich beitrug.

Mariehamn ist wichtiger **Fährhafen [WP 266 / N 60° 05‘ 33.6“ E 19° 55‘ 42.1“]** mit Verbindungen nach Stockholm, Kapellskär, Turku, Helsinki und Tallinn in Estland.

Mariehamn trägt auch den Beinamen „Stadt der tausend Linden“, was u. a. auf die lange Lindenallee zwischen Ost- und Westhafen zurückzuführen sein dürfte.

Zum Parken im Zentrum von Mariehamn benötigt man eine Parkscheibe (gibt's ggf. im Touristenbüro).

Sehenswürdigkeiten

Ålandmuseum [WP 251 / N 60° 05‘ 50.3“ E 19° 56‘ 39.9“], Storagatan 1 *(geöffnet Juni – Aug. tgl. 10 – 17 Uhr; Sept. – Mai Di + Do 10 – 20 Uhr, Mi + Fr 10 – 16 Uhr, Sa + So 12 – 16 Uhr; www.visitaland.com/alandmuseum)*. Das prämierte Museum lohnt immer einen Besuch, gibt es doch einen vorzüglichen Einblick in Geschichte, Kultur, Flora und Fauna der Åland-Inseln.

Die Ausstellungen sind in acht Abteilungen gegliedert – 1. Jagd und Fi-

In Mariehamns historischem Seeviertel Sjökvarteret

schen (Umwelt, Fauna, archäologische Funde früher Robbenfänger); 2. Der Boden (Wikingerzeit, Gräber, Landwirtschaft); 3. Die Gesellschaft (Handel und Handelswege mit Russland, Wikingersiedlung, Klöster); 4. Das Volk (Auswanderung, Möbel, Handwerk, Volksmusik); 5. Das Meer (Seefahrt, Fährverkehr, Fischfang); 6. Die Stadt (historische Apotheke, erster Stadtplan, hist. Gebäude); 7. Die Kriege (Modell der Festung Bomarsund, Aktionen åländischer Aktivisten, orthodoxe Ikonostase) und 8. Die Selbstverwaltung (erstes Protokoll der Vereinigungsbestrebungen mit Schweden, die åländische Flagge, russischer Grenzpfahl von 1810, Fahnen des Völkerbundes von 1921).

2010 wurde im Åländischen Meer das Wrack eines Seglers entdeckt, dessen Alter auf gut 200 Jahre geschätzt wird. Aufsehen erregte dessen Fracht aus 160 Flaschen feinsten französischen Champagners, die noch erhalten und unversehrt war. Dieser kostbare Schatz wurde natürlich gehoben. Bei einer Versteigerung brachte eine der Flaschen Veuve Clicquot aus dem Jahre 1840 das stattliche Sümmchen von 30.000,- Euro ein. Das Museum zeigt eine Sonderausstellung über das Wrack und die Bergung der Fracht.

Eine separate Abteilung im Ålandmuseum dient als **Kunstmuseum**, das Arbeiten regionaler Künstler ausstellt *(geöffnet wie Ålandmuseum, s. o.)*. Darunter sind auch Gemälde von Victor Westerholm (1860 – 1919), dem Begründer der Künstlerkolonie Önningeby. Eines der bekanntesten Bilder im Museum, „Åländische Bauernbraut", stammt von dem åländischen „Bauernmaler" Emanuel Jansson (1846 – 1874).

Seeviertel Sjökvarteret [WP 254 / N 60° 06' 16.9" E 19° 56' 41.2"], Österleden 110. Der alte Seglerhafen von Mariehamn an der Slemmern-Bucht ist noch heute der Ort, an dem traditionelle Holzschiffbaukunst gepflegt wird.

Seefahrerdenkmal vor dem Seefahrtmuseum in Mariehamn

Viele finnische Segelschiff und Windjammer wurden hier restauriert, einige auch rekonstruiert, so wie die in Turku liegende „Sigyn" oder der Dreimaster „Linden", der hier nach Originalplänen nachgebaut wurde. Zwischen den Bootsschuppen findet man im Seefahrerviertel Läden, Kunsthandwerkateliers, Restaurants und ein sehenswertes **Schiffsbaumuseum** *(geöffnet 15. Juni – 15. Aug. tgl. 10 – 18 Uhr; www.sjokvarteret.com)*.

Unweit nördlich vom Schiffsbaumuseum liegt an der Küste das moderne **Badezentrum Mariebad** mit Abenteuerbad, Riesenrutschbahn, Whirlpool, Strömungskanal, Wellness-Abteilung, diverse Saunen, Sandstrand, Café. etc. *(ganzjährig geöffnet Mo 12 – 22 Uhr, Di – Fr 10 – 22 Uhr, Sa + So 10 – 18 Uhr)*.

Das sehenswerte **Åland-Seefahrtmuseum [WP 252 / N 60° 05' 48.1" E 19° 55' 40.3"]**, Hamngatan 2, führt dem Besucher die lange Geschichte der åländischen Seefahrt vor Augen, die ihren großen Höhepunkt während der Zeit der Windjammer erlebte *(geöffnet Juni – Aug. tgl. 10 – 17 Uhr, Sept. – Mai tgl. 11 – 16 Uhr; www.sjofartsmuseum.ax)*.

Frachtensegler aus Mariehamn waren vor allem im 19. Jh. auf allen Weltmeeren zu sehen. Ausgestellt sind u. a. Schiffsmodelle, die Kapitänskajüte eines Schnellseglers, Gallionsfiguren, Navigationsinstrumente sowie Kuriositäten, die Seeleute aus fernen Ländern mitbrachten.

Das einen Steuermann darstellende Seefahrerdenkmal vor dem Museum wurde im Gedenken an alle Seeleute errichtet, die von ihren Reisen nicht mehr zurückkehrten.

Unterhalb des Seefahrtmuseums liegt die imposante **„Pommern"** vertäut *(geöffnet Juni – Aug. tgl. 10 – 17 Uhr; Setp. + Mai tgl. 11 – 16 Uhr)*. Der einstige Frachtensegler und heutiges Museumsschiff ist die einzige Viermastbark ihrer Art, die die Zeitläufte im Originalzustand überdauert hat. Das vollkommen aus Stahl gebaute, 106,5 m lange und 13,2 m breite Schiff, das 28 Segel tragen konnte, erinnert auch daran, dass der Westhafen von Mariehamn einstmals der Heimathafen der größten Seglerflotte weltweit war.

Auf Kiel gelegt wurde die „Pommern" (damals noch unter anderem Namen) 1903 auf einer Werft im schottischen Glasgow im Auftrag der Hamburger Reederei Wenke & Schöne. Rasch wechselte sie mehrfach die Besitzer bis sie 1906 zur Hamburger Reederei Laeisz kam. Tradition dieser Reederei war, dass alle ihre Schiffe der Flying-P Line einen Namen mit P bekamen. Die „Pommern", die 1903 als „Mneme" von Stapel gelaufen war, hatte ihren Namen weg. Andere berühmte Frachtensegler der Reederei waren die „Pamir" und die „Passat", die heute in Travemünde liegt. Die „Pamir" ist in einem Hurrikan 1957 gesunken. 80 von 86 Seeleuten starben.

Nach dem Ersten Weltkrieg kam die „Pommern" als Kriegsentschädigung an Griechenland, das für das Schiff aber überhaupt keine Verwendung hatte. 1923 erwarb der åländische Reeder Gustav Erikson die „Pommern", die fortan unter finnischer Flagge segelte.

Bis 1939 war die „Pommern" vor allem als Getreidefrachter auf der Route nach Australien, aber auch als Salpeterfrachter nach Südamerika eingesetzt. Auf der Hinreise hatte man Stückgut,

Richtig interessant und informativ sind die Ausstellungen auf der „Pommern"

Die Viermastbark „Pommern"

auf der Rückreise Weizen bzw. Salpeter (wurde als Dünger genutzt) geladen.

Die „Pommern" schaffte unter vollen Segeln eine Durchschnittsgeschwindigkeit von max. 16 Knoten. Reisen nach Chile und zurück dauerten etwa 85 Tage und nach Australien und zurück war man noch etwas länger unterwegs.

Nach einem Intermezzo während es Zweiten Weltkriegs als Getreidelager im Hafen von Stockholm kam die „Pommern" alt und reparaturbedürftig nach Åland zurück.

Als der Großreeder Gustav Erikson 1947 gestorben war, vermachten seine Erben die „Pommern" 1953 der Stadt Mariehamn. Dort wurde der letzte Windjammer seiner Art fachmännisch restauriert und ist nun als prächtiges Museumsschiff zu bewundern.

Die Ausstellungen auf dem Schiff sind besonders sehenswert und aufschlussreich, vermitteln sie doch allen Landratten einen ganz ausgezeichneten Einblick in das gar nicht so romantische, sondern recht harte und karge Seemannsleben auf den nicht selten drei Monate dauernden Reisen. Die meisten der Exponate werden lobenswerterweise auch in deutscher Sprache erklärt. Besonders eindrucksvoll ist ein 20-minütiger Film mit englischen Untertiteln, der in nicht selten dramatischen Bildern den Einsatz der 24-köpfigen Besatzung zeigt.

Ålands riesige Handels- und Segelschiffflotte hatte bis weit ins 19. Jh. hinein einen internationalen Ruf. Aus den anfänglichen Fahrten von Fischern und Bauern, die mit ihren einfachen Booten Waren nach Finnland und Schweden transportierten, war im Laufe der Generationen die größte Segelflotte der Welt geworden. Ihr Eigner hieß

PRAKTISCHE HINWEISE – MARIEHAMN

Tourist Information Mariehamn [WP 250 / N 60° 05' 49.1" E 19° 56' 15.6"], Storgatan 8, AX-22100 Mariehamn, Tel. 01 82 40 00; www.visitaland.com. *Geöffnet 1. Apr. – 31. Mai + 1. – 30. Sept. Mo – Fr 9 – 16 Uhr, Sa 10 – 15 Uhr; 1. – 12. Juni + 15. – 31. Aug. Mo – Fr 9 – 17 Uhr, Sa + So 9 – 15 Uhr; 13. Juni – 14. Aug. tgl. 9 – 18 Uhr; übrige Zeit Mo – Fr 9 – 16 Uhr.*

RESTAURANTS

Indigo, Nygatan 1, Tel. 01 81 65 50, zentral gelegenes, gepflegtes Lokal mit gewollt rustikalem Ambiente, Restaurantterrasse, Bar und Bistro im oberen Stockwerk.
Das Pub **Park** ist ein beliebtes Music-Pub. Eine der angesagten Diskotheken ist **„Dinos"**. Und im Hotel Arkipelag finden Sie das **Paf Casino**, Mariehamns Spielcasino.

HOTELS

Park Alandia Hotel, 79 Zi., Norra Esplanadgatan 3, AX-22100 Mariehamn, Tel. 01 81 41 30; www.vikingline.se/parkalandiahotel; zentral gelegenes Komforthotel, Hallenbad, Saunas, Konferenzräume, Restaurant, Bar, WLAN.
Hotel Pommern, 54 Zi., Norragatan 8 – 10, Tel. 01 81 55 55; www.visitaland.com/hotellpommern; komfortables, zentral gelegenes Mittelklassehotel; Restaurant, WLAN.
Hotel Savoy, 85 Zi., Tel. 01 81 54 00; www.alandhotels.fi; zentral gelegenes Komforthotel, Schwimmbad, Sauna, Restaurant, WLAN.

CAMPING – MARIEHAMN

V&E

Gröna Uddens Camping [WP 253 / N 60° 05' 28.2" E 19° 57' 04.2"], Östernäsvägen, Tel. 018 52 87 00; www..gronaudden.com; Anf. Mai – Anf. Sept.; ausgedehntes Gelände an einer Meeresbucht im Osten der Stadt. Im hinteren Platzteil neben der Sportbootwerft ebener Platzteil und leicht geneigter Wiesenstreifen mit hohen Laubbäumen, im vorderen Platzteil schräge Wiesen, vornehmlich für Zelte geeignet; 9 ha – 200 Stpl.; zeitgemäße Sanitäranlagen. Cafeteria mit Terrasse, Sauna, Campingküche, Waschmaschine mit Trockner, Internetecke, Fahrradverleih, Grillhütte, Miethütten, Minigolf; langer Sandstrand mit Bade- und Bootssteg. Imbiss. **V & E für Wohnmobile** am äußersten Platzende. 19 Hütten.

Gustaf Erikson, der letzte „Segelschiffkönig". Erikson weigerte sich Zeit seines Lebens konsequent, seine riesige Handelsflotte auf modernere, motorbetriebene Frachtschiffe umzustellen. Von ihm ist überliefert, dass er nichts auf der Welt schöner fand, als ein vom Wind geblähtes Großsegel. Leider nahm der Fortschritt im Schiffbau auf seine Vorlieben keine Rücksicht.

Die Åland-Inseln sind nicht nur ein Eldorado für Segler und Kajakfahrer, sie eignen sich auch ganz vorzüglich für **Radtouren**. Das Terrain ist fast überall flach ohne große Steigungen und der Verkehr hält sich sogar auf den Hauptstraßen in Grenzen.

Alle größeren Inseln werden regelmäßig von Fähren angelaufen, auf denen Personen meist kostenlos befördert werden und für Fahrräder in der Sommersaison eine nicht allzu üppige Gebühr (ca. 5,- Euro) erhoben wird.

Es gibt sogar eine Fahrradfähre. Die kostenpflichtige Fähre MS „Silvana" verkehrt von Skarpnåtö an der Nordspitze von Hammarland nach Hällö auf der Halbinsel Geta, was eine schöne Rundtour ermöglicht. Die Fähre verkehrt täglich außer sonntags von 20. Juni bis 30. Juni und vom 1. August bis 15. August ab Skarpnåtö um 11 Uhr und ab Hällö um 11.30 Uhr. Im Juli verkehrt sie zweimal täglich, ab Skarpnåtö um 11 Uhr und um 16.30 Uhr und ab Hällö um 11.30 und 17 Uhr (Fahrplanänderungen sind möglich!).

Eine sehr beliebte Fahrradroute folgt dem alten Postweg von Hummelvik auf Vårdö über Bromarsund, Schloss Kastelholm, Godby und Bjärström bis nach Storby auf Eckerö an der Westküste.

Und falls Sie kein eigenes Fahrrad dabei haben, bei Ro-No Rent, am Westhafen und am Osthafen in Mariehamn, können Sie fast jede Art von Fahrrad und Zubehör wie Helm, Kindersitz, Korb, Packtasche u. ä., auch Tandems und Mopeds mieten. Auch Campingplätze wie Gröna Uddens Camping in Mariehman oder Puttes Camping in Sund verleihen Fahrräder.

Das über 900 km lange Straßennetz auf den Åland-Inseln ist gut ausgebaut. Mehr als zwei Drittel der Straßen sind asphaltiert.

Ålands Westen
Straße 1, Mariehamn – Storby

ROUTE: *Die Straße 1 führt von Mariehamn über* **Näfsby** *und* **Kattby** *(Katharinenkirche von Kattby -- WP 255 / N 60° 12' 58.2" E 19° 44' 42.1") und über den Marsund (Brücke) auf die Insel Eckerö und endet nach 32 km an deren Westküste in* **Storby**.

Storby ist seit jeher der Hafen, von dem aus die kürzeste Schiffsverbindung nach Schweden besteht. Die Fährüberfahrt von Storby nach Grisslehamn nimmt gerade mal zwei Stunden in Anspruch.

Fähren zwischen Storby/Eckerö und Grisslehamn verkehren ganzjährig und zwar: Ende Januar – Ende Mai + Ende August – Anfang Januar täglich 13.30 Uhr und 18.30 Uhr, Freitag bis Montag zusätzlich 8.30 Uhr. Anfang Juni – Mitte August täglich 8.30 Uhr, 13.30 Uhr und 18.30 Uhr. Infos: Eckerö Linjen, Tel. 00358-18 28 040; www.eckerolinken.ax.

In alten Tagen war Storby die letzte Poststation auf dem Weg von Sankt Petersburg über Südfinnland nach Schwe-

Die Katharinenkirche bei Kattby

Bei Överby, Eckerö

den. Und den Bewohnern hier war die verantwortungsvolle Aufgabe übertragen, für den Posttransport über den Sund nach Schweden zu sorgen.

Vor allem bei stürmischem Wetter ähnelte die Fahrt mit dem Postruderboot und vor allem in strengen Wintern, in denen der Weg über das Eis der Ostsee zurückzulegen war, oft mehr einem Himmelfahrtskommando.

Im ehemaligen **Zoll- und Postgebäude**, einem sehr repräsentativen Bau von Carl Ludvig Engel, wie man ihn in dieser Gegend am allerwenigsten erwartet, ist heute das **Postrotemuseum** eingerichtet, das über den historischen Postweg über die Åland-Inseln und über die bis in die ersten Jahrzehnte des 20. Jh. andauernde Tradition der Postruderer erinnert *(geöffnet 9. Juni – 14. Aug. Di – So 10 – 15 Uhr; www.visitaland.com/postrotemuseum)*. Noch heute wird mit einem Gedächtnisrennen Mitte Juni an die Zunft der Postruderer, die sich gewöhnlich aus Bauern und Fischern der Insel rekrutierte, erinnert.

Etwas weiter nördlich, im Ortsteil **Käringsund**, findet man das **Jagd- und**

V&E

CAMPING – INSEL ECKERÖ

Camping Degersand [WP 256a / N 60° 09' 18.6" E 19° 35' 55.7"], Degersandsvägen 311, Tel. 018 38 004, www.degersand.ax; 1. Mai – 30. Sept.; beschilderter Abzweig von der Straße 1 südwärts Richtung Torp und noch 9 km, zuletzt 2,5 km Schotterweg; Wiesengelände in einem Waldgebiet an der Küste mit langem und 10 m breitem Sandstrand; 5 ha – 100 Stpl.; Standard-Sanitärausstattung. Restaurant, Imbiss, Kiosk, Waschmaschine, Sauna, Bootsverleih, Internetecke. 5 Miethütten. V & E **für Wohnmobile**..

Camping Notviken [WP 258 / N 60° 11' 36.6" E 19° 37' 17.9], Södra Åverbusvägen 239, Tel. 018 38 020, www.notviken.aland.fi; im Ortsteil Överby Abzweig von der Straße 1 (Mariehamn – Storby) Richtung Södersjön und noch 2 km; Wiesengelände oberhalb einer Meeresbucht mit Sandstrand; Standard-Sanitärausstattung. Kiosk, Sauna, Waschmaschine, Fahrradverleih, Internetecke, Minigolf. **V & E für Wohnmobile**. 25 Miethütten.

Fischereimuseum [WP 257 / N 60° 13' 53.3" E 19° 32' 20.6"] *(geöffnet 15. Mai – 10. Juni + 13. Aug. – 31. Aug. Mo – Sa 10 – 17 Uhr; 11. Juni – 12. Aug. tgl. 10 – 18 Uhr; www.jaktfiskemuseum.ax)*. Dieses Museum befasst sich in erster Linie damit, wie die Åländer in früheren Tagen ihren Lebensunterhalt mit der Jagd und der Fischerei zu sichern versuchten. Besondere Abteilung für Kinder mit Kinderwerkstatt.

Neben dem Museum ist der Zugang zum Wildgehege und Kinderpark **Käringsunds Viltsafari**. Besucher werden mit Wagen durch das Gehege gefahren, Dauer 45 Minuten.

Auf dem Weg zurück sieht man östlich von Storby, zwischen den Ortsteilen Kyrkoby und Överby die **St. Lars Kirche** aus dem 13. Jh. liegen. Viele der alten Kirchen Ålands wurden als Wehrkirchen aus festen Feldsteinen errichtet, um der Bevölkerung bei Angriffen oder bei Plünderungen durch marodierende Truppen Schutz und Zuflucht zu bieten.

Ålands Brandkårsmuseum, Ålands Feuerwehrmuseum, liegt auf der Halbinsel Hammarland, Mörbyvägen 121, einige Kilometer nördlich der Hautstraße 1. Ausgestellt sind 17 Feuerwehrautos – das älteste stammt aus dem Jahre 1926 – und Löschgeräte *(geöffnet 1. Juni – 15. Aug. Di – Sa 12 – 18 Uhr)*.

Ålands Osten
Straße 2, Mariehamn – Hummelvik

ROUTE: *Die Straße 2 führt von Mariehamn über* **Jomala** *und* **Haraldsby** *in den nordöstlichen Teil der Insel und endet nach einer kurzen Fährpassage bei* **Prästö** *nach 46 km in* **Hummelvik**.

Die bemerkenswerte **Kirche von Jomala [WP 262 / N 60° 09' 17.7" E 19° 56' 50.8"]** ist die älteste aus Stein errichtete Kirche der Inseln. Die dem Hl. Olaf geweihte Kirche stammt aus dem 12. Jh. und entstand an dem Platz, an dem sich die ersten aus Schweden eingewanderten Siedler einst niedergelassen hatten. Aber die Gegend ist wesentlich älteres Siedlungsgebiet, wie frühgeschichtliche Funde und Gräber nahelegen. Besondere Beachtung verdienen die Fresken aus dem 13. Jh. im Kirchenraum, die im Laufe der Jahrhunderte leider etwas gelitten haben.

Das Jagd- und Fischereimuseum auf Eckerö

In einem Haus sind die Funde ausgestellt, die bei Grabungen in der Umbebung der Kirche entdeckt wurden. Archäologen gehen davon aus, dass das Gelände zu einem großen mittelalterlichen Gehöft gehört hat.

Weiter nördlich bei Godby gabelt sich die Straße. Folgt man der Straße 4 weiter nordwärts, gelangt man auf die **Halbinsel Geta**, die nördlichste Region der Hauptinsel Fasta Åland. Unweit nördlich des Ortes **Geta** mit seiner mittelalterlichen Steinkirche, liegt Ålands zweithöchster Berg, der 107 m hohe **Getaberg**. Ein Fahrweg führt hinauf zu einem Restaurant auf der Anhöhe. Von dort gehen Pfade zur steilen Klippenküste mit den Seehöhlen **Djupvigsgrotten**.

Das kleine **Heimatmuseum Dånö** liegt einige Kilometer nordwestlich von Geta und ist nur von Mitte Juni bis Mitte August Samstag und Sonntag von 13 bis 16 Uhr geöffnet; www.visitaland.com/danomuseum). Die Kate war seit dem 18. Jh. das Haus von Lotsen und Fischern. Nach dem Tod des letzten Bewohners wurde das Haus samt seiner sehenswerten Originaleinrichtung in ein Museum umgewandelt.

Auf dem Weg nach Geta kann man von der Straße 4, wenige Kilometer nördlich von Godby, einen kleinen Umweg westwärts über den Ort Pålsböle/Finström machen. Einen Besuch dort lohnt die **Michaelskirche** aus dem 13. Jh. Im Inneren sind beachtenswerte Wandmalereien biblischer Motive zu sehen, die auf das 15. Jh. datiert werden. Darüber hinaus beherbergt die Kirche einige Holzplastiken aus dem 15. Jh. und ein von gläubigen, aus Seenot geretteten Seeleuten gestiftetes Votivschiff.

Wieder zurück in **Godby** biegt die Straße 2 nach Osten ab und passiert nach wenigen Kilometern Kastelholm.

Das **Schloss von Kastelholm [WP 259 / N 60° 13′ 57.9“ E 20° 04′ 54.2“]** stammt aus dem 14. Jh. *(geöffnet Mai, Juni, Aug sowie 1. - 15. Sept. tgl. 10 – 17*

Schloss Kastelholm

Im Freilichtmuseum Jan Karlsgården

Uhr; Juli tgl. 10 – 18 Uhr; www.visitaland.com/kastelholmsslott). Bis 1634 war es die Residenz des schwedischen Gouverneurs von Åland. Später wurde ein Flügel des Schlosses umgebaut, damit die schwedischen Könige das Anwesen als standesgemäße Sommerresidenz und als Jagdschloss nutzen konnten. Und der Sohn des Schwedenkönigs Gustav Wasa, Herzog Johan, hielt hier seinen Bruder und Rivalen um die Krone, Erik XIV, gefangen.

Später wurde das Schloss immer wieder von Bränden zerstört und geplündert.

Und was wäre ein mittelalterliches Schlossgemäuer ohne Geist? Auf Katelholm spukt angeblich eine frühere Schlossherrin herum, die den Verlust ihres kostbaren, bei einer der Plünderungen abhanden gekommenen Geschmeides nicht verwinden konnte und des nächtens immer geräuschvoll in den Gemäuern von Kastelholm danach suchen soll.

Heute ist im Schloss von Kastelholm das **Kulturhistorische Museum von Åland** untergebracht *(geöffnet wie Kastelholm s. o.).*

Über einen überbrückten schmalen Meeresarm gelangt man auf die Halbinsel Sund. Rechterhand liegt auf einer Anhöhe ganz in der Nähe von Schloss Kastelholm das **Freilichtmuseum Jan Karlsgården und Wärdshus [WP 260 / N 60° 13' 49.9" E 20° 05' 05.5"]** *(geöffnet 2. Mai – 15. Sept. tgl. 10 – 17 Uhr; www.visitland.com/jan_karlsgardens_friluftmuseum).* Gleich am Eingang liegt rechts die **Grindstugan** mit Touristeninformation und Museumsladen und schräg gegenüber eine interessante Ausstellung über den historischen **Postweg** von Finnland über die Ålands nach Schweden.

Im anschließenden Freilichtmuseum selbst sind hübsche alte Holzgebäude aus dem 18. Jh. zu sehen, die einstmals zu typisch åländischen Bauernhöfen gehörten, darunter sind ein Wohnhaus, Windmühlen, Bootsschuppen, Ställe, Speicher und Vorratsräume, Saunagebäude u. ä.

Der Eintritt in das Freilichtmuseum ist, zumindest in der Nebensaison, frei.

Gegenüber kann man das neben dem **Wärdshus** (Restaurant-Café) gelegene **Gefängnismuseum Vita Björn**

Festungsruine Bomarsund

(Weißer Bär) besichtigen, in dem vom ausgehenden 18. Jh. bis in die 1970er Jahre hinein, Bösewichte ihre Strafe absitzen mussten *(geöffnet wie Freilichtmuseum)*.

Eine Attraktion der ganz besonderen Art, weder Freilichtmuseum, noch Freizeitpark oder Galerie, ist jüngst ganz in der Nähe von Kastelholm entstanden. **„Smakbyn"**, „Geschmacksdorf", nennt sich die neue Einrichtung von Ålands Starkoch Michael Björklund. Ziel dieses gastronomischen Erlebnisdorfes ist es, traditionelle åländische Küche unter Verwendung unverfälschter lokaler Produkte und Zubereitungsweisen wieder mehr Geltung zu verschaffen. Auf jeden Fall soll „natürlich Kaffee mit den traditionellen sieben Plätzchensorten" angeboten werden.

Das Weingut Tjudö Vingård in Kastelholm stellt köstliche Apfelweine und Spirituosen aus Früchten her.

Will man zum höchsten Berg Ålands, dem 129 m hohen **Orrdalsklint** gelangen, zweigt man kurz vor Kastelholm von der Straße 2 nach Norden ab und fährt über Gesterby, Sonröde nach Långbergsöda. Von dort führt ein Fahrweg nordwärts zur Anhöhe. Bei Långbergsöda sind Reste eines Steinzeitdorfes entdeckt worden, in dem sich vor Jahrtausenden die ersten Siedler auf Åland niedergelassen haben sollen.

Etwa 10 km weiter östlich kommt man nach **Bomarsund** mit den gewaltigen Überresten einer **Festungsruine [WP 261 / N 60° 12' 44.6" E 20° 14' 08.8"]**. Angelegt hatten die Festung, deren Dimensionen selbst als Ruine

CAMPING – SUND/PRÄSTÖ

Camping Puttes [WP 261 / N 60° 12' 44.6" E 20° 14' 08.8"], Bomarsund, Tel. 018 44 040, www.visitaland.com/puttescamping/de/; 15. Mai – 12. Sept.; im Osten der Insel an der Straße 2, ca 2 km östlich von Finby, Einfahrt am Parkplatz der nebenan gelegenen Festungsruine von Bomarsund; Wiesen mit hohen Birken in ruhiger Lage; 5 ha – 150 Stpl.; Standard-Sanitärausstattung. Cafeteria, Kiosk, Sauna, Waschmaschine mit Trockner, Fahrradverleih, Bootssteg. **V & E für Wohnmobile**. 18 Miethütten.

noch beeindrucken, russische Truppen zu Beginn des 19. Jh. zum Schutz ihrer Marinebasis auf den Ålands. Damals wurde die Befestigung sogar „Das Gibraltar des Nordens" genannt. Der Standort eignete sich vorzüglich um die Seewege in den Bottnischen Meerbusen, nach Finnland, ins Baltikum und in die Ostsee zu kontrollieren.

Allerdings wurde die gesamte Anlage schon nach wenigen Jahrzehnten im August1854 durch eine Aktion britischer und französischer Truppen unter General Baraguey d'Hilliers während des Krimkrieges (1853 – 1856) bombardiert und wieder zerstört.

Auffallend an den immer noch stattlichen Mauerresten der Festungsruine sind die sechseckig behauenen Steinquader. **Museum** *(geöffnet Juni + Aug Mo – Fr 10 – 17 Uhr; Juli tgl. 10 – 17 Uhr; www.visitaland.com/bomarsundsmuseum).*

Gleich neben dem Ruinenfeld liegt Puttes Camping.

Die Straße 2 endet schließlich in **Hummelvik** auf der **Insel Vårdö**. An der Straße, die in den Norden der Insel Vårdö führt, liegt **Ålands Schulmuseum**. *(geöffnet Ende Juni – Anf. Aug. Mo – Fr 10 – 16 Uhr).* Hier sieht man, in welchem Umfeld ABC-Schützen früherer Tage lernten und wie der Herr Lehrer wohnte.

Bootsausflug nach Kumlinge

Ab Hummelvik verkehren Fähren in die Inselwelt des nordöstlichen Åland-Archipels, u. a. zu den **Inseln Kumlinge**, **Enklinge** (Museumsgehöft Hermas aus der Zeit um 1924, *Juni – Aug. Mo – Fr 10 – 17 Uhr*), **Lappo** und **Brändö**.

Wer Zeit mitbringt sollte einen Abstecher zur **Insel Kumlinge** unternehmen. Die Fähren legen in Krokarna an der Nordseite von Kumlinge an.

370 Menschen leben auf der Insel. Es gibt einfache Unterkünfte in Gästehäusern und Miethütten, Restaurant, Laden, Bank, sowie zwei von Mai bis Mitte September geöffnete, ziemlich spartanische Campingmöglichkeiten.

Sehenswerte ist die **Kirche** aus dem 15. Jh. mit Freskenmalereien, sowie das **Bauernhofmuseum Sjölund** *(geöffnet 15. Juni – 31. Juli Di – Do 13 – 16 Uhr).* Es gibt gute Möglichkeiten zu Fahrradtouren und zu kleineren Wanderungen, die an der Kirche oder am Hofmuseum starten.

Die historische Lemböte Seefahrerkapelle liegt in einem alten Wikingerfriedhof

Ålands Südosten
Straße 3, Mariehamn – Långnäs

ROUTE: *Die Straße 3 führt von Mariehamn über* **Önningeby** *und den Lemström Kanal auf die* **Insel Lemland**, *dann weiter über* **Söderby** *(sehenswerte* **Brigitten-Kirche** *aus dem 12. Jh., gotischer Altar, Votivschiff),* **Lemland** *und* **Granboda** *und endet nach 27 km in* **Långnäs** *auf der* **Insel Lumparland**.

Schon wenige Kilometer östlich von Mariehamn liegt das **Önningebymuseet [WP 263 / N 60° 07' 06.4" E 20° 00' 25.3"]**; *geöffnet 10. 6. - 10. 8. tgl. 11 - 18 Uhr; Apr., Mai und 11. 8. - Ende Sept. Sa 12 - 15 Uhr; www.visitaland.com/onningebymuseum/de.*

Das Kunstmuseum ging aus einer Künstlerkolonie hervor, die der finnische Landschaftsmaler Victor Westerholm ausgangs des 19. Jh. hier in seinem Atelier „Tomtebo" um sich versammelt hatte. Ausgestellt sind – neben wechselnden Ausstellungen – Werke von Künstlern, die sich damals Westerholm angeschlossen hatten und die sich von der Landschaft und dem Licht auf Åland hatten inspirieren lassen.

Bei Lemland zweigt die Zufahrt westwärts zur **Lemböte Seefahrerkapelle** ab. Der Weg, die letzten 2 km sind unbefestigt, endet schließlich an einem kleinen Parkplatz im Wald. Von dort führt ein etwa 10-minütiger Fußweg zu einer einfachen Kapelle auf einem Hügel im Wald, der **Seefahrerkapelle St. Olaf [WP 264 / N 60° 04' 30.3" E 19° 59' 30.2"]**. Die rekonstruierte Kapelle aus Feldsteinen mit Schindeldach, in ihren Ursprüngen aus dem 12. Jh. stammend, liegt in einem uralten Wikingerfriedhof, dem ältesten auf den Ålands, und präsentiert sich ansonsten als sehr bescheidene Sehenswürdigkeit.

Rund 8 km weiter westlich passiert die Straße 3 den Weiler **Granboda**. Nördlich der Straße sieht man eine Windmühle. Sie gehört zum **Skeppargarden Pellas [WP 265 / N 60° 04' 39.8" E 20° 11' 05.3"]**. Das historische Anwesen war der ehemalige Landsitz des Reeders Pellas. Das Haupthaus dient heute als **Museum** *(geöffnet Mitte Juni – Ende Aug. tgl. 11 – 16 Uhr; www.visitaland.com/skeppargardenpellas).*

Die Straße 3 endet im Hafenstädtchen **Långnäs** auf der **Insel Lumparland**. Wenige Kilometer nordwestlich

Der Skeppsgarden Pellas

Im Archipel der Åland-Inseln

von Langnäs liegt im Weiler Klemetsby eine bemerkenswerte Holzkirche aus dem frühen 18. Jh.

Ab Långnäs verkehren Fähren nach Turku, sowie Lokalfähren zu vorgelagerten Inseln wie **Sottunga** und **Kökar.**

Bootsausflug nach Kökar

Bei ausreichend zur Verfügung stehender Zeit lohnt ein **Abstecher zur Insel Kökar**, die südlichste der Åland-Inseln. Hier leben 260 Menschen. Die Fähre von Långnäs nach Hamnö auf Kökar benötigt rund zweieinhalb Stunden. Unterkunft findet man im Hotel Brudhäll (Mai – Sept., 21 Zi.) in Karlby, dem Hauptort der Insel, in Gästehäusern und Miethütten, sowie auf dem Campingplatz am Gästehafen.

Zu den eher bescheidenen Sehenswürdigkeiten zählt die **Sankt Anna Kirche** aus dem 18. Jh. mit einem Votivschiff, weiter das **Heimatmuseum**, dann Reste einer bronzezeitlichen Siedlung sowie der sog. **Klosterkällaren**, der Klosterkeller, letzter Rest eines ehemaligen Franziskanerklosters. Heute sind hier u. a. archäologische Funde zu sehen.

Die Gewässer um die Insel Kökar gelten als vorzügliches Revier für Kajaktouren. Im Juli werden sogar begleitete Kajaktouren zu vorgelagerten Schären sowie Ausflüge zu Seehundfelsen angeboten.

Darüber hinaus lässt es sich auf Käkör gut radeln und wandern.

Bootsausflug nach Föglö

Vom einige Kilometer südlich von Långnäs gelegenen **Svinö** verkehren Fähren nach **Degerby** auf der **Insel Föglö** (ca. 600 Bewohner). Die Überfahrt dauert 30 Minuten. Unterkünfte in Form von Gästehäusern und Miethütten, sowie Restaurants, Geschäfte etc. findet man fast ausschließlich im Fährhafen Degerby. Eine einfache Campinggelegenheit (1. Juni – 31. Aug.) liegt etwas weiter nördlich auf dem per Straße erreichbaren Inselchen Finholma.

PRAKTISCHE UND NÜTZLICHE INFORMATIONEN VON A BIS Z

ANSCHRIFTEN

Fremdenverkehrsämter

Finnische Zentrale für Tourismus, Lessingstr. 5, 60325 Frankfurt/Main (Bockenheim), Tel. (069) 50 07 01 57, Fax (0 69) 72 41 725; www.visitfinland.com/de/

Weitere Touristeninformationsbüros sind in den Routenbeschreibungen unter den jeweiligen Orten aufgeführt.

Automobilclub

Autoliitto (Automobil und Touring Club von Finnland), Hämeentie 105 A, FIN-00550 Helsinki, Tel. 00 358-(0)9-72 58 44 00, www.autoliitto.fi.

Autoliitto Pannenhilfe Tel. 02 00 80 80.

Internetadressen

www.visitfinland.com – Informationen der unterschiedlichsten Art über Finnland, auch in deutscher Sprache.

www.skandinavien.de – Informationen über alle skandinavischen Länder.

www.luontoon.fi – Alle Informationen zu den finnischen Nationalparks und bedeutendsten Wandergebieten.

www.camping.fi – Infos zu finnischen Campingplätzen.

www.oeresund-bruecke.de – Öresundbrücke, alle Preise auch in Verbindung mit Storebelt-Brücke, sowie Kombitarife.

Konsularische Vertretungen

Nordische Botschaften Berlin, Rauchstr. 1, 10787 Berlin, www.nordischebotschaften.org

– Dänemark Tel. 030-5050-2000, Fax -2050

– FINNLAND Tel. 030-5050-30, Fax -3333

– Norwegen Tel. 030-5050-50, Fax -55

– Schweden Tel. 030-5050-60, Fax –6789

Botschaft der Bundesrepublik Deutschland, Krogiuksentie 4b, FIN-00340 Helsinki, Tel. 00 358-(0)9-45 85 80, Fax 00 358-(0)9-45 85 82 58; www.helsinki.diplo.de.

Schifffahrtslinien

Finnlines Passagierdienst, Einsiedelstr. 43 - 45, 23554 Lübeck, Tel. (04 51) 15 07-443, Fax (04 51) 15 07-444. Mail: passagierdinst@finnliens.de; www.finnlines.de.

Scandlines Deutschland GmbH, Hochhaus am Fährhafen, 18119 Rostock-Warnemünde, Buchung + Info Tel. 018 02-11 66 99; Tel. (03 81) 673 12 17, Fax (03 81) 673 12 13; www.scandlines.de.

Silja Line GmbH, Zeißstr. 6, 23560 Lübeck, Tel. (04 51) 58 99-222, Fax (04 51) 58 99-203 ; www.tallinksilja.de.

TT-Line, Mattentwiete 8, 20457 Hamburg, Tel. (040) 36 01-442, Fax (040) 36 01-407; www.ttline.com.

Viking Line, Beckergrube 87, 23552 Lübeck, Tel. (04 51) 384 63-0, Fax (04 51) 384 63-99; info@vikingline.de; www.vikingline.de.

CAMPING

Camping gehört zu den Freizeitaktivitäten vieler Finnen. Entsprechend groß ist das Angebot an Campingplätzen, deren Ausstattung fast überall einen guten Standard erreicht. Allerdings findet man auf vielen Plätzen Stromanschlüsse für Caravans noch mit Schuko-Steckdosen und nicht mit Euronormsteckdosen!

Angenehm ist, dass Duschen ohne Münz- bzw. Duschmarken-Automaten benutzt werden können.

Und kaum ein Campingplatz, der seinen Gästen nicht zumindest eine Sauna zur Verfügung stellt, deren Benutzung oft mit im Übernachtungspreis eingeschlossen ist.

In Finnland stehen dem Besucher etwa 350 Campingplätze zur Verfügung, wobei die Dichte des Campingplatznetzes im Süden relativ eng ist, nach Norden hin allerdings zunehmend abnimmt.

Über die Hälfte aller Campingplätze sind dem Finnischen Fremdenverkehrsverband angeschlossen und alle Campinganlagen unterliegen amtlicher Kontrolle. Ähnlich wie in den skandinavischen Nachbarländern gibt es eine Einstufung der Qualität der Campinganlagen in amtliche Kategorien, die mit ein bis fünf Sternen angezeigt werden.

Die meisten Campingplätze sind zwischen Juni und August geöffnet. Etwa 70 Plätze sind ganzjährig zugänglich. Am **Wochenende um Mittsommer** ist auf den Campingplätzen mit sehr turbulentem und lautem Betrieb zu rechnen.

Seit 2012 wird von den finnischen Campingplätzen bei der Anmeldung die Vorlage der Campingkarte **Camping Key Europe** verlangt. Diese Karte ist z. Zt. für 16,- Euro z. B. bei den Automobilclubs zu bekommen. Sie ersetzt die früher in Skandinavien übliche Camping Card Scandinavia und sie wird Zug um Zug auch in anderen europäischen Ländern das bislang gebräuchliche Camping Carnet International CCI ersetzen.

Freies Campen und Übernachten auf Straßen und Parkplätzen ist nicht gestattet. Zum Übernachten auf Privatgrundstücken, dazu gehören auch Parkplätze von Restaurants, Tankstellen, Supermärkten, Gemeindebädern etc., ist die Erlaubnis des Grundstückseigentümers notwendig. Außerhalb offizieller Campingplätze ist das Entzünden offener Feuer nicht erlaubt!

Im Internet erfährt man Angaben zur Campingsituation in Finnland unter www.camping.fi.

Hinweise über Angaben zu Campingplätzen

Bei den in diesem Reiseführer aufgelisteten Campingplätzen folgen dem **Platznamen** die vor Ort erfassten **GPS-Navigationskoordinaten** in eckigen Klammern (soweit ermittelbar), danach **Anschrift** und **Telefonnummer** mit Vorwahl, dann **Öffnungszeit** und die Lokalisierung oder **Zufahrt**.

Bei der **Beschaffenheit des Geländes** wird die Form angegeben, die überwiegt, z. B. Wiesengelände.

Die **Größe** des Platzgeländes wird in Hektar (ha), die **Aufnahmekapazität** in Stellplätzen (Stpl.), ggf. mit Belegung durch Dauercamper (Dau.), angegeben. Die Angabe **Miethütten** (evtl. mit Anzahl) deutet auf das Vorhandensein von mietbaren Campinghütten bzw. Mietbungalows hin.

Es wird versucht, die **Platzeinrichtungen**, so wie sie beim Besuch vorgefunden wurden, in etwa zu charakterisieren, wobei Zustand und Pflege der Gebäude und Installationen auch von Bedeutung waren. Die Übergänge zwischen den drei als grobe Anhaltspunkte geschaffenen Kategorien sind fließend.

Mindestausstattung: Einfacher Platz mit bescheidenen, veralteten oder vernachlässigten Einrichtungen, die außer WC's, Kaltwasserwaschbecken und evtl. Duschen keine oder völlig unzeitgemäße Einrichtungen für Hygiene und Körperpflege aufweisen.

Standardausstattung, mit den Varianten einfache oder gute Standardausstattung: Der Durchschnittscampingplatz mit WC's, Kaltwasserwaschbecken und Duschkabinen in den Waschräumen, evtl. mit Warmwasser, Kochgelegenheit, Geschirrspül- und Wäschewaschbecken teils mit Warmwasser. Ordentlicher Gesamteindruck, einige Stromanschlüsse für Caravans.

Komfortausstattung, mit der Variante gehobene Komfortausstattung:

Außer ausreichend WC's, Waschbecken mit Warmwasser und Warmduschen in zeitgemäßen, gepflegten Sanitäranlagen, werden auch Geschirr- und Wäschewaschbecken mit Warmwasser, Waschmaschine und Trockner, Küche und Aufenthaltsraum, Chemikalausgüsse für Campingtoiletten, Ver- und Entsorgungsstation für Wohnmobile (Frischwasser, Abwasser) und Stromanschlüsse für Caravans in ausreichender Zahl erwartet. Das Terrain soll durch Wege erschlossen sein und im Gelände verteilte Müllbehälter und Wasserzapfstellen, sowie Restaurant oder Cafeteria, Einkaufsmöglichkeit und Freizeit- und/oder Sporteinrichtungen aufweisen.

Campinghütten

Wer nicht mit Wohnwagen oder Wohnmobil durch Finnland reist, oder auf einer Motorrad- oder Radtour bei Schlechtwetterperioden abends ein festes Dach über dem Kopf zu schätzen weiß, dennoch aber nicht in Hotels oder Gasthäusern übernachten will, findet auf fast jedem Campingplatz sog. Campinghütten. Sie sind in Finnland wie in ganz Skandinavien sehr verbreitet und bieten eine recht komfortable, teils rustikale, aber relativ preiswerte Übernachtungsmöglichkeit.

Die aus Holz, oft in Blockhausmanier errichteten Häuschen bieten Platz für zwei bis sechs Personen. Sie sind in aller Regel recht zweckmäßig eingerichtet. Die Ausstattung, bei der fast immer reichlich Holz verwendet wird, reicht von der spartanischen Version mit Tisch, Stuhl und Bett bis zum komfortabel ausgestatteten und stilvoll möblierten Ferienhäuschen mit Dusche und WC, Sauna, Whirlpool, Heizung, Kochgelegenheit mit Kühlschrank und Wohnecke. Oft ist eine kleine überdachte Veranda vorgebaut.

Bettwäsche ist in der Regel mitzubringen, kann aber oft auch geliehen werden. Saubermachen muss man selbst und auch für das eigene leibliche Wohl muss man selbst sorgen. Einfachere Campinghütten haben keine eigenen Sanitäreinrichtungen, man bedient sich dann der Einrichtungen des Campingplatzes.

Auch Campinghütten sind in offizielle Qualitätskategorien unterteilt, die durch Sternsymbole angezeigt werden. Eine Hütte mit einem Stern soll z. B. außer dem notwendigsten Mobiliar (Tisch, Bett) auch einen Stromanschluss haben und eine 3-Sterne-Hütte zusätzlich mit fließend Wasser, Dusche und WC, Kochgelegenheit, Bettwäsche und abgetrenntem Schlafraum ausgestattet sein.

Vor allem im Hauptreisemonat Juli sollten Hütten unbedingt vorbestellt, oder sehr früh am Tage angefahren werden, da in dieser Zeit die Nachfrage überaus groß ist!

Thema Stellplatz

Speziell für Wohnmobilfahrer eingerichtete Übernachtungsplätze sind in ganz Finnland noch so gut wie unbekannt, auch in der Hauptstadt Helsinki. Auch gibt es keine Einrichtungen seitens der Campingplatzbetreiber, die den Quick-Stops in Dänemark oder Schweden zum Beispiel vergleichbar wären.

Alle offiziell eingerichteten Stellplätze, die wir finden konnten, oder von denen wir erfahren haben, wurden registriert und erscheinen in diesem Reiseführer.

Ausdrücklich hinweisen wollen wir, dass es sich bei diesen Stellplätzen, die wir aufführen, NICHT um „wilde" Stellplätze handelt! Wildes campen ist in Skandinavien nicht mehr erlaubt. Städte, Gemeinden und Privatpersonen wurden hier zunehmend mit Problemen konfrontiert.

Übrigens: Wenn Sie **in Finnland ein Wohnmobil mieten** wollen, finden Sie Angebote unter www.touringcars.eu.

Jedermannsrecht

Ein sehr tolerantes, großzügiges, traditionsreiches Recht in Finnland (wie in Norwegen und Schweden auch, nicht aber in Dänemark) ist das Jedermannsrecht, dessen Maxime lautet: Nicht stören, nichts zerstören und den Hausfrieden respektieren!

Überall in Finnland wird das Jedermannsrecht hoch geschätzt und von den Bürgern mit größter Verantwortung wahrgenommen. Das Jedermannsrecht erlaubt im Prinzip jeder Einzelperson sich auf öffentlichem Grund und Boden, an Küsten, Stränden, in staatlichen Wäldern, Berg- und Grünlandgebieten, zu Fuß, mit dem Fahrrad oder auf Skiern frei zu bewegen, solange weder Mensch noch Natur gestört oder geschädigt werden.

Dort wo Sie sich frei bewegen dürfen ist ein vorübergehender Aufenthalt (z. B. Zelten) erlaubt, allerdings immer in gehörigem Abstand von Häusern. Auf öffentlichem Grund dürfen Sie auch Beeren und Pilze sammeln, Blumen pflücken, baden oder mit Wurmangeln angeln, immer vorausgesetzt, dass Sie sich auf öffentlichem Gelände bewegen und die Gewässer nicht verpachtet sind!

Was man in der frei zugänglichen Natur natürlich nicht darf, ist Müll zu hinterlassen, Wild oder Rentiere zu stören. Und das Entfachen von offenem Feuer ist nicht erlaubt. Daran sollte man sich unbedingt halten!

Schonen Sie die Natur vor allem im hohen Norden. Die Natur im hohen Norden reagiert sehr empfindlich auf Verwüstung, Störung oder Verschmutzung. Regenerierungsprozesse gehen hier – wenn überhaupt – um ein Vielfaches langsamer vonstatten.

Im Zusammenhang mit dem Jedermannsrecht wird auf die Respektierung fremden Eigentums sehr geachtet, der Hausfrieden wird als hohes Gut betrachtet.

Auch der ausländische Besucher kommt in den Genuss dieses Jedermannsrechts. Als Fremder kann man hier aber rasch ins Fettnäpfchen treten. Es empfiehlt sich also sehr, z. B. wenn man Zelten will, sich aber nicht absolut sicher ist, dass man sich auf frei zugänglichem Gelände bewegt, nach einer Genehmigung nachzufragen!

Die Entwicklungen in den vergangenen Jahren führten allerdings dazu, dass Autofahrer und Wohnmobilisten dieses Jedermannsrecht nicht mehr für sich in Anspruch nehmen dürfen, solange sie mit ihren Gefährten und nicht zu Fuß unterwegs sind.

Näheres über Finnlands Umwelt und deren Schutz bzw. verträgliche Nutzung kann man unter www.environment.fi (auch in englischer Sprache) nachlesen.

EINREISEBESTIMMUNGEN

Persönliche Dokumente

Dank der „Nordischen Passunion" zwischen Dänemark, Norwegen, Schweden und Finnland gelten die Staatsgebiete der vier nordischen Staaten als einheitliches Passgebiet. Zudem haben die fünf nordischen Länder (inkl. Island) Ende 1996 das Schengener Abkommen über Passfreiheit und politische Zusammenarbeit unterzeichnet. Die EU-Mitglieder Dänemark, Schweden und Finnland sind Vollmitglieder des Abkommens, Norwegen und Island gingen eine Kooperationsabsprache ein.

Zur Einreise in die skandinavischen Länder als Tourist benötigen Bürger aus EU-Ländern, aus der Schweiz, Liechtenstein und Norwegen lediglich einen gültigen Personalausweis oder Reisepass. Für Kinder unter 16 Jahren ist ein Kinderausweis oder der Eintrag im Pass der Eltern notwendig. Der vorläufige Aufenthalt ist auf insgesamt drei Monate beschränkt.

Einreise mit dem Auto

Private Kraftfahrzeuge können von Besuchern vorübergehend zollfrei eingeführt werden. Gültiger nationaler Führerschein und Zulassungsbescheinigung Teil I (ehem. Kraftfahrzeugschein) sind ausreichend.

Die Internationale „Grüne Versicherungskarte" ist nicht zwingend vorgeschrieben, ihre Mitführung wird aber empfohlen.

Das Nationalitätskennzeichen „D", „A", „CH" o. ä. muss am Auto angebracht sein.

Haustiere

Mit der Einführung des blauen EU-Heimtierpasses wurde das Reisen mit Haustieren auch in den skandinavischen Ländern erleichtert, wenn auch mit einigen Einschränkungen z. B. in Schweden. Erkundigen Sie sich also rechtzeitig vor Ihrer Reise, ob die nachstehenden Bestimmungen noch so gültig sind.

Gegen Tollwut geimpfte Hunde und Katzen dürfen nach Finnland mitgebracht werden. Die Tollwutimpfung muss im EU-Heimtierpass attestiert sein. Finnland verlangt zudem eine Bescheinigung über eine tierärztliche Behandlung gegen Fuchsbandwurm.

Das Mitnehmen von Hunden und Katzen nach Schweden und Norwegen ist seit einigen Jahren bei Erfüllung bestimmter Voraussetzungen möglich.

Die Einfuhr bestimmter Hunderassen wie z. B. Pit Bull Terrier ist verboten.

Es empfiehlt sich dringend sich sehr rechtzeitig vor Reiseantritt bei den Fremdenverkehrsämtern nach dem neuesten Stand der Vorschriften zu erkundigen!

Auf kurzen Fährstrecken müssen Haustiere während der Überfahrt im Auto bleiben. Oder Sie müssen Ihr Haustier – so wie es Fußpassagiere auch tun müssen – in den auf den Fähren dafür vorgesehenen Käfigen unterbringen. Sind die Käfige belegt, kann das Haustier in aller Regel nicht mitgenommen werden! Unbedingt vorher bei der Reederei nach neuestem Stand der Vorschriften erkundigen!

Zollbestimmungen (Auszug)

Persönliche Gegenstände und alle auf der Reise benötigten Artikel wie Sportgeräte können zollfrei eingeführt werden. Medikamente, die ausschließlich für den Gebrauch durch die Reisenden bestimmt sind, können mitgeführt werden. Über Medikamente (in Schweden Ration für max. fünf Tage), die Rausch- oder Betäubungsmittel enthalten, auf die der Reisende aber aus medizinischen Gründen nicht verzichten kann, ist eine ärztliche Bescheinigung mitzuführen, aus der eindeutig diese Notwendigkeit hervorgeht.

Freigrenzen für Reisende aus EU-Ländern:

Reisende aus EU-Ländern ist die Einfuhr besteuerter Waren für den eigenen Bedarf oder zur Weitergabe als Geschenk in unbegrenzter Menge erlaubt mit Ausnahme von Alkohol- und Tabakwaren. Dafür gelten folgende Begrenzungen, in Klammern die Mengen für Nicht-EU-Länder: 10 (1) Liter Spirituosen (über 22 Vol. %, erlaubt nur für Personen ab 18 Jahren), 90 (2) Liter Wein und 110 (15) Liter Bier. 800 (200) Zigaretten, 400 Zigarillos, 200 Zigarren und 1000 g (250 g) Tabak.

Bei Tabakwaren in Verpackungen, auf denen die Gesundheitswarnhinweise und Angabe der Inhaltsstoffe nicht in finnischer Sprache stehen, gelten geringere Mengen (z. B. 200 Zigaretten). Auch bei Reisen über die Åland-Inseln gelten geringere Freimengen.

Reisende, die aus einem Nicht-EU-Land einreisen, dürfen außer Gegenständen für den eigenen Bedarf Waren bis zum Wert von ca. EUR 185,- nach Finnland einführen.

Bitte erkundigen Sie sich rechtzeitig vor Abreise nach dem aktuellen Stand der Zollbestimmungen!

ESSEN UND TRINKEN

Die finnische Küche ist zumindest im Bereich der sog. Hausmannskost nicht ohne russischen Einschlag, ein Überbleibsel aus der Zarenzeit. Der gehobene Bürgerstand und hochherrschaftliche Häuser hatten damals nicht selten einen russischen Koch.

Finnische Spezialitäten sind u. a. Lachs-Gerichte, leckere Eintöpfe und – besonders im östlichen Teil des Landes in Karelien – natürlich Piroggen. Und weiter im Norden dann liebt man z. B. Rentiergeschnetzeltes mit Preiselbeeren. **Piroggen** – „Pirog" gedeutet im Russischen soviel wie „Kuchen" – sind ovale, etwa handtellergroße, im Fett herausgebackene Teigtaschen aus hauchdünnem, Hefe- oder Blätterteig mit etwas hochgedrücktem Rand und mit einer breiten Variation von Füllungen.

Die Karelische Pirogge (karjalanpiirakka) z. B. füllt man gerne mit Milchreis oder mit Eibutter bestrichenem Kartoffelbrei. Es gibt aber auch mit Wurst, Käse oder Fleisch gefüllte Piroggen.

Eine Pirogge passt eigentlich zu jeder Tageszeit als kleine Zwischenmahlzeit. Unter den vielen Varianten kennt man z. B. auch mit Hackfleischmasse gefüllte Piroggen aus Nudelteig, die dann schon sehr der schwäbischen Maultasche ähneln.

Die gängige, in Restaurants und Hotels heute angebotene Speisefolge ist aber eher der sog. internationalen und in manchen Bereichen und auf dem Gebiet der Rôtisserie der französischen Küche zuzurechnen. Ansonsten finden Sie in Finnland alles zwischen Pizzeria und Chinarestaurant.

Richtig finnisch wird es bei den Nachtischen und Süßspeisen. Und weil die Finnen als Weltmeister im Kaffeetrinken gelten, findet man fast überall ein Café, in dem man es sich bei Erdbeertorte mit Sahne und anderen Köstlichkeiten gutgehen lassen kann.

Guten Appetit also, oder wie der Finne sagt „Hyvää ruokahalua".

Alkoholische Getränke

Die Steuer auf alkoholische Getränke ist immer noch heftig. Entsprechend teuer sind sie. Weine und jede Art von Spirituosen werden in Finnland ausschließlich in den speziell lizenzierten **Alko-Läden** verkauft. Und jeder große Supermarkt in Finnland bietet heute eine spezielle Alko-Abteilung an, in denen ein riesiges Sortiment von Alkoholika aller Art angeboten wird.

Alkoholische Getränke aus einheimischer Produktion sind vor allem Liköre aus Wildbeeren. Bier wird auch in Lebensmittelgeschäften und in den Lebensmittelabteilungen der Supermärkte verkauft.

FEIERTAGE

Neben kirchlichen Feiertagen wie Dreikönig, Karfreitag, Ostern, Christi Himmelfahrt, Pfingsten, Allerheiligen und Weihnachten, gelten folgende Feiertage, an denen Geschäfte, Banken und Büros meist geschlossen bleiben:

1. Januar – Neujahrstag;
1. Mai – Tag der Arbeit;
Ende Juni – Mittsommerfest;
6. Dezember – Unabhängigkeitstag.

FREIZEITAKTIVITÄTEN

Angeln

Angeln ist in den fischreichen Gewässern Finnlands eine überaus beliebte Freizeitbeschäftigung, im Sommer wie im Winter.

Auch ausländische Besucher im Alter zwischen 18 und 64 Jahren, die in Finnland angeln wollen, brauchen eine staatliche Angelgenehmigung. Diese bekommt man in Postämtern, in vielen Touristenbüros oder in den Geschäften von R-Kioski für EUR 7,-/Woche. Darüber hinaus ist eine Angelgenehmigung für die jeweilige Region und auf Privatgelände natürlich eine Angelerlaubnis des Eigentümers des jeweiligen Fischgewässers notwendig. Für gewisse Gewässer erteilen Angelverbände, Campingplätze, die Forstverwaltungen oder Informationsbüros diese Genehmigung. Eingehende Information in den Verkehrsbüros vor Ort über die genauen Lizenz- und Genehmigungsverhältnisse rechtzeitig vor der Angeltour ist dringend anzuraten.

Radfahren

Finnland eignet sich vorzüglich für ausgedehnte Mountainbiketouren. Viele Hotels und Campingplätze verleihen Fahrräder.

Mountainbiking ist in Finnland eine überaus beliebte Freizeitbeschäftigung. Wenn Sie mit Ihrem Mountainbike in Finnland unterwegs sind, sollten Sie unbedingt auf den Wegen und markierten Trails bleiben! Die Natur im hohen Norden ist sehr empfindlich und regeneriert sich wesentlich langsamer als in unseren Breiten etwa. Grobstollige Fahrradreifen zerstören z. B. nachhaltig die dünne Vegetationsdecke. Viele Touristenbüros halten zwischenzeitlich Infos und Vorschläge zu Mountainbiketouren bereit.

Wasser- und Kanusport

Die ruhigen, weitverzweigten Seen in Finnland sind ein wahres Eldorado für den Kanu- und Kajaksport und für Paddeltouren. Man kann außerhalb bewohnter Gebiete eigentlich überallhin paddeln, solange man keine Privatgewässer durchquert bzw. an Privatstränden anlegen will. Hier ist grundsätzlich die vorherige ausdrückliche Erlaubnis des Eigentümers einzuholen. Dies gilt um so mehr, wenn man vorhat am Ufer zu lagern, zu zelten oder gar ein Lagerfeuer zu entfachen.

Sehr beliebt, wenn auch ein ziemlich feuchtes Vergnügen, sind Schlaubboottouren und sog. Wildwasserraftings, bei denen Sie in Gesellschaft weiterer Teilnehmer Wildwasser und Kaskaden befahren können. Veranstalter von Wildwassertouren erfährt man in den Touristeninformationsbüros vor Ort.

Wandern

Wandern in Finnland ist ein Erlebnis, wenn man sich die richtige Zeit aussucht, gute Kondition mitbringt und mit dem Umgang von Karte und Kompass gut vertraut ist. In den Weiten der finnischen Wälder und in der lappländischen Einsamkeit verliert der Ungeübte sehr rasch die Orientierung. Kommen dann noch Schlechtwetterabschnitte und Sichtbehinderungen durch Nebel, Schneetreiben oder Regen hinzu, helfen nur noch Karte und Kompass und Erfahrung im Umgang mit diesen unerlässlichen Hilfsmitteln weiter. Überaus wichtig ist bei längeren Touren eine zweckmäßige Ausrüstung!

Besonders schöne Wanderrouten führen durch die 25 Nationalparks in Finnland. An einigen vielbegangenen Wegen findet man sog. Wildmarkhütten. Diese Schutzhütten sind abgeschlossen. Schlüssel zu den Hütten – die sich ggf. mehrere Wandergruppen teilen müssen – erhält man gegen Gebühr an den Ausgangspunkten der Wege oder in nahegelegenen Ferienzentren.

Bei Wanderungen im grenznahen Gebiet zu Russland sollte man sich strikt an das Fotografierverbot und die Verbotsbeschilderung im Grenzgebiet halten!

Und niemals sollte man die Waldbrandgefahr unterschätzen, eine ständige Gefahr in allen waldreichen nordischen Ländern! Offenes Feuer darf auf Wanderungen nur an den dafür vorgesehenen Stellen entzündet werden! Bei sehr trockenem Wetter gilt ein allgemeines Verbot für offene Feuer. Nehmen Sie auf Wanderungen also einen Kocher mit.

Die allermeisten Wanderrouten in den Nationalparks sind sehr gut beschildert und markiert. Unwegsame Stellen wie Sümpfe oder Feuchtgebiete werden durch Bohlenwege, Flüsse und Schluchten durch Hängebrücken überwunden. Entlang der Wege findet man Feuerstellen, Unterstände mit erhöhtem Holzboden, sog. „laavus", und Hütten. Trotz dieser guten Ausstattung der Wanderwege, ist auf eine taugliche Ausrüstung fürs Wildniswandern, Erfahrung im Orientieren im freien Gelände und etwas Kondition und Ausdauer schon vonnöten. Ein GPS-Handgerät ist hilfreiche – solange die Batterien mitmachen.

Mein Tipp! Zumindest wenn Sie sich im Juli auf eine mehrtägige Wandertour durch finnische Nationalparks machen ist es auf keinen Fall verkehrt, Biwakzelt, Schlafsack und Isomatte dabei zu haben. Dann nämlich kann es durchaus passieren, dass Schutz- und Wildmarkhütten vollbelegt sind.

Und noch ein Tipp! Machen Sie es wie die Kenner der Verhältnisse und verschieben Sie ihre Wandertour auf den Spätsommer bzw. Frühherbst, wenn in Nordskandinavien bereits die ersten leichten Nachtfröste eingesetzt haben, die Tage aber noch herrlich sonnig und warm sind. Dann ist die Mückenplage in aller Regel kein Thema mehr, die Landschaft in ihrer beginnenden Färbung von Gelb über Orange bis Rot ist im finnischen Herbst, der Ruska-Zeit, aber noch traumhafter!

Mückenschutz

Es lässt sich nicht leugnen, die summenden, blutsaugenden Plagegeister können Aktivitäten in freier Natur und den Spaß daran schon arg verleiden. Vor allem in windgeschützten, waldreichen Seengebieten oder in feuchten Niederungen können Stechmückenschwärme im Sommer (etwa Mitte Juni bis Mitte August) den Aufenthalt im Freien für den Unvorbereiteten zum Martyrium werden lassen. Einziger kleiner Trost: Die in Skandinavien auftretenden Stechmücken übertragen keine Malaria wie es heißt.

Im Prinzip hilft nur, sich rechtzeitig vorher mit wirksamen Mitteln einzucremen oder einzusprühen. Die Sportgeschäfte und Apotheken in Finnland halten da recht wirksame Mittelchen bereit. Im Normalfall sollte das genügen.

Ist man allerdings im Sommer in Nordskandinavien oder in der seendurchsetzten Tundra auf Wander- oder Kanutour, wird eincremen alleine nicht genügen. Kleidung aus festem Stoff mit dichten Bünden an den Ärmeln und Hosenbeinen, spezielle Hemden, ein Hut mit Moskitonetz, Handschuhe u. ä. sind dann fast unerlässlich. Machen Sie sich vorher in einschlägiger Outdoor-Literatur kundig, was Spezialisten zu diesem Thema zu sagen haben.

HOTELS UND ANDERE UNTERKÜNFTE

Hotels in Finnland sind in aller Regel moderne, zeitgemäß ausgestattete und gut geführte Häuser. Bad und/oder Dusche, WC, Telefon, Radio und Fernseher sind in den Zimmern fast immer zu finden und nahezu jedes Haus hat seine Sauna, sein Schwimmbad und ein Restaurant. Die meisten Hotels außerhalb der Hauptstadt schließen in den Zimmerpreis ein Frühstück mit ein.

Von 1. Juni bis 31. August findet man in Finnland sog. Sommerhotels. Sie sind in Studentenwohnheimen, die in jener Zeit leer stehen, eingerichtet. Sommerhotels sind billiger als normale Hotels. Die Zimmer bieten aber alle notwendigen Einrichtungen wie Dusche, WC und Kochnische. Oft ist im Haus ein Café oder ein Restaurant zu finden.

Über 250 Hotels in Finnland haben sich ein Hotelscheck-System (siehe weiter unten) angeschlossen, das den Gästen ermäßigte Übernachtungspreise einräumt.

In Finnland gibt es rund 160 **Jugendherbergen** (Retkailymayat) und Familienherbergen (Finnhostels). Sie sind gewöhnlich nur zwischen Mai und August geöffnet. Gut ein Drittel der Häuser ist aber ganzjährig zugänglich.

Man übernachtet in 2- oder 4-Bett-Zimmern. Familien stehen besondere Zimmer zur Verfügung. Bei der Anmeldung zur Übernachtung wird die Vorlage des Internationalen Jugendherbergsausweises verlangt. Hat man diesen nicht, kann man vor Ort eine Gastkarte kaufen. Es gibt Herbergen, die keine Mahlzeiten anbieten. Andere bieten Frühstück oder gar Vollpension an. In den meisten Häusern stehen Selbstversorgern Küchen zur Verfügung.

Wenn Sie eine Rundreise durch Skandinavien auf Hotelbasis planen, sollten Sie sich vorher nach den diversen Scheck- und Rabattsystemen erkundigen. Das momentan am weitesten und in ganz Skandinavien verbreitete Schecksystem für ermäßigte Zimmerpreise stellen die Hotel-Schecks von ProSkandinavia dar. Dem System sind z. Zt. mehr als 400 Hotels angeschlossen. Infos zu den detaillierten Konditionen der Hotelscheck-Systeme, die sich immer wieder etwas ändern, sowie Hotelverzeichnisse gibt es bei den Fremdenverkehrsämtern der skandinavischen Länder.

KLIMA, REISEZEIT, KLEIDUNG

Das finnische **Klima** hat spürbar kontinentalen Charakter, gekennzeichnet von kalten, schneereichen Wintern und warmen, gelegentlich heißen Sommern. Ein weiteres Merkmal kontinentalen Klimas sind lang anhaltende, konstante Wetterperioden im Sommer wie im Winter. Aber dank des Golfstroms, dessen Einfluss – wenn auch schon recht abgeschwächt – selbst im westlichen Teil Finnlands noch messbar ist, werden extreme Temperaturausschläge etwas nivelliert. Als wärmster Monat gilt der Juli. In Lappland werden dann Temperaturen bis +32°C gemessen. Kältester Monat ist der Februar.

Vor allem in den Gegenden nördlich des Polarkreises sind Frühling und Herbst relativ kurze Jahreszeiten. Schon Ende August, Anfang September fällt dort der erste Schnee, der spätestens ab Mitte November bis in den Mai hinein permanent liegen bleibt.

Die beste Zeit für eine Reise durch Finnland wird die Zeitspanne etwa zwischen Ende Juni und Mitte August sein.

Nach der zweiten Augusthälfte kann es vor allem in den nördlichen Regionen Lapplands nachts schon sehr kalt werden und mit ersten Nachtfrösten ist zu rechnen. Diese frühe Herbstzeit, die Ruska-Zeit, wird allerdings von Menschen, die gerne Wildniswanderungen unternehmen, sehr geschätzt.

Ähnlich wie die Norweger machen die meisten Finnen im Juli Sommerurlaub. Viele Betriebe fahren in dieser Zeit nur mit einer Notbelegschaft. Wer kann, vermeidet als Tourist diesen Monat. Wem das nicht möglich ist, der muss dank der Größe des Landes eigentlich nur in den Zentren des Tourismus (Saimaa-Seen-Gebiet, südliche Badeküsten, Inari-Region) mit Gedränge rechnen. In dieser Zeit sollte man auch Wartezeiten

Durchschnittstemperaturen in Finnland, im Sommerhalbjahr

Ort	Juni °C	Juli °C	Aug. °C	Sept. °C
Helsinki	14	17	16	11
Ivalo	10	13,5	11	6
Punkaharju	14	17,5	16	10
Turku	13,5	17	15,5	11
Vaasa	12,5	16	14,5	9

Mitternachtssonne und Polarnacht

	Mitternachtssonne	**Polarnacht**
Ort	von – bis	von – bis
Utsjoki	18. Mai – 25. Juli	26. Nov. – 16. Jan.
Ivalo	24. Mai – 19. Juli	05 Dez. – 09. Jan.
Sodankylä	31. Mai – 12. Juli	18. Dez. – 24. Dez.
Pello	04. Juni – 07. Juli	
Rovaniemi	06. Juni – 05. Juli	
Kuusamo	05. Juni – 27. Juni	

in den Fährhäfen an der Ostsee einkalkulieren.

Zur **Kleidung** – eine individuelle Frage, die sich ja ganz nach persönlichen Vorlieben oder geplante Urlaubsaktivitäten richten wird – für eine Urlaubsreise durch Finnland und Skandinavien sei lediglich erwähnt, dass auch im Sommer dicke Wollpullover, winddichte Jacken und vor allem eine gute Regenbekleidung mit Gummistiefeln (mit denen es sich übrigens vorzüglich über die morastigen Hochebenen wandern lässt) im Reisegepäck nicht fehlen sollten.

MEDIKAMENTE, ÄRZTLICHE VERSORGUNG

Wer unterwegs auf bestimmte Medikamente angewiesen ist, sollte sich diese von zu Hause in ausreichender Menge mitbringen. Wichtig ist dabei aber, dass man dann tunlichst eine Bescheinigung des Arztes mitführt, die aussagt, dass man auf diese Medikamente aus medizinischen Gründen nicht verzichten kann. Eine solche Bescheinigung ist um so wichtiger, wenn die Medikamente Stoffe enthalten, die unter das Betäubungsmittelgesetz fallen.

Ganz allgemein kann festgestellt werden, dass der Medikamentenverkauf in den skandinavischen Ländern strenger geregelt ist als bei uns.

Obwohl zwischen der BRD und den skandinavischen Ländern Sozialversicherungsabkommen bestehen, der Reisende dadurch im Krankheitsfall oder bei einem Unfall eine gewisse krankenversicherungstechnische Absicherung genießt, sollte man dennoch auf eine Auslandskrankenschutzversicherung nicht verzichten.

MINIWORTSCHATZ – KLEIN, ABER NÜTZLICH

Alltägliches

Guten Tag – hyvää päivää
Auf Wiedersehen – näkemiin
Ja – kyllä
Nein – ei
Danke – kiitos
Bitte – olkaa hyvä
Finnisch – soumea
Deutsch – saksaa
Ich verstehe nicht – minä en ymmärrä
Geöffnet – avoinna
Geschlossen –suljettu
Damen – naiset (N)
Herren – miehet (M)
Erwachsener – aikuset
Kinder – lapset
Verboten – kielletty
Übernachten – yöpyminen
Zu vermieten – voukratta-vana
Von – bis – lähtien – saaka
Das ganze Jahar – koko vuosi

Auto und Verkehr

Bremse – jarrut
Bus – bussi
Bushaltestelle – bussipysäkki
Fähre – lossi

Fahrrad – polkupyörä
Langsam fahren – aja hitaasti
Ölwechsel – öljynvaihto
Reifenpanne – rengasrikko
Reifenwechsel – renkaanvaihto
Rollsplitt – irtokiviä
Straßenarbeiten – tietyö
Tankstelle – huoltoasema
Umleitung – kiertotie
Unfall – onnettomuus
Wohnmobil – matkailuauto
Wohnwagen – asunto-vaunu
Zündkerze – sytytystulppa

Essen und Trinken

Abendessen – illallinen
Bier – olut
Brot – leipa
Butter – voi
Eier – munia
Fisch – kala
Fleisch – liha
Frühstück – aamiainen
Gemüse – vikannekset
Heiß – kuuma
Huhn – kana
Kalbfleisch – vasikanliha
Kalt – kylmä
Lachs – lohi
Milch – maito
Mittagessen – lounas, päivällinen
Prost!, Zum Wohl! – kippis!
Rauchen verboten – tupakointi kiielletty
Rentierfleisch – poronliha
Restaurant – ravintola
Rindfleisch – naudanlija
Salz – suola
Schweinefleisch – sianlija
Selbstbedienung – itsepalvelu
Warm – lämmin
Wasser – vesi
Wein – viini
Zucker – sokeri

Unterwegs

Apotheke – apteeki
Arzt – lääkäri
Bahnhof – asema
Berg – vuori
Brücke – silta
Campingplatz – leirintäalue
Flughafen – lentokenttä
Fluss – joki
Gebirge – vuoristo
Geradeaus – suoraan eteenpäin
Gletscher – jäätikkö
Hafen – satama
Haus – talo
Hochebene – ylätasanko
Hotel, Motel – hotelli, motelli
Jugendherberge – retkailymaja
Krankenhaus – sairaala
Laden – kauppa
Links – vasemalle
Marktplatz – tori
Meer – meri
Miethütten – vuokramökkejö
Norden – pohjoinen
Osten – itä
Postamt – postitoimisto
Rechts – oikealle
See – järvi
Stadt – kaupunki
Stadtrundfahrt – kiertoajelu
Stadtzentrum – keskusta
Straße – tie
Süden – etelä
Ufer – ranta
Wasserfall – vesiputous
Westen – länsi
Zimmer – huoneita
Zug – juna

Geographische Bezeichnungen, Beschilderungen, Aufschriften

aja hitaasti – langsam fahren
avoinna – Öffnungzeit, geöffnet
harju – Landrücken
järvi – See
joki – Fluss
kahvila – Café
kansallis – National
kansallispuisto – Nationalpark
kaupunki – Stadt
keittiö – Küche
keskusta – Zentrum
kielletty – verboten
kiertotie – Umleitung
kortelli – Stadtviertel
koski – Wasserfall

kylä – Dorf
kylpylä – Bad, Freibad
lahti – Bucht, Meerbusen
leiriytyminen kielletty – Camping verboten
lentoasema – Flughafen
linna – Schloss, Burg
loma – Ferien, Urlaub
lossi – Fähre
mäki – Hügel
miehet – Herren (Toilette)
mökit – Hüttendorf
mökki – Hütte
naiset – Damen (Toilette)
opastus – Information
pesu – Wäsche, Waschen, Waschplatz
puisto – Park
ranta – Strand, Ufer
roskat – Müll
ruotsi – Schweden
salmi – Sund, Meerenge
satama – Hafen
sateella liukas – Schleudergefahr
silta - Brücke
suihkut – Dusche
taide – Kunst
talo – Bauernhof
tervetuloa – Willkommen
tie – Weg, Straße
tietyö – Baustelle
uimranta – Badestrand
ulos – Ausgang
urheilu – Sport
urheilukeskus - Sportzentrum
vesi – Wasser

Zahlen und Zeit

1 – yksi
2 – kaksi
3 – kolme
4 – neljä
5 – viisi
6 – kuusi
7 – seeitsemän
8 – kahdeksan
9 – yhdeksän
10 – kymennen
50 – viisikymmentä
100 – sata

Gestern –eilen
Heute – tänään
Morgen – huomenna
Montag – maanantai
Dienstag – tiistai
Mittwoch – keskiviiko
Donnerstag – torstai
Freitag – perjantai
Samstag – lauantai
Sonntag – sunnuntai

MIT DEM AUTO DURCH FINNLAND

Dem Autofahrer steht ein besonders in den südlichen Landesteilen dichtes, ausgezeichnet beschildertes und vorzüglich gepflegtes Straßennetz zur Verfügung. Von den rund 80.000 Straßenkilometern ist gut die Hälfte geteert. Vor allem in nördlichen Landesteilen kann man gelegentlich auf unbefestigte oder mit Öl-Sand (Vorsicht bei Nässe!) bedeckte Straßen stoßen.

Es gibt keine Straßenbenutzungsgebühr. Kurze Binnenautofähren sind kostenlos.

In Finnland ist „leiser Straßenverkehr" Vorschrift. Es gelten die in Europa allgemein gültigen Verkehrsregeln.

Das **Abblendlicht** (Fahrlicht) muss auch am Tage eingeschaltet sein! Standlicht genügt nicht!

Winterreifen sind zwischen 1. Dezember und 1. März Pflicht. Spikes sind erlaubt von 1. November bis 31. März. Auch der Caravan oder der Anhänger ist mit Winterreifen auszurüsten.

Bei einer Reise im Winter durch Finnland sollte ihr Fahrzeug unbedingt mit einer Vorrichtung zur Motorwärmung ausgerüstet sein!

Anschnallpflicht auf Vorder- und Rücksitzen.

Die Höchstgeschwindigkeiten betragen – falls nicht anders ausgeschildert – innerorts 50 km/h. Für Pkw und Motorräder außerhalb von Orten 80 km bis 100 km/h (je nach Beschilderung), auf Autobahnen bis 120 km/h.

Für Wohnmobile und Pkw mit Anhänger (Caravan) gilt auf Landstraßen und Autobahnen eine Höchstgeschwindigkeit von 80 km/h.

Für Wohnmobile bis 3,5 t ist auf Landstraßen und Autobahnen eine Höchstgeschwindigkeit von 100 km/h erlaubt, wenn sie bestimmte Voraussetzungen erfüllen, z. B. mit ABS, Sicherheitsgurten und Fahrer-Airbag ausgerüstet sind und am Heck eine gelbes „100-Schild" angebracht ist. Die neuesten Infos dazu sollte man beim Fremdenverkehrsamt oder bei den Automobilclubs erfragen.

Für Caravans und Wohnmobile gilt eine max. Breite von 2,6 m.

Die **Promillegrenze** liegt bei 0,5 Promille. Die Strafen bei Verstößen gegen Verkehrsregeln oder bei Alkohol am Steuer sind empfindlich!

Wildwechselbeschilderung unbedingt beachten! Mit Tieren auf der Straße ist vor allem in der Morgen- bzw. Abenddämmerung zu rechnen. Ein ausgewachsener Elchbulle bringt ohne weiteres ein Gewicht von 600 bis 800 kg auf die Waage. Unfallfolgen können also nicht nur für das Tier sondern auch für Auto und Insassen schlimmste Folgen haben. Nach einem Unfall mit Elch oder Rentier unbedingt sofort die nächste Polizeistation verständigen!

Rufen Sie bei einem Wildunfall den Polizeinotruf und melden Sie den Unfall. Wichtig ist das auch deswegen, damit das noch lebende, aber verletzte und leidende Tier fachgerecht waidmännisch getötet werden kann.

Polizeinotruf: 112

Tankstellen und Kraftstoffpreise

Tankstellen aller gängigen Marken sind in einem dichten Netz über das ganze Land verteilt.

Selbstbedienung an den Zapfsäulen ist üblich. Vielfach sind Automaten angebracht, die mit Banknoten und/oder mit Kreditkarten zu bedienen sind, aber nicht alle Tankautomaten akzeptieren ausländische Kreditkarten s. u!

Tankstellen sind gewöhnlich zwischen 7 und 21 Uhr geöffnet.

Bei der Kraftstoffversorgung und den **Benzinpreisen** gilt, wie bei fast allen anderen Gütern auch: Im Süden reichlich, im hohen Norden dünner gesät und etwas teurer. Es ist also kein Fehler, vor allem bei Reisen im Norden des Landes, einen gefüllten Reservekanister mitzuführen (bei der Einreise sind max. 10 l im Kanister erlaubt).

Kraftstoffpreise pro Liter:

Normal (95)	ca. EUR 1,71
Super (98)	ca. EUR 1,70
E10	ca. EUR 1,75
Diesel	ca. EUR 1,52

Das Preisgefüge bei Kraftstoffen ist ja ständig in Bewegung. Obige Angaben können also nur als grober Anhaltspunkt betrachtet werden!

An fast allen Tankstellen (auch an jenen, die wie gewohnt einen Shop, einen Imbiss und Kassen aufweisen, an denen bar oder mit Kreditkarten bezahlt werden kann) findet man **Tankautomaten**, die mit Kreditkarte oder mit Bargeldscheinen zu bedienen sind, um an Treibstoff zu kommen. Tankautomaten sind rund um die Uhr in Betrieb. Vor allem Tankstellen, die besonders preisgünstigen Sprit anbieten, werden nur noch mit Zahlautomaten betrieben. Eine personenbesetzte Kasse gibt es hier in der Regel nicht.

Allerdings ist festzustellen, dass manche Tankautomaten keine Kreditkarten akzeptieren, *die nicht in Finnland, also z. B. in Deutschland, ausgestellt wurden*. Leider ist das von außen nicht erkenntlich. Man stellt das erst fest, wenn man seine Kreditkarte in den entsprechend markierten Schlitz des Automaten steckt und die Karte wieder ausgeworfen und als ungültig erklärt wird. Hat man kein Bargeld griffbereit, oder der Automat akzeptiert ausschließlich Kreditkarten, ist ein Tanken an dieser Säule nicht möglich.

Übrigens: Bei den Bedienmenüs an manchen finnischen Tankautomaten kann man unterschiedliche Fremdsprachen wählen, in aller Regel Englisch, oft aber auch Deutsch.

An machen Tanksäulen, die auch mit in Deutschland ausgestellten Kreditkarten zu bedienen sind, werden auf dem Anzeigemenü gewisse Beträge vorgegeben, die man auswählen muss und für die man dann tanken kann, z. B. 20, 50, 100 Euro etc. Dies ist insofern etwas umständlich, weil man dann erst überschlagen muss – wenn man möglichst voll tanken will – wieviele Liter bekomme ich denn nun, wenn ich z. B. für 100 Euro tanke.

Bequem sind Tanksäulen, an deren Bedienmenü Sie nicht nur eine Fremdsprache, sondern auch noch wählen können, ob sie mit Kreditkarte am Automaten oder an der Kasse bezahlen möchten. Denn an den Kassen der Tankstellen werden – neben Barzahlung natürlich – auch Kreditkarten akzeptiert, die nicht in Finnland ausgegeben worden sind!

Mein Tipp! Tank nicht bis auf den „letzten Tropfen" leerfahren, damit man notfalls noch zur nächsten Tanke fahren kann.

An Großraststätten der ABC-Kette findet man gelegentlich die Beschilderung **„Septic-Tank"**, die auf Ver- und Entsorgungsmöglichkeiten für Wohnmobile und Busse hinweist. Vorhanden sind dann in der Regel Frischwasserhahn, Ausguss für Chemikaltoiletten und Bodenauslass für Grauwasser. Beispiel: ABC-Raststätte Jyväskylä an der Gabelung der Straßen 23/9 und 2.

ÖFFNUNGSZEITEN

Geschäfte

Montag – Freitag 9 – 18, teils bis 21 Uhr.
Samstag 9 – 16, teils bis 18 Uhr.
Warenhäuser und Einkaufspassagen sind gewöhnlich Montag bis Freitag 9 – 20 Uhr oder 21 Uhr und an Samstagen bis 18 Uhr geöffnet.
Sonntags sind viel Geschäfte zwischen 12 und 18 Uhr geöffnet.

Banken

Montag – Freitag 9.15 – 16.15 Uhr.
Bankschalter auf dem Flughafen Helsinki-Vantaa sind täglich von 6.30 bis 23 Uhr geöffnet.

Postämter

Montag – Freitag 9 – 17 Uhr.
Helsinki Hauptpostamt, Mannerheimintie 11F, Montag – Freitag 8 – 21 Uhr,
Samstag 9 – 18 Uhr,
Sonntag 11 – 21 Uhr.

Tankstellen

Mo – Sa 7 – 20/21 Uhr, an Wochenende kürzer. Einige Tankstellen sind auch rund um die Uhr geöffnet.

POST UND TELEFON

Porto in europäische Länder: Postkarten und Briefe bis 20 g EUR 1,-. Briefmarken erhält man außer auf Postämtern oft auch in Läden die Postkarten verkaufen, in Zeitschriftenläden und in den Läden R-Kioski.

Telefonieren kann man im Selbstwählverkehr von Postämtern, Telefonzellen, Hotels und natürlich von Privatanschlüssen im ganzen Lande und mit 192 Ländern der Erde.

Öffentliche Telefone sind in aller Regel Kartentelefone. Münztelefon gibt es so gut wie nicht mehr. Telefonkarten gibt es auf den Postämtern, bei R-Kioski u. a.

Das Telefonmenü auf dem Display öffentlicher Telefone lässt sich auf Knopfdruck übrigens auch in englischer Sprache aufrufen. Beim Telefonieren mit Telefonkarten müssen Sie zunächst die Vorwahl der Telefongesellschaft eingeben, von der die Telefonkarte stammt (meist 990, 994 oder 999). Bei Telefonaten ins Ausland wählt man erst danach die Ländervorwahl, aber ohne die beiden ersten Nullen, für Deutschland also z. B. 999 49. Nach dieser Vorwahl wählt man die Ortsvorwahl ohne die erste 0, dann die Rufnummer.

Ortsvorwahlen kennt man in Finnland als Regionalnetzkennzahlen. Davon gibt es im Lande 13. Helsinkis Regionalkennzahl z. B. lautet 09. Die entsprechende Regionalkennzahl ist in die Telefonnummer des jeweiligen Teilnehmers bereits integriert. Eine extra Ortsvorwahlnummer ist also innerhalb Finnlands nicht mehr zu wählen. Finnische Telefonnummern, zumindest im Festnetz, beginnen demnach immer mit einer Null.

Notruf (Polizei, Ambulanz, Feuerwehr): **112**.

Auslandsauskunft: 00 358-8-00 83 53.

Ländervorwahlen:

Finnland: 00 358 (danach Rufnummer ohne erste Null).

Deutschland: 00 49 (danach Ortsvorwahl ohne erste Null, dann Rufnummer).

Österreich: 00 43 (danach Ortsvorwahl ohne erste Null, dann Rufnummer).

Schweiz: 00 41 (danach Ortsvorwahl ohne erste Null, dann Rufnummer).

Übrigens: Namen die mit Æ, Å, Ä, Ø oder Ö beginnen, finden Sie in dänischen, norwegischen, schwedischen und finnischen Telefonbüchern ganz am Ende des Alphabets!

Telefonieren mit dem Mobiltelefon (Handy) ist in ganz Finnland kein Problem. Nur in ganz weit abgelegenen Gegenden kann evtl. kein Netz zur Verfügung stehen.

Auch nach den EU-weiten Neuregelungen der Roaming-Gebühren sollte man diese Kosten nicht unterschätzen, wenn man mit seinem Handy, in dem sich eine in Deutschland erworbene SIM-Karte befindet, innerhalb Finnlands oder von Finnland nach Hause telefoniert.

Eine gute Alternativer für Vieltelefonierer und Websurfer, die über ein lock-freies Handy verfügen, ist der Kauf einer **Prepaid SIM-Karte** vor Ort in Finnland. Prepaid-SIM-Karten sind für rund 40 Euro zu haben. Damit können Sie dann 30 Tage lang telefonieren. Der SIM-Kartenpreis sollte eine Telefon-Flatrate beinhalten und die automatische Weiterleitung von auf Ihre deutsche Handynummer eingehenden Anrufen auf Ihre vor Ort erworbene SIM-Karte ermöglichen. SIM-Karten samt USB-Stick wie die von „Saunalahti" z. B., erhält man in Finnland an Kiosken (z. B. „R-Kioski"), in Supermärkten oder in großen Raststätten

Vorab informieren können Sie sich zu diesem Thema z. B. bei www.holidayphone.de/prepaid-sim-karte-finnland.html.

Sehr aufschlussreich ist auch www.surf-stick.net/surf-stick-ausland.html.

REISEN IM LANDE

Per Flugzeug

Ausgehend von Helsinki als wichtigste Drehscheibe im innerfinnischen Flugverkehr bedienen die Fluggesellschaften Finnair, Karair und Finnaviation ganzjährig und regelmäßig alle größeren Städte des Landes. Ivalo ist die nördlichste von Linienmaschinen angeflogene finnische Stadt. Ein Flug von Helsinki nach Ivalo zum Beispiel dauert 1 Stunde und 30 Minuten.

Es gibt verbilligte Sondertarife und Ermäßigungen für Jugendliche, Studenten, Gruppen oder Rentner. Einzelheiten darüber bei den Airlines.

Per Bahn

Ein Schienennetz von annähernd 6.000 km Länge verbindet alle wichtigen Küstenhäfen, Städte und Industriezentren des Landes. In den vergangenen Jahren wurden Anstrengungen unternommen, um die technischen Voraussetzungen für schnellere Züge zu schaffen. Kolari an der Grenze zu Schweden ist der nördlichste per Bahn erreichbare Punkt.

Zügen, die im Fahrplan mit EP oder IC gekennzeichnet sind, sind zuschlagpflichtig und können nur mit gebührenpflichtigen Platzkarten benützt werden.

Die meisten Fernzüge führen auf Nachtfahrten zuschlagpflichtige Schlafwagen in der ersten und in der zweiten Klasse. Eine Bahnfahrt von Helsinki nach Rovaniemi zum Beispiel dauert rund 10 Stunden.

Autoreisezüge verkehren täglich von Helsinki und Turku über Tampere, Oulu und Kemi nach Kolari bzw. über Rovaniemi nach Kemijärvi. Maximale Fahrzeughöhe 2,6 m.

Schnelle Bahnverbindungen bestehen zwei- bis viermal täglich zwischen Helsinki und Sankt Petersburg (russisches Visum erforderlich), Fahrzeit nur dreieinhalb Stunden.

Infos zur Finnischen Staatsbahn gibt es unter www.vr.fi (auch in englischer Sprache).

Per Bus

Fern- und Expressbusse verkehren im ganzen Lande und zwischen den Ballungszentren. Die Busfahrpläne sind in aller Regel mit denen von Bahn oder Schiffahrt abgestimmt, so daß man mit Bussen wirklich jeden bewohnten Teil des Landes erreichen kann. So gibt es z.B. zwischen Helsinki und Turku täglich 32 Busabfahrten (Fahrtdauer 2 1/2 Stunden), zwischen Helsinki und Kuopio täglich sieben Busabfahrten (Fahrtdauer 6 1/2 Stunden) und nach Rovaniemi fährt täglich einmal ein Bus, Fahrtdauer 15 Stunden.

Per Schiff

Ein reger Binnenschiffsverkehr besteht im Sommer im Gebiet der westlichen Seen auf der Saimaa-Seenplatte und auf dem Pielinen See. Betriebssaison für die Binnenschifffahrt ist zwischen Anfang Juni und Mitte August. Die wichtigsten Verbindungen bestehen auf den westlichen Seen zwischen Hämeenlinna, Tampere und Virra und zwischen Lahti und Jyväskylä, auf der Saimaa-Seenplatte zwischen Lappeenranta, Savonlinna, Varkaus und Kuopio und schließlich auf dem Pielinen See zwischen Joensuu und Nurmes.

SAUNA

Die Sauna, ein Schwitzbad, gehört zum finnischen Leben wie das Amen in die Kirche. Laut Statistik hat jeder dritte Finne eine eigene Sauna. Jedes Hotel und fast jeder Campingplatz und sei er noch so einfach eingerichtet, bieten ihren Gästen eine Sauna.

Die Sauna ist zweifelsohne eine Teil der finnischen Kultur. Und jeder Finne wird zugestehen, dass er in der Sauna am besten entspannen und von den Mühen das Alltags Abstand gewinnen kann. Vielleicht liegt das ja auch daran, dass in Finnland Männer und Frauen getrennt in die Sauna gehen. Nur innerhalb der Familie oder im Kreise guter Freunde ist es üblich, dass man gemeinsam in die Sauna geht. In öffentlichen Saunen gibt es für Frauen und Männer immer getrennte Saunazeiten und getrennte Saunaräume.

Die Sauna in Finnland hat in gewissen Gesellschaftskreisen aber auch eine soziale Komponente. Es ist durchaus üblich, geschäftliche Gespräche in der entspannten Atmosphäre einer Sauna zu führen.

Öffentliche Saunen haben gewöhnlich immer drei Bereiche, einen Umkleidebereich, der oft auch als Ruheraum mit Liegen zum Entspannen ausgestattet ist (luxuriösere Saunas haben natürlich einen eigenen Raum zum Relaxen), dann einen Bereich (der je nach dem äußerst spartanisch bis luxuriös designed und mit allen technischen Installationen und Raffinessen ausgestattet sein kann) um sich vor dem Saunagang zu waschen und zu duschen und schließlich den eigentlichen Saunaraum.

Auf dem Lande wurde in früheren Zeiten der Saunaofen mit einem Holzfeuer innerhalb des Saunaraums erhitzt. Der dabei entstandene wohlriechende Rauch wurde nebenbei zum Räuchern der an der Saunadecke baumelnden Schinken, Würste oder Fische genutzt. Vor dem Saunagang ließ man den Rauch durch eine kleine Öffnung abziehen. Die verbleibende Glut reichte aus, um die Steine des Saunaofens auf Temperatur zu halten. Heutzutage werden Saunaöfen elektrisch oder von außen mit einem Holzfeuer erhitzt.

Das Prinzip der Sauna ist ja bekannt. Ein spezieller Saunaofen mit Steinen erhitzt die Luft im aus Holz gebauten Saunaraum. An den Bohlen und Bretter in einem ordentlichen Saunaraum sollten keine Metallschrauben oder Metallteile verwendet werden. Sie würden sich zu sehr erhitzen und beim Berühren schmerzhafte Verbrennungen verursachen.

Und je nach Lust und Laune macht man es sich auf seinem Saunatuch auf der unteren oder der oberen Saunabank bequem. Und wem es nicht heiß genug ist, gießt mit einer Kelle etwas warmes Wasser auf die heißen Steine auf dem Saunaofen. Ein solcher Aufguss (löyly) erhöht die Luftfeuchtigkeit schlagartig und lässt die Temperatur steigen.

Hüten Sie sich aber unbedingt davor, wie sie es vielleicht von Ihren Saunagängen zu Hause gewohnt sind, in einer finnischen Sauna mit dem Handtuch die Hitze zu verwirbeln oder gar etwas Duftendes dem Aufguss beizumengen. Sie würden ziemlich breit ins Fettnäpfchen treten. In Finnland sind das ungewöhnliche, ja verpönte Saunapraktiken.

Als Saunagast mit Manieren werden Sie dagegen gelten, wenn Sie als neuer Gast eine Sauna mit einem Gruß betreten und einen Aufguss über die heißen Steine gießen, als kleine Entschuldigung quasi dafür, dass durch Ihr Eintreten kühle Luft in den Saunaraum gedrungen und dadurch die Temperatur gesunken ist.

Gerne werden in Finnland zur Unterstützung der Blutzirkulation kleine Bündel aus jungen Birkenzeigen – die berühmten vihta – verwendet, mit denen man sich leicht auf Rücken, Brust, Arme, Beine schlägt. Andere verwenden Körperbürsten dazu.

Nach altem Brauch galten aber nur Birkenzweige, die um Mittsommer herum geschnitten wurden, als wirklich brauchbare vihtas. Da man aber auch in der übrigen Jahreszeit auf die Birkenbündel nicht verzichten wollte, ließ man sich alle möglichen Konservierungsmethoden einfallen, trocknen gehörte dazu oder einsalzen. Heute hat man es einfacher. Die Tiefkühltruhe erledigt den Konservierungsprozess perfekt.

Die wahre Wonne nach einem Saunagang, dessen Dauer je nach eigenem Wohlbefinden zwischen 10 und 20 Minuten liegen sollte, ist aber die obligatorische kalte Dusche, ein kaltes Tauchbad oder ein Bad im See und eine erquickliche Ruhepause danach, wohlig eingepackt im Bademantel. Einen perfekten Saunabesuch schließen eine Massage und ein leckerer Imbiss ab.

Nicht nur im Familienkreis gehört zu einem zünftigen Saunasnack auf alle Fälle die „Saunawurst", die man, fein eingepackt, beim letzten Gang mit in die Sauna nimmt, um sie auf dem Saunaofen vor sich hin brutzeln zu lassen. Sollten Sie im familiären Kreis eingeladen werden, mit in die Sauna zu gehen (die Herren gehen immer zuerst in die Sauna), was einer freundlichen Wertschätzung ihrer Person gleichkommt, können Sie sich für die Einladung revanchieren, in dem Sie sich mit Getränken der alkoholischen Art oder mit ein paar Dosen guten Biers am Saunasnack danach beteiligen.

In früheren Zeiten wurden viele Kinder in Finnland in der Sauna geboren. Der Grund war ein rein praktischer. Die Sauna war der einzige Raum in dem es heißes Wasser gab und es war der Raum, der am reinlichsten und damit wohl auch sterilsten war.

Ursprünglich war ein Saunagang in erster Linie als gründliche Reinigung des Körpers gedacht. Längst weiß man aber auch, dass das Saunieren sehr positive Auswirkungen auf die Gesundheit, das allgemeine Wohlbefinden und auf das vegetative Nervensystem hat. Und ein nicht zu vernachlässigender Effekt sind die Auswirkungen, die regelmäßiges saunieren auf die Haut des Saunagängers haben. Nicht umsonst sagt man in Finnland: „Am schönsten sind die Frauen, wenn Sie aus der Sauna kommen".

WÄHRUNG

Finnlands Währung ist seit dem 1. 1. 2002 nicht mehr die Markka, sondern der EURO.

International bekannte Reiseschecks und die gängigen Kreditkarten werden in vielen Geschäften, Tankstellen, Hotels, Restaurants etc. als Zahlungsmittel akzeptiert.

Sehr verbreitet sind **Geldautomaten** (in Finnland mit „otto" beschildert), an denen Sie mit Ihrer Maestro- oder Kreditkarte und der geheimen PIN-Nummer rund um die Uhr Geld von Ihrem Konto abheben können.

ZEITUNTERSCHIED

Finnland, in dem im Gegensatz zu unserer Mitteleuropäischen Zeit (MEZ) Osteuropäische Zeit (OEZ) gilt, ist unserer Zeit „voraus". Es besteht das ganze Jahr über, also auch während der Sommerzeit, ein Zeitunterschied von plus einer Stunde zu den mitteleuropäischen Ländern. Beispiel: Deutschland 12.00 Uhr = Finnland 13.00 Uhr.

Haftungsausschluss

Alle in diesem Reiseführer gemachten Angaben, sowie Reise- und Sicherheitshinweise sind nach den aktuell erreichbaren und dem Verlag zugänglichen Informationen mit Sorgfalt und nach bestem Wissen zusammengestellt. Eine Gewähr für die Richtigkeit und die Vollständigkeit der Angaben sowie eine Haftung für eventuell eintretende oder daraus entstehende Schäden kann nicht übernommen werden. Gesetze und Vorschriften können sich jederzeit ändern, ohne dass der Verlag davon erfährt. Die Entscheidung über die Durchführung einer Reise liegt in der Verantwortlichkeit des Lesers.

Verlag und Autor empfehlen, sich rechtzeitig vor Antritt der Reise nach den neuesten reiserelevanten Vorschriften zu erkundigen.

Wichtige, am Anfang zu jeder Tour vermerkte Sehenswürdigkeiten sind ihrer Bedeutung entsprechend mit einem, zwei oder drei Sternchen versehen.

* = sehenswert

** = sehr sehenswert

*** = ein „Muss" auf der Reise

ZEICHENERKLÄRUNG

ZEICHENERKLÄRUNG

⊛	Hauptstadt	⋀	Campingplatz
◉	Etappen-Start-/Endpunkt		Womo-Stellplatz
◉	Orte		V & E Station
✱	Sehenswürdigkeit	✝	Kirche, Kathedrale
ⓘ	Touristeninformation		Burg, Kastell
	Museum, Schloss		Wandermöglichkeit
	Rathaus, öffentl. Gebäude	⌘	archäol. Stätte
	Busbahnhof, Bahnhof	▲	Berg, Gipfel
P	Parkplatz		Rast-, Picknickplatz
	Tiefgarage		Grenzübergang
✈	Flughafen	)(	Pass
✉	Postamt		Strand, Badeküste
	Restaurant	∩	Höhle
	Hotel		

——— Reiseweg, Route

V & E für Wohnmobile – Einrichtungen für die Versorgung mit Trinkwasser sowie die Entsorgung von Wohnmobilabwässern sind auf dem Campingplatz vorhanden.

Wegpunkt-Koordinaten sind im Text in eckigen Klammern nach Orten, Campingplatznamen o. ä. wie folgt dargestellt, z. B.: **[WP 103 / N 38° 53' 53.8" E 22° 39' 18.6"]**.

„WP XXX" steht für die laufende **Wegpunkt-Nummer**, unter der der Wegpunkt in den Routen auf der **Roadbook-CD** abgelegt ist. Die Roadbook-CD zu diesem Reiseführer können Sie gegen einen Unkostenbeitrag von 9,90 Euro versandkostenfrei direkt beim Verlag bestellen – siehe unter www.rau-verlag.de/onlineshop. Die **Koordinaten** sind durch einen Schrägstrich von der Wegpunktnummer getrennt.

Minuten/Sekunden ändern in Dezimalkoordinaten:

Falls Sie Navigationskoordinaten in Ihr Autonavigationsgerät evtl. nur als **Dezimalkoordinaten,** nicht aber im üblichen (und wie auf der Roadbook CD gespeicherten) **Grad/Minuten/Sekunden Format** eingeben können, ist das kein größeres Problem.

Koordinaten lassen sich von Grad/Minuten/Sekunden – so wie bei uns dargestellt – relativ einfach „per Hand" in Dezimalkoordinaten umrechnen und müssen dann gewöhnlich auch von Hand in das Navigationsgerät im Auto eingegeben werden.

Da das Minuten/Sekunden-System in 60er Schritten geht, darf man die Minuten- und Sekunden-Markierungen nicht einfach ignorieren und daraus Dezimalkoordinaten machen, sondern man muss die Daten durch 60 teilen. Umgekehrt ist das auch von Dezimalwerten in Minuten/Sekunden möglich (multiplizieren).

Beispiel:

Grad/Minuten/Sekunden-Format: N 39° 29' 12.6" wird so zum Dezimalformat: 29 : 60 = 0,48, 12.6 : 60 = 0,21. Das wieder zusammengesetzte Format zeigt nun die **Dezimalkoordinate: N 39,4821°.** Oder: E 20° 15' 34.2" – entspricht dann E 20,2557° (alle Angaben ohne Gewähr).

REGISTER

Personennamen in kursiver Schrift.

(CP) bzw. (ST) hinter dem Ortsnamen weist darauf hin, dass in oder ganz in der Nähe des Ortes ein im Reiseführer beschriebener Campingplatz und/oder ein Wohnmobil-Stellplatz zu finden ist.

MOBIL REISEN

Mobile Touring Highlights

Unterwegs auf den schönsten Reiserouten

Erlebnisreiche Reisen mit Auto, Motorrad, Caravan oder Reisemobil.

Mobil Reisen: BALTIKUM

Die schönsten Reiserouten kombiniert zu einer erlebnisreichen Tour durch alle drei baltischen Länder - Litauen, Lettland und Estland. Mit einem Abstecher nach Kaliningrad. Reisetipps in Fülle. Plus Vorschläge zu sechs Radtouren.

Mit Wohnmobil-Stellplätzen u. Campingplätzen.

Von Michael Moll, 252 S., zahlr. Farbfotos, Karten und Stadtpläne.

ISBN 978-3-926145-32-1.

GPS-Roadbook-CD mit Navigationskoordinaten verfügbar!

Mobil Reisen: BRETAGNE

Ein individueller Reiseführer mit Routenvorschlägen, ausgesuchten Touren für eine Reise von Nantes bis ans „Ende der Welt", der Finistère an die bretonische Atlantikküste. Historisches, Amüsantes, Kulinarisches und natürlich viele praktische Reisetipps. Jetzt mit noch mehr Wohnmobil-Stellplätzen.

Mit vor Ort erfassten GPS-Koordinaten.

276 S., zahlr. Farbfotos, Karten, Stadtpläne, Hotels, Campingplätze sowie viele Infos und Reisetipps.

ISBN 978-3-926145-49-9

GPS-Roadbook-CD mit Navigationskoordinaten verfügbar!

Mobil Reisen: GRIECHENLAND

Aus der Reisepraxis für die Reisepraxis geschrieben. Ein Reisehandbuch mit Routen, Touren und Reisetipps fürs Auto-, Motorrad-, Caravan- oder Reisemobil-Touring. Eine Fülle von Routenvorschlägen führt Sie durch alle Regionen Festlandgriechenlands, von den Badestränden der Chalkidiki-Halbinsel bis in den Süden des Peloponnes und natürlich zu allen archäologischen Stätten.

Mit vor Ort erfassten GPS-Navigationskoordinaten!

264 S., zahlr. Farbfotos; Karten, Stadt- u. Lagepläne, Stadtspaziergänge, Hotels und die schönsten Campingplätze.

ISBN 978-3-926145-36-9

GPS-Roadbook-CD mit Navigationskoordinaten verfügbar!

Mobil Reisen: IRLAND – Mit Nordirland

Der ideale Urlaubsführer für alle, die den Charme der "Grünen Insel" auf eigene Faust entdecken wollen. Ausgesuchte Routenvorschläge fürs Auto-Touring von den südlichen Counties über die imposante Westküste bis hinauf ins abgeschiedene Donegal und durch Nordirland. Ausführlicher Dublin-Teil mit detaillierten Rundgängen. Kultur, Folklore, Tipps zu Pubs, Wandermöglichkeiten.
Mit vor Ort erfassten GPS-Navigationskoordinaten!
336 S., zahlr. Farbfotos, Karten, Stadtpläne, Hotels, viele Infos und die schönsten Campingplätze.
ISBN 978-3-926145-40-6
GPS-Roadbook-CD mit Navigationskoordinaten verfügbar!

Mobil Reisen: KORSIKA

Korsika, „Ile de Beauté", die „Insel der Schönheit" besticht durch ihre wunderbare Berglandschaft und ihre herrliche, oft atemberaubende Küstenszenerie. Eine Herausforderung für alle unternehmungslustigen Wohnmobilisten und Caravaner und ein Eldorado für anspruchsvolle Wandertouren.
Hotels, Restaurants, Campingplätze und Menge Tipps und Infos.
Mit vor Ort erfassten GPS-Koordinaten.
228 S., zahlreiche Farbfotos., Karten, Stadtpläne.
ISBN 978-3-926145-41-3
GPS-Roadbook-CD mit Navigationskoordinaten verfügbar!

Mobil Reisen: KROATIEN

Istrien, die Dalmatinische Küste und Kroatiens herrliche Adriainseln auf den schönsten Reisewegen erleben. Dieses praktische Reisehandbuch sagt Ihnen, wo's lang geht. U. a. mit Dubrovnik, Plitvicer Seen, Zagreb und einer Fülle an Reisetipps, Infos zu Hotels und Campings.
Mit vor Ort erfassten GPS-Koordinaten.
252 S., zahlreiche Farbfotos, Karten, Stadtpläne, Stadtspaziergänge.
ISBN 978-3-926145-51-2
GPS-Roadbook-CD mit Navigationskoordinaten verfügbar!

Mobil Reisen: LOIRETAL

Die schönsten Reisewege durch das Herz Frankreichs, der Landschaft, in der es sich leben lässt „wie Gott in Frankreich". Nicht umsonst entstanden hier die prächtigsten Schlösser Frankreichs. Aber auch wer weniger das Historische als viel mehr kulinarische Erlebnisse sucht, wird in der Gegend um das Loiretal auf seine Kosten kommen. Und dieser Reiseführer sagt Ihnen wo's lang geht.
NEU! Jetzt mit vielen Wohnmobil-Stellplätzen und mit vor Ort erfassten GPS-Navigationskoordinaten!
264 S., zahlr. Farbfotos, Karten, Stadtpläne, Hotels, sowie viele Infos und die schönsten Campingplätze.
ISBN 978-3-926145-38-3.
GPS-Roadbook-CD mit Navigationskoordinaten verfügbar!

Mobil Reisen: NORMANDIE

Nicht nur ein praktisches Touren-Buch mit vielen Tipps, sondern ein Komplett-Reiseführer mit den interessantesten Reiserouten. Lernen Sie die schönsten Gegenden, Küstenlandschaften und Städte auf eigene Faust kennen. Ausgesuchte Touren für Selbstfahrer und Wohnmobil-Urlauber, aber auch für alle, die mit ihrem Pkw oder Motorrad unterwegs sind. Natürlich mit Camping- und Wohnmobil-Stellplätzen.

Von Michael Moll; 240 S., zahlr. Farbfotos, Karten, Stadtpläne, Hotels, sowie viele Reiseinfos.

ISBN 978-3-926145-33-8

GPS-Roadbook-CD mit Navigationskoordinaten verfügbar!

Mobil Reisen: NORWEGEN – Reisewege zum Nordkap

Neue Touren und zusätzliche Routen! Noch übersichtlicher!

Jetzt mit praktischen „Tourenpaketen" zum Kombinieren, wie z. B. „Südnorwegen", „Gletscher, Fjells und Fjorde" oder „Finnmark und Nordkap". Durchgehend farbig und noch mehr Fotos und Karten!

Verlässliche Kompetenz aus langjähriger Reiseerfahrung.

Jetzt mit vor Ort erfassten GPS-Koordinaten.

372 S., Stadtrundgänge, Wandervorschläge, viele Farbfotos, Karten, Stadtpläne, Hotels, sowie Reise-Infos in Fülle, dazu über 200 Campingplätze und zahlr. Stellplätze. ISBN 978-3-926145-47-5

GPS-Roadbook-CD mit Navigationskoordinaten verfügbar!

Mobil Reisen: RUND UM DIE OSTSEE

Auf überlegt ausgesuchten Routen und Touren die schönsten Gegenden Pommerns und Masurens, sowie wunderschöne baltische Städte wie Vilnius, Riga und Tallinn sowie die russische Perle Sankt Petersburg erleben. Reisen Sie über Finnland, Schweden und die dänische Insel Seeland zurück. Dieser Reiseführer hilft – ob Wohnmobil-Tourer, Caravaner, Autourlauber oder Motorbiker – sowohl bei der Vorbereitung als auch auf der Reise unterwegs. Ein unvergessliches Reiseerlebnis!

360 S., Stadtrundgänge, zahlr. Farbfotos, Karten, Stadtpläne, Hotels, sowie viele Infos und die schönsten Camping- und Wohnmobil-Stellplätze.

ISBN 978-3-926145-34-5

GPS-Roadbook-CD mit Navigationskoordinaten verfügbar!

Mobil Reisen: POLEN

Polen bequem auf eigene Faust kennen lernen. Über die Sudeten und über Schlesien, weiter durch die Karpaten, Zentral- und Ostpolen mit einem ausführlichen Teil über die Hauptstadt Warschau, durch Ermland, die Masurische Seenplatte, durchs Lebuser Land und über Pommern schließlich bis zur Ostseeküste. Alles in bequem nachvollziehbaren Reiserouten beschrieben.

Von Michael Moll, 240 S., viele Farbfotos; Karten, Stadt- u. Lagepläne, Stadtspaziergänge, Hotels und die schönsten Campingplätze.

ISBN 978-3-926145-28-4

Mobil Reisen: PORTUGAL

Gesamt Portugal, vom grünen Norden bis zur sonnigen Algarveküste, vom kargen, ursprünglichen Alto Alentejo bis zu den Seebädern am Atlantik beschreibt dieser Band auf leicht nachvollziehbaren Touren, die einen kompletten Eindruck von diesem überaus interessanten Reiseland vermitteln. Besonders ausführlich die Weinstadt Porto und natürlich Lissabon, eine der schönsten Hauptstädte Europas.
Mit vor Ort erfassten GPS-Koordinaten.
288 S., zahlr. Farbfotos, Karten, Stadtpläne, Hotels, sowie viele Infos und die schönsten Campingplätze.
ISBN 978-3-926145-43-7
GPS-Roadbook-CD mit Navigationskoordinaten verfügbar!

Mobil Reisen: SARDINIEN

Ein Reiseziel mit ganz unerwarteten Attraktionen – zauberhafte Küstenszenerien, das größte Dünengebiet ganz Italiens, wunderschöne Seegrotten, mystische Nuraghen, geisterhafte alte Minenstädte und einer der spektakulärsten Canyons in Europa.
Dieses Tourenbuch, gespickt mit jeder Menge Reisetipps, führt auf den schönsten Routen und Wohnmobil-Touren durch Sardinien. Mit Wohnmobil-Stellplätzen, Tipps zu Hotels und Restaurants, Campingplätzen. Mit vor Ort erfassten GPS-Navigationskoordinaten!
240 S., zahlr. Farbfotos, Karten, Stadtpläne.
ISBN 978-3-926145-37-6
GPS-Roadbook-CD mit Navigationskoordinaten verfügbar!

Mobil Reisen: SCHOTTLAND

Schottland auf neuen Wegen erleben. Eine variantenreiche Rundreise – von den Borders bis zu den Highlands, von den Western Isles bis zu den Orkneys. Detaillierte Beschreibung von Edinburgh, Glasgow, allen wichtigen Städten, Schlössern und Landschaften.
Außerdem Essen und Trinken, Whisky, Clans, Tartans und Dudelsäcke, Wandern u.v.m.
276 S., zahlr. Farbfotos., Karten, Stadtpläne, Hotels, sowie viele Infos und die schönsten Campingplätze mit GPS-Koordinaten.
ISBN 978-3-926145-46-8

Mobil Reisen: SCHWEDEN

Mit Inseln Öland und Gotland

22 sorgfältig ausgewählte, vor Ort getestete Reise(mobil)routen und Autotouren durch die schönsten Landschaften, Städte und Regionen. Mit vielen Reisetipps und Informationen über Sehenswertes vom südlichen Schonen bis Lappland. Mit ausführlichem Stockholm-Teil, Stadtrundgänge u.a. durch Helsingborg, Göteborg, Uppsala, Kalmar, sowie die Inseln Öland und Gotland. Mit vor Ort erfassten GPS-Koordinaten.
288 S., zahlr. Farbfotos, Karten, Stadtpläne, Hotels, sowie viele Infos und die schönsten Campingplätze. Mit Wohnmobil-Stellplätzen.
ISBN 978-3-926145-48-2
GPS-Roadbook-CD mit Navigationskoordinaten verfügbar!

Mobil Reisen: SKANDINAVIEN

Reiseziel Nordkap

Die große Tour zum Nordkap in bequem zu kombinierenden Reiserouten. Mit neuen Touren und vielen Streckenvarianten durch alle vier nordischen Länder – Dänemark, Norwegen, Schweden und Finnland. Ausführliche Beschreibung der Hauptstädte. Übersichtlich, informativ, kompetent. Mit vor Ort erfassten GPS-Koordinaten.

348 S., zahlr. Farbfotos, Karten, Stadtpläne, Hotels, sowie viele Infos und die schönsten Campingplätze.

ISBN 978-3-926145-45-1

GPS-Roadbook-CD mit Navigationskoordinaten verfügbar!

Mobil Reisen: SPANIEN NORD

Spaniens Norden von den Stränden der Costa Brava über die Pyrenäen, durch das grüne Galicien mit dem Pilgerziel Santiago de Compostela bis ins Herz Kastiliens mit den Hochburgen von Kunst, Kultur und Geschichte wie Salamanca oder Segovia.

Ausführlich: **Der Jakobsweg**. Hotels, Restaurants und die schönsten Campingplätze. Mit vor Ort erfassten GPS-Koordinaten.

276 S., zahlr. Farbfotos; Karten und Stadtpläne.

ISBN 978-3-926145-42-0

GPS-Roadbook-CD mit Navigationskoordinaten verfügbar!

Mobil Reisen: TOSKANA

Wiege der Renaissance, altes Zentrum von Kunst, Kultur und Wissenschaft und natürlich Eldorado für Weinliebhaber und ein wahres Paradies für kulinarische Entdecker. Ein Autoführer mit bequem zu kombinierenden Reiserouten durch die gesamte Toskana, mit Elba.

Großer Florenz-Teil sowie alle wichtigen Städte, Landschaften und Sehenswürdigkeiten. Mit vor Ort erfassten GPS-Koordianten.

288 S., zahlr. Farbfotos, Hotels, Restaurants, Camping- u. Reisemobil-Stellplätze, Kartenskizzen, Stadtpläne und viele Infos.

ISBN 978-3-926145-39-0

VERLAG
RAU
MOBIL
REISEN

WERNER RAU VERLAG, Feldbergstraße 54, D - 70569 Stuttgart

e-mail: info@rau-verlag.de

Mobil Reisen: USA SÜDWEST
Touring America – Die Traumtour durch den Südwesten der Vereinigten Staaten – Von den Rockies bis LA und San Francisco, vom Yellowstone bis zu den Indianerstätten und vom „Wilden Westen" bis ins Spielerparadies Las Vegas und mehr.
Erleben Sie mit diesem praktischen Touring-Guide die aufregendsten Gegenden Amerikas – ob Sie nun mit dem Mietwagen, zünftig mit dem Motorbike oder mit dem Wohnmobil unterwegs sind. Übersichtlich, praktisch, informativ und aus Erfahrung kompetent.
444 S., zahlr. Karten, Stadtpläne, Motels/Hotels, jede Menge Reise-Infos, Campingplätze und viele Farbfotos. ISBN 978-3-926145-35-2
GPS-Roadbook-CD mit Navigationskoordinaten verfügbar!

Weitere Titel sind in Vorbereitung!

Fragen Sie im Buchhandel nach unseren aktuellen Neuerscheinungen.

Oder besuchen Sie uns im Internet:

http://www.rau-verlag.de

http://www.mobil-reisen.eu

Mobil Reisen: FINNLAND
© Werner Rau, Stuttgart, 2013
Vorliegend: 1. Auflage 2013/2014

GPS-ROADBOOK-CD

Alle Touren dieses Reiseführers können Sie als Roadbook-CD mit GPS-Navigationsdaten beim Verlag erwerben.

Die Navigations-Koordinaten sind im System WGS 84 („World Geodetic System 1984") entsprechend dem Verlauf der in diesem Reiseführer beschriebenen Routen und Touren angelegt. Sie berücksichtigen alle wichtigen Orte, Sehenswürdigkeiten, Campings und andere Points of Interest (POI's).

Unsere „Roadbook-CD" stellt Ihnen vor Ort erfasste Original-Navigationsdaten im **Garmin-Format *.GPD** (garmin database) sowie im **Garmin-Format POI *.gpi** zur Verfügung.

Darüberhinaus finden Sie auf der „Roadbook-CD" alternative Dateiformate wie **GPX** (global positioning exchange), **GoPal** (GoPal GPS track log (*.trk), **Magellan MapSend, Navigon Mobile Navigator – *.rte files, TomTom *.ov2 poi files.**

Zudem sind die Daten im **Microsoft® Excel® Format** abgelegt. Damit können Sie alle Koordinaten **ganz einfach ausdrucken**!

Sehr hilfreich kann für Sie auch die ebenfalls auf der CD abgelegte MS-Word-Datei **Info-Doc** sein. Dort wird Schritt für Schritt erklärt, wie GPS-Koordinaten von der CD auf ein Garmin-Nüvi gebracht werden können. Es werden Weblinks zu Koordinaten-Konvertierungsprogrammen angegeben und Sie können erfahren, wie Sie Routen vorab in Google Earth ™ ansehen können u. v. m.

Die tatsächliche Lage der Wegpunkte (Ziele/Zwischenziele) kann von den angegebenen Koordinaten ggf. bis zu ca. 300 m abweichen!

Mit entsprechender Software „MapSource®, City Select Europe"® oder „BaseCamp"® des Anbieters Garmin® können die Daten im Garmin-Format oder im GPX-Format über einen PC oder über ein Notebook direkt in viele Garmingeräte eingelesen werden.

NEU! Wissen wo's lang geht! Mit den auf der Roadbook-CD abgelegten Dateien im GPX-Format können Sie in Verbindung mit Google Earth® (kostenloser Download) die Reiseroute, sowie alle als Wegpunkt markierten Stationen der Reise schon vorab aus der Vogelperspektive auf Ihrem PC ansehen, oder sich einzelne Abschnitte der Route im Google Earth Routenplaner berechnen lassen. Wie's geht und vieles mehr steht auf der CD.

Für die Richtigkeit der Koordinaten und deren Transformierung in andere Dateiformate kann keine Gewähr übernommen werden! Weitere Details finden Sie auf der jeweiligen CD und auf unserer Webseite www.rau-verlag.de.

Unsere Roadbook-CD's können Sie gegen eine Schutzgebühr von EUR 9,90 nur direkt über den Verlag beziehen!

Bestellungen bitte über unseren Webshop:
www.rau-verlag.de/onlineshop.

Oder per Post an: Werner Rau Verlag, Feldbergstr. 54, D-70569 Stuttgart,
Tel. +49-(0)711-687 21 43, Fax +49-(0)711-68 22 47, E-Mail: info@rau-verlag.de.